KB107984

완벽한 IT 인프라 구축의 자동화를 위한

Kubernetes

Azure를 사용한 쿠버네티스의 개념 파악과 실전 응용

Asa Shiho 지음
Makabe Toru 감수
이영란 옮김

정보문화사
Information Publishing Group

완벽한 IT 인프라 구축의 자동화를 위한

Kubernetes

초판 1쇄 발행 | 2019년 9월 30일
초판 2쇄 발행 | 2022년 1월 10일

지 은 이 | Asa Shiho
옮 긴 이 | 이영란
발 행 인 | 이상만
발 행 처 | 정보문화사

편집진행 | 노미라

주 소 | 서울시 종로구 동숭길 113 (정보빌딩)
전 화 | (02)3673-0037(편집부) / (02)3673-0114(代)
팩 스 | (02)3673-0260
등 록 | 1990년 2월 14일 제1-1013호
홈페이지 | www.infopub.co.kr

I S B N | 978-89-5674-841-2

들어가며

도커가 등장한 지도 벌써 6년이 되었습니다. 그와 함께 컨테이너를 둘러싼 상황은 쿠버네티스(Kubernetes)를 중심으로 강력한 생태계가 생겨나고 있으며, 전 세계적으로 서비스를 전개하는 웹 시스템뿐만 아니라 기업 업무를 떠받치는 시스템 영역에서도 컨테이너 기술이 널리 퍼지기 시작했습니다. 쿠버네티스를 기업 시스템에 도입할 때는 업무 요건이나 시스템의 특성과 애플리케이션의 개발 방법을 고려하여 기반 아키텍처를 선정해야 합니다. 이때 쿠버네티스가 갖고 있는 제품의 장점을 최대화하기 위해서는 쿠버네티스가 제공하는 기능뿐만 아니라 '쿠버네티스가 지향하는 것'과 '쿠버네티스의 구조'를 올바르게 이해하는 것이 중요합니다.

이 책은 쿠버네티스의 기본적인 구조를 설명하고 있는 입문서입니다. 쿠버네티스에는 추상화된 개념이 많아 초보자가 배우기에는 조금 허들이 높을 수 있지만 이 책에서는 그 내부에서 어떻게 움직이고 있는지, 왜 그런 동작을 하는지를 중심으로 알기 쉬운 말과 그림으로 정리하여 설명하고 있습니다. 또 실제로 시스템에 도입할 때 검토해야 하는 시스템의 가용성이나 확장성, 유지보수성 등과 같은 실전적인 개념도 자세하게 설명하고 있습니다.

쿠버네티스는 분산 시스템에서 컨테이너를 운용하기 위한 노하우로 가득 채워진 세련된 오픈소스 소프트웨어입니다. 전 세계의 우수한 기술자가 개발에 참여하여 지금도 개발이 활발히 진행되고 있기 때문에 이 책에서 모든 기능을 망라하여 소개할 수는 없습니다. 하지만 이 책을 통해 기초가 되는 개념을 공유하고 앞으로 독자 여러분과 함께 진화해 가는 쿠버네티스를 계속 배울 수 있는 계기가 마련된다면 정말 기쁘겠습니다.

마지막으로 타이트한 일정 중에서도 아낌없이 지원을 해 주신 쇼에이샤 편집부 여러분께 감사의 말씀을 드립니다.

또 수많은 엔터프라이즈 시스템의 설계자로서 쌓아온 높은 기술력과 지성, 그리고 인간미가 넘치는 미국식 농담으로 집필을 항상 리드해 주신 공동 저자이자 감수자이신 Makabe Toru 씨와 쿠버네티스를 낳은 장본인이자 현재도 훌륭한 제품을 계속 개발하고 계시는 Brendan Burns 씨에게 진심으로 감사의 말을 전하고 싶습니다. 쿠버네티스의 가치를 많은 사람들에게 전달할 수 있게 된 것과 동료로서 같이 일을 할 수 있게 된 것을 자랑스럽게 생각합니다.

그리고 훌쩍 커버려 혼자서 여러 가지 일을 할 수 있게 된 아들 Keita, 건강하게 무럭무럭 자라줘서 고마워!

저자 대표 Asa Shiho

이 책을 읽기 전에

이 책의 대상 독자

이 책의 주 대상 독자는 다음과 같습니다.

- 쿠버네티스를 처음 사용하는 업무 애플리케이션 개발자
- 도커에 대한 기초 지식이 있는 분

이 책의 특징

이 책은 쿠버네티스를 처음 사용하는 업무 애플리케이션 개발자 및 도커에 대한 기초 지식이 있는 분을 대상으로 컨테이너 오케스트레이션 툴인 쿠버네티스의 구조, 즉 기본적인 기능과 내부 동작을 설명한 책입니다. 한정된 시간 안에서 효율적으로 이해할 수 있도록 가능한 한 추상적이고 난해한 말을 지양하고, 그림이나 일러스트를 넣어서 자세하고 알기 쉽게 설명하고 있습니다. 또한 실제로 시스템에 도입할 때 검토해야 하는 시스템의 가용성이나 확장성, 유지보수성과 같이 기초가 되는 개념도 설명하고 있습니다.

동작 확인 환경

다음과 같은 클라이언트 PC 환경에서 동작을 확인했습니다.

- OS : Windows 10 Enterprise (1809)
- CPU : Intel Pentium Gold Processor 4415Y
- RAM : 8.0GB

이 책의 표기

지면 관계상 코드를 중간에 줄 바꿈을 한 부분이 있습니다. 한 줄에 써야 하는 코드를 줄 바꿈 한 경우는 줄 바꿈 마크 ➡를 앞에 붙이고 있습니다. 그 외에 다음과 같이 보충 설명을 한 부분도 있습니다.

Note
쿠버네티스를 이해하는 데 있어서 알아두면 도움이 되는 정보입니다.

쿠버네티스에 숨어 있는 UNIX 철학

Design Principles에서는 일반적인 원칙으로 Eric Raymond의 '17 UNIX Rules'를 들 수 있습니다. 하나의 목적을 잘 구사하는 기능, 심플하고 쉽게 알 수 있는 기능을 조합한다는 UNIX의 철학이 뿌리깊이 들어 있습니다.
쿠버네티스는 전 세계 개발자가 아이디어를 가지고 만들어진 선진적인 소프트웨어입니다. 역사가 깊은 UNIX 철학이 거기에 감춰져 있는 것은 재미있지 않습니까? 시대는 흘러도 보편적인 원칙은 빛이 바래지 않는 법입니다.

샘플 애플리케이션의 다운로드

이 책에서 설명하는 환경을 구축하는 코드 및 샘플 애플리케이션은 GitHub에서 공개하고 있습니다.

https://github.com/ToruMakabe/Understanding-K8s

샘플 애플리케이션을 다운로드할 때는 다음 git 명령을 사용합니다.

```
$ git clone https://github.com/ToruMakabe/Understanding-K8s
```

참고 웹 브라우저를 익스플로러 대신 크롬(Chrome)에서 링크를 열면 자동 번역되어 해당 페이지의 내용을 볼 수 있습니다.

주의사항

※ 이 책에 포함된 URL 등은 예고 없이 변경될 수 있습니다.
※ 이 책의 출판에 있어서는 정확하게 기술하기 위해 노력하였으나, 저자(역자)나 출판사 등을 포함한 모든 관계자는 책의 내용이나 샘플에 근거한 어떠한 운용 결과에 대해서도 책임을 지지 않습니다.
※ 여기에 게재되어 있는 샘플 프로그램과 스크립트 및 실행 결과를 담은 화면 이미지 등은 특정한 설정에 따른 환경에서 재현되는 예입니다.
※ 이 책에 기재되어 있는 회사명 및 제품명은 해당 회사의 상표 또는 등록 상표입니다.

차례

NOTE

제 1 부
도입편

CHAPTER

01

컨테이너와 쿠버네티스

요즘 IT를 사용하여 비즈니스 자체를 변혁시킨다는 디지털 트랜스포메이션에 대한 기대가 높아지고 있습니다. 이러한 배경 속에서 개발한 애플리케이션을 가능한 한 작은 단위로, 그리고 짧은 사이클로 전개하고 싶다는 개발자의 요구가 날로 커지고 있습니다. 하지만 적은 수의 관리자로 대규모 분산 환경을 안정적으로 운용 관리하려면 극복해야 할 문제가 너무 많습니다. 그래서 주목을 받고 있는 것이 컨테이너 기술과 컨테이너 오케스트레이션 툴입니다. 이 장에서는 이 책에서 다루고 있는 쿠버네티스란 어떤 것인지를 설명합니다. 먼저 쿠버네티스에 대한 전체적인 이미지를 잡아보도록 합시다.

1.1 컨테이너 기술의 개요

쿠버네티스(Kubernetes)는 오픈소스로 되어 있는 컨테이너 오케스트레이션 툴입니다. 쿠버네티스를 이해하려면 그 배경에 있는 컨테이너 기술이 어떤 것인지를 알 필요가 있습니다. 먼저 컨테이너 기술의 개요에 대해 살펴봅시다.

컨테이너란?

컨테이너란 호스트 OS 상에 논리적인 구획(컨테이너)을 만들고, 애플리케이션을 실행시키는 데 필요한 라이브러리나 애플리케이션 등을 하나로 모아 그것을 마치 전용 서버인 것처럼 사용할 수 있게 만든 것입니다. 호스트 OS의 리소스를 논리적으로 분리하여 여러 컨테이너가 공유하여 사용합니다. 컨테이너는 서버 가상화와 비교하여 오버헤드가 적기 때문에 가볍고 속도가 빠르다는 특징을 갖고 있습니다.

통상적으로 물리 서버 상에 설치한 호스트 OS의 경우, 하나의 OS 상에서 움직이는 여러 애플리케이션은 동일한 시스템 리소스를 사용합니다. 이때 움직이고 있는 애플리케이션들은 데이터를 저장하는 디렉토리를 공유하고, 서버에 설정된 동일한 IP 주소로 통신을 합니다. 그래서 여러 애플리케이션에서 사용하고 있는 미들웨어나 라이브러리의 버전이 다르다면 애플리케이션이 서로 영향을 받지 않도록 주의해야 합니다.

이에 반해 컨테이너 기술을 사용하면 OS나 디렉토리, IP 주소와 같은 시스템 리소스를 각 애플리케이션이 점유하는 것처럼 취급할 수 있습니다(그림 1.1).

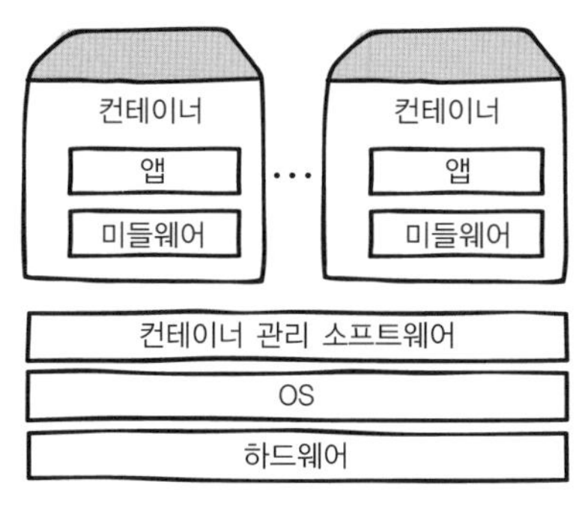

[그림 1.1] 컨테이너의 구성

컨테이너는 애플리케이션의 실행에 필요한 모듈을 컨테이너로 모을 수 있기 때문에 여러 개의 컨테이너를 조합하여 하나의 애플리케이션을 구성하는 마이크로 서비스형 애플리케이션과 친화성이 높다는 특징을 갖고 있습니다.

컨테이너 기술에는 여러 가지가 있지만, 현재 쿠버네티스의 기본값으로 되어 있는 것은 도커(Docker)입니다. 도커는 애플리케이션의 실행에 필요한 환경을 하나의 이미지로 모으고, 그 이미지를 사용하여 다양한 환경에서 애플리케이션 실행 환경을 구축/운용하기 위한 오픈 소스 소프트웨어입니다.

- **도커 [공식 사이트]**
  https://www.docker.com/

서버 가상화 기술의 이모저모

클라이언트 PC에서 개발 환경을 구축하거나 클라우드의 가상 머신 서비스 등에서 널리 사용하는 서버 가상화 기술은 컨테이너 기술과 매우 비슷합니다. 서버 가상화 기술에는 몇 가지 방식이 있으므로 여기서 소개해 두겠습니다.

- **호스트형 서버 가상화**

호스트형 서버 가상화는 하드웨어 상에 베이스가 되는 호스트 OS를 설치하고, 호스트 OS에 가상화 소프트웨어를 설치합니다. 이 가상화 소프트웨어 상에서 게스트 OS를 작동시키는 기술을 말합니다.
가상화 소프트웨어를 설치하면 가상 환경을 간편하게 구축할 수 있기 때문에 개발 환경 구축 등에 많이 사용합니다. 오라클이 제공하는 'Oracle VM VirtualBox'나 VMware의 'VMware Player' 등이 있습니다.
하지만 이 방식은 컨테이너와는 달리 호스트 OS 상에서 다른 게스트 OS를 작동시키므로 오버헤드가 매우 커집니다. 오버헤드란 가상화를 수행하기 위해 필요한 CPU 리소스, 디스크 용량, 메모리 사용량 등이 쓸 데 없이 커지는 것을 말합니다.

● **하이퍼바이저형 서버 가상화**

하드웨어 상에 가상화를 전문으로 수행하는 소프트웨어인 '하이퍼바이저'를 설치하여 소프트웨어와 가상 환경을 제어합니다. 대표적인 것으로는 VMware vSphere나 Microsoft Windows의 Hyper-V나 Citrix Hypervisor(구 명칭: XenServer) 등이 있습니다. 호스트 OS가 없고 하드웨어를 직접 제어하기 때문에 리소스를 효율적으로 사용할 수 있습니다. 하지만 가상 환경별로 다른 OS가 작동하므로 가상 환경을 시작할 때 오버헤드가 커집니다. 하이퍼바이저형은 제품이나 기술에 따라 다양한 방식이 있습니다.

컨테이너 기술과 서버 가상화 기술은 매우 비슷하지만 목적이 다릅니다. 컨테이너 기술은 애플리케이션의 실행 환경을 모아놓음으로써 이식성을 높이고 스케일러블한 환경에서도 작동하는 것을 지향하고 있습니다. 이에 반해 대부분의 가상화 기술은 다른 환경을 어떻게 효율적으로 시뮬레이션할지라는 점에 중점을 두고 있습니다.

컨테이너 애플리케이션 개발의 흐름

애플리케이션 개발의 흐름을 구체적으로 살펴봅시다. 일반적인 웹 시스템 개발의 경우 애플리케이션을 가동시키려면 다음과 같은 것이 필요합니다.

- 애플리케이션 실행 모듈
- 미들웨어나 라이브러리
- OS/네트워크와 같은 인프라 환경 설정

기존의 애플리케이션 개발에서는 [그림 1.2]와 같은 흐름으로 개발을 진행했습니다. 그래서 개발 환경이나 테스트 환경에서는 올바르게 작동해도 스테이징 환경이나 실제 환경에 배포하면 정상적으로 움직이지 않는 경우도 있습니다. 스테이징 환경이란 개발한 애플리케이션을 실제 환경에 배포하기 직전에 확인하는 환경을 말합니다.

여기서 컨테이너를 사용하면 애플리케이션의 실행에 필요한 모든 파일과 디렉토리를 통째로 컨테이너 이미지로 모을 수가 있습니다. 그 결과 [그림 1.3]과 같은 흐름으로 애플리케이션을 개발할 수 있습니다.

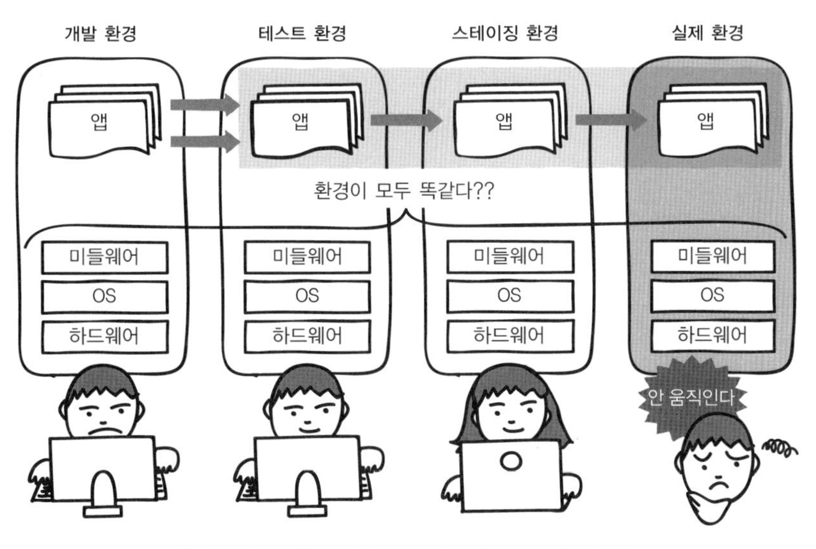

[그림 1.2] 컨테이너를 사용하지 않았을 때의 개발 흐름

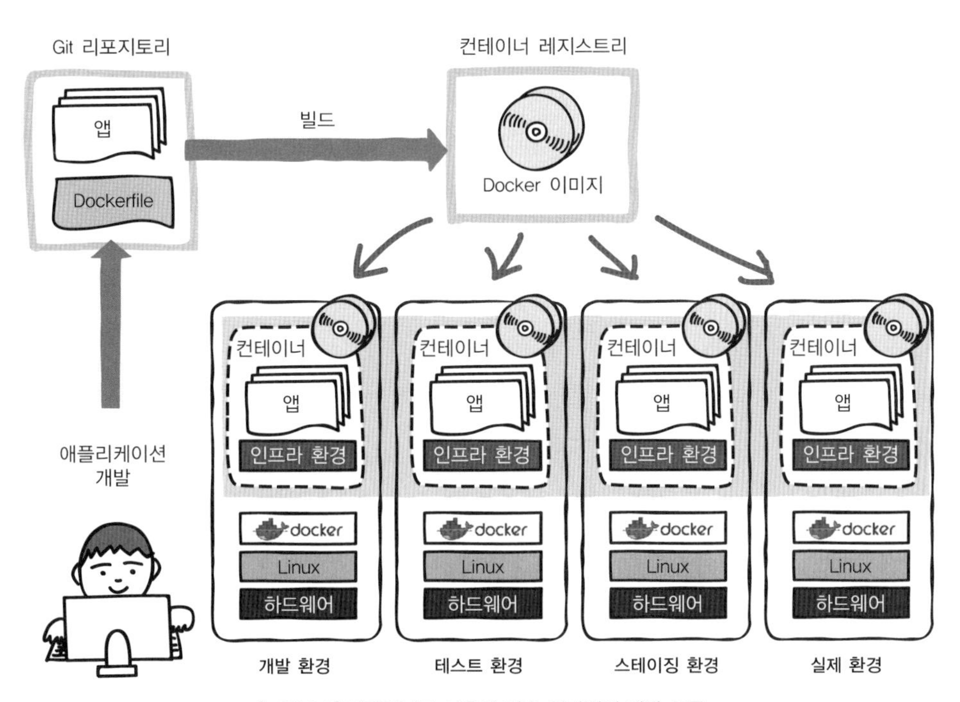

[그림 1.3] 컨테이너를 사용한 경우 일반적인 개발 흐름

프로그래머는 개발한 애플리케이션의 실행에 필요한 모든 것이 포함되어 있는 컨테이너 이미지를 작성합니다. 이 이미지는 컨테이너와 연결이 되어 있으며, 작성한 이미지를 바탕으로 컨테이너를 작동시킵니다. 이 이미지는 OS 커널과 호환성이 있어서 컨테이너가 작동하는 환경이라면 어디서든지 작동시킬[※1] 수 있으므로 '개발 및 테스트 환경에서는 움직였는데 실제 환경에서는 움직이지 않는' 위험을 줄일 수 있습니다.

그리고 애플리케이션의 개발부터 테스트, 실제 환경에 대한 디플로이(deploy: 전개)를 모두 애플리케이션 엔지니어가 수행할 수 있기 때문에 디플로이 속도를 올릴 수 있습니다.

(1) 컨테이너 애플리케이션의 빌드(Build)
(2) 컨테이너 이미지 공유(Ship)
(3) 컨테이너 애플리케이션의 실행(Run)

컨테이너 애플리케이션 개발의 기본이 되는 이 세 단계를 도커의 경우를 예로 들어 살펴봅시다.

(1) 컨테이너 애플리케이션의 빌드(Build)

도커는 애플리케이션의 실행에 필요한 프로그램 본체, 라이브러리, 미들웨어나 OS, 네트워크 설정 등을 하나로 모아 도커 이미지를 만듭니다(그림 1.4). 도커의 경우 하나의 이미지에는 하나의 애플리케이션만 넣어 두고, 여러 컨테이너를 조합하여 서비스를 구축할 것을 권장합니다.

이 도커 이미지의 정체는 애플리케이션의 실행에 필요한 파일들이 저장되어 있는 디렉토리입니다.

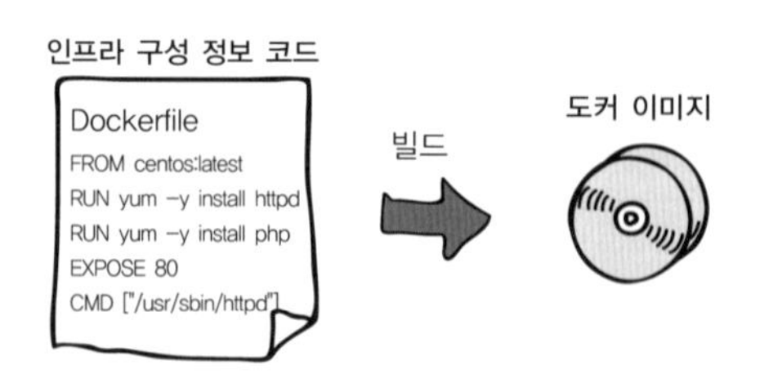

[그림 1.4] 컨테이너 애플리케이션의 빌드

※1 단, 개발 환경에서 필요한 라이브러리가 실행 환경에서는 불필요한 경우도 있습니다.

(2) 컨테이너 이미지 공유(Ship)

컨테이너 이미지는 레지스트리로 공유할 수 있습니다(그림 1.5). 예를 들어 도커의 공식 레지스트리인 Docker Hub에서는 Ubuntu나 CentOS와 같은 리눅스 디스트리뷰션의 기본기능을 제공하는 베이스 이미지가 배포되어 있습니다. 이런 베이스 이미지에 미들웨어나 라이브러리, 배포할 애플리케이션 등을 넣어 독자적인 컨테이너 이미지를 만들어 갑니다. 또 보안에 보다 신경 써야 하는 환경의 경우는 프라이빗 레지스트리를 사용할 수도 있습니다. 대부분의 퍼블릭 클라우드는 컨테이너 이미지를 공유하는 프라이빗 레지스트리 서비스를 제공하고 있으므로 이를 이용하는 것이 좋습니다.

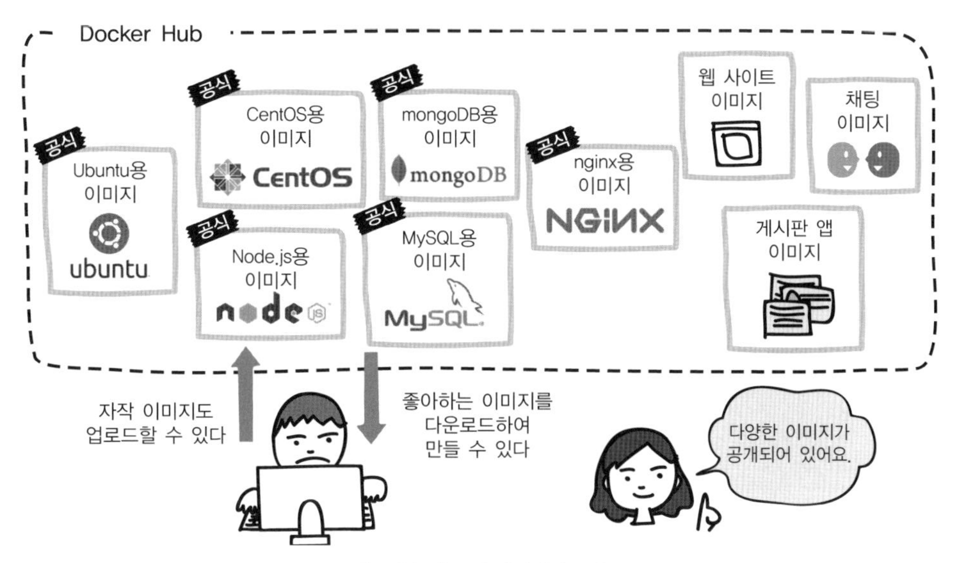

[그림 1.5] 도커 이미지의 공유

(3) 컨테이너 애플리케이션의 실행(Run)

도커는 리눅스 상에서 컨테이너 단위로 서버 기능을 작동시킵니다(그림 1.6). 이 컨테이너의 바탕이 되는 것이 도커 이미지입니다. 도커 이미지만 있으면 도커가 설치된 환경이라면 어디서든지 컨테이너를 작동시킬 수 있습니다.

또 도커 이미지로부터 여러 개의 컨테이너를 시작시킬 수도 있습니다. 컨테이너의 시작, 정지, 파기는 도커의 명령을 사용합니다. 다른 가상화 기술에서 서버 기능을 시작시키려면 OS부터 가동시켜야 하기 때문에 시간이 걸리지만, 도커의 경우는 이미 움직이고 있는 OS 상에서 프로세스를 실행시키는 것과 비슷한 속도로 빠르게 시작시킬 수 있습니다.

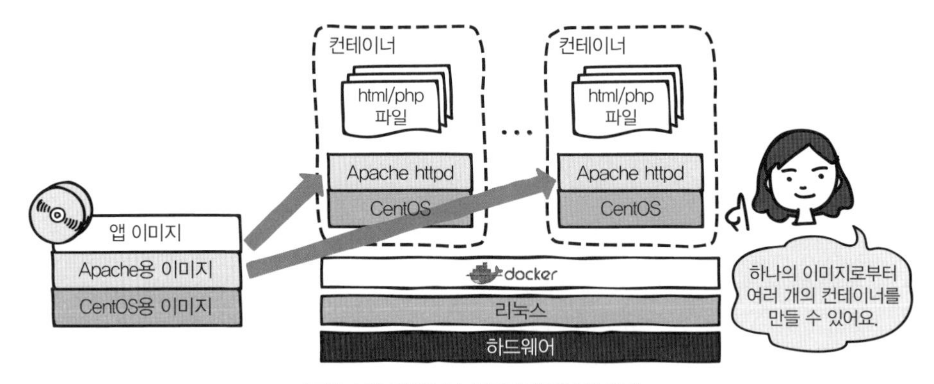

[그림 1.6] 컨테이너 애플리케이션의 실행

도커의 경우는 하나의 OS를 여러 컨테이너에서 공유하고 있습니다. 컨테이너 안에서 작동하는 프로세스를 하나의 그룹으로 관리하고, 그룹별로 각각 파일 시스템이나 호스트명, 네트워크 등을 할당합니다. 그룹이 다르면 프로세스나 파일에 대한 액세스가 불가능합니다.

이런 구조를 사용하여 컨테이너를 독립된 공간으로 관리하고 있습니다. 그리고 이를 실현하기 위해 리눅스 커널 기능(namespace, cgroups 등)이나 Windows 컨테이너 기술을 사용하고 있습니다.

1.2 쿠버네티스의 개요

컨테이너를 가동시킬 때는 시스템의 트래픽 증감이나 가용성 요건을 고려한 후에 여러 호스트 머신으로 구성되는 분산 환경을 구축하게 됩니다.

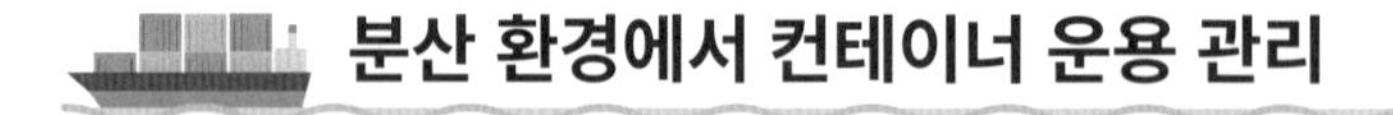

분산 환경에서 컨테이너 운용 관리

컨테이너는 개발 환경처럼 한 대의 머신에서 가동시킬 때는 손쉽게 도입할 수 있습니다. 하지만 멀티호스트로 구성된 클러스터 구성에서 가동시키려면 컨테이너의 시작 및 정지와 같은 조작뿐만 아니라 호스트 간의 네트워크 연결이나 스토리지 관리, 컨테이너를 어떤 호스트에서 가동시킬지와 같은 스케줄링 기능이 필요합니다(그림 1.7). 게다가 컨테이너가 정상적으로 작동하고 있는지 아닌지를 확인하는 장치도 중요합니다.

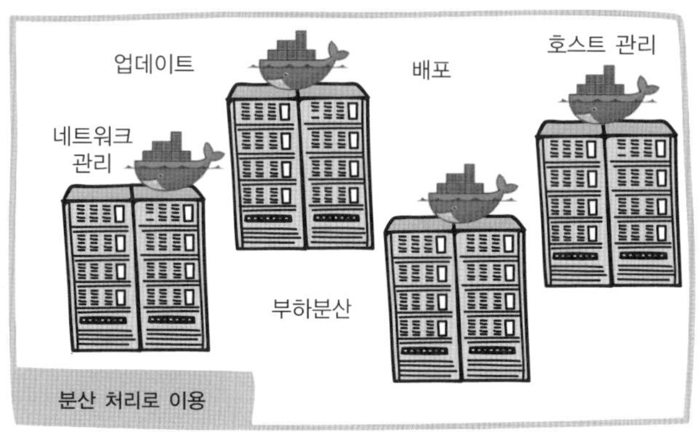

[그림 1.7] 분산 환경에서 컨테이너 애플리케이션 실행

이러한 기능을 갖추고 있으면서 컨테이너를 통합 관리할 수 있는 툴을 컨테이너 오케스트레이션 툴이라고 합니다. 여기서는 대표적인 컨테이너 오케스트레이션 툴을 간단히 설명하겠습니다.

쿠버네티스

이 책에서 다루고 있는 쿠버네티스는 커뮤니티에서 개발이 진행되고 있는 오픈소스 컨테이너 오케스트레이션 툴입니다. Cloud Native Computing Foundation(CNCF)이 개발을 지원하고 있으며, Google, Microsoft, Red Hat, IBM 등의 엔지니어가 개발에 적극적으로 참가하고 있습니다. 기능도 풍부하며 개발 속도도 빨라 컨테이너 오케스트레이션 툴의 표준이라고 해도 과언이 아닐 것입니다.

도커(Swarm 모드)

도커에는 클러스터링 기능을 제공하는 Swarm 모드가 있습니다. Swarm 모드를 사용하면 여러 컨테이너를 멀티호스트 환경에서 작동시켜 그 컨테이너들을 모아서 하나의 명령으로 조작할 수 있습니다. Docker 1.2 이전 버전에서는 Docker Swarm이라는 별도의 컴포넌트가 마련되어 있었지만 현재는 도커 본체에 클러스터링 기능이 내장되어 있습니다.

Apache Mesos/Marathon

Apache Mesos는 오픈소스 클러스터 오케스트레이션 툴입니다. 몇 백에서 몇 천 대의 호스트를 갖고 있는 대규모 클러스터도 지원할 수 있도록 설계되어 있습니다. 여러 호스트의

CPU나 메모리, 디스크를 추상화하여 하나의 리소스 풀로 취급할 수 있다는 특징이 있습니다. 단, Mesos를 사용하여 컨테이너 오케스트레이션을 가동시키려면 별도의 컨테이너 관리용 프레임워크가 필요합니다. 대표적인 프레임워크로는 Marathon이 있습니다.

쿠버네티스의 특징

쿠버네티스는 대규모 분산 환경에서 소수의 엔지니어만으로 컨테이너 애플리케이션을 관리하는 것을 목적으로 한 오케스트레이션 툴입니다.

쿠버네티스는 구글 사내에서 이용하는 Borg라는 클러스터 관리 시스템의 아키텍처를 베이스로 하여 개발이 시작되었습니다. 2014년 6월에 시작하여 2015년 7월에 버전 1.0이 된 시점에서 Linux Foundation 산하의 CNCF로 이관되었습니다.

쿠버네티스는 하드웨어 인프라스트럭처를 추상화하여 데이터센터 전체를 하나의 방대한 계산 리소스로 간주합니다. 그 결과 개발자는 실제 서버를 의식할 필요 없이 컨테이너 애플리케이션을 디플로이하여 실행할 수 있습니다. 또 여러 하드웨어의 컴퓨팅 리소스를 효율적으로 활용할 수 있습니다. 참조 제7장 '7.3 서비스와 제품의 구축' p.230

쿠버네티스의 주요 기능은 다음과 같습니다.

- 여러 서버에서 컨테이너 관리
- 컨테이너 배포
- 컨테이너간 네트워크 관리
- 컨테이너 부하분산
- 컨테이너 감시
- 컨테이너 업데이트
- 장애 발생 시 자동 복구

이런 것들을 어떤 구조로 실현하고 있는 것일까요?

쿠버네티스를 이해할 때 빼놓을 수 없는 키워드로 선언적 설정과 API 센트릭이 있습니다.

대부분의 시스템 장애는 애플리케이션을 버전업했다, 인프라 구성을 변경했다 등 시스템의 어떤 변화가 트리거가 되는 경우가 많습니다.

보통 시스템 개발 및 운용에서는 장애가 발생하면 엔지니어가 상황을 확인하고 복구 작업을 하여 서비스를 정상 상태로 되돌립니다. 쿠버네티스에서는 '시스템이 원래 되어 있어야 할 모습'을 정의 파일에 설정하여(선언적 설정) 장애가 발생해도 사람이 개입하지 않고 원래 되어 있어야 할 모습으로 수습할 수 있습니다.

Cloud Native Computing Foundation

Cloud Native Computing Foundation(CNCF)은 오픈소스 소프트웨어 재단입니다. 2015년에 설립이 발표되었습니다. CNCF의 목적은 최첨단 클라우드 네이티브 컴퓨팅을 누구나 사용할 수 있도록, 그리고 지속 가능하도록 하는 것입니다. Linux Foundation 산하에 설립되어, Amazon Web Services, Google, Microsoft 등 클라우드 대기업이나 Red Hat, Docker, CoreOS와 같은 클라우드 기술과 관련된 주요 기업이 멤버로 참가하고 있습니다.
현재 진행 중인 주요 프로젝트는 다음과 같습니다.

Fluentd	로그 콜렉터
gRPC	RPC 프레임워크
Envoy	서비스 프록시
CNI	네트워크 API
containerd	컨테이너 런타임

CNCF는 프로젝트를 'Inception', 'Incubating', 'Graduated'라는 세 가지 성숙도 단계로 분류합니다. 이중 쿠버네티스와 프로메테우스는 프로젝트 거버넌스나 커뮤니티에 널리 퍼져 프로젝트로서의 조직력 등 높은 성숙도에 달했기 때문에 CNCF의 기술통괄위원회(Technical Oversight Committee: TOC)로부터 'Graduated'로 인정되었습니다. CNCF를 졸업했다기보다 프로젝트로서 충분히 자립할 수 있다고 판단된다는 의미로 생각하면 됩니다.

쿠버네티스의 도입

컨테이너 오케스트레인션 툴을 온프레미스 환경에 도입하려면 하드웨어나 네트워크에 관한 지식이 필요합니다. 클라우드의 가상 머신 인스턴스로 구축할 때는 하드웨어 관리에서는 해방되지만 인프라 환경 구축과 함께 컨테이너 오케스트레이션 툴, 감시 툴의 사용법이나 시스템 운용, 장애 대처 등 여러 분야에 걸친 인프라 기술에 관한 지식이 필요합니다. 일반적으로 클러스터의 구축 및 운용은 기술적 난이도가 높으며, 이를 운용하는 데는 어느 정도의 경험도 필요합니다. 더욱이 운용 부하는 시스템의 규모가 커질수록 증가합니다.

또 다른 큰 문제는 이런 대규모 클러스터를 관리할 수 있는 엔지니어가 적다는 점에 있습니다. 클러스터 관리에는 인프라 전반에 관한 지식이나 운용 경험뿐만 아니라 고도의 소프트웨어 개발 지식도 필요합니다. 경우에 따라서는 쿠버네티스 자체의 개발에 참가하는 일도 필요할 것입니다. 이런 엔지니어를 필요한 인원만큼 항상 안정적으로 고용해 둘 정도의 규모의 회사가 아닌 한 안정적으로 운용하기는 현실적으로 어렵습니다.

그래서 일단 쿠버네티스를 시험해 보고 싶은 경우는 퍼블릭 클라우드가 제공하는 매니지드 서비스를 이용할 것을 권장합니다. 그렇다고 해서 컨테이너 오케스트레이션의 구조나 쿠버네티스의 구조에 대해 공부하지 않아도 된다, 아무 것도 몰라도 간단히 이용할 수 있다는 뜻은 아닙니다. 매니지드 서비스의 이용은 클러스터의 버전업이나 하드웨어의 메인터넌스 작업 등에 드는 작업적인 부하를 경감시켜 줄 수 있을 뿐입니다. 구조를 제대로 이해한 후에 올바르게 이용하면 엔지니어는 본업인 애플리케이션 개발이나 컨테이너 이미지의 작성, 실행, 테스트, 운용 툴의 정비 등에 주력할 수 있습니다.

대표적인 퍼블릭 클라우드 회사는 쿠버네티스 매니지드 서비스를 제공하고 있습니다.

Amazon Elastic Container Service for Kubernetes(Amazon EKS)

Amazon Web Services가 제공하는 쿠버네티스 매니지드 서비스입니다. 사용자는 쿠버네티스 컨트롤 플레인을 설치하거나 운용 보수하지 않고도 쿠버네티스 클러스터를 이용할 수 있습니다. Amazon EKS는 IAM과 Kubernetes RBAC을 연결할 수 있습니다. IAM 엔터티에 RBAC 롤을 할당하면 쿠버네티스 마스터에 대한 액세스 허가를 제어할 수 있다는 점이 특징입니다. 또 Amazon VPC에서 클러스터를 실행하기 위한 독자적인 VPC 보안 그룹 및 네트워크 ACL을 사용할 수 있습니다.

- EKS [공식 사이트]
  https://aws.amazon.com/ko/eks/

Google Kubernetes Engine(GKE)

구글이 제공하는 쿠버네티스 매니지드 서비스입니다. 구글은 지메일이나 유튜브와 같은 자사가 제공하는 서비스를 컨테이너로 운용하고 있는데, 그런 운용 노하우를 모두 담은 서비스라는 점이 특징입니다. 클러스터의 자동 스케일과 같은 기능도 갖추고 있습니다. GKE는 구글이 설계하고 관리하는 Container-Optimized OS에서 실행됩니다.

- GKE [공식 사이트]
  https://cloud.google.com/kubernetes-engine/

Azure Kubernetes Service(AKS)

마이크로소프트가 제공하는 Azure의 컨테이너 매니지드 서비스입니다. AWS나 GCP와 똑같이 클러스터 상에 쿠버네티스의 클러스터를 작성 및 운용하는 서비스이지만, 그에 덧붙여 빌드 툴이나 CI/CD 파이프라인을 작성하는 서비스, Visual Studio와 같은 IDE나 에디터와의 심리스 통합 등 개발자용 기능에 보다 힘을 쏟고 있는 점이 특징입니다. 또 마이크로소프트는 컨테이너 배포 지원 툴인 Helm이나 Draft의 개발을 리드하고 있습니다. 쿠버네티스뿐만 아니라 주변 생태계에도 주력하고 있어서 폭넓은 업종 및 업태에서 쉽게 이용할 수 있습니다.

- AKS [공식 사이트]
  https://azure.microsoft.com/ko-kr/services/kubernetes-service/

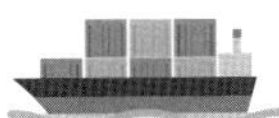

쿠버네티스의 유스케이스

쿠버네티스의 기원을 거슬러 올라가면 구글이 제공하는 서비스를 컨테이너에서 운용 관리하기 위한 Borg를 바탕으로 한 오픈소스 소프트웨어입니다. 전 세계적으로 제공되는 멀티미디어나 게임 등 신기능을 적시에 제공하는 대규모 웹 서비스에 이용되어 왔습니다.

하지만 그 플랫폼으로서의 가능성은 소비자용 시스템에 그치지 않았습니다. 기능성이 좋고 세련된 아키텍처를 갖고 있는 쿠버네티스는 오픈소스로 되어 있었기 때문에 마이크로소프트나 Red Hat 등 엔터프라이즈 시스템을 널리 취급하는 기업을 중심으로 컨트리뷰트가 진행되어 높은 가용성이나 보안 요건이 요구되는 업무 시스템에서의 사용이 검토되었습니다.

여기서 쿠버네티스의 대표적인 유스케이스를 Azure의 시스템 아키텍처에 따라 살펴봅시다.

기존 애플리케이션의 이전

온프레미스 환경에서 실제로 운용하고 있는 기존의 애플리케이션을 컨테이너로 이전하여 가동시킬 때 쿠버네티스를 사용하는 케이스입니다(그림 1.8). 기존 애플리케이션으로부터 컨테이너 이미지를 작성하고 컨테이너 레지스트리에서 일원 관리합니다. Azure를 사용하는 경우 레지스트리로는 Azure Container Registry를 이용할 수 있습니다. Azure Active Directory와의 통합을 통해 액세스를 제어할 수도 있습니다. 또 객관적으로 봐서 컨테이너 기술은 영구 데이터의 관리에는 아직 해결해야 할 과제를 안고 있습니다. 그래서 영구 데이터는 컨테이너가 아니라 Azure Database for MySQL 등 외부의 데이터스토어에서 관리하는 경우가 많습니다.

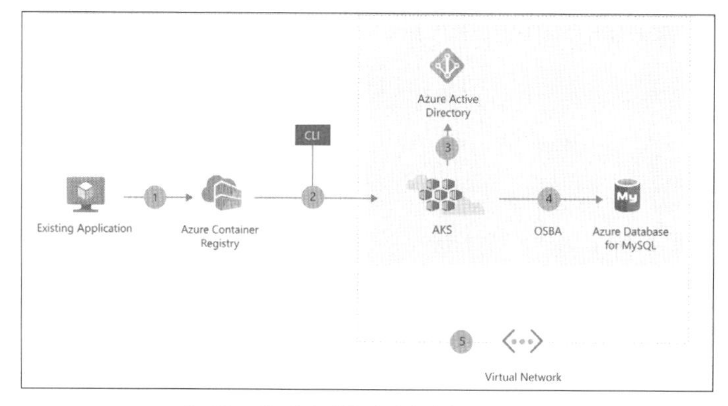

[그림 1.8] 기존 애플리케이션의 이전 패턴
※인용: https://azure.microsoft.com/ko-kr/services/kubernetes-service/

마이크로 서비스의 운용 관리

마이크로 서비스형 애플리케이션을 운용하고 싶을 때 쿠버네티스를 이용하는 패턴입니다(그림 1.9). 쿠버네티스가 갖고 있는 수평 스케일링, 자기 복구, 부하 분산 등과 같은 기능을 활용할 수 있습니다. 이전 케이스와 마찬가지로 영구 데이터의 관리는 컨테이너가 아니라 클라우드의 데이터 관리 서비스를 사용하는 것이 좋습니다. Azure의 경우 글로벌 분산 데이터베이스인 Azure Cosmos DB 등을 이용하여 확장성을 높일 수 있습니다. 또 GitHub나 컨테이너 레지스트리 서비스와 연계하는 CI/CD 파이프라인도 검토하기 바랍니다.

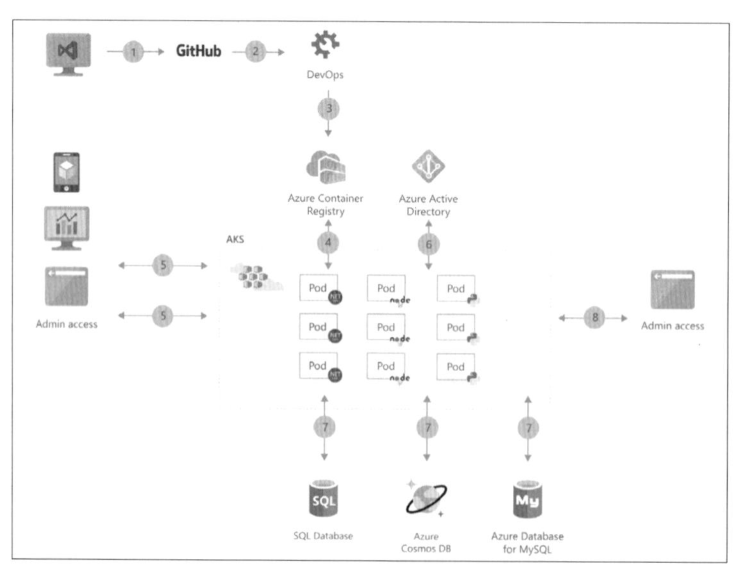

[그림 1.9] 마이크로 서비스의 운용 관리 패턴

IoT 디바이스의 전개와 관리

IoT 분야에서는 몇 백에서 경우에 따라서는 몇 천~몇 만이나 되는 IoT 디바이스가 필요합니다. 쿠버네티스를 사용하여 클라우드 또는 온프레미스에서 실행되는 IoT 디바이스에 대해 필요한 컴퓨팅 리소스를 온디맨드로 제공할 수 있습니다(그림 1.10).

그와 덧붙여 IoT 디바이스에 대해 애플리케이션을 배포하여 관리하면 작업 부하를 큰 폭으로 줄일 수 있습니다.

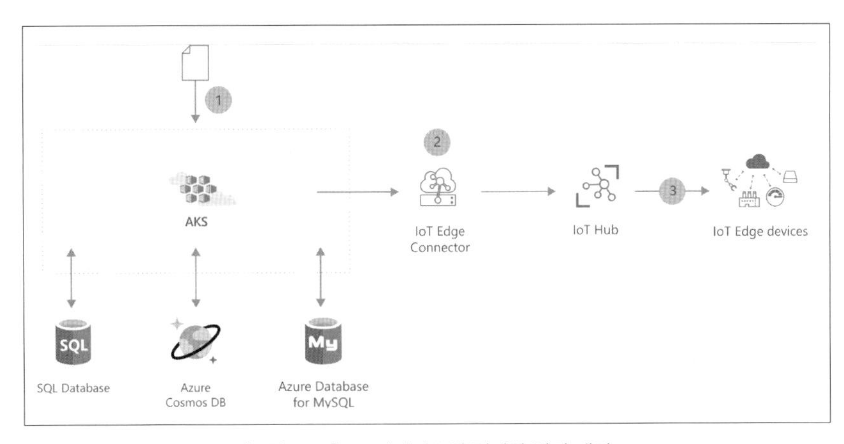

[그림 1.10] IoT 디바이스의 전개와 관리 패턴

※인용: https://azure.microsoft.com/ko-kr/services/kubernetes-service/

기계학습의 워크로드

쿠버네티스를 활용하는 목적 중 하나로 컴퓨팅 리소스의 효과적인 활용이 있습니다. 예를 들어 대규모 데이터셋을 사용하는 심층학습의 트레이닝은 파라미터 서버나 분산 학습을 위한 워커노드(walker node)를 관리해야 합니다. 컴퓨팅 리소스를 많이 필요로 하는 워커노드에는 CPU와 같이 고가의 하드웨어를 온디맨드로 할당하도록 제어할 수 있습니다(그림 1.11). 또 오픈소스로 된 Kubeflow 등과 같은 툴을 사용하여 기계학습의 환경을 구축할 수 있습니다.

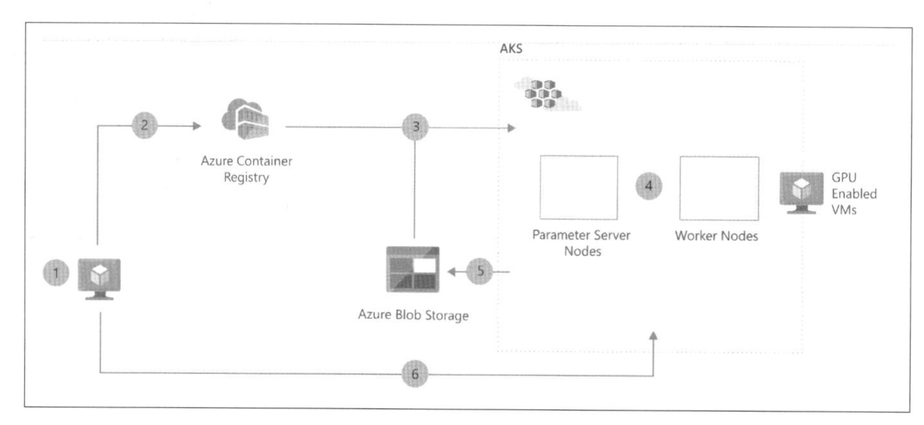

[그림 1.11] 기계학습 모델 트레이닝 패턴
※인용: https://azure.microsoft.com/ko-kr/services/kubernetes-service/

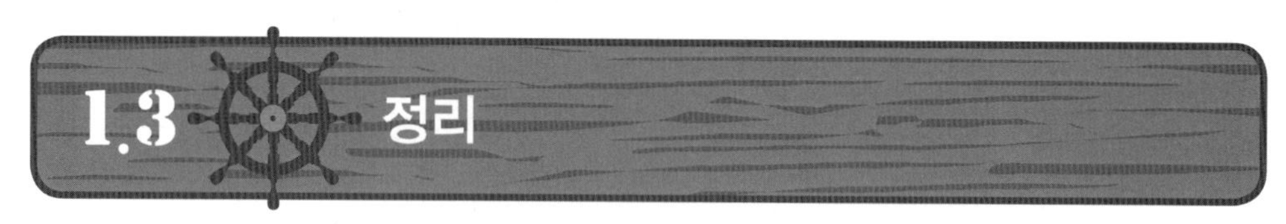

1.3 정리

이 장에서는 쿠버네티스가 어떻게 태어났고 무엇을 실현하는 것인지 그 전체상을 정리했습니다.

- 컨테이너의 개요와 애플리케이션 개발의 흐름
- 분산 환경에서 컨테이너 애플리케이션 운용 관리
- 쿠버네티스의 개요

쿠버네티스는 현재 컨테이너 실행 환경의 표준이라고 해도 과언이 아닐 것입니다. 이 세련된 아키텍처에 매료된 전 세계의 수많은 우수한 엔지니어들이 기능 확장을 진행하고 있는 살아있는 오픈소스 소프트웨어 입니다.

하지만 쿠버네티스가 결코 마법의 상자는 아닙니다. 쿠버네티스의 이용자는 먼저 그 개념이나 구조를 배우는 것이 중요합니다. 단, 인프라스트럭처에 관한 전제 지식이나 추상적인 개념도 많아 초보자에게는 좀 다가가기 힘든 소프트웨어인 것은 부정할 수 없습니다.

제2장부터는 실제로 손을 움직여 보면서 쿠버네티스의 기본적인 기능을 통해 그 구조를 살펴보겠습니다.

CHAPTER 02

쿠버네티스의 환경 구축

쿠버네티스는 컨테이너 애플리케이션을 분산 환경에서 운용 관리하기 위한 오케스트레이션 툴입니다. 일반 애플리케이션 개발에 관한 지식과 함께 컨테이너의 기초 지식과 개발의 흐름 등을 알아둘 필요가 있습니다. 이때 실제로 환경을 만들어 직접 손을 움직여 봐야 이해가 더 빠를 것입니다. 이 장에서는 쿠버네티스를 간편히 도입할 수 있는 퍼블릭 클라우드를 이용하여 환경을 구축해 보겠습니다.

2.1 컨테이너 애플리케이션 개발의 흐름

쿠버네티스를 사용하기 전에 그 전체상에 대해 알아둘 필요가 있습니다. 여기서는 쿠버네티스로 컨테이너 애플리케이션을 개발할 때의 흐름을 설명하겠습니다.

쿠버네티스를 사용한 개발 및 운용의 흐름

일반적으로 컨테이너 애플리케이션을 개발 및 운용할 때는 다음과 같은 흐름으로 준비를 합니다(그림 2.1).

STEP 1 개발 환경의 준비

에디터나 IDE 등을 설치하고 개발 언어별로 필요한 런타임이나 라이브러리를 도입합니다.

STEP 2 컨테이너 이미지의 작성 및 공유

컨테이너를 작동시키려면 애플리케이션을 움직이기 위해 필요한 바이너리와 OS, 네트워크와 같은 인프라 설정이 모두 포함되어 있는 '컨테이너 이미지'를 작성합니다. 도커의 경우 Dockerfile이라는 텍스트 파일에 구성을 기술하고, 그것을 빌드한 것을 실행 환경에서 이용 가능한 리포지토리로 공유합니다.

STEP 3 클러스터 작성(실제 환경의 작성)

실제로 컨테이너 애플리케이션을 작동시키는 서버를 셋업합니다. 개발 환경이나 테스트 환경에서는 로컬 머신에서 작동시킬 수도 있지만 서비스를 공개할 때는 자신이 보유한 온프레미스 환경에서 시스템을 구축하거나 클라우드 서비스를 이용합니다. 쿠버네티스는 분산 환경에서 여러 대의 서버나 스토리지와 같은 컴퓨팅 리소스가 네트워크로 연결된 환경에서 각각 다른 역할을 가지면서 서로 협조해 가며 컨테이너 애플리케이션을 실행시킵니다. 이것을 쿠버네티스 클러스터라고 합니다.

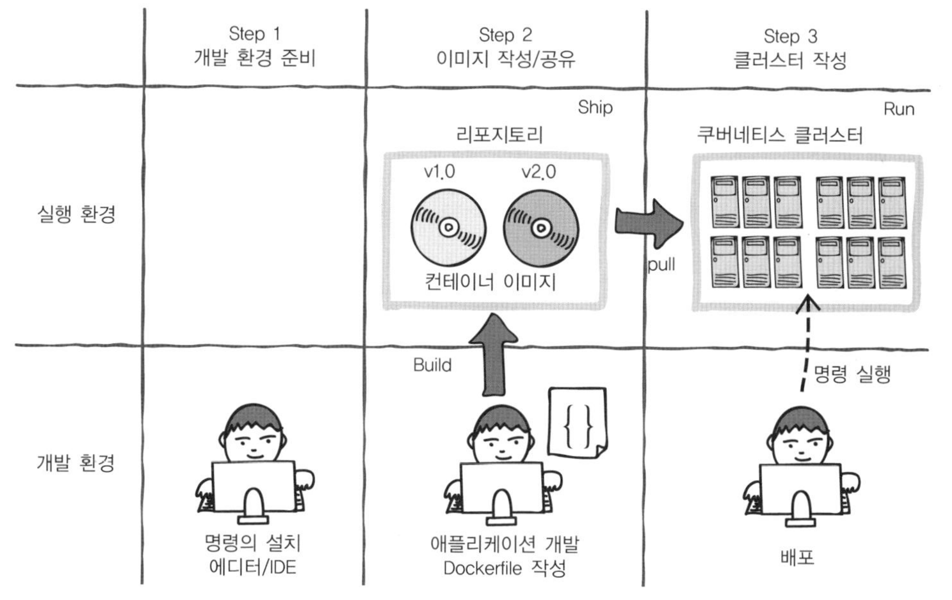

[그림 2.1] 쿠버네티스를 사용한 개발의 흐름

Azure의 쿠버네티스 관련 서비스

쿠버네티스 클러스터를 만들려면 여러 대의 서버나 가상 머신에 쿠버네티스를 설치하고 네트워크 설정 등을 해야 합니다. 검증을 위해 개발 환경에서만 작동시킨다면 공식 사이트의 절차에 따라 환경을 구축하면 클러스터를 간단히 만들 수 있습니다. 하지만 클러스터를 실제로 운용하는 경우는 서버의 다중화나 쿠버네티스 자체의 버전업 등을 직접 해야 합니다.

또 실제로 대규모 업무 시스템 개발 등에서 이용하려면 IDE나 에디터와 같은 개발 툴의 정비나 CI/CD 환경의 구축 등, 애플리케이션 개발 이외의 환경 정비에 작업 부하가 걸립니다.

이 책에서는 쿠버네티스의 이해를 돕기 위해 샘플 코드를 바탕으로 실제로 손을 움직여가며 마이크로소프트가 제공하는 퍼블릭 클라우드 서비스인 Azure를 사용하여 환경을 구축하는 절차를 설명하겠습니다.

Azure는 이 책의 집필 시점에서는 [표 2.1]과 같은 컨테이너 개발 서비스를 제공하고 있습니다.

[표 2.1] **Azure가 제공하는 주요 컨테이너 서비스**

서비스		설명
실행 환경	Azure Kubernetes Service (AKS)	쿠버네티스의 매니지드 서비스. 요건에 따라 쿠버네티스 클러스터를 생성 및 운용 관리할 수 있다.
	Azure Container Instances	컨테이너 애플리케이션을 간편하게 실행하기 위한 서비스
	Service Fabric	마이크로 서비스의 개발과 컨테이너의 오케스트레이션 서비스
	Web App for Containers	업무에 맞춰 스케일링 가능한 컨테이너화된 웹 애플리케이션을 개발하기 위한 PaaS
	Azure Batch	배치 잡을 실행하기 위한 서비스
개발 환경	Azure Container Registry(ACR)	컨테이너 이미지를 저장 및 관리하기 위한 레지스트리. 프라이빗 환경에서 운용할 수 있다.
	Azure DevOps Projects	Azure에서 CI/CD 환경을 구축하기 위한 서비스. 실행 환경으로 쿠버네티스를 선택할 수 있다.
	Azure Dev Spaces	Visual Studio 2017/Visual Studio Code를 사용하여 쿠버네티스의 개발 및 디버그를 수행하기 위한 서비스

이 책에서는 주로 다음을 이용합니다.

- Azure Kubernetes Service(AKS)
- Azure Container Registry(ACR)

Azure의 계정을 갖고 있지 않은 경우는 아래 사이트의 절차를 따라 작성하기 바랍니다. 등록에는 신용카드가 필요합니다.

https://azure.microsoft.com/ko-kr/free/

또 개발 툴로서는 마이크로소프트가 제공하는 Visual Studio Code를 사용합니다.

Amazon Web Services(AWS)나 Google Cloud Platform(GCP) 서비스를 사용하여 작동시키는 경우는 공식 사이트를 확인하기 바랍니다.

- AWS [공식 사이트]
  https://aws.amazon.com/
- GCP [공식 사이트]
  https://cloud.google.com/

2.2 개발 환경의 준비

이제 개발 환경을 준비해 봅시다.

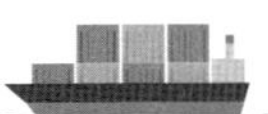

Visual Studio Code 설치

Visual Studio Code(이하, VS Code)는 마이크로소프트가 제공하는 오픈소스 소스코드 에디터입니다. 무료로 이용할 수 있으며, Windows뿐만 아니라 macOS나 Linux에서도 작동됩니다.

또 Visual Studio Marketplace에서 제공하는 확장 기능을 넣어서 커스터마이징하여 사용할 수도 있습니다. 도커나 쿠버네티스의 설정 파일 작성을 지원하는 확장 기능도 있습니다.

- VS Code [공식 사이트]
  https://code.visualstudio.com/

현재 VS Code가 제공하는 주요 기능은 다음과 같습니다.

- 디버그 기능
- 구문 하이라이트
- IntelliSense (입력 보완 기구)
- Git과의 연계
- 태스크 자동 실행
- 확장 기능 임베디드
- 통합 터미널 기능

인스톨러는 VS Code 공식 사이트의 메인 페이지 또는 다운로드 페이지에서 다운로드할 수 있습니다.

개발용 PC에 맞춰 Windows, Linux, macOS 중 선택을 하여 다운로드한 후 설치합니다. 절차와 동작 환경에 대한 자세한 내용은 공식 사이트를 참조하기 바랍니다.

Visual Studio Code의 확장 기능

Visual Studio Code(이하, VS Code)는 다양한 확장 기능을 갖고 있습니다. VS Code 안에서 확장 기능을 설치할 때는 [View] → [Extensions]를 선택하거나 키보드에서 Ctrl + Shift + A 를 입력합니다.
여기서는 컨테이너 개발에 편리한 확장 기능을 소개하겠습니다.

- **Docker Support for Visual Studio Code(Microsoft)**

VS Code의 확장 기능 검색 줄에 'Docker' 라고 입력하면 몇 가지 확장 기능이 표시됩니다(그림 2.A). 여기서는 마이크로소프트가 제공하는 도커 확장 기능을 설치하겠습니다.
그러면 Dockerfile/docker-compose.yml 파일의 구문 하이라이트나 IntelliSense, Docker 명령의 커맨드 팔레트를 이용할 수 있게 됩니다. 또 Docker Hub나 Azure Container Registry에서 공개하고 있는 도커 이미지를 바탕으로 Azure가 제공하는 PaaS인 Azure App Service에 디플로이할 수 있습니다.

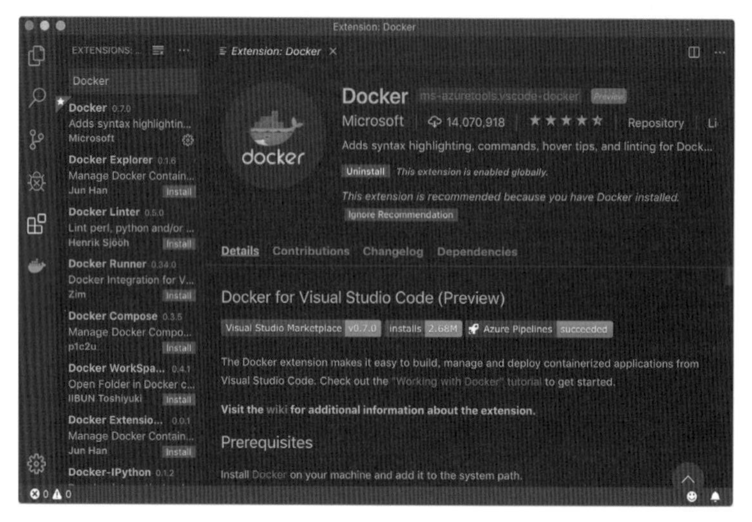

[그림 2.A] VS Code의 도커 확장 기능

- **Visual Studio Code Kubernetes Tools(Microsoft)**

[그림 2.B]는 마이크로소프트가 제공하는 쿠버네티스 클러스터에 대한 디플로이나 클러스터 조작을 지원하기 위한 확장 기능입니다.
의존 관계로 설치되는 YAML Support by Red Hat에 의해 쿠버네티스의 매니페스트 파일의 구문 지원이나 입력 보완 기능도 유효화됩니다.

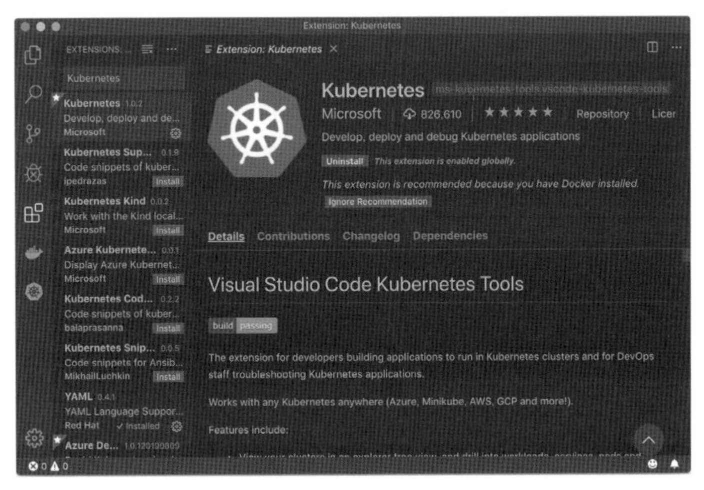

[그림 2.B] VS Code의 쿠버네티스 확장 기능

또 이 확장 기능을 이용하려면 미리 아래 명령을 설치하고 환경변수 PATH에 설정해 두어야 합니다.

- docker 명령
- git 명령

Azure CLI 명령의 설치

Azure를 사용하여 컨테이너 관련 서비스를 구축 및 관리할 때는 Azure 포털 사이트에서도 가능하지만 명령을 이용하는 편이 더 편리합니다. 여기서는 Azure의 서비스를 관리하기 위한 Azure CLI 명령을 설치하겠습니다. Azure CLI 명령은 Windows뿐만 아니라 macOS나 Linux에서도 작동합니다.

Windows의 경우

먼저 아래 사이트에서 MSI 인스톨러를 다운로드합니다.

https://aka.ms/installazurecliwindows

다운로드한 인스톨러를 더블클릭하여 설치합니다. 이때 컴퓨터에 변경을 해도 좋은지 물어보는 메시지가 표시되므로 [예]를 클릭하기 바랍니다.

설치가 완료되면 Windows 명령 프롬프트 또는 PowerShell에서 az 명령으로 Azure CLI를 실행할 수 있습니다.

macOS의 경우

Homebrew 패키지 매니저를 사용하여 설치합니다. 터미널에서 다음 명령을 실행합니다.

```
$ brew update && brew install azure-cli
```

Homebrew가 없는 경우는 아래 사이트를 참고로 설치하기 바랍니다.

https://docs.brew.sh/Installation.html

Linux의 경우

Linux의 디스트리뷰션에 따라 설치 방법이 달라집니다. 예를 들어 Ubuntu나 Debian의 경우는 터미널에서 다음 명령을 실행합니다.

```
$ AZ_REPO=$(lsb_release -cs)
$ echo "deb [arch=amd64] https://packages.microsoft.com/repos/azure-cli/
➡$AZ_REPO main" | \
      sudo tee /etc/apt/sources.list.d/azure-cli.list

$ curl -L https://packages.microsoft.com/keys/microsoft.asc | sudo apt-key add -

$ sudo apt-get install apt-transport-https
$ sudo apt-get update && sudo apt-get install azure-cli
```

CentOS, RHEL의 경우는 터미널에서 다음 명령을 실행합니다.

```
$ sudo rpm --import https://packages.microsoft.com/keys/microsoft.asc
$ sudo sh -c 'echo -e "[azure-cli]\nname=Azure CLI\nbaseurl=https://packages.
 ➡microsoft.com/yumrepos/azure-cli\nenabled=1\ngpgcheck=1\ngpgkey=https://
 ➡packages.microsoft.com/keys/microsoft.asc" > /etc/yum.repos.d/azure-cli.repo'

$ sudo yum install azure-cli
```

이것으로 설치가 완료되었습니다. Azure에 로그인하기 위해 az login 명령을 실행합니다.

```
$ az login
```

브라우저가 실행되고 로그인 페이지가 열립니다. 거기서 명령의 지시에 따라 인증 코드를 입력합니다.

계속해서 Azure의 서비스를 이용하기 위해 다음 명령을 실행하여 리소스 프로바이더를 활성화합니다.

```
$ az provider register -n Microsoft.Network
$ az provider register -n Microsoft.Storage
$ az provider register -n Microsoft.Compute
$ az provider register -n Microsoft.ContainerService
```

설치 방법은 변경되는 경우도 있으니 아래 공식 사이트에서 최신 정보를 확인하기 바랍니다.

- **Azure CLI 설치**
  https://docs.microsoft.com/ko-kr/cli/azure/install-azure-cli

NOTE Azure CLI 명령의 출력 형식

az 명령은 기본값으로 다음과 같은 JSON 형식으로 명령의 실행 결과를 출력합니다.

```
$ az group create --resource-group $ACR_RES_GROUP --location Koreacentral
{
  "id": "/subscriptions/xxxxxxxx/resourceGroups/sampleACRRegistry",
  "location": "Koreacentral",
  "managedBy": null,
  "name": "sampleACRRegistry",
  "properties": {
    "provisioningState": "Succeeded"
  },
 "tags": null
}
```

명령의 출력 형식을 그때그때 변경하려면 --output 옵션을 사용하여 형식을 지정합니다. 또 형식을 계속 지정해 두려면 다음 명령을 실행하여 설정합니다. 이 명령은 명령의 출력 형식을 Table 형식으로 설정하는 예입니다.

```
$ az configure

Welcome to the Azure CLI! This command will guide you through logging in
and setting some default values.
~중략~
What default output format would you like?
  [1] json - JSON formatted output that most closely matches API responses
  [2] jsonc - Colored JSON formatted output that most closely matches
 ➡API responses
  [3] table - Human-readable output format
  [4] tsv - Tab- and Newline-delimited, great for GREP, AWK, etc.
Please enter a choice [1]: 3
~

$ az group create --resource-group $ACR_RES_GROUP --location koreacentral
Location      Name
------------  -----------------
koreacentral  sampleACRRegistry
```

또 JSON이나 Table 형식 외에도 탭으로 구분하여 출력할 수도 있으므로 UNIX 파이프에서 grep 나 AWK를 사용하여 특정 필드를 추출하고 싶을 때는 이쪽을 사용하는 것이 편리합니다. 명령의 헤더 정보를 출력하고 싶지 않을 때는 --no-headers 옵션을 지정합니다.

kubectl 명령의 설치

쿠버네티스 클러스터를 조작하려면 브라우저의 GUI를 사용하는 방법과 프로그램 안에서 API를 호출하는 방법 등이 있는데, 일반적으로 널리 사용하는 것은 명령으로 조작하는 방법입니다.

kubectl 명령은 쿠버네티스 클러스터의 상태를 확인하거나 구성을 변경하기 위한 것입니다. 이것을 개발을 위한 클라이언트 머신에 설치합니다. 현재 Windows, macOS, Linux에서 작동합니다.

Windows의 경우

아래 사이트에서 최신 릴리스인 v1.11.4를 다운로드하여 임의의 장소에 저장합니다. 명령을 이용할 수 있도록 환경변수 PATH에 파일을 저장한 장소를 추가합니다.

https://storage.googleapis.com/kubernetes-release/release/v1.11.4/bin/windows/amd64/kubectl.exe

또 PowerShell Gallery 패키지 매니저나 Chocolatey 패키지 매니저를 사용하여 설치할 수도 있습니다. 자세한 방법에 대해서는 공식 사이트를 확인하기 바랍니다.

- Install with PowerShell from PSGallery
  https://kubernetes.io/docs/tasks/tools/install-kubectl/#install-with-powershell-from-psgallery
- Install with Chocolatey on Windows
  https://kubernetes.io/docs/tasks/tools/install-kubectl/#install-with-chocolatey-on-windows

macOS의 경우

Homebrew 패키지 매니저를 사용하여 설치합니다. 터미널에서 다음 명령을 실행합니다.

```
$ brew install kubernetes-cli
```

Linux의 경우

Linux의 디스트리뷰션에 따라 설치 방법이 달라집니다. 예를 들어 Ubuntu나 Debian의 경우는 터미널에서 다음 명령을 실행합니다.

```
$ sudo apt-get update && sudo apt-get install -y apt-transport-https
$ curl -s https://packages.cloud.google.com/apt/doc/apt-key.gpg | sudo apt-key
➡add -
$ sudo touch /etc/apt/sources.list.d/kubernetes.list
$ echo "deb http://apt.kubernetes.io/ kubernetes-xenial main" | sudo tee -a /
➡etc/apt/sources.list.d/kubernetes.list
$ sudo apt-get update
$ sudo apt-get install -y kubectl
```

CentOS나 RHEL의 경우는 터미널에서 다음 명령을 실행합니다.

```
$ cat <<EOF > /etc/yum.repos.d/kubernetes.repo
[kubernetes]
name=Kubernetes
baseurl=https://packages.cloud.google.com/yum/repos/kubernetes-el7-x86_64
enabled=1
gpgcheck=1
repo_gpgcheck=1
gpgkey=https://packages.cloud.google.com/yum/doc/yum-key.gpg https://packages.
 ➡cloud.google.com/yum/doc/rpm-package-key.gpg
EOF

$ yum install -y kubectl
```

이로써 설치가 완료되었습니다. 다음 명령을 실행하여 버전을 확인하기 바랍니다.

```
$ kubectl version
Client Version: version.Info{Major:"1", Minor:"11", GitVersion:"v1.11.1", GitCo
 ➡mmit:"b1b29978270dc22fecc592ac55d903350454310a", GitTreeState:"clean",
 ➡BuildDate:"2018-07-17T18:53:20Z", GoVersion:"go1.10.3", Compiler:"gc",
 ➡Platform:"linux/amd64"}
```

또 Azure CLI를 사용하면 az 명령을 사용하여 kubectl 명령을 설치할 수 있습니다. Azure의 경우는 이쪽을 사용하기 바랍니다.

```
$ sudo az aks install-cli
```

- [참고] Install and Set up kubectl
  https://kubernetes.io/docs/tasks/tools/install-kubectl

kubectl 명령과 az 명령의 차이

이 책에서는 Azure를 사용하여 쿠버네티스를 배우는데, 쿠버네티스에서는 주로 명령을 사용하여 클러스터를 조작합니다. kubectl 명령과 az 명령의 차이를 간단히 말하자면 kubectl 명령은 쿠버네티스 클러스터 안에서 움직이는 컨테이너 애플리케이션을 조작하는 것이고, az 명령은 Azure를 사용하여 쿠버네티스 클러스터 자체의 구축이나 삭제 등을 하는 것입니다(그림 2.C). 이 부분은 혼동하기 쉬운 부분이므로 명령을 실행할 때는 클러스터에 대해 뭔가를 조작하는 것인지를 확인하면서 책을 읽어 가기 바랍니다.

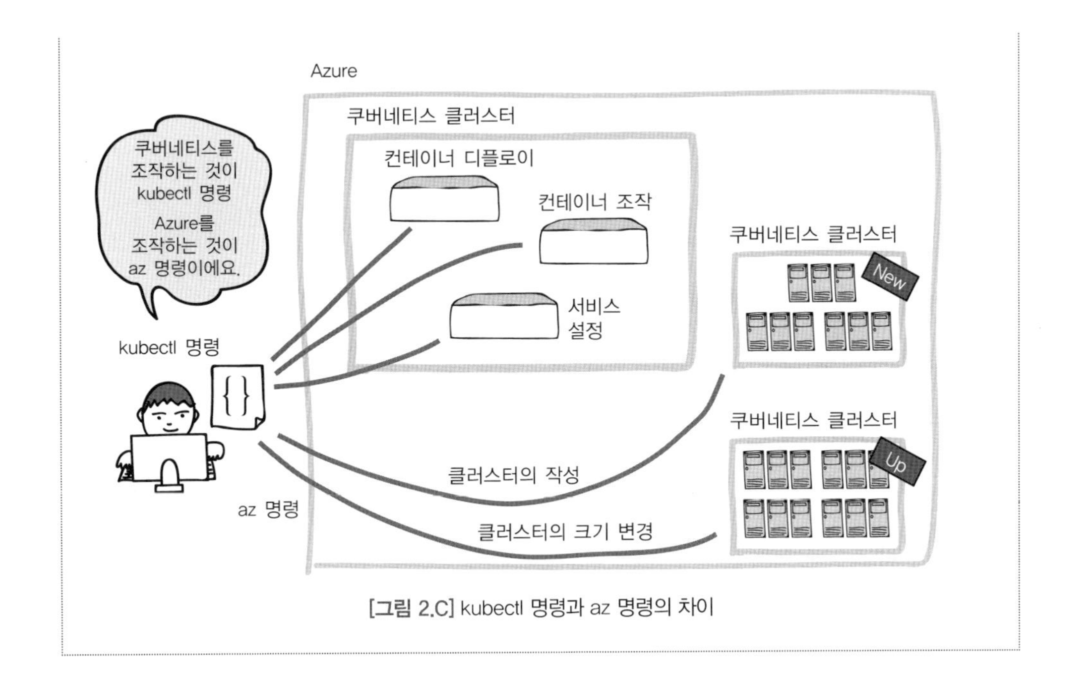

[그림 2.C] kubectl 명령과 az 명령의 차이

Azure Cloud Shell 이용

Azure Cloud Shell은 브라우저에서 Azure를 명령으로 조작할 수 있는 웹 애플리케이션입니다. 클라이언트 단말기에 kubectl 명령이나 az 명령 등을 설치하는 것이 어려운 경우에 사용하면 좋습니다.

- **[참고] Azure Cloud Shell의 개요**
  https://docs.microsoft.com/ko-kr/azure/cloud-shell/overview

Azure Cloud Shell을 이용할 때는 Azure 포털에 액세스하여 오른쪽 위에 있는 Cloud Shell 아이콘(>_)을 클릭합니다(그림 2.2). 그러면 브라우저에 터미널 화면이 표시됩니다. Cloud Shell의 파일을 저장하려면 Azure Files 공유를 마운트할 필요가 있습니다. Cloud Shell의 처음 시작 시에 리소스 그룹, 스토리지 계정, Azure Files 공유를 작성하도록 합니다. Cloud Shell에서는 Bash 또는 PowerShell을 이용할 수 있습니다.

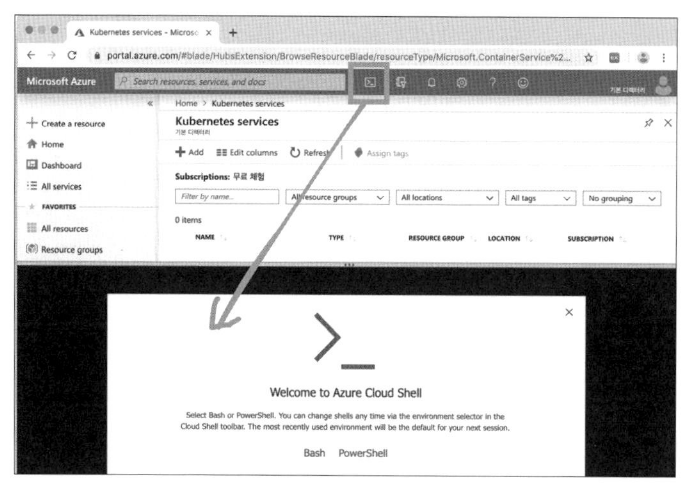

[그림 2.2] 터미널 화면이 표시된다

Cloud Shell에는 [표 2.2]의 툴이 미리 설치되어 있습니다. 환경 구축에 힘이 들지 않아 편리합니다.

[표 2.2] Cloud Shell에 설치되어 있는 툴(집필 당시)

종류	툴
Linux 툴	Bash zsh sh tmux dig
Azure 툴	Azure CLI 2.0과 1.0 AzCopy Service Fabric CLI
텍스트 에디터	vim nano emacs
소스 관리	git
빌드 툴	make maven npm pip
Containers	Docker CLI/Docker Machine Kubectl Helm DC/OS CLI
데이터베이스	MySQL 클라이언트 PostgreSql 클라이언트 sqlcmd 유틸리티 mssql-scripter
기타	iPython 클라이언트 Cloud Foundry CLI Terraform Ansible Chef InSpec

또 브라우저에서 이용할 수 있는 편리한 데이터 기능도 있어서 로컬 PC의 파일을 드래그&드롭하여 Cloud Shell에 업로드할 수 있습니다.

Azure Cloud Shell은 사용자별로 세션 단위로 일시적으로 제공되는 호스트 상에서 실행됩니다. Cloud Shell은 세션이 비활성화된 상태로 20분이 경과하면 타임아웃됩니다.

2.3 컨테이너 이미지의 빌드와 공개

이것으로 개발 환경이 준비되었습니다. 다음은 쿠버네티스 클러스터에서 작동시키기 위한 컨테이너 애플리케이션의 이미지를 작성합니다.

Azure Container Registry

Azure Container Registry(이후 ACR로 표기)는 Azure가 제공하는 컨테이너 이미지 공유 서비스입니다. 쿠버네티스뿐만 아니라 DC/OS, Docker Swarm, Azure가 제공하는 컨테이너 실행 환경(APP Services, Batch, Service Fabric 등)에서 이용할 수 있습니다.

여러 리전 간에서 레지스트리 관리

레지스트리가 여러 리전에 복제됩니다. 또 레지스트리를 실행 환경과 똑같은 데이터센터에 배치하면 네트워크 대기 시간을 단축시킬 수 있습니다. Azure Container Registry에서는 컨테이너 이미지가 네트워크에서 가까운 위치에 저장되며 여러 리전에 복제할 수 있습니다.

보안과 CI/CD 연계

Azure Active Directory와 연계하여 액세스를 인증 및 관리하면 이미지를 보호할 수 있습니다. Webhook 기능을 갖고 있어서 액션을 바탕으로 임의의 이벤트 트리거가 가능합니다.

컨테이너 이미지의 자동 빌드

Azure Container Registry Tasks를 이용하면 컨테이너 이미지를 자동으로 빌드할 수 있습니다. 로컬 환경에서 개발한 애플리케이션의 소스코드와 Dockerfile을 ACR로 전송하여 ACR 상에서 이미지를 빌드할 수 있습니다.

- ACR [공식 사이트]
  https://azure.microsoft.com/ko-kr/services/container-registry/

ACR을 사용한 컨테이너 이미지 빌드와 공유

이제 ACR을 사용하여 컨테이너 이미지의 빌드와 공유를 실제로 해 봅시다. 먼저 이 책에서 사용하는 샘플 애플리케이션의 컨테이너 이미지를 빌드하는 방법을 설명하겠습니다. 여기서는 Windows Subsystem for Linux를 사용하는 경우를 예로 들겠습니다.

(1) 레지스트리 작성

먼저 다음 명령을 실행하여 레지스트리명을 쉘 환경변수 ACR_NAME에 설정합니다. 레지스트리명은 Azure 안에서 고유해야 하므로 프로젝트명과 같이 고유한 정보를 포함시키는 것이 좋습니다. 레지스트리명은 5~50자의 영숫자로 하기 바랍니다.

다음 명령은 쉘 환경변수 ACR_NAME에 'sampleACRRegistry'라는 이름을 설정하는 예입니다.

```
$ ACR_NAME=sampleACRRegistry
```

또한 레지스트리명이 이용 가능한지를 조사하려면 다음 명령을 실행합니다. 다음 예에서는 'sample'이라는 이름의 레지스트리명이 이미 사용되고 있으므로 할당할 수 없다는 것을 알 수 있습니다. 중복되지 않는 이름을 쉘 환경변수 ACR_NAME에 설정하기 바랍니다.

```
$ az acr check-name -n sample
Message                                NameAvailable    Reason
-------------------------------------  ---------------  -------------
The registry sample is already in use.  False            AlreadyExists
```

Azure에서는 '리소스 그룹'이라는 논리적인 단위로 리소스를 관리합니다.

그 다음은 컨테이너 레지스트리를 작성하는 Azure의 리소스 그룹을 설정합니다. 이것은 쉘 환경변수 ACR_RES_GROUP에 설정합니다. 리소스 그룹명은 임의의 이름이면 되므로 이번에는 레지스트리명과 똑같이 '$ACR_NAME'으로 하겠습니다.

```
$ ACR_RES_GROUP=$ACR_NAME
```

그리고 다음 명령을 실행하여 리소스 그룹을 작성합니다. 로케이션은 한국 중부 리전인 'koreacentral'로 합니다.

```
$ az group create --resource-group $ACR_RES_GROUP --location koreacentral
Location            Name
-------------       ------------------
koreacentral        sampleACRRegistry
```


이것으로 리소스 그룹이 만들어졌으므로 여기에 ACR의 레지스트리를 작성합니다. 로케이션은 마찬가지로 한국 중부 리전 'koreacentral'로 합니다.

```
$ az acr create --resource-group $ACR_RES_GROUP --name $ACR_NAME --sku Standard --location koreacentral
NAME              RESOURCE GROUP    LOCATION     SKU       LOGIN SERVER                 CREATION DATE
----------------- ----------------- ----------   --------  ---------------------------- --------------------
sampleACRRegistry sampleACRRegistry koreacentral Standard  sampleacrregistry.azurecr.io 2018-08-05T02:56:53Z
```

여기서 LOGIN SERVER의 값을 확인합니다. 이것이 컨테이너 레지스트리의 액세스 위치가 됩니다. 제3장 이후에서 사용하므로 메모해 두기 바랍니다.

(2) 샘플 다운로드

레지스트리가 만들어졌으면 ACR Build를 사용하여 샘플 코드로부터 컨테이너 이미지를 빌드합니다. 다음 명령을 실행하여 샘플 코드를 다운로드합니다. 샘플 애플리케이션은 각 장별로 나뉘어져 있습니다. 여기서는 chap02를 사용합니다.

```
$ git clone https://github.com/ToruMakabe/Understanding-K8s
$ cd Understanding-K8s/chap02/
```

NOTE 환경변수의 참조

Linux에서 앞에 $를 붙이면 환경변수를 참조한다는 뜻이 됩니다. 예를 들어 $ACR_NAME은 'sample ACRRegistry' 로 설정되어 있으므로 쉘 환경변수 ACR_RES_GROUP에도 'sampleACRRegistry' 가 설정됩니다. 다음의 echo 명령을 실행하여 확인해 봅시다.

```
$ echo $ACR_NAME
sampleACRRegistry

$ echo $ACR_RES_GROUP
sampleACRRegistry
```

이 책에서는 자주 사용하는 변수를 쉘 환경변수로 설정하고 있기 때문에 명령을 실행했을 때 오류 등이 발생하는 경우는 echo 명령을 사용하여 설정한 변수의 이름을 확인하기 바랍니다.

이 책의 도입편과 기본편에서 이용하는 샘플의 전체 구성은 [그림 2.3]과 같습니다.

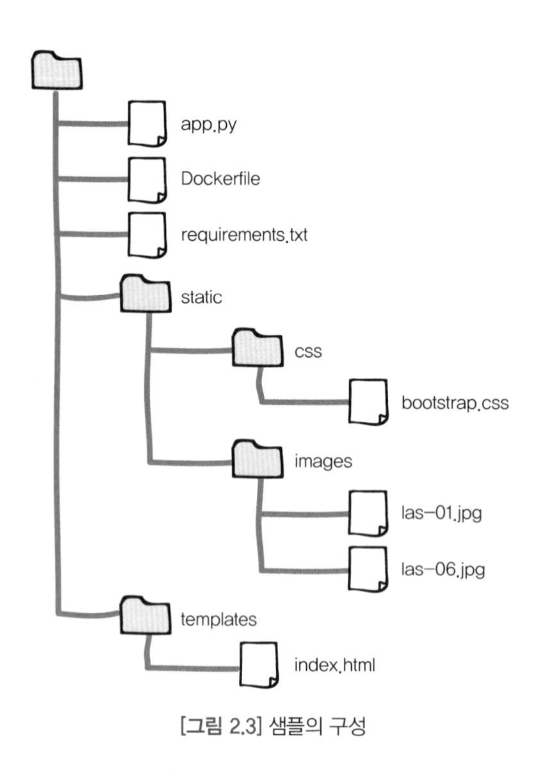

[그림 2.3] 샘플의 구성

(3) 이미지 빌드

다음 az 명령을 실행하여 빌드합니다. 이미지의 이름은 'photo-view'라고 하고, 이미지의 식별을 위해 'v1.0'이라는 태그를 설정합니다. 이미지의 빌드에는 시간이 조금 걸립니다.

```
$ az acr build --registry $ACR_NAME --image photo-view:v1.0 v1.0/
```

명령의 결과는 다음과 같습니다. 샘플의 소스코드를 ACR에 업로드하여 빌드를 하고 있다는 것을 확인할 수 있습니다. 또 ACR Build는 내부에서 docker build를 사용하고 있습니다.

```
Sending build context (325.498 KiB) to ACR.
~중략~
Login Succeeded
time="2018-08-05T02:59:34Z" level=info msg="Running command docker build --pull
 ➡-f Dockerfile -t sampleacrregistry.azurecr.io/photo-view:v1.0 v1.0/"
Sending build context to Docker daemon 484.4kB================================>]
 ➡333.3kB/333.3kB
Step 1/11 : FROM python:3.6
~중략~
Step 11/11 : CMD ["python", "/opt/photoview/app.py"]
 ---> Running in a5105655925b
Removing intermediate container a5105655925b
 ---> 4017be453358
Successfully built 4017be453358
Successfully tagged sampleacrregistry.azurecr.io/photo-view:v1.0
time="2018-08-05T03:00:22Z" level=info msg="Running command docker push
 ➡sampleacrregistry.azurecr.io/photo-view:v1.0"The push refers to repository
 ➡[sampleacrregistry.azurecr.io/photo-view]
~중략~
ACR Builder discovered the following dependencies:
- image:
     registry: sampleacrregistry.azurecr.io
     repository: photo-view
     tag: v1.0
     digest: sha256:7526e80dc7fc814ebca5e1f4627cab2b049fc24fc9eff75ee7c0c64744bc
➡290f
  runtime-dependency:
    registry: registry.hub.docker.com
    repository: library/python
    tag: "3.6"
    digest: sha256:b96b5eecbb15cc6dc38653d8dac5499955c6088a66f4a62465efa01113c9
 ➡895c

Build complete
Build ID: ae1 was successful after 1m59.076905171s
```

출력의 마지막에 ACR Tasks에 의해 이미지에서 검출된 의존 관계가 표시됩니다.

또 제5장에서는 버전이 다른 두 개의 애플리케이션을 배포하기 때문에 여기서 v2.0의 이미지도 빌드해 둡시다. 컨테이너 이미지의 태그를 v1.0에서 v2.0으로 지정하므로 주의하기 바랍니다.

```
$ az acr build --registry $ACR_NAME --image photo-view:v2.0 v2.0/
```

(4) 이미지 확인

이로써 컨테이너의 바탕이 되는 이미지를 작성했습니다. 다음 명령을 실행하여 확인해 봅시다. 태그가 다른 두 개의 이미지가 생성되어 있다는 것을 알 수 있습니다.

```
$ az acr repository show-tags -n $ACR_NAME --repository photo-view

Result
--------
v1.0
v2.0
```

만들어진 컨테이너 이미지는 Azure 포털에서도 확인할 수 있습니다. Azure 포털(https://ms.portal.azure.com/)에 로그인한 후 메뉴에서 [Container registries]를 선택합니다. 여기서 작성한 'sampleACRRegistry' 레지스트리를 선택하고 [Services] → [Repositories]를 클릭하면 작성한 두 버전의 이미지가 만들어져 있는 것을 확인할 수 있습니다(그림 2.4).

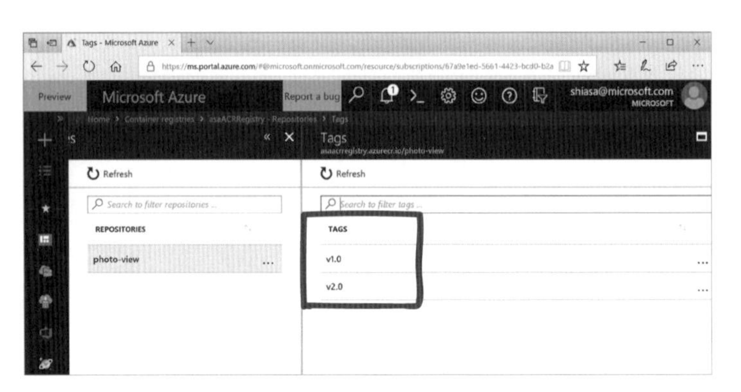

[그림 2.4] 리포지토리 확인하기

또 빌드 태스크를 사용하면 빌드 처리를 자동화할 수 있습니다. 예를 들어 Git 리포지토리에 대한 커미트 등과 같은 이벤트를 빌드 태스크로 정의하면 이벤트 발생 시에 컨테이너 이미지가 빌드됩니다.

이 책에서 자세한 방법은 설명하지 않지만 ACR Tasks와 GitHub를 연계한 빌드 파이프라인을 작성하고 싶다면 아래 공식 사이트를 확인하기 바랍니다.

- **튜토리얼: Azure Container Registry 태스크를 사용하여 컨테이너 이미지 빌드를 자동화하기**
  https://docs.microsoft.com/ko-kr/azure/container-registry/container-registry-tutorial-build-task

또 팀으로 개발할 때는 Azure가 제공하는 CI/CD 환경구축 서비스인 'Azure DevOps Projects'를 이용하면 좋습니다.

- Azure DevOps Projects [공식 사이트]
  https://azure.microsoft.com/ko-kr/features/devops-projects/

2.4 Azure를 사용한 쿠버네티스 클러스터 작성

쿠버네티스 클러스터를 작성하기 위해서는 서버의 준비와 함께 쿠버네티스의 셋업, 네트워크 설정 등 다양한 작업이 필요합니다(제7장 참조).

간편하게 도입하려면 퍼블릭 클라우드 서비스를 사용하는 편이 좋습니다. 쿠버네티스는 오픈소스 소프트웨어이므로 기본적으로 어떤 서비스를 사용해도 비슷한 일을 실현할 수 있습니다. 이 책에서는 Azure가 제공하는 Azure Kubernetes Services(이후 AKS로 표기)를 사용하여 설명을 하겠습니다.

AKS를 사용한 클러스터 구축

이제 실제로 AKS를 사용하여 쿠버네티스 클러스터를 구축해 봅시다.

(1) ACR와 AKS 연결하기

좀 전에 ACR에서 작성한 컨테이너 이미지는 AKS에서 작성한 쿠버네티스 클러스터 상에서 pull하여 움직입니다. 그러기 위해서는 ACR과 AKS 사이에 인증을 해야 하기 때문에 Azure Active Directory의 서비스 프린서플(principal)을 사용합니다. 서비스 프린서플이란 Azure의 리소스를 조작하는 애플리케이션을 위한 ID입니다.

먼저 az acr show 명령을 실행하여 ACR의 리소스 ID를 취득합니다. 다음 명령을 사용하여 취득한 리소스 ID를 쉘 환경변수 ACR_ID에 설정합니다.

```
$ ACR_ID=$(az acr show --name $ACR_NAME --query id --output tsv)
```

그 다음 서비스 프린서플 이름을 쉘 환경변수 SP_NAME에 설정합니다. 이름은 임의의 이름이면 되므로 여기서는 'sample-acr-service-principal'이라고 합니다.

```
$ SP_NAME=sample-acr-service-principal
```

AKS에서 작성한 쿠버네티스 클러스터가 ACR에 저장되어 있는 컨테이너 이미지에 액세스하려면 ACR로부터 이미지를 취득하기 위한 적절한 권한을 AKS의 서비스 프린서플에 부여할 필요가 있습니다.

서비스 프린서플을 작성하려면 az ad sp create-for-rbac 명령을 실행합니다. 여기서는 쉘 환경변수 ACR_ID로 지정한 ACR의 리소스 ID에 대해 [Reader] (읽기 전용) 권한을 부여하고 있습니다. 또 서비스 프린서플의 비밀번호를 나중에 사용하므로 쉘 환경변수 SP_PASSWD에 설정하고 있습니다.

```
$ SP_PASSWD=$(az ad sp create-for-rbac --name $SP_NAME --role Reader --scopes
➡$ACR_ID --query password --output tsv)
```

그 다음 작성한 서비스 프린서플의 ID를 쉘 환경변수 APP_ID에 설정합니다.

```
$ APP_ID=$(az ad sp show --id http://$SP_NAME --query appId --output tsv)
```

이제 설정한 쉘 환경변수를 확인해 봅시다. 다음 값은 AKS에서 쿠버네티스 클러스터를 작성할 때 사용합니다.

```
$ echo $APP_ID
xxxxxxxx-xxxx-xxxx-xxxx-xxxxxxxxxxxx    ← 실제 ID가 표시된다

$ echo $SP_PASSWD
xxxxxxxx-xxxx-xxxx-xxxx-xxxxxxxxxxx     ← 실제 비밀번호가 표시된다
```

(2) 클러스터 만들기

작성할 클러스터에 임의의 이름을 붙입니다. 다음 명령을 실행하여 클러스터의 이름을 쉘 환경변수 ACR_CLUSTER_NAME에 설정합니다. 여기서는 'AKSCluster'라는 이름을 설정하고 있습니다.

```
$ AKS_CLUSTER_NAME=AKSCluster
```

그 다음 클러스터를 작성할 Azure의 리소스 그룹명을 쉘 환경변수 AKS_RES_GROUP에 설정합니다. 리소스 그룹명은 임의의 이름이므로 이번에는 쉘 환경변수 AKS_CLUSTER_NAME과 똑같은 이름으로 합니다.

```
$ AKS_RES_GROUP=$AKS_CLUSTER_NAME
```

다음 명령을 실행하여 리소스 그룹을 작성합니다. 로케이션은 ACR과 마찬가지로 한국 중부 리전인 'koreacentral'로 합니다. ACR과 AKS는 컨테이너 이미지 취득 시간의 관점에서 볼 때 동일한 리전에서 작동시키는 것이 좋습니다.

```
$ az group create --resource-group $AKS_RES_GROUP --location koreacentral
Location       Name
----------     ----------
koreacentral  AKSCluster
```

이것으로 리소스 그룹이 만들어졌으므로 여기에 AKS에서 쿠버네티스 클러스터를 작성합니다.

클러스터 안에서 실제로 애플리케이션을 작동시키는 Node의 수는 --node-count 옵션으로, 가상 머신의 크기는 --node-vm-size 옵션으로 지정합니다. 다음 예에서는 Azure의 가상 머신인 'Standard_DS1_v2'에서 세 대의 Node를 가동시키고 있습니다. 또 쿠버네티스의 버전은 --kubernetes-version 옵션으로 지정하는데, 이 책에서는 '1.11.4'를 바탕으로 검증하고 있습니다.

```
$ az aks create \
    --name $AKS_CLUSTER_NAME \
    --resource-group $AKS_RES_GROUP \
    --node-count 3 \
    --kubernetes-version 1.11.4 \
    --node-vm-size Standard_DS1_v2 \
    --generate-ssh-keys \
    --service-principal $APP_ID \
    --client-secret $SP_PASSWD
```

클러스터를 구축하는 데는 십 여분이 걸립니다. 작성 중에는 '- Running...'이 표시되지만 완료되면 'Succeeded'로 바뀝니다.

AKS의 이용요금은 가상 머신의 크기와 수에 따라 결정됩니다.

- [참고] Azure의 Linux 가상 머신의 크기
  https://docs.microsoft.com/ko-kr/azure/virtual-machines/linux/sizes

(3) 클러스터 연결을 위한 인증 정보 설정하기

클러스터가 작성되었으므로 이제 이 클러스터에 연결하기 위한 인증 정보를 취득합니다. 다음 명령을 실행하기 바랍니다.

```
$ az aks get-credentials --admin --resource-group $AKS_RES_GROUP --name $AKS_
➡CLUSTER_NAME
```

이 명령을 실행하면 .kube 디렉토리에 연결 정보가 기록됩니다. 참조 제11장 NOTE 'AKS의 Admin 사용자의 정체' p.312

이것으로 모든 준비가 끝났습니다.

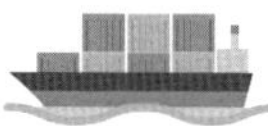 kubectl 명령을 사용한 클러스터의 기본 조작

AKS를 사용하여 쿠버네티스 클러스터를 작성했으면 이제 kubectl 명령을 사용하여 클러스터를 조작할 수 있습니다. kubectl 명령의 레퍼런스는 부록에 모아 두었으므로 여기서는 kubectl 명령의 기본적인 규칙을 기억해 둡시다.

kubectl 명령은 다음과 같은 구문으로 사용합니다.

구문 kubectl 명령

```
kubectl [명령] [타입] [이름] [플래그]
```

명령

클러스터에 대해 어떤 조작을 할지를 지정합니다. 자주 사용하는 명령은 create/apply/get/delete입니다. 상세정보를 확인할 때는 describe, 로그를 확인할 때는 logs를 사용합니다.

타입

쿠버네티스에서는 컨테이너 애플리케이션이든 네트워크 설정이든 잡 실행이든 모두 '리소스'라는 추상화된 개념으로 관리합니다. 타입에는 단축명을 이용할 수 있습니다. 예를 들어 다음 명령은 둘 다 똑같은 뜻을 나타냅니다. 단축명에 대한 자세한 사항은 부록을 참조하기 바랍니다.

```
$ kubectl get pod
$ kubectl get po  ◀── 단축명
```

```
$ kubectl get deployment
$ kubectl get deploy  ◀── 단축명
```

```
$ kubectl get horizontalpodautoscalers
$ kubectl get hpa  ◀── 단축명
```

이름

리소스에는 식별을 위한 고유한 이름이 붙여 있습니다. 이것을 리소스의 이름으로 지정합니다. 이름은 대소문자를 구별합니다. 만일 이름을 생략하면 모든 리소스의 상세정보가 표시됩니다.

플래그

옵션으로 플래그를 지정합니다. 자주 사용하는 것으로는 명령의 출력을 변경하는 -o 또는 -output 옵션이 있습니다. 또 -o=wide 옵션을 지정하면 추가 정보까지 표시됩니다.

이제 조금 연습을 해 봅시다.

다음 명령을 실행하면 클러스터의 정보를 확인할 수 있습니다. 예를 들어 쿠버네티스에서 움직이고 있는 API나 애드온 기능의 상태를 알 수 있습니다.

```
$ kubectl cluster-info

Kubernetes master is running at https://akscluster-akscluster-67a9e1-f0c156b3.
➡hcp.Koreacentral.azmk8s.io:443
Heapster is running at https://akscluster-akscluster-67a9e1-f0c156b3.hcp.
➡Koreacentral.azmk8s.io:443/api/v1/namespaces/kube-system/services/heapster/
➡proxy
```

```
KubeDNS is running at https://akscluster-akscluster-67a9e1-f0c156b3.hcp.
➡Koreacentral.azmk8s.io:443/api/v1/namespaces/kube-system/services/kube-dns:dns/
➡proxy
kubernetes-dashboard is running at https://akscluster-akscluster-67a9e1-
➡f0c156b3.hcp.Koreacentral.azmk8s.io:443/api/v1/namespaces/kube-system/services/
➡kubernetes-dashboard/proxy

To further debug and diagnose cluster problems, use 'kubectl cluster-info
➡dump'.
```

다음 명령을 실행하면 클러스터 상에서 움직이는 Node의 목록이 표시됩니다. 여기서는 세 대의 Node가 움직이고 있다는 것을 알 수 있습니다.

```
$ kubectl get node

NAME                         STATUS   ROLES   AGE   VERSION
aks-nodepool1-84401083-0     Ready    agent   9m    v1.11.4
aks-nodepool1-84401083-1     Ready    agent   9m    v1.11.4
aks-nodepool1-84401083-2     Ready    agent   9m    v1.11.4
```

명령에 -o=wide 옵션을 지정하면 Node에 관한 IP 주소나 OS의 버전과 같은 추가 정보도 확인할 수 있습니다.

```
$ kubectl get node -o=wide

NAME                        ~중략~     INTERNAL-IP   EXTERNAL-IP
 ➡OS-IMAGE             KERNEL-VERSION        CONTAINER-RUNTIME
aks-nodepool1-84401083-0    ~중략~     10.240.0.5    <none>
 ➡Ubuntu 16.04.5 LTS   4.15.0-1030-azure     docker://1.13.1
aks-nodepool1-84401083-1    ~중략~     10.240.0.4    <none>
 ➡Ubuntu 16.04.5 LTS   4.15.0-1030-azure     docker://1.13.1
aks-nodepool1-84401083-2    ~중략~     10.240.0.6    <none>
 ➡Ubuntu 16.04.5 LTS   4.15.0-1030-azure     docker://1.13.1
```

계속해서 이 세 대의 노드 중 Node 'aks-nodepool1-84401083-0'의 상세 정보를 확인해 봅시다. 다음 명령을 실행하기 바랍니다. 이때는 kubectl describe 명령에 리소스 타입인 'node'를 지정하고 그 다음에 구체적인 Node 이름을 지정합니다.

```
$ kubectl describe node aks-nodepool1-84401083-0

Name:                       aks-nodepool1-84401083-0
Roles:                      agent
Labels:                     agentpool=nodepool1
~중략~
Addresses:
  InternalIP:     10.240.0.5
  Hostname:       aks-nodepool1-84401083-0
Capacity:
  cpu:                  1
  ephemeral-storage:    30428648Ki
  hugepages-1Gi:        0
  hugepages-2Mi:        0
  memory:               3524620Ki
  pods:                 110
Allocatable:
  cpu:                  940m
  ephemeral-storage:    28043041951
  hugepages-1Gi:        0
  hugepages-2Mi:        0
  memory:               2504716Ki
  pods:                 110
System Info:
  Machine ID:                 a3aa39c33ec349bead241525163b8d09
  System UUID:                8FC58379-219B-1847-B82C-8A387F443F06
  Boot ID:                    a212f8b9-f771-4474-aea1-e8ab57fb1906
  Kernel Version:             4.15.0-1030-azure
  OS Image:                   Ubuntu 16.04.5 LTS
  Operating System:           linux
  Architecture:               amd64
  Container Runtime Version:  docker://1.13.1
  Kubelet Version:            v1.11.3
  Kube-Proxy Version:         v1.11.3
PodCIDR:                      10.244.1.0/24
~중략~
```

위와 같이 명령을 실행하면 Node에 설정된 Internal IP 주소나 Hostname, CPU나 메모리와 같은 컴퓨팅 리소스를 확인할 수 있습니다. 그 외에도 Node에 관한 상세한 정보를 알 수 있지만 이에 대해서는 다음 장에서 자세히 살펴보겠습니다.

또 오브젝트 안의 특정 필드를 지정하고 싶을 때는 JSONPath를 사용합니다. 다음 명령은 클러스터 안의 Node 정보에서 첫 번째 Node의 이름 정보만을 취득하는 예입니다.

```
$ kubectl get node -o=jsonpath='{.items[0].metadata.name}'

aks-nodepool1-84401083-0
```

kubectl 명령을 모두 기억할 필요는 없습니다. 기본 규칙만 이해해 두면 그 다음은 레퍼런스나 도움말을 보면서 클러스터를 조작하면 됩니다.

```
$ kubectl help
```

또 명령의 자동 완성 기능도 있습니다. 다음 명령을 실행하여 활성화해 두기 바랍니다. 명령을 탭 키로 보완해 주므로 편리합니다.

```
# Bash의 경우
$ source <(kubectl completion bash)
$ echo "source <(kubectl completion bash)" >> ~/.bashrc

# zsh의 경우
$ source <(kubectl completion zsh)
$ echo "source <(kubectl completion zsh)" >> ~/.zshrc
```

- **[참고] 자동완성 기능**
  https://kubernetes.io/docs/tasks/tools/install-kubectl/#enabling-shell-autocompletion

또한 Azure를 이용하고 있기 때문에 클러스터가 가동되는 동안이나 ACR 레지스트리에 컨테이너 이미지 데이터를 놓아두는 동안에는 요금이 발생합니다. 이 책에서 작성한 ACR 레지스트리와 AKS 클러스터를 삭제하는 경우는 다음 명령을 실행합니다. 요금이 신경 쓰이는 분은 검증을 할 때마다 이 장의 순서에 따라 레지스트리와 클러스터를 작성하기 바랍니다.

```
$ az group delete -name $ACR_RES_GROUP
$ az group delete -name $AKS_RESOURCE_GROUP
$ az ad sp delete --id=$(az ad sp show --id http://$SP_NAME --query appId
➡--output tsv)
```

2.5 정리

이 장에서는 다음 사항들을 배웠습니다. 쿠버네티스의 구축도 클라우드의 매니지드 서비스를 사용하면 간편하게 도입할 수 있다는 것을 알 수 있습니다.

- 컨테이너 애플리케이션 개발의 흐름
- 개발 환경의 준비 방법
- ACR을 사용한 컨테이너 이미지의 빌드와 공개 방법
- AKS를 사용한 쿠버네티스 클러스터의 작성 방법

제3장에서는 여기서 작성한 클러스터를 사용하여 간단한 웹 애플리케이션을 작동시키는 튜토리얼을 통해 쿠버네티스의 기본적인 조작을 설명하겠습니다.

CHAPTER

03

쿠버네티스를 움직여보자

쿠버네티스는 대규모 시스템에서도 컨테이너 애플리케이션을 오케스트레이션할 수 있도록 다양한 기능을 제공하고 있습니다. 그리고 애플리케이션의 실행 환경을 추상화하기 위한 개념이 도입되어 있어서 처음 배우는 사람에게는 좀 어려울 수 있는 것도 사실입니다. 먼저 간단한 샘플 웹 애플리케이션을 움직여 보면서 쿠버네티스의 기본적인 동작을 확인해 봅시다.

※ 이 장에서 설명하는 환경을 구축하기 위한 코드, 샘플 애플리케이션은 GitHub(https://github.com/ToruMakabe/Understanding-K8s/tree/master/chap03)에 공개하고 있습니다.

3.1 애플리케이션의 디플로이

제2장에서는 ACR을 사용하여 샘플 웹 애플리케이션의 컨테이너 이미지를 작성한 다음, AKS를 사용하여 쿠버네티스 클러스터를 작성했습니다. 지금 시점에서 쿠버네티스 클러스터에서는 아직 아무런 애플리케이션도 움직이고 있지 않은 상태입니다. 이 장에서는 튜토리얼로서 클러스터에 애플리케이션을 디플로이하고 동작을 확인해 보겠습니다. 자세한 내용은 제4장 이후에서 설명하므로 여기서는 전체적인 이미지를 잡도록 하기 바랍니다.

디플로이의 기본 흐름

쿠버네티스 클러스터에 애플리케이션을 디플로이하는 기본적인 흐름은 다음과 같습니다.

(1) 매니페스트 파일 작성

클러스터에 애플리케이션을 디플로이할 때는 매니페스트 파일을 작성합니다. 이것은 클러스터에 어떤 컨테이너 애플리케이션을 몇 개 디플로이할지, 네트워크 구성은 어떻게 할지 등을 정의한 텍스트 형식의 정의 파일입니다.

(2) 클러스터에서 리소스 작성

실제로 애플리케이션을 디플로이할 때는 kubectl 명령으로 실행합니다. 작성한 매니페스트 파일을 명령의 인수로 지정하면 쿠버네티스 클러스터에 의해 애플리케이션이 적절한 장소에 배치됩니다. 또 클러스터 외부에서 액세스하기 위한 네트워크도 구축합니다. 쿠버네티스는 디플로이한 컨테이너 애플리케이션이나 네트워크의 설정 등을 리소스라고 부릅니다.

(3) 애플리케이션의 동작 확인

디플로이된 애플리케이션을 클러스터 외의 네트워크에서 액세스하여 동작을 확인합니다. 개발 환경 PC의 브라우저에서 애플리케이션이 표시되면 확인이 된 것입니다.

이 전체 흐름을 정리하면 [그림 3.1]과 같습니다.

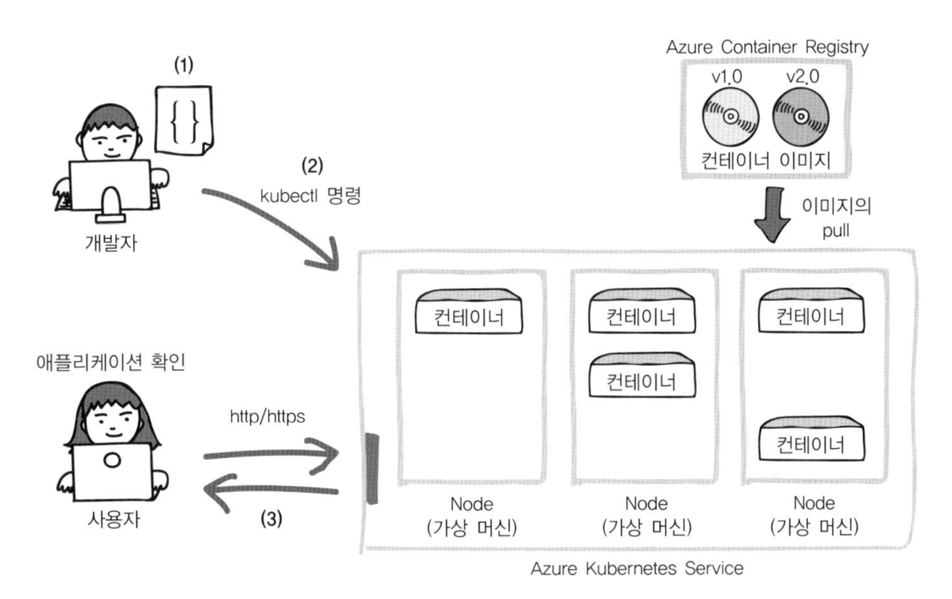

[그림 3.1] AKS와 ACR을 사용한 개발의 흐름

또 쿠버네티스에서는 매니페스트 파일을 작성하지 않고 kubectl 명령의 인수로 필요한 파라미터를 지정하여 실행하면 애플리케이션을 디플로이할 수 있습니다. 하지만 제4장에서 설명할 중요한 개념을 실현하기 위해서도 클러스터 구성은 매니페스트 파일로 관리할 것을 권장합니다.

3.2 매니페스트 파일의 작성

쿠버네티스에서는 클러스터에 애플리케이션을 어떻게 디플로이하고, 클라이언트의 액세스를 어떻게 처리할 지와 같은 구성 정보를 정의 파일로 관리합니다. 이 정의 파일을 쿠버네티스에서는 매니페스트 파일(manifest file)이라고 합니다.

이 매니페스트 파일에는 애플리케이션을 어떻게 기동시키고 싶은지, CPU나 메모리와 같은 컴퓨팅 리소스를 얼마나 필요로 하는지, 네트워크 주소는 어떻게 할당할지와 같은 정보를 JSON 또는 YAML 파일로 선언합니다.

또 공식 사이트에서는 가독성을 위해서 YAML 형식으로 작성할 것을 권장하고 있기 때문에 이 책에서도 YAML 형식으로 설명을 하겠습니다.

컨테이너 애플리케이션 설정하기

먼저 VS Code를 실행시키고 샘플의 [리스트 3.1]의 파일인 'chap03/tutorial-deployment.yaml'을 엽니다.

[리스트 3.1] chap03/tutorial-deployment.yaml

```
# A. 기본 항목
apiVersion: apps/v1
kind: Deployment
metadata:
  name: photoview-deployment

# B. Deployment 스펙
spec:
  replicas: 5   # 리플리카 수
  selector:
    matchLabels:
      app: photo-view   # 템플릿 검색 조건

  # C. Pod 템플릿
  template:
    metadata:
      labels:
        app: photo-view
        env: stage
    spec:
      containers:
      - image: sampleacrregistry.azurecr.io/photo-view:v1.0    # 컨테이너 이미지의 위치
        name: photoview-container    # 컨테이너명
        ports:
        - containerPort: 80    # 포트 번호
```

여기서 컨테이너 이미지의 공개 위치를 제2장에서 작성한 ACR 레지스트리로 변경합니다. 이 예에서는 'sampleacrregistry.azurecr.io'로 되어 있는데 여기를 각자의 환경에 맞춰 수정하기 바랍니다. 참조 제2장 '(1) 레지스트리 작성' p.32

VS Code에서 편집이 끝났으면 [File] → [Save]를 선택하여 저장합니다(그림 3.2).

[그림 3.2] VS Code로 매니페스트 편집하기

서비스 설정하기

계속해서 쿠버네티스 클러스터 상에서 작동시킨 Pod에 클라이언트가 액세스하기 위한 서비스 설정을 확인합니다. 쿠버네티스의 Service란 컨테이너 애플리케이션에 대한 액세스 방법을 정하는 리소스를 말하는 것으로, 포트 번호나 프로토콜, 부하 분산 타입 등을 지정합니다. [리스트 3.2]의 샘플 파일 'chap03/tutorial-service.yaml'을 열기 바랍니다.

[리스트 3.2] chap03/tutorial-service.yaml

```
# A. 기본 항목
apiVersion: v1
kind: Service
metadata:
  name: webserver

# B. Service 스펙
```

```
spec:
  type: LoadBalancer
  ports:   # 포트 번호
    - port: 80
      targetPort: 80
      protocol: TCP

  # C. Pod 조건(라벨)
  selector:
    app: photo-view
```

이 파일은 디플로이한 애플리케이션을 클러스터 외부의 네트워크에서 연결하기 위한 Service를 작성하는 매니페스트 파일입니다. 이 파일에는 수정할 곳이 없으므로 확인만 하기 바랍니다.

이로써 기본이 되는 매니페스트 파일의 준비가 끝났습니다. 매니페스트 파일을 쓰는 방법에 대해서는 제4장 이후에서 자세히 설명하겠습니다. 여기서는 '이런 정의 파일을 마련해야 한다'는 것만 기억해 두기 바랍니다.

3.3 클러스터에서 리소스 작성

작성한 매니페스트 파일을 바탕으로 쿠버네티스 클러스터 상에 컨테이너 애플리케이션을 디플로이하고 움직여 봅시다.

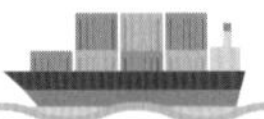

애플리케이션 디플로이하기

애플리케이션을 디플로이하기 전에 다시 한 번 클러스터 안의 노드(Node)의 상태를 확인하기 위해 kubectl get node 명령을 실행합니다.

```
$ kubectl get node
NAME                       STATUS   ROLES   AGE   VERSION
aks-nodepool1-84401083-0   Ready    agent   18m   v1.11.4
aks-nodepool1-84401083-1   Ready    agent   18m   v1.11.4
aks-nodepool1-84401083-2   Ready    agent   18m   v1.11.4
```

실행 결과를 보면 'aks-nodepool1-84401083-0' ~ 'aks-nodepool1-84401083-2'까지 세 개의 노드가 작동하고 있으며, 각각의 버전이 'v1.11.4'라는 것을 알 수 있습니다.

제2장에서 Azure Kubernetes Service(AKS)를 사용하여 클러스터를 작성했을 때 Node의 수를 '3'으로 지정했습니다. AKS에서 이 노드의 정체는 Azure 가상 머신입니다. 이 책의 집필 시점에서 기본 노드는 크기가 'Standard_DS1_v2'였는데, 이 가상 머신의 사양은 [표 3.1]과 같습니다. 이것이 워커 노드로 세 개 실행되어 클러스터를 구성하고 있습니다. 이 서버에 애플리케이션을 디플로이하겠습니다.

[표 3.1] Standard_DS1_v2의 사양

크기	vCPU	메모리	스토리지(SSD)	최대 데이터 디스크 수
Standard_DS1_v2	1	3.5GiB	7GiB	4

다음 명령을 실행하여 포드(Pod)의 상태를 확인합니다. 포드에 대해서는 제4장에서 자세히 설명하므로 여기서는 그냥 '컨테이너 애플리케이션의 집합체'라고 생각하기 바랍니다. 명령의 결과를 보면 지금은 쿠버네티스 클러스터를 작성하기만 한 빈 상태이므로 애플리케이션은 아직 아무것도 디플로이되어 있지 않습니다[※1].

```
$ kubectl get pod
No resources found.
```

여기에 다음 명령을 실행하여 좀 전에 작성한 매니페스트를 클러스터로 보냅니다.

```
$ kubectl apply -f tutorial-deployment.yaml
deployment.apps/photoview-deployment created
```

다시 한 번 포드를 확인해 봅시다.

※1 실제로는 쿠버네티스가 내부에서 이용하는 포드들이 이미 움직이고 있는 상태입니다.
참조 ▶ 제7장 '7.1 쿠버네티스의 아키텍처' p.220

```
$ kubectl get pod -o wide
NAME                                       READY    STATUS     RESTARTS   AGE
IP          NODE
photoview-deployment-86964f9579-86g9w      1/1      Running    0          1m
10.244.0.5  aks-nodepool1-84401083-0
photoview-deployment-86964f9579-h7fqd      1/1      Running    0          1m
10.244.2.5  aks-nodepool1-84401083-1
photoview-deployment-86964f9579-j472d      1/1      Running    0          1m
10.244.2.6  aks-nodepool1-84401083-1
photoview-deployment-86964f9579-qtfld      1/1      Running    0          1m
10.244.1.7  aks-nodepool1-84401083-2
photoview-deployment-86964f9579-w5xmj      1/1      Running    0          1m
10.244.1.8  aks-nodepool1-84401083-2
```

명령을 확인하면 'photoview-deployment-86964f9579-86g9w'~'photoview-deployment-86964f9579-w5xmj'라는 다섯 개의 포드가 'Running' 상태로 가동 중이라는 것을 알 수 있습니다. 디플로이된 노드는 각각 세 대로 나뉘어져 있습니다. 이 상태를 그림으로 나타내면 [그림 3.3]과 같습니다.

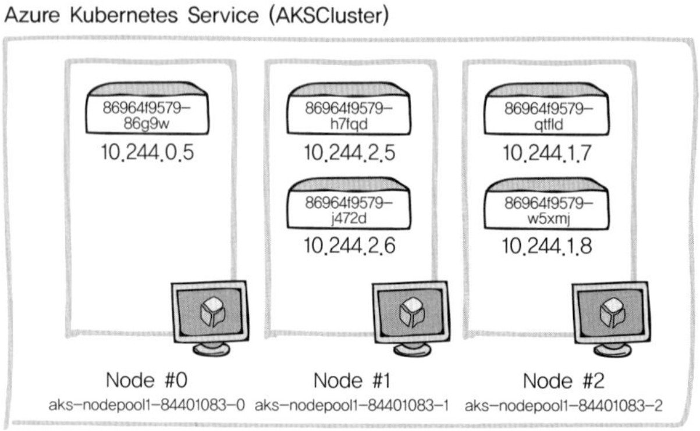

[그림 3.3] 클러스터의 상태

서비스 공개하기

지금은 클러스터 상에 포드를 디플로이하기만 했을 뿐이므로 아직 클러스터 외부의 네트워크에서 포드 안의 컨테이너 애플리케이션에 액세스할 수 없습니다.

다음 명령을 실행하여 좀 전에 작성한 Service의 매니페스트를 읽어 들입니다.

```
$ kubectl apply -f tutorial-service.yaml
service/webserver created
```

3.4 애플리케이션의 동작 확인

이것으로 클러스터 상에서 서비스(Service)까지 공개했습니다. 현재의 상황은 [그림 3.4]와 같습니다.

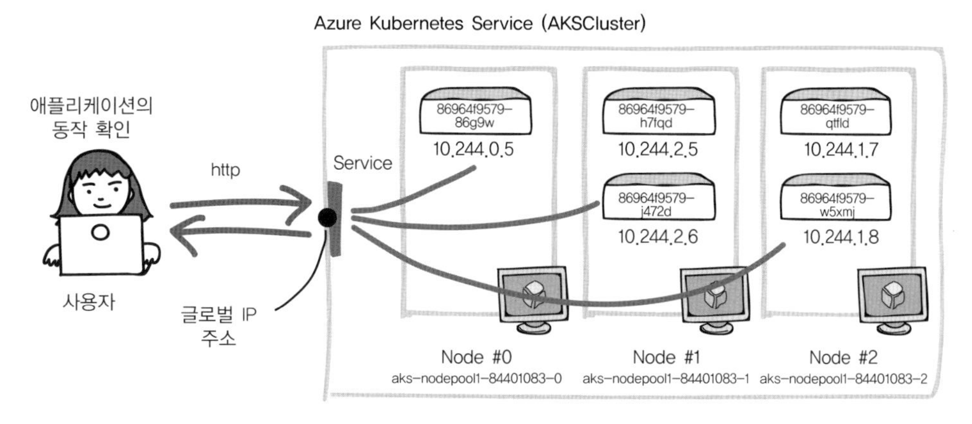

[그림 3.4] 외부 네트워크에서 액세스하기

여기서 클러스터에 디플로이한 애플리케이션에 액세스하기 위한 주소를 확인해 봅시다.

```
$ kubectl get svc
NAME         TYPE           CLUSTER-IP     EXTERNAL-IP    PORT(S)        AGE
kubernetes   ClusterIP      10.0.0.1       <none>         443/TCP        42m
webserver    LoadBalancer   10.0.24.225    13.78.11.235   80:31229/TCP   3m
```

명령 결과를 보면 'webserver'라는 이름의 로드밸런서에 인터넷으로부터 액세스하기 위한 글로벌 IP 주소로서 '13.78.11.235'가 할당되어 있는 것을 알 수 있습니다. 이 IP 주소를 할당하는 데는 시간이 몇 분 걸립니다. 만일 '〈pending〉' 상태인 경우에는 조금 기다렸다가 다시 명령을 실행하기 바랍니다.

이제 클라이언트 PC의 브라우저에서 다음 주소로 액세스해 봅시다.

http://13.78.11.235

샘플 웹 애플리케이션이 제대로 디플로이된 것을 확인할 수 있습니다(그림 3.5). 이 예에서는 포드 'photoview-deployment-86964f9579-w5xmj'에 액세스하고 있다는 것을 알 수 있습니다. 여러 번 액세스해 보기 바랍니다. 연결 포드가 달라지는 것을 알 수 있습니다. 즉, 리퀘스트가 부하 분산되어 다른 노드(Azure 가상 머신)에서 움직이고 있는 웹 애플리케이션에 액세스하고 있는 것입니다.

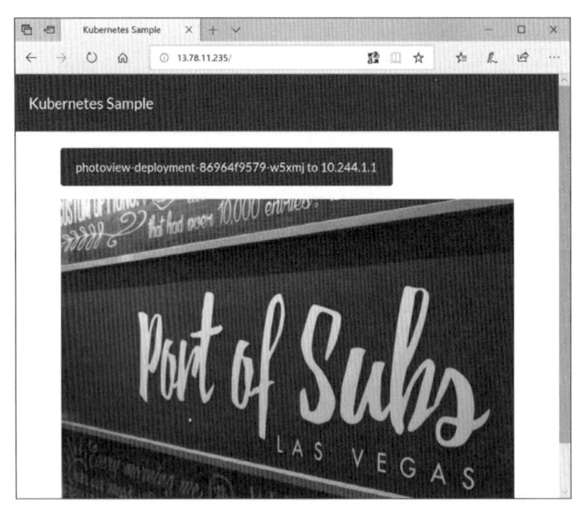

[그림 3.5] 동작 확인

이제 브라우저에서 액세스한 포드의 상세 내용을 확인하기 위해 kubectl describe 명령을 실행합니다. 이 명령은 쿠버네티스 리소스의 상세 정보를 확인하기 위한 명령입니다. 포드의 경우 Status나 컨테이너 이미지의 위치, 포트 번호나 마운트된 볼륨 등을 확인할 수 있습니다. 다음 예는 포드 'photoview-deployment-86964f9579-w5xmj'의 상세 정보를 확인하는 예입니다.

```
$ kubectl describe pods photoview-deployment-86964f9579-w5xmj
Name:               photoview-deployment-86964f9579-w5xmj
Namespace:          default
Node:               aks-nodepool1-84401083-2/10.240.0.5
Start Time:         Sun, 05 Aug 2018 13:03:19 +0900
Labels:             app=photo-view
```

```
                  env=stage
                  pod-template-hash=4252095135
Annotations:      <none>
Status:           Running
IP:               10.244.1.8
Controlled By:    ReplicaSet/photoview-deployment-86964f9579
Containers:
  photoview-container:
    Container ID:   docker://b25d9286d853ea664901778f9909630f2fcc700a7a3f754719
➡67d8e019fc5c2b
    Image:          sampleacrregistry.azurecr.io/photo-view:v1.0
    Image ID:       docker-pullable://sampleacrregistry.azurecr.io/photo-view@
➡sha256:7526e80dc7fc814ebca5e1f4627cab2b049fc24fc9eff75ee7c0c64744bc290f
    Port:           80/TCP
    Host Port:      0/TCP
    State:          Running
      Started:      Sun, 05 Aug 2018 13:03:23 +0900
    Ready:          True
    Restart Count:  0
    Environment:    <none>
    Mounts:
      /var/run/secrets/kubernetes.io/serviceaccount from default-token-nvgkg (ro)
~중략~
```

이와 같이 매니페스트 파일을 작성하고 클러스터에 리소스를 만들면 애플리케이션을 디플로이할 수 있다는 것을 알 수 있습니다. 쿠버네티스는 처음 한 걸음은 어렵게 느껴지지만 기본적인 흐름을 제대로 파악해 두면 그 다음은 쉽게 이해할 수 있습니다.

또한 이 장에서 작성한 튜토리얼 리소스를 모두 삭제하는 경우는 다음 명령을 실행합니다.

```
$ kubectl delete -f tutorial-service.yaml
service "webserver" deleted

$ kubectl delete -f tutorial-deployment.yaml
deployment.apps "photoview-deployment" deleted
```

이 명령을 실행하면 클러스터 상에 작성한 샘플 웹 애플리케이션과 네트워크 설정이 모두 삭제되어 클러스터가 빈 상태가 됩니다. 시험 삼아 웹 브라우저에서 좀 전의 URL에 액세스해 보면 오류가 나올 것입니다. 단, 이 상태는 쿠버네티스 클러스터 자체를 삭제한 것은 아니므로 클러스터를 구성하는 세 개의 Azure 가상 머신은 계속 움직이고 있습니다(그림 3.6).

Azure Kubernetes Service (AKSCluster)

클러스터 안의 리소스가 삭제되어 빈 상태가 돼요.

하지만 클러스터 자체는 계속 움직이는 상태예요.

Node #0
aks-nodepool1-84401083-0

Node #1
aks-nodepool1-84401083-1

Node #2
aks-nodepool1-84401083-2

[그림 3.6] 클러스터의 상태

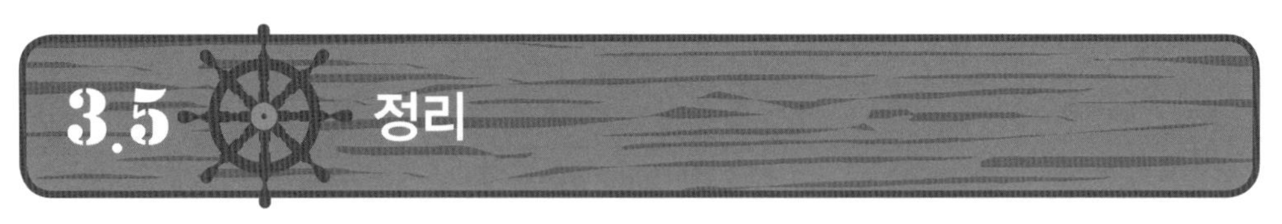

3.5 정리

이 장에서는 튜토리얼로 쿠버네티스의 기본적인 개발 흐름을 살펴보았습니다.

- 매니페스트 파일의 작성
- kubectl 명령을 사용하여 쿠버네티스 리소스 작성
- 서비스의 공개와 동작 확인

이로써 개발한 웹 서비스를 클라우드 상의 쿠버네티스 클러스터에서 간단히 공개할 수 있습니다. 쿠버네티스는 추상화된 리소스가 많아 어렵게 느껴질지도 모릅니다. 하지만 개발의 기본 패턴을 제대로 파악해 두면 전체를 쉽게 조망할 수 있으므로 일단 먼저 손을 움직여 실제로 클러스터를 움직여 볼 것을 권장합니다.

이후 장에서는 다양한 매니페스트 파일이나 리소스를 작성하면서 쿠버네티스의 구조를 자세히 살펴보겠습니다.

CHAPTER

04

쿠버네티스의 요점

- 4.1 쿠버네티스의 개념
- 4.2 쿠버네티스의 구조
- 4.3 쿠버네티스의 리소스
- 4.4 매니페스트 파일
- 4.5 라벨을 사용한 리소스 관리
- 4.6 쿠버네티스의 리소스 분리
- 4.7 정리

쿠버네티스는 대규모 분산 시스템에서 소수의 엔지니어로도 컨테이너 애플리케이션을 효율적으로 가동시키기 위해 태어난 오케스트레이션 툴입니다. 서버나 네트워크, 스토리지 등과 같은 컴퓨팅 리소스를 운용 관리하는 작업 부담을 줄이고, 엔지니어가 설계나 개발에 전념할 수 있는 기능을 제공하고 있습니다. 이 쿠버네티스를 실제 환경에서 충분히 잘 사용하려면 어떻게 사용할지 뿐만 아니라 '왜 그 기능이 필요한지', '어떤 구조로 움직이고 있는지'를 알아 둘 필요가 있습니다.

※ 이 장에서 설명하는 환경을 구축하기 위한 코드, 샘플 애플리케이션은 GitHub(https://github.com/ToruMakabe/Understanding-K8s/tree/master/chap04)에 공개하고 있습니다.

4.1 쿠버네티스의 개념

제2장에서는 환경을 구축하고 제3장에서는 샘플 애플리케이션을 디플로이했습니다. 이로써 간단한 절차로 웹 애플리케이션을 서비스할 수 있다는 것을 알았습니다.

쿠버네티스는 다음을 지향하며 개발이 진행되었습니다. 바꿔 말하면 이것을 실현하기 위한 다양한 기능이 들어 있는 것입니다.

- 시스템 구축을 위한 수작업을 줄인다
- 시스템을 셀프 서비스로 운용한다

여기서는 쿠버네티스의 구조를 이해하는 데 있어서 키포인트가 되는 세 가지 개념을 설명하겠습니다.

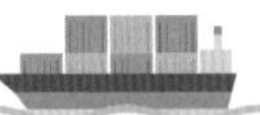

Immutable Infrastructure

인프라 구조 관리란 인프라를 구성하는 하드웨어, 네트워크, OS, 미들웨어, 애플리케이션의 구성 정보를 관리하고 적절한 상태로 유지하는 작업을 말합니다.

온프레미스 환경에서는 3년이나 5년, 10년 등 각사가 조달한 기기를 제공한 제조업체의 유지보수 기간이 끝날 때까지 사용하는 경우가 많기 때문에 일단 한 번 구축한 것을 유지보수하면서 오래 사용하는 것이 일반적입니다. 기기뿐만 아니라 OS나 미들웨어에도 업체의 유지보수 기간이 있어서 OS나 미들웨어의 버전업뿐만 아니라 실제 운용 시의 트래픽에 맞춰 퍼포먼스 튜닝 등을 하며 다양한 인프라 구성 요소를 변경하면서 운용 관리해 왔습니다. 그렇기 때문에 인프라 구성 관리의 부하는 인프라 환경의 규모가 크면 클수록 커집니다.

하지만 클라우드 시스템의 등장과 분산 기술의 발전으로 인프라 구축의 방법이 크게 바뀌었습니다. 클라우드는 가상 환경을 바탕으로 하고 있기 때문에 인프라 구축의 물리적인 제약이나 작업도 줄어 들었습니다. 그 덕분에 기존의 온프레미스에서는 어려웠던 서버나 네트워크를 간단하게 구축하거나 일단 구축한 것을 바로 파기할 수 있게 되었습니다.

그래서 한 번 구축한 인프라는 변경할 필요 없이 파기하고 새로운 것을 구축해버리면 되므로 지금까지 부하가 컸던 인프라의 변경 이력을 관리할 필요가 없어졌습니다. 그리고 인프라의 변경 이력을 관리하는 것이 아니라 지금 현재 움직이고 있는 인프라의 상태를 관리하면 되도록 바뀌어 왔습니다. 이러한 인프라를 Immutable Infrastructure라고 합니다(그림 4.1).

유지보수하면서 사용한다
절차

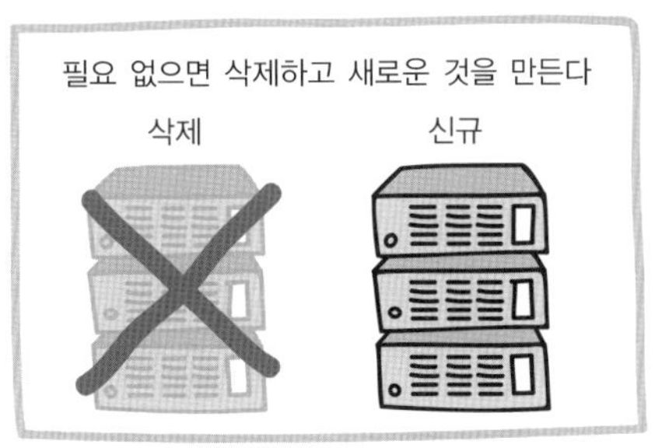
필요 없으면 삭제하고 새로운 것을 만든다
삭제
신규

Mutable Infrastructure
기존의 가변적인 서버 기반

Immutable Infrastructure
불변하는 서버 기반

[그림 4.1] Immutable Infrastructure

선언적 설정

기존의 인프라 구성 관리에서는 설정 절차서나 파라미터 시트를 바탕으로 일련의 명령을 사용하여 환경을 구축했었습니다. 또 시스템에 변경이 발생한 경우는 변경 이력을 기록해서 시스템을 관리했습니다. 이에 반해 절차나 변경 이력을 관리하는 것이 아니라 시스템의 상태를 관리하는 방식을 취하는 것이 선언적 설정입니다(그림 4.2).

선언적 설정에서는 시스템이 본래 되어 있어야 할 모습을 정의합니다. 애플리케이션은 클러스터 안에서 몇 개 가동시킬지, 애플리케이션이 최소한으로 필요로 하는 CPU나 메모리 리소스는 얼마일지 등 시스템을 어떻게 구성하고 싶은지를 정의 파일에 적습니다. 쿠버네티스 클러스터는 이 정의 파일을 보고 그 모습이 되도록 자율적으로 움직입니다. 참조 제7장 'Reconciliation Loops와 레벨 트리거 로직' p.224

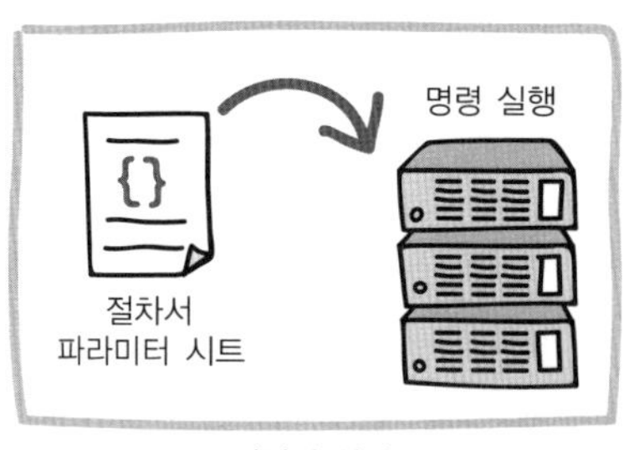

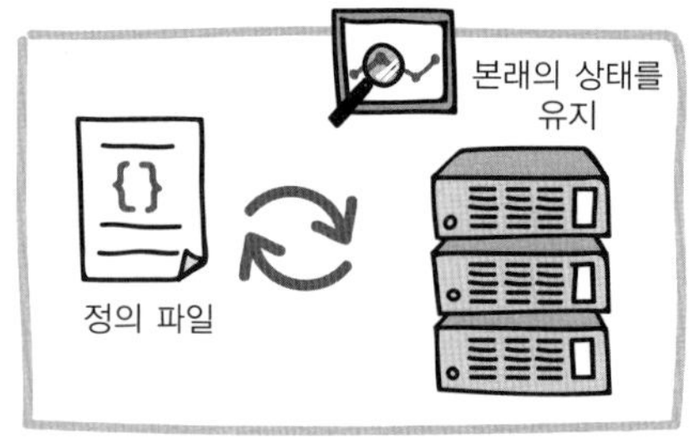

[그림 4.2] 선언적 설정

자기 복구 기능

쿠버네티스는 Immutable Infrastructure와 선언적 설정을 사용하여 시스템을 효율적으로 운용 관리하는 구조를 취하고 있는데, 이러한 처리를 가능한 한 사람에 의한 수작업이 아니라 컴퓨팅 리소스가 자율적으로 운용할 수 있도록 소프트웨어로 실현하고 있습니다(그림 4.3).

애플리케이션 장애가 발생했을 때는 시스템 관리자가 운용 절차를 바탕으로 복구하는 것이 아니라 쿠버네티스가 애플리케이션의 상태를 항시 감시하여 이상이 있으면 미리 '시스템 본래의 모습'으로 설정된 상태가 되도록 쿠버네티스 자신이 자동으로 API를 사용하여 재시작시키거나 클러스터에서 장애를 제거하여 시스템을 복구합니다. 이로써 시스템 복구까지 사람의 손을 거치지 않으므로 신뢰성과 효율성이 올라갑니다.

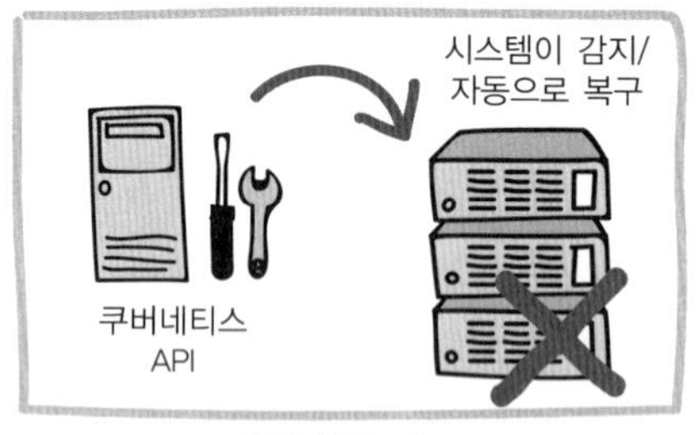

[그림 4.3] 자기 복구 기능

4.2 쿠버네티스의 구조

쿠버네티스의 개념을 이해했으면 이제는 이러한 오케스트레이션의 구조를 어떻게 실현하고 있는지를 살펴봅시다.

스케줄링과 디스커버리

기존의 웹 3층 시스템에서는 프론트 서버, 업무 로직 서버, DB 서버 등 기능별로 다른 서버에서 처리를 하는 것이 일반적이었습니다. 때문에 애플리케이션을 어디에 배치할지를 미리 정해 두고 거기에 디플로이하여 각 기능을 상호 호출하는 시스템 아키텍처로 되어 있었습니다. 그래서 애플리케이션 개발자와 인프라 관리자는 둘 다 '어디에서 어떤 애플리케이션이 움직이고 있는지'를 알고 있었습니다.

하지만 쿠버네티스를 사용한 컨테이너 애플리케이션에서는 이러한 개념이 근본부터 크게 다릅니다. 쿠버네티스에서는 애플리케이션이 디플로이되는 위치가 쿠버네티스에 의해 정해집니다. 좀 더 자세히 말하자면 한 애플리케이션이 디플로이되면 쿠버네티스가 클러스터 상에서 비어 있는 위치를 찾아내서 자동으로 배치합니다. 즉, 지금까지 사람이 해 왔던 작업을 쿠버네티스가 해 준다는 것입니다. 그래서 '애플리케이션을 적절한 곳에 디플로이하고', '디플로이된 애플리케이션이 어디에 있는지를 찾아내는' 장치가 있습니다.

이 개념의 차이는 쿠버네티스를 중심으로 한 컨테이너 애플리케이션 전체의 아키텍처를 생각할 때의 기본이 됩니다. 참조 제7장 '7.2 쿠버네티스의 설계 원칙' p.223

스케줄링

애플리케이션을 적절한 곳에 디플로이하는 장치를 스케줄링(scheduling)이라고 합니다(그림 4.4). 여러 대의 서버로 구성되는 클러스터에서는 가능한 한 컴퓨팅 리소스를 낭비하지 않고 효율적으로 사용할 수 있도록 만드는 편이 경제적입니다. 또 애플리케이션에 따라서는 '계산 처리가 많으므로 CPU를 많이 사용하고 싶다', '배치 처리이므로 우선순위는 낮아도 된다' 등 개별적인 요건이 있습니다. 쿠버네티스에서는 이러한 요구를 매니페스트 파일로 정의하여 이를 바탕으로 클러스터 안의 적절한 위치에 애플리케이션을 자동으로 배치해 갑니다.

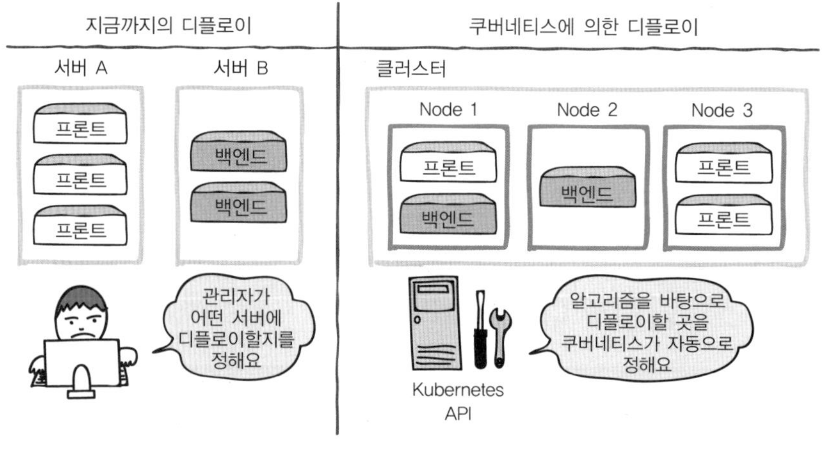

[그림 4.4] 스케줄링

서비스 디스커버리

일반적인 웹 애플리케이션의 경우 리퀘스트를 받은 프론트엔드 애플리케이션이 사용자의 트랜잭션을 처리하기 위해 백엔드 서비스를 호출합니다.

이때 디플로이된 애플리케이션이 어디에 있는지를 찾아내는 장치를 서비스 디스커버리라고 합니다(그림 4.5). 쿠버네티스에서는 클러스터 안에 구성 레지스트리를 갖고 있어서 이를 바탕으로 서비스 디스커버리를 동적으로 수행합니다. 마이크로 서비스형 애플리케이션의 경우 작은 기능을 제공하는 수많은 서비스를 조합하여 하나의 시스템을 만듭니다. 이때 서비스 간의 호출은 서비스 디스커버리가 수행합니다.

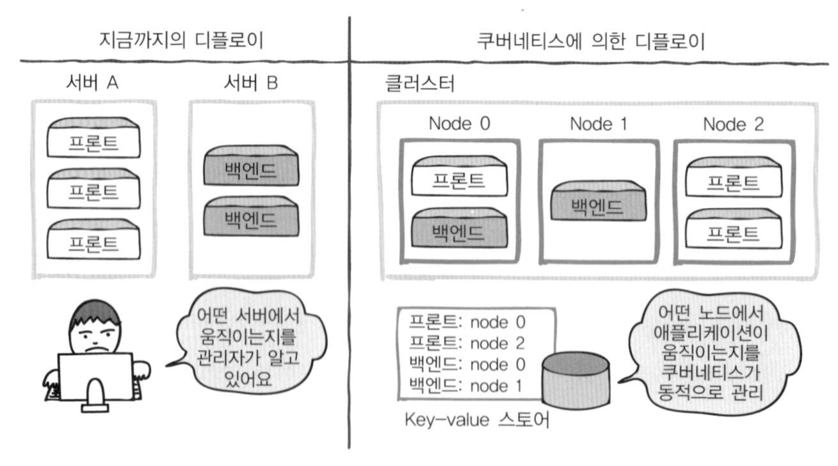

[그림 4.5] 서비스 디스커버리

또한 일반적인 서비스 디스커버리로는 [표 4.1]과 같은 것을 들 수 있습니다. 알아두기 바랍니다.

[표 4.1] **일반적인 서비스 디스커버리**

종류	기능	설명
고정 IP 주소	서비스의 고정 IP 주소를 결정	서버의 IP 주소를 자동으로 설정하는 경우에는 이용할 수 없다. 또 변경이 어려워 유연성이 떨어진다.
호스트 파일의 엔트리	파일을 사용하여 서버명과 IP 주소를 매핑	서비스가 변경되었을 때 호스트 파일의 변경이 필요하다.
DNS	서버를 사용하여 도메인명과 IP 주소를 매핑	널리 이용되고 있지만 실시간으로 변경하는 것은 힘들다.
구성 레지스트리	인프라스트럭처와 서비스를 연결하여 일원 관리	동적으로 구성을 생성하여 인프라스트럭처 안의 리소스에 관한 상세한 정보를 제공한다.

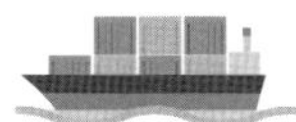

쿠버네티스의 서버 구성

쿠버네티스에서는 스케줄링과 디스커버리를 사람이 하는 것이 아니라 모두 쿠버네티스의 기능이 수행해 줍니다. 이를 실현하기 위해 클러스터의 서버 상에서 여러 개의 API가 연계되어 움직이고 있습니다. 그래서 먼저 쿠버네티스가 어떤 서버 구성으로 되어 있는지를 이해할 필요가 있습니다.

마스터(Master)

쿠버네티스의 클러스터 전체를 관리하는 역할을 담당합니다. 여러 대로 이루어진 클러스터 안의 노드의 리소스 사용 상황을 확인하고 컨테이너를 가동시킬 노드를 자동으로 선택합니다. 마스터는 etcd라는 분산 키 밸류 스토어(KVS)를 사용하여 클러스터의 구성 정보를 관리합니다. 여기에는 클러스터에 관한 모든 설정 정보가 들어 있습니다.

노드(Node)

컨테이너 애플리케이션이 작동하는 서버입니다. 보통은 노드를 여러 대 준비하여 클러스터를 구성합니다. 노드를 몇 대 준비할지는 시스템의 규모나 부하에 따라 달라지지만 대 수가 늘어나면 가용성이 향상됩니다. 클라우드에서는 가상 머신 인스턴스(VM)이 노드가 되는 경우가 일반적입니다. 쿠버네티스는 컨테이너의 기본 런타임이 도커(Docker)이지만 rkt와 같이 다른 런타임인 경우도 있습니다.

쿠버네티스 클러스터의 서버의 관계를 그림으로 나타내면 [그림 4.6]과 같습니다.

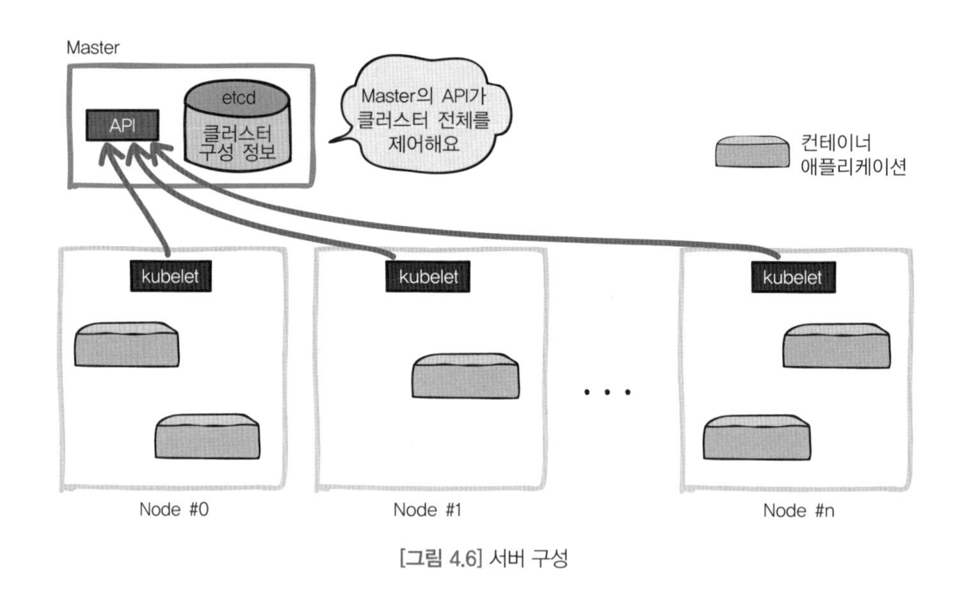

[그림 4.6] 서버 구성

참조 제8장 가용성(Availability) p.241

쿠버네티스의 컴포넌트

쿠버네티스에서는 각 컴포넌트가 자율적으로 움직입니다. 각 컴포넌트는 다른 컴포넌트를 API를 통해 호출합니다. 이에 관한 자세한 내용은 제7장에서 설명하므로 여기서는 쿠버네티스의 기본을 이해하는 데 필요한 API의 전체상을 파악해 둡시다.

① 마스터(Master)

- API Server

쿠버네티스의 리소스 정보를 관리하기 위한 프론트엔드 REST API입니다. 각 컴포넌트로부터 리소스 정보를 받아 데이터스토어(etcd)에 저장하는 역할을 갖고 있습니다. 다른 컴포넌트는 API Server를 통해 이 etcd의 정보에 액세스합니다. 개발자나 시스템 관리자가 이 API Server에 액세스하려면 kubectl 명령을 사용합니다. 또 애플리케이션 안에서 API Server를 호출할 수도 있습니다. API Server는 인증 및 인가 기능을 갖고 있습니다.

- **스케줄러**(Scheduler)

스케줄러는 포드를 어느 노드에서 작동시킬지를 제어하기 위한 백엔드 컴포넌트입니다. 스케줄러는 노드에 할당되어 있지 않은 포드에 대해 쿠버네티스 클러스터의 상태를 확인하고 빈 공간을 갖고 있는 노드를 찾아 포드를 실행시키는 스케줄링을 합니다. 제3장의 튜토리얼에서 5개의 포드를 클러스터에서 움직였는데, 이때 쿠버네티스 내부에서는 스케줄러에 의해 포드의 배치 위치를 할당하고 있었습니다.

- **컨트롤러 매니저**(Controller Manager)

컨트롤러 매니저는 쿠버네티스 클러스터의 상태를 감시하고 본래 되어야 할 상태를 유지하는 백엔드 컴포넌트입니다. 정의 파일에서 정의한 것과 실제 노드나 컨테이너에서 작동하고 있는 상태를 모아서 관리합니다.

- **데이터스토어**(etcd)

쿠버네티스 클러스터 구성을 유지하는 분산 KVS입니다. 데이터를 Key-Value형으로 관리합니다. 어떤 포드를 어떻게 배치할지와 같은 정보를 갖고 있어서 API Server가 이를 참조합니다. 여기에는 매니페스트의 내용이 저장되어 있다고 생각하면 좋을 것입니다. 또 이 데이터스토어는 마스터 서버에서 분리시킬 수도 있습니다.

② 노드(Node)

쿠버네티스에서 노드의 역할은 실제로 컨테이너 애플리케이션을 움직여 서비스를 제공하는 것입니다. 동일한 역할의 노드를 시스템의 부하나 요건에 따라 몇 대~몇 천 대 규모로 확장할 수 있습니다. 실제 컨테이너 애플리케이션의 실행은 컨테이너 런타임이 수행합니다.

- kubelet

노드에서는 kubelet이라는 에이전트가 움직이고 있습니다. 이것은 포드 정의 파일에 따라 컨테이너를 실행하거나 스토리지를 마운트하는 기능을 갖고 있습니다. 또 kubelet은 노드의 스테이터스를 정기적으로 감시하는 기능을 갖고 있어 정기적으로 API Server에게 통지합니다.

- kube-proxy

kube-proxy는 다양한 중계 및 변환을 수행하는 네트워크 프록시입니다.

[그림 4.7]은 위와 같은 API의 관계를 그림으로 나타낸 것입니다.

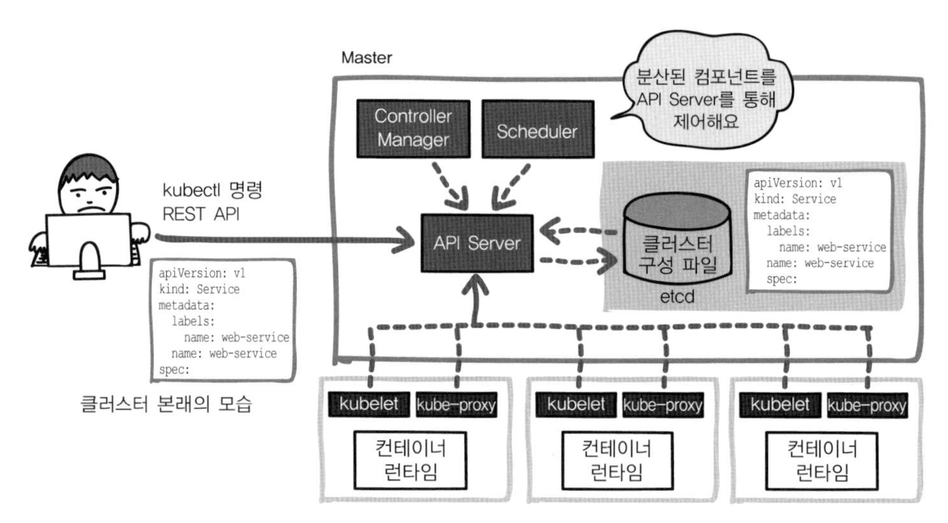

[그림 4.7] 쿠버네티스의 주요 컴포넌트

이 외에도 애드온으로 움직이는 컴포넌트가 있습니다. 참조 제7장 '7.1 쿠버네티스의 아키텍처' p.220

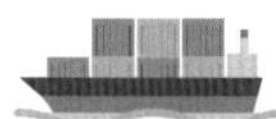

클러스터에 액세스하기 위한 인증 정보

제3장 튜토리얼에서 실행한 kubectl 명령을 실행하면 클러스터를 조작할 수 있다고 했습니다. 이 kubectl 명령의 실행은 쿠버네티스 클러스터의 API Server를 원격으로 호출하고 있는 것입니다. 쿠버네티스 클러스터와 그것을 관리하기 위한 kubectl 명령을 실행하는 머신은 어떻게 연결되어 있는 것일까요? (그림 4.8)

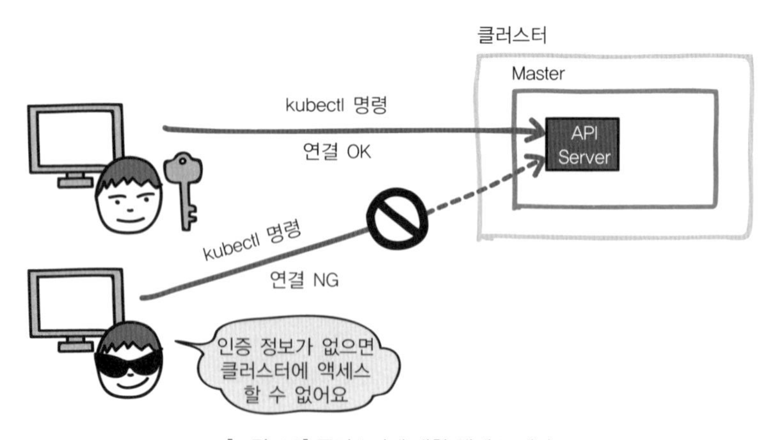

[그림 4.8] 클러스터에 대한 액세스 제어

kubectl 명령이 쿠버네티스 클러스터의 API Server와 안전하게 통신하려면 연결할 서버의 정보와 인증 정보 등이 필요합니다. 이때 kubectl 명령은 홈 디렉토리 아래의 '~/.kube/config'에 기록되어 있는 정보를 바탕으로 클러스터에 연결합니다. 다음 명령을 실행하여 이 파일을 확인해 봅시다.

```
$ ls ~/.kube
cache config http-cache
```

이 클러스터에 대한 연결 정보는 다음과 같은 YAML 형식으로 기술되어 있습니다.

```
$ cat ~/.kube/config
apiVersion: v1
kind: Config
preferences: {}
clusters: ──────────────────────────── ①
- cluster:
    certificate-authority-data: xxxx
    server: https://xxx-f0c156b3.hcp.Koreacentral.azmk8s.io:443
  name: AKSCluster
contexts: ──────────────────────────── ②
- context:
    cluster: AKSCluster
    user: clusterUser_AKSResourceGroup_AKSCluster
  name: AKSCluster
current-context: AKSCluster
users: ──────────────────────────── ③
- name: clusterUser_AKSResourceGroup_AKSCluster
  user:
    client-certificate-data: xxxx
    client-key-data: xxxx
    token: xxxx
```

- **① 클러스터에 대한 연결 정보**

kubectl 명령을 실행했을 때의 연결 클러스터 정보를 설정합니다.

- **② 클러스터와 사용자 정보의 콘텍스트**

어떤 사용자가 어떤 클러스터에 연결할 수 있는지와 같은 매핑을 설정합니다. 여러 사용자나 클러스터를 전환할 수 있습니다.

- ③ 액세스하는 사용자 정보

  쿠버네티스 클러스터에 액세스하는 사용자의 사용자 이름과 인증 키 등을 설정합니다.

Azure Kubernetes Service를 사용하여 클러스터를 구축했을 때는 az aks get-credentials 명령을 실행하면 자동으로 클러스터에 대한 연결 정보가 홈 디렉토리의 /.kube/config 파일에 저장됩니다. 참조 제11장 '11.5 RBAC(Role Based Access Control)' p.310

- [참고] Accessing Clusters - Kubernetes

  https://kubernetes.io/docs/tasks/access-application-cluster/access-cluster/

4.3 쿠버네티스의 리소스

쿠버네티스는 유연한 애플리케이션 실행 환경 관리를 소프트웨어로 수행하기 때문에 다양한 것들을 추상화하고 있습니다. 이렇게 추상화한 것을 쿠버네티스에서는 리소스라고 부릅니다.

애플리케이션 실행(Pod/ReplicaSet/Deployment)

쿠버네티스의 컨테이너 애플리케이션을 실행하기 위한 리소스로는 여러 종류가 있습니다.

포드(Pod)

쿠버네티스에서는 여러 개의 컨테이너를 모아서 포드로 관리합니다(그림 4.9). 예를 들어 포드 안에는 애플리케이션 서버용 도커 컨테이너와 프록시 서버용 컨테이너 등과 관련된 것을 모아서 관리할 수 있습니다. 쿠버네티스에서는 이 포드가 애플리케이션의 디플로이 단위가 되며, 포드 단위로 컨테이너의 작성, 시작, 정지, 삭제 등과 같은 조작을 합니다. 동일한 포드의 컨테이너는 반드시 동일한 노드 상에 동시에 디플로이된다는 특징이 있습니다. 포드 안의 여러 컨테이너에서 가상 NIC(프라이빗 IP)를 공유하는 구성을 취하기 때문에 컨테이너끼리 localhost를 경유하여 통신할 수 있습니다. 또 디렉토리도 공유할 수 있습니다. 노드 안에는 여러 포드가 배치됩니다.

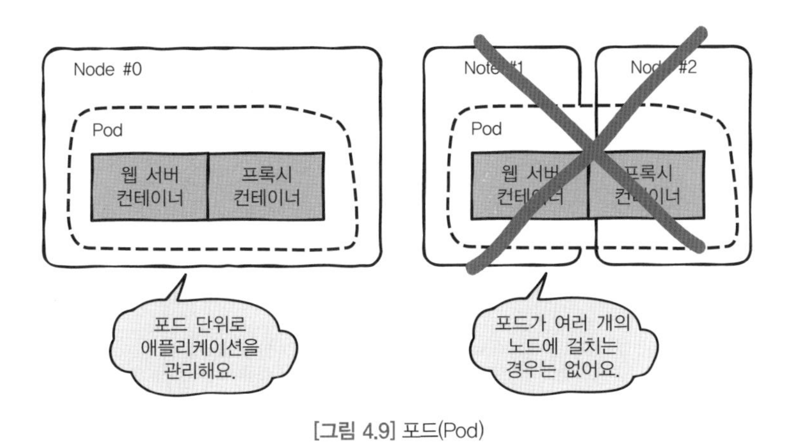

[그림 4.9] 포드(Pod)

리플리카셋(ReplicaSet)

리플리카셋은 클러스터 안에서 지정된 수의 포드를 기동시켜 두는 장치입니다(그림 4.10). 리플리카셋은 기동 중인 포드를 감시하여 장애 등 뭔가의 이유로 정지된 경우 해당 포드를 삭제하고 새로운 포드를 기동시킵니다. 즉, 항상 필요한 수만큼 포드가 기동된 상태를 클러스터 안에 만드는 역할을 합니다. 클러스터 안에 포드를 기동시켜 두는 값을 '리플리카 수'라고 합니다.

다음 예에서는 5대의 노드에서 7개의 포드를 기동시킨 상태를 리플리카셋으로 구성하고 있습니다. 만일 무슨 이유로 하나의 포드가 이상 종료된 경우 바로 새로운 다른 포드를 자동으로 기동시켜 클러스터 전체에 항상 7개의 포드가 기동되어 있는 상태를 유지합니다.

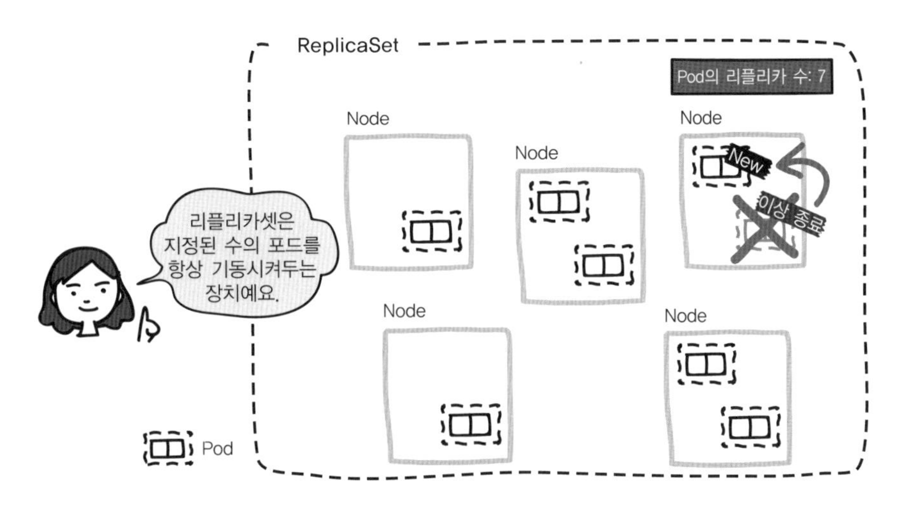

[그림 4.10] 리플리카셋(ReplicaSet)

디플로이먼트(Deployment)

디플로이먼트는 애플리케이션의 배포 단위를 관리하는 것입니다(그림 4.11). 디플로이먼트는 리플리카셋의 이력을 갖고 있어서 포드 안의 컨테이너를 버전업하고 싶을 때 시스템을 정지시키지 않고 버전업을 하는 롤링 업데이트를 할 수 있습니다. 또한 이 이력을 바탕으로 하나 앞 세대로 되돌릴(롤백할) 수도 있습니다.

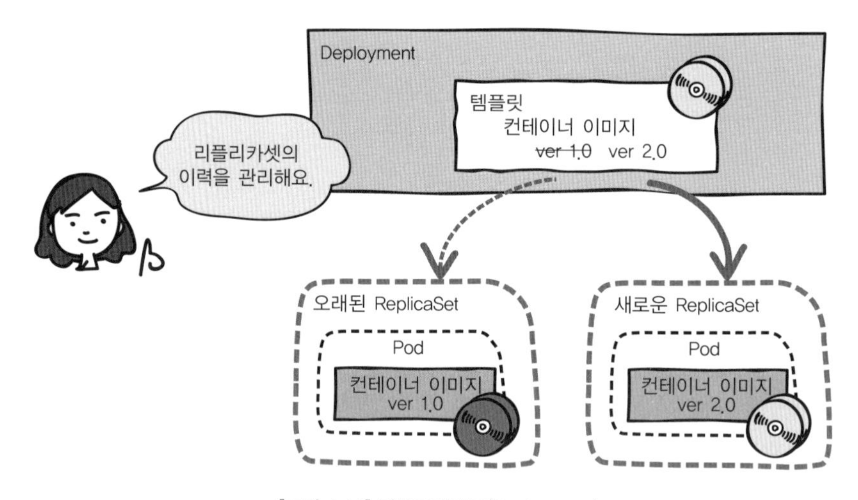

[그림 4.11] 디플로이먼트(Deployment)

데몬셋(DaemonSet)

포드는 스케줄링을 어떤 노드에서 할지를 쿠버네티스가 결정합니다. 하지만 로그콜렉터나 감시 에이전트처럼 각각의 노드에서 반드시 하나씩 작동시키고 싶은 경우가 있습니다. 이럴 때 사용하는 것이 데몬셋(DaemonSet)입니다. 데몬셋은 클러스터의 전체 노드에 포드를 하나 작성합니다. 데몬셋도 리플리카셋과 마찬가지로 매니페스트 파일에서 정의한 대로의 상태를 유지하도록 움직입니다. 즉, 어떤 노드에서 데몬셋으로 정의한 포드가 움직이고 있지 않는다면 데몬셋 컨트롤러가 이를 감지하고 해당 노드에 포드를 생성시킵니다. 단, 데몬셋은 리플리카셋과는 달리 리플리카 수를 지정할 수 없습니다. 사실 노드 상에서 움직이는 쿠버네티스의 네트워크 프록시 기능인 'kube-proxy'도 이 데몬셋을 사용하여 움직이고 있습니다.

스테이트풀셋(StatefulSet)

컨테이너 애플리케이션은 기본적으로 스테이트리스로, 상태를 갖지 않는 포드를 여러 개 움직이게 하기 위한 것입니다.

앞에서 설명한 리플리카셋은 이름이나 IP 주소 등이 랜덤으로 할당됩니다. 또 스케일다운 시에 정지될 포드가 랜덤으로 선택됩니다. 하지만 데이터베이스와 같이 영구 데이터와 연계되는 경우에서는 상태를 유지할 필요가 있습니다. 이 스테이트풀한 컨테이너 애플리케이션을 실행하기 위한 리소스가 스테이트풀셋(StatefulSet)입니다. 스테이트풀셋은 리플리카셋과는 달리 포드의 고유성을 보증해 줍니다.

네트워크 관리(Service/Ingress)

클러스터 안의 포드에 대해 클러스터 내부 및 외부 네트워크로부터 액세스하기 위한 리소스가 Service 및 Ingress입니다.

서비스(Service)

쿠버네티스 클러스터 안에서 실행된 포드에 대해 액세스할 때는 서비스(Service)를 정의합니다. 서비스는 쿠버네티스의 네트워크를 관리하는 것으로, 몇 가지 종류가 있습니다(그림 4.12). 그중에서도 로드밸런서(LoadBalancer)는 서비스에 대응하는 IP 주소 + 포트 번호에 액세스하면 여러 포드에 대한 L4 레벨 부하분산을 수행합니다.

서비스에 의해 할당되는 IP 주소에는 Cluster IP와 External IP가 있습니다. Cluster IP는 클러스터 안의 포드끼리 통신하기 위한 프라이빗 IP입니다. 클러스터 안의 포드에서 Cluster IP로 가는 패킷은 나중에 설명할 노드 상의 Proxy 데몬이 받아, 수신처 포드로 전송됩니다. External IP는 클러스터 외부에 공개하는 IP 주소입니다. 포드를 새로 실행시키면 기존 서비스의 IP 주소와 포트 번호는 환경변수로 참조할 수 있습니다.

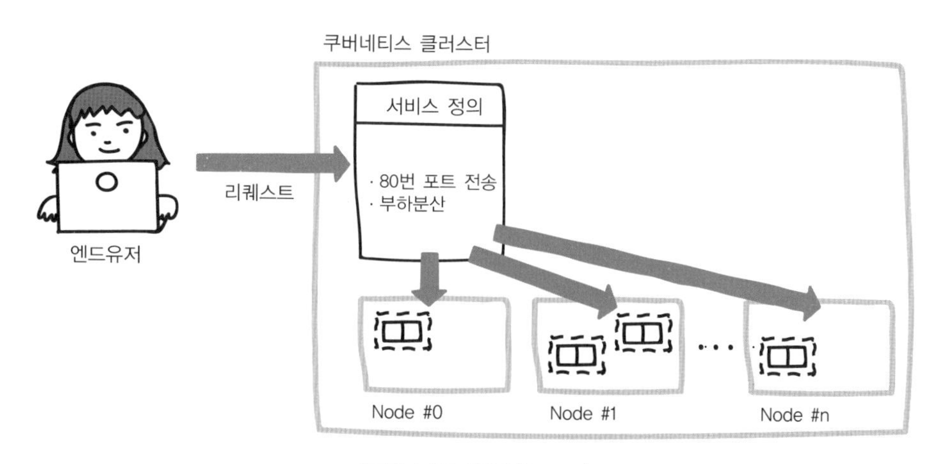

[그림 4.12] 서비스(Service)

인그레스(Ingress)

인그레스는 클러스터 외부의 네트워크로부터 액세스를 받기 위한 오브젝트로, HTTP/HTTPS의 엔드포인트로서 기능합니다. 로드밸런서, URL 경로에 대응하는 백엔드 서비스에 대한 라우팅, SSL 단말, 네임스페이스의 버추얼 호스팅 등 L7의 기능을 제공합니다.

애플리케이션 설정 정보 관리(ConfigMap/Secrets)

쿠버네티스를 사용하면 컨테이너 애플리케이션이 클러스터 안의 어디에서 움직이고 있는지를 의식할 필요가 없어집니다. 그런데 애플리케이션이 공통으로 이용하는 환경변수 등을 컨테이너 안에 넣어 버리면 환경이 바뀔 때마다 이미지를 다시 만들어야 하므로 귀찮습니다. 쿠버네티스에서는 이런 애플리케이션의 설정 정보를 일원 관리하는 장치가 있습니다.

컨피그맵(ConfigMap)

컨피그맵은 애플리케이션의 설정 정보, 구성파일, 명령 인수, 포트 번호, 애플리케이션 고유의 식별 정보 등을 포드에서 참조할 수 있도록 해 주는 장치입니다. Key-Value형으로 정보를 관리할 수 있습니다. 예를 들어 Nginx의 설정 파일 등 각 컨테이너에서 공통으로 만들고 싶은 것을 등록하여 일원 관리합니다.

컨피그맵의 정보는 볼륨으로서 마운트할 수 있으므로 컨테이너 애플리케이션에서 봤을 때는 보통의 파일로서 취급할 수 있습니다. 또 환경변수로서 취급할 수도 있습니다.

시크릿(Secrets)

시크릿은 컨피그맵과 마찬가지로 구성 정보를 컨테이너 애플리케이션에 전달하기 위한 것이지만, DB와 연결할 때의 비밀번호나 OAuth 토큰과 같은 기밀성이 높은 정보를 관리할 때 이용합니다(그림 4.13). 바이너리 데이터도 저장할 수 있도록 데이터를 base64로 인코딩하여 등록해야 합니다. 시크릿의 데이터는 메모리 상(tmpfs)에 전개되어 디스크에는 기록되지 않는다는 특징을 갖고 있습니다. 또 쿠버네티스 1.7 이후 버전에서는 암호화되어 etcd로 관리됩니다. 프라이빗한 컨테이너 이미지로부터 이미지를 다운로드할 때 인증 정보를 전달하는 경우에 사용합니다.

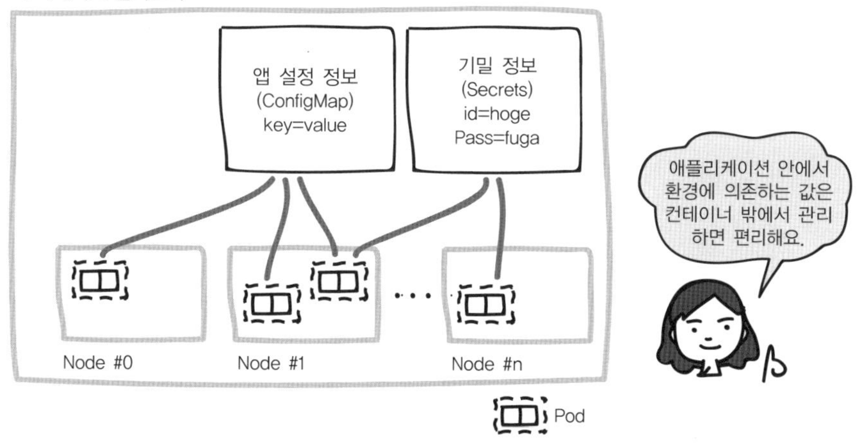

[그림 4.13] 컨피그맵(ConfigMap)과 시크릿(Secrets)

배치 잡 관리(Job/CronJob)

웹 서버와 같은 상주 서비스가 아니라 집계 등과 같은 배치 처리 또는 기계학습이나 수치 해석과 같은 프로그램의 시작부터 종료까지로 완료되는 잡을 실행하기 위한 리소스가 Job 또는 CronJob입니다. 포드는 정지=이상 종료이지만 Job 또는 CronJob은 정지=잡 종료라는 차이가 있습니다.

Job(잡)

Job은 하나 또는 여러 개의 포드에서 처리되는 배치 잡을 실행하기 위한 리소스입니다. 예를 들어 데이터베이스의 마이그레이션과 같이 한 번만의 잡으로 처리가 끝나는 것에 이용합니다. 또 태스크를 병렬로 실행시킬 수도 있으므로 수치 해석인 파라메트릭 스터디 등에서도 이용할 수 있습니다. Job은 애플리케이션 오류나 예외 등으로 실패했을 때는 처리가 성공할 때까지 Job 컨트롤러가 포드를 다시 만듭니다.

CronJob(크론 잡)

CronJob은 정해진 타이밍에 반복할 Job 실행에 사용하는 리소스입니다. 스토리지의 백업이나 메일 송신 등과 같은 처리에 사용합니다. Linux 또는 UNIX 시스템의 Cron과 비슷하여 매니페스트 파일에서의 지정도 Job 실행 시각이나 빈도 등을 설정할 수 있습니다.

쿠버네티스는 상당한 고기능 컨테이너 오케스트레이션 툴입니다. 여기서 소개한 것 외에도 다양한 리소스를 제공하고 있습니다(표 4.2).

[표 4.2] **그 외 리소스**

리소스	설명
PersistentVolume	외부 영구 볼륨을 제공하는 시스템과 연계하여 신규 Volume의 작성이나 기존 Volume의 삭제 등을 수행하는 리소스
PersistentVolumeClaim	Persistent Volume을 포드에서 이용하기 위한 리소스
Node	쿠버네티스의 워커노드의 리소스. 물리 서버 또는 가상 서버로 구성
Namespace	리소스가 속한 이름공간
ResourceQuota	Namespace별로 사용하는 리소스 상한을 설정
NetworkPolicy	포드끼리의 통신 가능 여부를 제어하는 리소스
ServiceAccount	포드와 쿠버네티스의 인증을 위한 계정
Role/ClusterRole	어떤 리소스에 어떤 조작을 허가할지를 정의하기 위한 리소스
RoleBinding/ ClusterRoleBinding	어떤 Role/ClusterRole을 어떤 사용자/그룹/ServiceAccount와 연결시킬지를 정의하기 위한 리소스

이 책에서는 이런 리소스들을 모두 설명하지 않고 쿠버네티스의 구조를 이해하는 데 필요한 것만을 중심으로 설명합니다.

4.4 매니페스트 파일

쿠버네티스에서는 선언적 설정을 할 때 매니페스트 파일을 사용합니다. 제3장의 튜토리얼에서도 작성했는데 여기서 매니페스트에 대해 구체적으로 다시 살펴봅시다.

매니페스트 파일의 기본

쿠버네티스에서는 클러스터 안에서 움직이는 컨테이너 애플리케이션이나 네트워크 설정, 배치 실행을 하는 잡 등과 같은 리소스를 작성합니다. 이와 같은 리소스의 구체적인 설정 정보는 파일로 관리하는데, 이것이 매니페스트 파일(manifest file)입니다.

예를 들어 'Nginx가 움직이는 컨테이너 이미지를 바탕으로 한 웹 프론트 서버를 클러스터 안에서 10개 실행시켜 두고 싶은' 경우는 [리스트 4.1]과 같은 매니페스트 파일을 작성합니다. 매니페스트 파일은 YAML 또는 JSON 형식으로 된 텍스트 파일입니다. 파일명은 임의로 붙여도 되므로 알기 쉽고 관리하기 편한 이름을 붙여둘 것을 권장합니다.

[리스트 4.1] 매니페스트 파일(webserver.yaml)

```
apiVersion: apps/v1
kind: ReplicaSet
metadata:
  name: webserver
spec:
  replicas: 10
  selector:
    matchLabels:
      app: webfront
  template:
    metadata:
      labels:
        app: webfront
    spec:
      containers:
      - image: nginx
        name: webfront-container
        ports:
          - containerPort: 80
```

이 매니페스트 파일을 클러스터에 등록하려면 kubectl 명령을 실행합니다.

```
$ kubectl apply -f webserver.yaml
```

이 명령을 실행한다는 것은 '매니페스트는 파일에 작성되어 있으며 파일명은 webserver.yaml이다. 이 내용을 API에게 송신한다'는 뜻이 됩니다.

이를 그림으로 나타내면 [그림 4.14]와 같습니다.

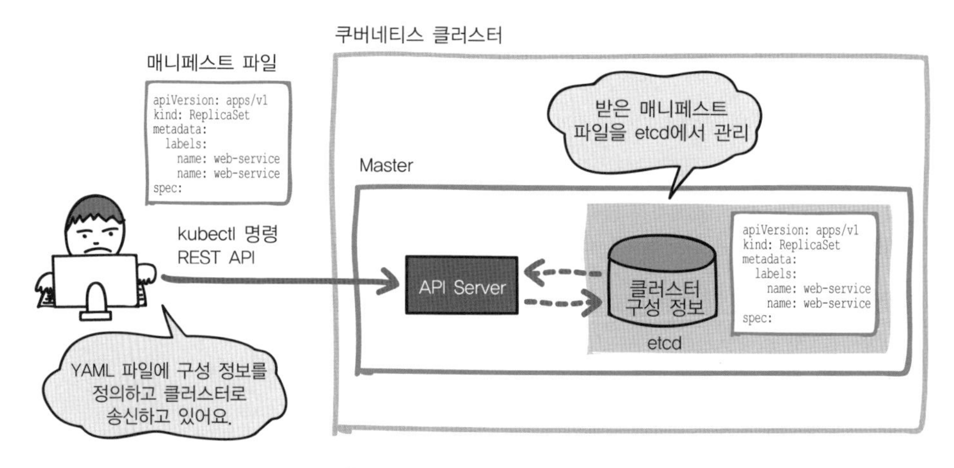

[그림 4.14] kubectl 명령의 실행

클라이언트의 명령을 받은 쿠버네티스 마스터의 API Service는 파일의 내용을 클러스터의 구성 정보인 etcd에 저장합니다. 쿠버네티스는 이 etcd에 기록된 정보를 바탕으로 리소스를 관리합니다.

매니페스트 파일(webserver.yaml)로 정의한 리소스를 클러스터에서 삭제하려면 파일명을 -f 옵션으로 지정하여 다음 명령을 실행합니다.

```
$ kubectl delete -f webserver.yaml
```

매니페스트 파일의 작성 방법은 쿠버네티스 리소스에 따라 다르지만 기본은 [리스트 4.2]와 같은 구조로 되어 있습니다.

[리스트 4.2] 매니페스트 파일의 구조

```
apiVersion: [① API의 버전 정보]
kind: [② 리소스의 종류]
metadata:
  name: [③ 리소스의 이름]
spec:
[④ 리소스의 상세 정보]
```

먼저 이 기본 구조를 파악해 둡시다.

① API의 버전 정보

호출할 API 버전을 지정합니다. 버전에 따라 다음과 같이 안정성과 지원 레벨이 다릅니다.

- **alpha(알파)**

  앞으로의 소프트웨어 릴리스에서 예고 없이 호환성이 없는 방법으로 변경될 가능성이 있는 버전입니다. 검증 환경에서만 사용할 것을 권장합니다. 또 기능 지원은 통지 없이 중지되는 경우도 있습니다. 구체적으로는 'v1alpha1' 등으로 설정합니다.

- **beta(베타)**

  충분히 테스트를 거친 버전입니다. 단, 기능은 삭제되지 않지만 상세 내용이 변경되는 경우가 있습니다. 때문에 실제 환경 이외에서 사용할 것을 권장합니다. 구체적으로는 'v2beta3' 등으로 설정합니다.

- **안정판**

  안정된 버전에는 'v1'과 같은 버전 번호가 붙습니다. 실제 환경에서 이용할 수 있는 버전입니다.

이 외에도 KubernetesAPI 확장을 위한 API 그룹 등을 설정할 수 있습니다.

② 리소스의 종류

쿠버네티스의 리소스 종류를 지정합니다. 리소스에 대한 자세한 것은 나중에 설명하겠지만 대표적인 것으로는 다음과 같은 것이 있습니다.

- 애플리케이션의 실행 ➡ Pod/ReplicaSet/Deployment
- 네트워크의 관리 ➡ Service/Ingress
- 애플리케이션 설정 정보의 관리 ➡ ConfigMap/Secrets
- 배치 잡의 관리 ➡ Job/CronJob

③ 리소스의 이름

리소스의 이름을 설정합니다. kubectl 명령 등으로 조작을 할 때 식별에 사용하므로 짧고 알기 쉬운 이름이 좋습니다.

④ 리소스의 상세 정보

리소스의 상세 정보를 설정합니다. ②에서 설정한 리소스의 종류에 따라 설정할 수 있는 값이 달라집니다.

예를 들어 클러스터 안에서 컨테이너 애플리케이션의 실행을 정의하는 포드의 경우, 다음과 같은 값을 설정합니다.

- 컨테이너의 이름
- 컨테이너 이미지의 저장 위치
- 컨테이너가 전송할 포트 번호
- 컨테이너가 내부에서 사용하는 환경변수에 대한 참조

매니페스트의 구체적인 작성 예나 설정할 수 있는 값은 쿠버네티스의 버전에 따라 다릅니다. 자세한 내용이나 최신 정보에 대해서는 아래 공식 사이트를 참조하기 바랍니다.

- Kubernetes API Overview - Kubernetes
  https://kubernetes.io/docs/reference/using-api/api-overview/

NOTE 매니페스트 파일이 동시에 갱신되면?

매니페스트 파일의 정보는 쿠버네티스 클러스터의 etcd에서 일원 관리합니다. 하나의 쿠버네티스 클러스터에 대해 여러 명의 관리자가 있을 때 매니페스트 파일의 갱신을 동시에 해 버리면 어떻게 될까요?

데이터가 갱신될 때마다 버전 번호가 추가됩니다. 데이터를 갱신할 때 버전 번호가 추가되었는지를 확인하고 만일 추가된 경우는 갱신을 거부합니다. 따라서 두 대의 클라이언트가 똑같은 데이터 엔트리를 갱신하려고 하면 처음의 것만 성공합니다. 쿠버네티스의 리소스에는 내부에서 metadata.resourceVersion이라는 버전을 나타내는 필드를 포함하고 있습니다.

쿠버네티스에서는 etcd의 갱신 처리를 모두 API Server를 통해 실행하는 구조로 되어 있습니다(그림 4.A). 때문에 데이터의 부정합이 일어날 가능성이 적습니다. 참조 제8장 '8.1 쿠버네티스의 가용성' p.242

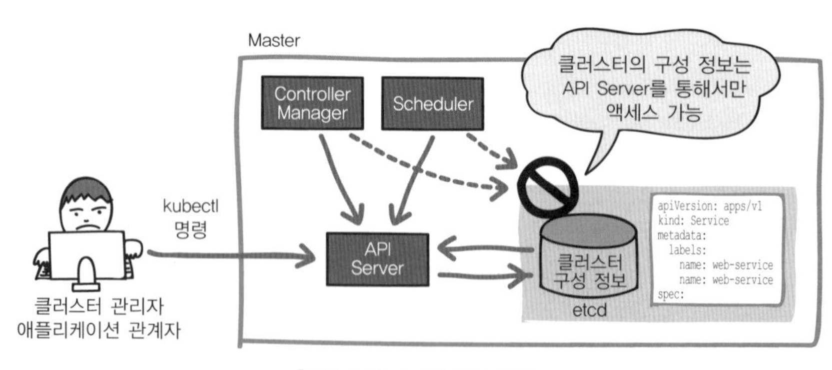

[그림 4.A] etcd의 갱신 처리

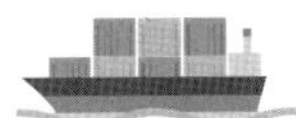

YAML의 문법

쿠버네티스의 매니페스트 파일을 작성할 때의 포맷은 YAML을 권장합니다. YAML은 구조화된 데이터를 표현하기 위한 데이터 포맷입니다. 확장자는 .yml 또는 .yaml을 사용합니다. 여기서는 쿠버네티스에서 조금 벗어나 YAML의 문법에 대해 설명하겠습니다. 기본적인 내용이므로 잘 아는 사람은 그냥 넘어가도 괜찮습니다.

YAML에는 다음 세 가지 특징이 있습니다.

① 인덴트로 데이터의 계층 구조를 나타낸다

Python처럼 데이터의 계층 구조를 인덴트(들여쓰기)로 나타냅니다. 누가 써도 코드를 읽기 쉽기 때문에 설정 파일 등에 적합합니다. 인덴트에는 스페이스를 사용합니다. 탭은 사용할 수 없습니다.

② 종료 태그가 필요 없다

명령의 종료 태그가 필요 없기 때문에 이중 표기나 입력 실수 등을 줄일 수 있습니다.

③ 플로 스타일과 블록 스타일

데이터의 구조를 표기할 때는 인덴트로 데이터 구조를 나타내는 스타일을 플로 스타일, [ ]나 { } 등으로 데이터 구조를 나타내는 스타일을 블록 스타일이라고 합니다. YAML에서는 어떤 표기 방법이든 상관없으며 둘을 섞어서 표기할 수도 있습니다.

다음은 알아두면 좋은 YAML의 문법(플로 스타일)에 대해 설명하겠습니다.

주석 행

'#' 이후는 주석으로 취급합니다. 또 여러 행에 걸친 주석은 없기 때문에 각 행에 '#'를 삽입할 필요가 있습니다. 개발 팀원이 알기 쉽도록 적절한 주석을 붙일 것을 권장합니다.

데이터형

YAML에서는 다음과 같은 데이터형을 자동으로 판별합니다.

- 정수
- 부동소수점수
- 진리값(true/false, yes/no)
- Null
- 날짜(yyyy-mm-dd)
- 타임스탬프(yyyy-mm-dd hh:mm:ss)

이 외의 것은 문자열로 취급합니다. 또 홑따옴표 또는 겹따옴표로 둘러싸면 강제적으로 문자열로 취급합니다.

배열

YAML에서는 데이터의 앞에 '-'를 붙여서 배열을 나타냅니다. 단, '-' 뒤에는 반드시 스페이스를 넣어야 합니다.

```
- "알기 쉬운 쿠버네티스"
- "재미있는 C#"
- "고양이도 알 수 있는 클라우드 디자인 패턴"
```

또 다음과 같이 배열을 내포시킬 수도 있습니다.

```
- "알기 쉬운 쿠버네티스"
-
  - "재미있는 C# 초판"
  - "재미있는 C# 제2판"
- "고양이도 알 수 있는 클라우드 디자인 패턴"
```

해시

YAML에서는 해시를 나타낼 때 Key와 Value를 ':'로 구분합니다. 단, ':' 다음에는 반드시 스페이스를 넣어야 합니다.

```
name: "알기 쉬운 쿠버네티스"
author: "cat"
price: 500
```

해시도 배열과 마찬가지로 인덴트를 사용하여 내포 구조를 나타낼 수 있습니다.

- YAML [공식 사이트]
  https://yaml.org/

4.5 라벨을 사용한 리소스 관리

쿠버네티스에서는 리소스를 관리할 때 라벨(Label)을 사용하여 식별합니다. 이 라벨은 대규모 개발에서도 효율적으로 클러스티를 관리하기 위한 중요한 장치입니다. 여기서 확실하게 이해하기 바랍니다.

라벨(Label)

개발이 진행되면 쿠버네티스 클러스터 안에는 포드가 많이 생성됩니다(그림 4.15). 예를 들어 다음과 같은 것을 생각할 수 있습니다.

- 웹 프론트 서버 기능, 백엔드 처리 기능
- 추가 기능 X, 추가 기능 Y, 추가 기능 Z ...
- 개발 환경, 테스트 환경, 스테이징 환경, 실제 환경
- 알파 버전, 베타 버전, 릴리스 버전

이것들을 클러스터에서 관리할 때 동일한 그룹으로 모아서 조작할 수 있다면 편리할 것입니다. 하지만 폴더와 같은 계층 구조로 만들어 버리면 예를 들어 결제 처리를 하는 백엔드 처리에서 스테이징 환경과 같이 여러 속성을 갖고 있는 경우 등을 관리해야 하기 때문에 운용이 복잡해집니다.

그래서 나온 것이 라벨이라는 개념입니다. 이것은 여러 쿠버네티스 리소스를 식별하기 위한 임의의 정보를 정의하는 것입니다.

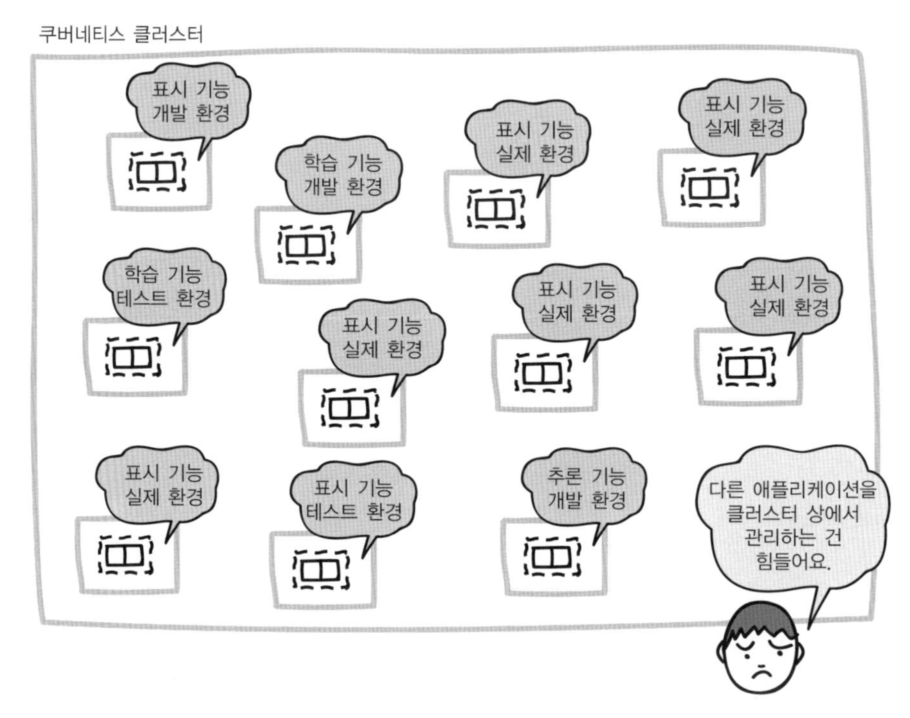

[그림 4.15] 포드의 관리

라벨을 사용하면 포드와 같은 쿠버네티스 리소스에 버전명이나 애플리케이션명, 스테이징 환경인지 실제 환경인지와 같은 임의의 라벨을 설정하여, 클러스터 안에서 편리하게 관리할 수 있습니다. [그림 4.16]과 같이 각각의 리소스에 쪽지와 같은 것이 붙어 있다고 생각하면 됩니다.

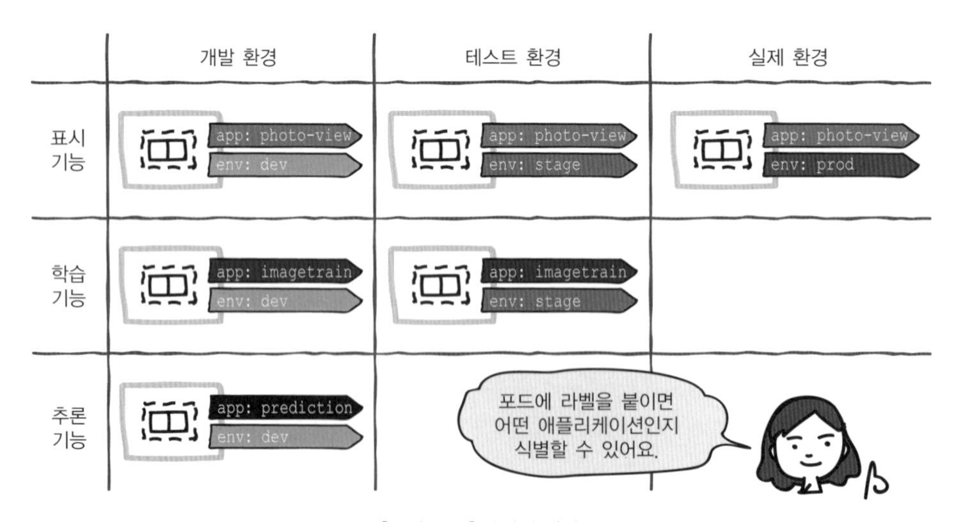

[그림 4.16] 라벨의 설정

여기서는 실제로 포드에 라벨을 설정하여 확인해 봅시다. 또 쿠버네티스 클러스터를 아직 기동시키지 않은 경우는 제2장의 절차를 바탕으로 클러스터를 작성하기 바랍니다.

포드는 쿠버네티스에 있어서 컨테이너 애플리케이션의 집합체인데 자세한 내용은 제5장에서 설명하기 때문에 여기서는 '다른 컨테이너 애플리케이션에 임의의 라벨을 붙인다'고 생각하기 바랍니다.

(1) 포드에 라벨을 설정한다

라벨은 Key-Value형으로 설정합니다. 임의의 값을 설정해도 상관없습니다. Key와 Value는 둘 다 문자열로 지정합니다. Key명은 필수이며 길이는 63자 이내로 지정하는데, 맨 앞과 맨 뒤는 반드시 알파벳이나 숫자로 지정합니다. 맨 앞과 맨 뒤 외에는 대시(-)나 언더스코어(_), 닷(.)도 사용할 수 있습니다.

Key에는 슬래시로 구분한 프리픽스도 지정할 수 있습니다. 프리픽스를 지정할 때는 DNS 서브도메인에서 길이 253자의 제한이 있습니다. 단, kubernetes.io/는 쿠버네티스의 시스템에서 이용하므로 지정할 수 없습니다.

이제 Nginx가 움직이는 심플한 포드 매니페스트 파일을 작성하여 동작을 확인해 봅시다(리스트 4.3).

[리스트 4.3] chap04/Label/label-pod.yaml

```
apiVersion: v1
kind: Pod
metadata:
  name: nginx-pod-a
  labels:
    env: test
    app: photo-view
spec:
  containers:
  - image: nginx
    name: photoview-container
```

이 매니페스트는 'photoview-container'라는 이름의 컨테이너를 하나 갖고 있는 'nginx-pod-a'라는 이름의 포드를 정의하는 것입니다. 라벨은 여러 개 설정할 수 있습니다. 이 포드에는 Key = 'env', Value = 'test'라는 라벨과 Key = 'app', Value = 'photoview'라는 두 개의 라벨을 설정하고 있습니다.

또 샘플에서는 다른 라벨이 설정된 여러 개의 포드를 정의하고 있습니다.

다음 명령을 실행하여 포드를 작성합니다.

```
$ kubectl apply -f Label/label-pod.yaml
```

포드를 확인할 때는 다음 명령을 실행합니다. 이때 --show-labels 옵션을 지정하면 포드에 설정된 라벨이 표시됩니다.

```
$ kubectl get pod --show-labels
NAME          READY   STATUS    RESTARTS  AGE   LABELS
nginx-pod-a   1/1     Running   0         1m    app=photo-view, env=test
nginx-pod-b   1/1     Running   0         1m    app=imagetrain, env=test
nginx-pod-c   1/1     Running   0         1m    app=prediction, env=test
nginx-pod-d   1/1     Running   0         1m    app=photo-view, env=stage
nginx-pod-e   1/1     Running   0         1m    app=imagetrain, env=stage
nginx-pod-f   1/1     Running   0         1m    app=photo-view, env=prod
```

(2) 라벨을 변경한다

라벨을 변경하려면 매니페스트 파일을 변경합니다. 작성한 포드 'nginx-pod-a'의 env 값을 'test'에서 'stage'로 변경합니다(리스트 4.4).

[리스트 4.4] 라벨 변경하기(label-pod.yaml)

```
apiVersion: v1
kind: Pod
metadata:
  name: nginx-pod-b
  labels:
    app: photo-view
    env: stage
~중략~
```

다음 명령을 실행하여 포드의 라벨을 변경합니다. 이것은 매니페스트 파일을 갱신하는 것입니다.

```
$ kubectl apply -f Label/label-pod.yaml
pod "nginx-pod-b" configured
```

다시 포드를 확인하면 라벨이 변경된 것을 알 수 있습니다.

```
$ kubectl get pod --show-labels
NAME          READY   STATUS    RESTARTS    AGE    LABELS
nginx-pod-a   1/1     Running   0           1m     app=photo-view, env=stage
```

사실은 kubectl label deployments 명령을 실행하여 라벨을 덮어쓸 수도 있지만 구성 관리의 관점에서 볼 때 매니페스트를 변경할 것을 권장합니다.

노드나 리플리카셋 등과 같은 포드 이외의 리소스에도 라벨을 자유롭게 설정할 수 있습니다.

LabelSelector를 사용한 리소스 검색

앞에서 라벨의 설정 방법을 살펴보았는데 이 장치는 쿠버네티스가 자유도가 높은 오케스트레이션을 실현하기 위한 중요한 포인트이기도 합니다. 그래서 여기서는 설정한 라벨을 구체적으로 어떻게 사용하는지를 살펴보겠습니다.

쿠버네티스의 리소스에 설정한 라벨은 LabelSelector라는 기능을 사용하여 필터링할 수 있습니다. 이 LabelSelector는 다음 두 가지 이용 방법이 있습니다.

① kubectl 명령으로 필터링할 때 이용

kubectl 명령의 옵션으로 -selector 옵션을 붙이면 지정한 조건에 해당하는 것만을 조작할 수 있습니다.

여기서 'app=photo-view' 라벨이 설정된 포드의 목록만을 표시하고 싶을 때는 다음 명령을 실행합니다. 실행하면 조건에 맞는 세 개의 포드가 표시됩니다.

```
$ kubectl get pod -l app=photo-view

NAME            READY   STATUS     RESTARTS    AGE
nginx-pod-a     1/1     Running    0           5m
nginx-pod-d     1/1     Running    0           5m
nginx-pod-f     1/1     Running    0           5m
```

셀렉터를 콤마로 연결하여 여러 개 지정하면 논리 연산의 AND 결과가 반환됩니다. 다음의 경우는 'app=photo-view'이며 'env=prod'인 라벨이 지정된 포드 'nginx-pod-f'만 표시됩니다.

```
$ kubectl get pod -l app=photo-view,env=prod
NAME           READY    STATUS     RESTARTS    AGE
nginx-pod-f    1/1      Running    0           7m
```

LabelSelector에서 사용할 수 있는 연산자는 [표 4.3]과 같습니다.

[표 4.3] LabelSelector에서 사용할 수 있는 연산자

연산자	설명
Key = value	Key = value이다.
Key != value	Key = value이 아니다.
Key in (value1, value2)	Key는 value1 또는 value2
Key notin (value1, value2)	Key는 value1도 value2도 아니다.
Key	Key가 설정되어 있다.
!key	Key가 설정되어 있지 않다.

라벨의 설정은 임의의 문자열이므로 개발 프로젝트의 요건에 따라 네이밍 규칙을 정해 운용하기 바랍니다. 예를 들어 버전명이나 스테이징 환경인지 실제 환경인지, 애플리케이션의 코드 네임 등을 포함하면 좋을 것입니다.

현재 [그림 4.16]의 라벨이 설정된 포드를 기동시키고 있으므로 다양한 조건으로 포드를 검색할 수 있는지 확인해 보기 바랍니다.

② 다른 쿠버네티스 리소스와 연결할 때 이용

쿠버네티스의 라벨의 중요한 다른 역할로는 리플리카셋, 디플로이먼트, 서비스 등에서 쿠버네티스 리소스끼리 연결시킬 때 사용합니다(그림 4.17).

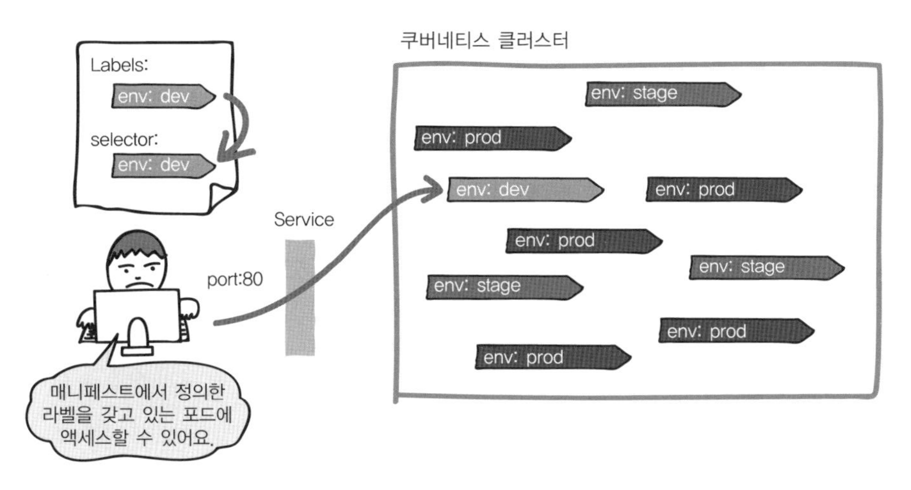

[그림 4.17] LabelSelector

이 기능에 대해서는 제5장 이후에 자세히 설명합니다.

쿠버네티스에는 라벨 외에도 쿠버네티스의 리소스 정보를 관리할 수 있는 Annotation이 있습니다. Annotation에는 빌드 정보의 상세 정보, 풀 리퀘스트 번호 등 임의의 정보를 설정할 수 있습니다. 또한 쿠버네티스 내부에서도 이용합니다.

4.6 쿠버네티스의 리소스 분리

쿠버네티스에는 리소스를 모아서 가상적으로 분리하는 네임스페이스(Namaspace)라는 기능이 있습니다. 이를 사용하면 하나의 쿠버네티스 클러스터를 여러 프로젝트에서 이용할 수 있습니다. 여러 리소스를 모아서 넣는 폴더와 같은 것이라고 이해하면 좋을 것입니다.

이 네임스페이스에는 롤베이스로 권한을 설정할 수 있습니다. 네임스페이스별로 필요한 액세스 권한을 설정하여 이용할 수 있는 사용자를 제한하면 보안성을 높일 수 있습니다.

참조 제11장 '11.2 네임스페이스를 사용한 분리' p.302

쿠버네티스에서 동일한 네임스페이스 안에서는 리소스명을 고유하게 해야 합니다. 다른 네임스페이스의 경우는 같은 이름의 리소스를 붙일 수 있습니다(그림 4.18). 예를 들어 HTTP/HTTPS 리퀘스트를 받는 'webfront'라는 역할의 리소스는 네임스페이스가 다르면 이용할 수 있습니다. 단, 노드 등은 동일한 리소스명을 붙일 수 없습니다.

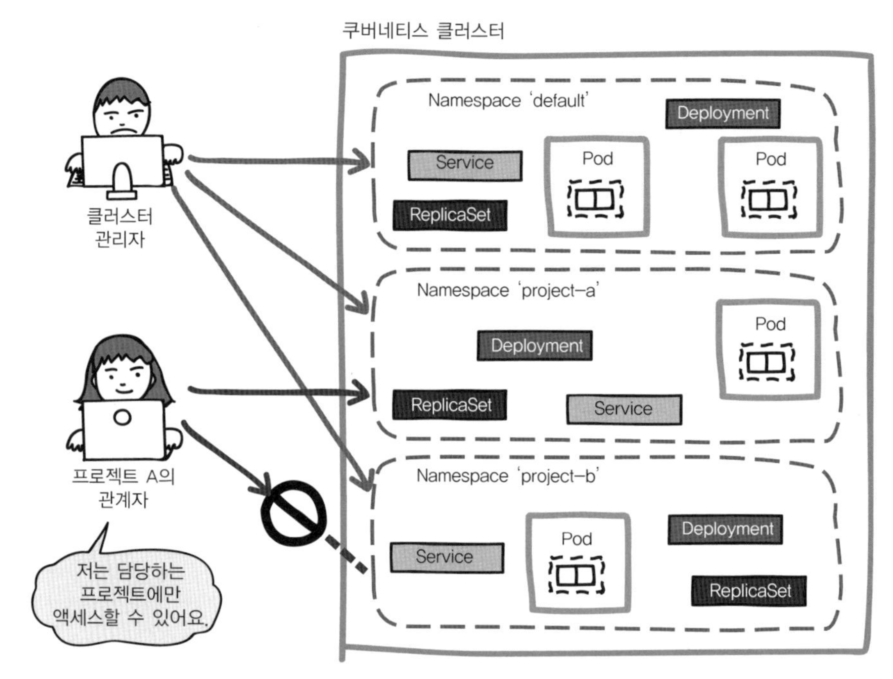

[그림 4.18] Namespace에 의한 리소스 분리

여기서 네임스페이스의 사용법을 살펴봅시다. 클러스터 안의 네임스페이스 목록을 확인하려면 다음 명령을 실행합니다.

```
$ kubectl get namespace

NAME          STATUS    AGE
default       Active    1h
kube-public   Active    1h
kube-system   Active    1h
```

AKS를 사용하여 클러스터를 구축했을 때는 기본값으로 [표 4.4]의 네임스페이스가 작성됩니다.

[표 4.4] **쿠버네티스의 네임스페이스**

Namespace	설명
default	네임스페이스를 명시적으로 지정하지 않은 경우의 기본값
kube-public	모든 사용자가 이용할 수 있는 컨피그맵과 같은 리소스
kube-system	쿠버네티스 클러스터가 내부에서 이용하는 리소스

kubectl 명령에서 --namespace 옵션(또는 -n)을 설정하면 지정한 네임스페이스로 관리되는 쿠버네티스 리소스를 확인할 수 있습니다. 예를 들어 다음 명령을 실행하면 'kube-system'이라는 이름의 네임스페이스에 포함되는 포드 목록을 구할 수 있습니다.

```
$ kubectl get pod --namespace kube-system
NAME                              READY   STATUS    RESTARTS   AGE
azureproxy-6496d6f4c6-dst64       1/1     Running   1          1h
heapster-864b6d7fb7-2rvww         2/2     Running   0          1h
kube-dns-v20-55645bfd65-7rtfj     3/3     Running   0          1h
kube-dns-v20-55645bfd65-xvwpm     3/3     Running   0          1h
kube-proxy-4j688                  1/1     Running   0          1h
~중략~
```

새로운 네임스페이스를 만들 때는 [리스트 4.5]의 매니페스트 파일을 작성합니다. 여기서는 'trade-system'이라는 네임스페이스를 만들고 있습니다.

[리스트 4.5] chap04/Namespace/namespace.yaml

```
apiVersion: v1
kind: Namespace
metadata:
  name: trade-system
```

다음 명령을 실행하여 네임스페이스를 작성합니다.

```
$ kubectl create -f Namespace/namespace.yaml
namespace "trade-system" created
```

다시 네임스페이스 목록을 표시하면 작성한 'trade-system'을 확인할 수 있습니다.

```
$ kubectl get namespace
NAME            STATUS    AGE
default         Active    1h
kube-public     Active    1h
kube-system     Active    1h
trade-system    Active    13s
```

namespace 옵션을 사용하여 명시적으로 지정하지 않을 때는 'default' 네임스페이스에 포함되는 리소스를 조작하게 됩니다.

다음 명령을 실행하면 네임스페이스가 'trade-system'인 'my-context'를 설정할 수 있습니다.

```
$ kubectl config set-context my-context --namespace=trade-system
```

다음 명령을 실행하면 클러스터에 대한 액세스를 위한 설정 파일을 변경합니다. 참조 제2장 '2.4 Azure를 사용한 쿠버네티스 클러스터 작성' p.37

확인이 끝났으면 다음 명령을 사용하여 이 장에서 작성한 리소스를 삭제하기 바랍니다.

```
$ kubectl delete -f Label/label-pod.yaml
pod "nginx-pod-a" deleted
pod "nginx-pod-b" deleted
pod "nginx-pod-c" deleted
pod "nginx-pod-d" deleted
pod "nginx-pod-e" deleted
pod "nginx-pod-f" deleted

$ kubectl delete -f Namespace/namespace.yaml
namespace "trade-system" deleted
```

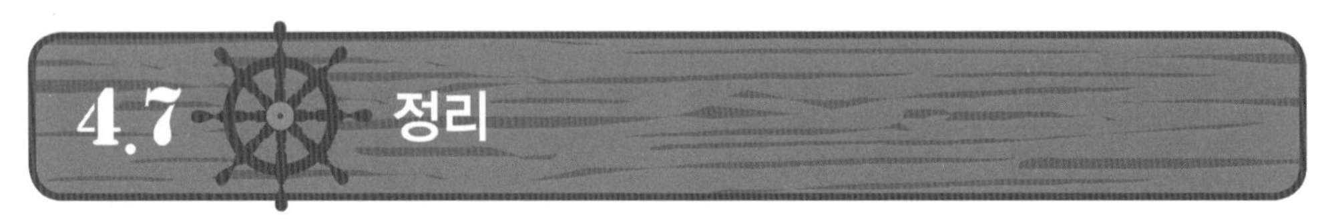

4.7 정리

이 장에서는 쿠버네티스를 움직이는 데 있어서 알아두어야 할 중요한 개념과 쿠버네티스의 구조를 이해하는 데 중요한 API의 전체 이미지를 설명했습니다.

- 쿠버네티스의 핵심 개념
- 쿠버네티스 API의 개요
- 쿠버네티스가 제공하는 리소스 개요
- 라벨을 사용한 리소스 관리
- 네임스페이스를 사용한 리소스 분리

쿠버네티스에서는 컨테이너 애플리케이션뿐만 아니라 네트워크나 스토리지, 잡 등을 추상화한 리소스라는 단위로 조작을 합니다. 이 리소스의 개요에 대해서도 전체 이미지를 소개했습니다. 여기서는 다양한 명령을 실행했는데 사실은 그 뒤에서 어떤 일이 일어나는지를 아는 것이 중요합니다.

다음 제5장에서는 드디어 쿠버네티스로 컨테이너 애플리케이션을 움직이는 기본이 되는 '포드'의 구조를 살펴보겠습니다.

NOTE 기계학습과 쿠버네티스

학습에서는 데이터의 수집과 관리, 정밀도가 높은 학습 모델 작성이 주목을 받고 있지만 그 외에도 많은 프로세스가 필요합니다. 예를 들어 기계학습 프레임워크나 라이브러리를 사용한 환경에 포터빌리티를 가지게 할지, 계속적인 재학습 구조를 어떻게 만들지, IoT 디바이스 등 다양한 환경에 대한 롤아웃을 어떻게 할지 등 기반으로 검토해야 할 일이 많이 있습니다.
기계학습의 세계도 쿠버네티스와 마찬가지로 상당히 발전되어 있기 때문에 버전이나 의존 관계 문제로 움직이지 않는 일이 빈번히 발생합니다. 그래서 애플리케이션의 높은 이식성이나 구성 관리의 관점에서 컨테이너가 주목을 받고 있습니다.
Kubeflow는 쿠버네티스로 기계학습 워크로드를 제공하는 오픈소스 소프트웨어입니다. Jupyter Notebook을 사용한 개발 환경 구축이나 TensorFlow를 사용하기 위한 컴포넌트를 제공하고 있습니다.

- Kubeflow
  https://www.kubeflow.org/

또 Azure의 기계학습 워크로드를 제공하는 'Azure Machine Learning 서비스'를 사용하면 기계학습 앱의 디플로이 위치로서 이 책에서 이용한 Azure Kubernetes Service를 이용할 수 있습니다.

- Azure Machine Learning service
  https://azure.microsoft.com/ko-kr/services/machine-learning-service/

CHAPTER 05

컨테이너 애플리케이션의 실행

쿠버네티스를 이해하는 데 있어서 첫걸음은 컨테이너의 집합체인 포드입니다. 여기서는 포드의 구조에 대해 설명해 가겠습니다.

※ 이 장에서 설명하는 환경을 구축하기 위한 코드, 샘플 애플리케이션은 GitHub(https://github.com/ToruMakabe/Understanding-K8s/tree/master/chap05)에 공개하고 있습니다.

5.1 포드를 사용한 컨테이너 애플리케이션의 관리

여기서는 포드의 구조와 매니페스트 파일의 작성법 등을 설명합니다.

포드

컨테이너 세계에서는 '1 컨테이너 1 프로세스'가 철칙이므로 심플한 기능을 갖고 있는 애플리케이션을 만들 것을 권장합니다. 그런데 예를 들어 웹 서버와 프록시 서버, SSL 단말기, 인증 서버(OAuth) 등 메인이 되는 컨테이너와 함께 협조하여 움직이는 컨테이너[※1]를 하나로 모아서 만들어 두면 편리합니다. 쿠버네티스에서는 관련된 컨테이너의 집합체를 포드(Pod)라고 부릅니다. 이 포드는 컨테이너 애플리케이션을 넣는 상자와 같은 것으로 이해하면 알기 쉽습니다.

포드는 다음과 같은 성질을 갖고 있습니다.

- 포드에는 하나 이상의 컨테이너가 들어 있다.
- 포드 안의 컨테이너는 반드시 동일한 노드에 배치된다.
- 애플리케이션을 스케일아웃할 때는 포드 단위로 한다.
- 포드 안의 컨테이너는 네트워크와 스토리지를 공유한다.

포드 안의 컨테이너는 클러스터 안의 동일한 물리 머신 또는 가상 머신 상에 배치되어 실행됩니다. 애플리케이션을 늘리는 경우 동일한 구성으로 된 포드를 여러 개 작성합니다. 이것을 리플리카(Replica)라고 합니다.

※1 메인 컨테이너에 대해 보조하는 서브 컨테이너를 '사이드카'라고 부르는 경우도 있습니다.

네트워크

각 포드에는 고유한 IP 주소가 할당됩니다(그림 5.1). 동일한 포드의 컨테이너는 IP 주소와 네트워크 포트를 포함한 네트워크 공간을 공유합니다. 때문에 포드 안의 컨테이너끼리는 localhost를 사용하여 서로 통신할 수 있습니다.

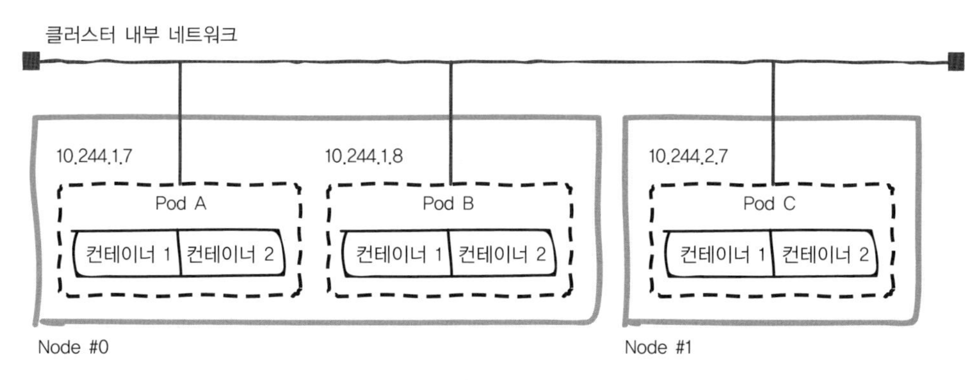

[그림 5.1] 포드의 네트워크

스토리지

포드 안의 컨테이너가 공유 볼륨에 액세스할 수 있기 때문에 컨테이너 사이에 데이터를 주고받을 수 있습니다(그림 5.2).

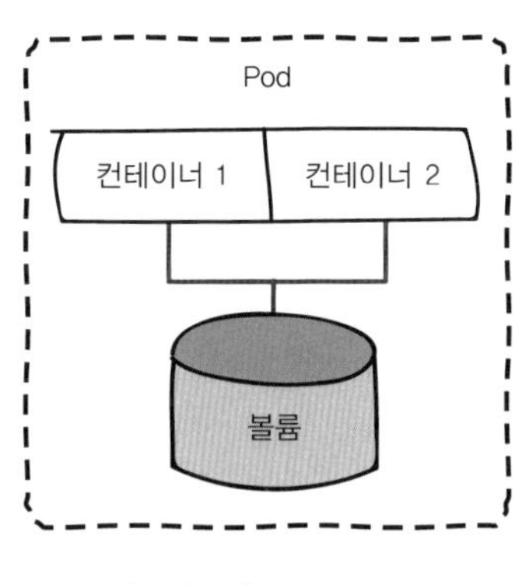

[그림 5.2] 포드의 볼륨

매니페스트 파일

제3장의 튜토리얼에서 심플한 포드를 작성했는데, 여기서는 포드 매니페스트의 기본적인 작성법을 설명하겠습니다.

포드의 매니페스트 파일의 기본 구조는 [리스트 5.1]과 같습니다.

[리스트 5.1] 포드의 매니페스트 파일

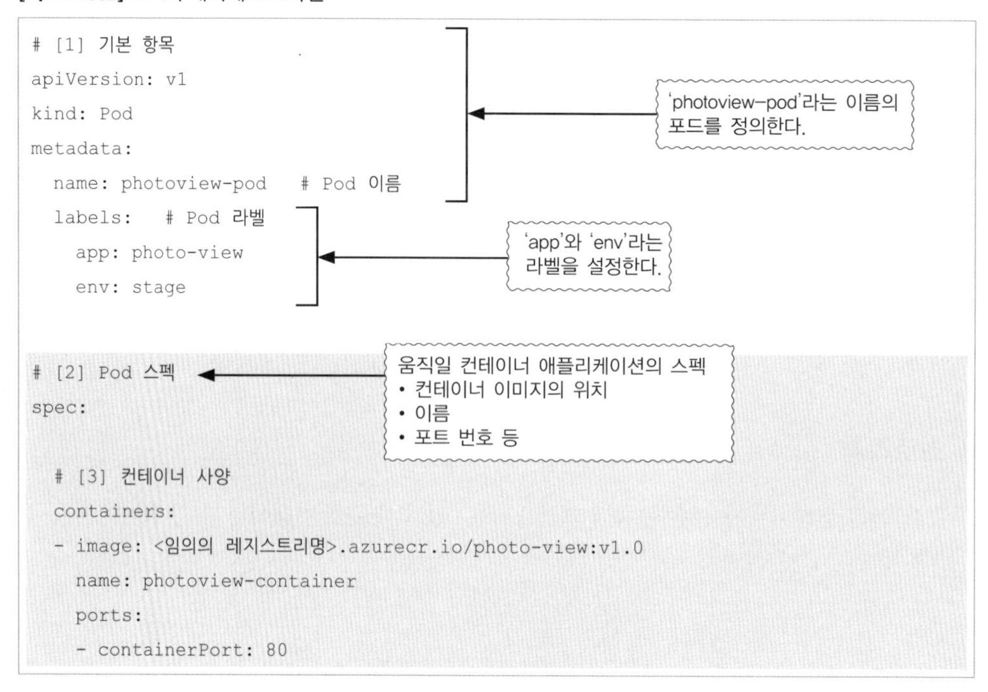

```
# [1] 기본 항목
apiVersion: v1
kind: Pod
metadata:
  name: photoview-pod    # Pod 이름
  labels:    # Pod 라벨
    app: photo-view
    env: stage

# [2] Pod 스펙
spec:

  # [3] 컨테이너 사양
  containers:
  - image: <임의의 레지스트리명>.azurecr.io/photo-view:v1.0
    name: photoview-container
    ports:
    - containerPort: 80
```

'photoview-pod'라는 이름의 포드를 정의한다.
'app'와 'env'라는 라벨을 설정한다.
움직일 컨테이너 애플리케이션의 스펙
• 컨테이너 이미지의 위치
• 이름
• 포트 번호 등

[1] 기본 항목

먼저 API의 버전이나 포드명과 같은 기본 항목을 설정합니다(표 5.1).

[표 5.1] **포드 매니페스트의 기본 항목**

필드	데이터형	설명	예
apiVersion	문자열	API의 버전. 집필 시점에서 최신은 'v1' 존재하지 않는 값을 설정하면 오류가 발생한다.	v1
kind	문자열	쿠버네티스 리소스의 종류	Pod

필드	데이터형	설명	예
metadata	Object	포드의 이름이나 Label과 같은 메타데이터	
spec	PodSpec	포드의 상세 정보를 설정	

[2] 포드 스펙

[spec] 필드에는 포드의 내용을 설정합니다. 구체적으로는 포드 안에서 움직일 컨테이너 애플리케이션이나 우선순위, 재시작 시의 규칙 등에 대해 정의합니다(표 5.2).

[표 5.2] **포드의 사양([spec] 필드)**

필드	데이터형	설명
containers	Container 배열	포드에 속하는 컨테이너 목록. 포드에는 하나 이상의 컨테이너가 필요하다.
imagePullSecrets	LocalObjectReference 배열	컨테이너 이미지를 취득하기 위해 사용되는 인증 정보
initContainers	Container 배열	초기화 처리를 하는 컨테이너. 이 컨테이너에 장애가 발생한 경우 그 포드는 실패한 것으로 간주하여 restartPolicy에 따라 재시작된다.
nodeName	문자열	특정 노드에 포드를 배치할 때 지정
nodeSelector	Object	지정한 라벨을 갖고 있는 노드에 포드를 스케줄링하고 싶을 때 지정
priority	정수	포드의 우선순위. 클수록 우선순위가 높다.
restartPolicy	문자열	포드 안의 컨테이너의 재시작 폴리시. Always, OnFailure, Never 중 하나를 지정한다. 기본값은 Always
volumes	Volume 배열	포드 안의 컨테이너가 마운트할 수 있는 볼륨의 목록

[3] 컨테이너 사양

[containers] 필드에는 포드 안에서 움직이는 컨테이너 애플리케이션의 상세 정보를 설정합니다. 예를 들어 컨테이너 이미지와 그 저장 레지스트리 정보, 컨테이너에서 이용하는 환경 변수 등입니다(표 5.3).

[표 5.3] **컨테이너의 사양([containers] 필드)**

필드	데이터형	설명
args	문자 배열	컨테이너에 송신할 인수
env	EnvVar 배열	컨테이너에 설정할 환경변수
image	문자열	컨테이너 이미지와 그 저장 위치
imagePullPolicy	문자열	컨테이너 이미지를 취득할 때의 규칙. Always, Never, IfNotPresent 중 하나를 지정한다. 기본값은 'IfNotPresent'로, 만일 이미지가 있으면 새로 취득하지 않는다. 만일 이미지를 강제로 갱신하고 싶을 때는 'Always'를 설정한다.
livenessProbe	Probe	컨테이너의 감시(자세한 내용은 5.4 참조)
name	문자열	컨테이너의 이름. 클러스터 내부에서 DNS_LABEL로서 사용된다.
ports	ContainerPort 배열	컨테이너가 공개할 포트 번호의 목록. 예를 들면 HTTP를 공개할 때는 80을 설정한다.
readinessProbe	Probe	컨테이너의 감시(자세한 내용은 5.4 참조)
resources	ResourceRequirements	컨테이너에 필요한 CPU나 메모리와 같은 컴퓨팅 리소스
volumeMounts	VolumeMount 배열	컨테이너의 파일 시스템에 마운트할 볼륨
workingDir	문자열	컨테이너의 작업 디렉토리

구체적인 예를 살펴봅시다.

예를 들어 [리스트 5.2]의 예는 'www'라는 이름의 포드를 정의한 매니페스트 파일입니다. 이 포드 안에는 'nginx'와 'git-monitor'라는 이름의 컨테이너가 들어갑니다. 이 두 컨테이너에서 공통으로 이용할 수 있는 'www-data'라는 이름의 볼륨이 만들어져 각 컨테이너에서 마운트됩니다.

[리스트 5.2] 포드 'www'를 정의한 매니페스트 파일

```
apiVersion: v1
kind: Pod
metadata:
  name: www
spec:
  containers:
  - name: nginx
    image: nginx
```

```
    volumeMounts:
    - mountPath: /srv/www
      name: www-data
      readOnly: true
  - name: git-monitor
    image: kubernetes/git-monitor
    env:
    - name: GIT_REPO
        value: http://github.com/some/repo.git
    volumeMounts:
    - mountPath: /data
      name: www-data
  volumes:
  - name: www-data
    emptyDir: { }
```


포드 매니페스트 파일에 지정할 수 있는 항목에 대한 자세한 정보는 API의 버전에 따라 다릅니다. 이 책의 집필 시점에서 최신 버전인 v1에 대해서는 아래 공식 사이트를 참조하기 바랍니다.

- Pod v1 core - Kubernetes API Reference Docs
  https://kubernetes.io/docs/reference/generated/kubernetes-api/v1.10/#pod-v1-core

포드의 작성, 변경, 삭제

이제 샘플 매니페스트 파일을 바탕으로 실제로 포드를 작성, 변경, 삭제해 봅시다. 아직 쿠버네티스 클러스터를 기동시키지 않은 경우는 제2장의 절차를 바탕으로 클러스터를 작성하기 바랍니다.

포드의 작성은 kubectl 명령을 사용합니다.

(1) 포드의 작성

샘플 매니페스트 파일을 열고 컨테이너 이미지의 공개 위치를 제2장에서 작성한 ACR 레지스트리로 변경합니다(리스트 5.3). 이 예에서는 'sampleacrregistry.azurecr.io'로 되어 있지만 여기를 각자의 환경에 맞춰 수정하기 바랍니다.

[리스트 5.3] chap05/Pod/pod.yaml

```
# [1] 기본 항목
apiVersion: v1
~중략~
spec:
  # (3) 컨테이너 사양
  containers:
  - image: sampleacrregistry.azurecr.io/photo-view:v1.0
    name: photoview-container
~중략~
```

다음 명령을 실행하여 포드를 작성합니다.

```
$ kubectl apply -f Pod/pod.yaml
pod/photoview-pod created
```

다음 명령으로 포드 목록을 살펴봅시다. --show-labels 옵션은 포드에 설정된 라벨을 표시하는 것입니다. STATUS가 'Running'으로 되어 있으므로 포드가 움직이고 있다는 것을 알 수 있습니다.

```
$ kubectl get pods --show-labels
NAME            READY   STATUS    RESTARTS   AGE   LABELS
photoview-pod   1/1     Running   0          1m    app=photo-view, env=stage
```

포드의 STATUS는 [표 5.4]와 같은 상태를 나타냅니다.

[표 5.4] 포드의 STATUS

값	설명
Pending	포드의 작성을 기다리고 있는 상태. 컨테이너 이미지의 다운로드 등에 시간이 걸리는 경우도 있다.
Running	포드가 가동 중인 상태
Succeeded	포드 안의 모든 컨테이너가 정상적으로 종료된 상태
Failed	포드 안의 컨테이너 중 적어도 하나의 컨테이너가 실패하여 종료된 상태
Unknown	어떤 이유로 포드와 통신할 수 없는 상태

오류가 발생한 경우는 포드의 상세 정보를 확인합니다. 다음 예에서는 'photoview-pod'라는 이름의 포드의 상세 정보를 확인하고 있습니다. 로그는 [Events] 필드를 봅시다. 컨테이너 이미지의 설정에서 오류가 발생한 것을 알 수 있습니다.

```
$ kubectl describe pods photoview-pod

    Port: 80/TCP
~중략~
Conditions:
  Type              Status
  Initialized       True
  Ready             False
  PodScheduled      True
~중략~
Events:
  Type    Reason                 Age              From                              Message
  ----    ------                 ----             ----                              -------
  Normal  Scheduled              1m               default-scheduler                 Successfully
➡assigned photoview-pod to aks-nodepool1-84401083-1
  Normal  SuccessfulMountVolume 1m                kubelet, aks-nodepool1-84401083-1  MountVolume.
➡SetUp succeeded for volume "default-token-nvgkg"
  Warning  InspectFailed         4s (x9 over 1m)  kubelet, aks-nodepool1-84401083-1  Failed to
➡apply default image tag " xxx.azurecr.io/photo-view:v1.0": couldn't parse image reference "xxx.
➡azurecr.io/photo-view:v1.0": invalid reference format
  Warning  Failed                4s (x9 over 1m)  kubelet, aks-nodepool1-84401083-1  Error:
➡InvalidImageName
```

(2) 포드의 변경

계속해서 포드의 내용을 변경해 봅시다. 여기서는 컨테이너 이미지를 변경하기 때문에 매니페스트 파일을 [리스트 5.4]와 같이 수정합니다. 이것은 컨테이너의 이미지 버전을 'v1.0'에서 'v2.0'으로 변경하고 있습니다.

[리스트 5.4] chap05/Pod/pod.yaml의 변경

변경 전

```
containers:
  - image: <작성한 ACR 레지스트리명>.azurecr.io/photo-view:v1.0
```

변경 후

```
containers:
  - image: <작성한 ACR 레지스트리명>.azurecr.io/photo-view:v2.0
```

다음 명령을 실행하면 포드의 상태가 변경됩니다. 또 kubectl apply 명령은 변경이 없는 리소스에는 아무 것도 하지 않습니다.

```
$ kubectl apply -f Pod/pod.yaml
pod/photoview-pod configured
```

다음 명령을 실행하여 포드의 상세 정보를 확인합니다. 수정한 컨테이너의 이미지가 변경된 것을 알 수 있습니다.

```
$ kubectl describe pods photoview-pod
Name:        photoview-pod
Namespace:   default
Node:        aks-nodepool1-84401083-1/10.240.0.4
~중략~
IP:          10.244.2.13
Containers:
  photoview-container:
    Container ID:   docker://xxxxxxxxxxxxxxxx
    Image:          <작성한 ACR 레지스트리명>.azurecr.io/photo-view:v2.0
```

(3) 포드의 삭제

다음 명령을 실행하면 포드를 삭제할 수 있습니다.

```
$ kubectl delete -f Pod/pod.yaml
pod/photoview-pod deleted
```

포드 목록을 확인해 봅시다. 포드가 없어진 것을 알 수 있습니다.

```
$ kubectl get pod
No resources found.
```

포드의 기본적인 조작은 여기까지입니다. 에디터로 매니페스트를 작성하고 수정하여 kubectl 명령으로 클러스터에게 통지한다는 흐름을 파악해 두기 바랍니다.

포드의 디자인 패턴

포드를 어떻게 작성할지는 애플리케이션의 기능 요건 및 비 기능 요건에 따라 달라지지만 검토할 포인트는 다음 두 가지입니다.

- 반드시 동일한 노드에서 실행할 필요가 있는지 없는지
- 동일한 타이밍으로 스케줄링할 필요가 있는지 없는지

대표적인 포드 디자인 패턴을 몇 가지 소개하겠습니다.

① 프록시 역할을 하는 컨테이너

HTTP만 지원하는 웹 애플리케이션을 HTTPS도 지원하기 위해 메인 애플리케이션에 대해 SSL 프록시가 될 컨테이너를 넣는 패턴입니다(그림 5.3). 사이드카가 될 SSL 프록시 컨테이너로부터 웹 애플리케이션에 액세스할 때는 localhost로 통신할 수 있으므로 기존의 웹 애플리케이션의 코드를 변경하지 않고 HTTPS를 지원할 수 있습니다.

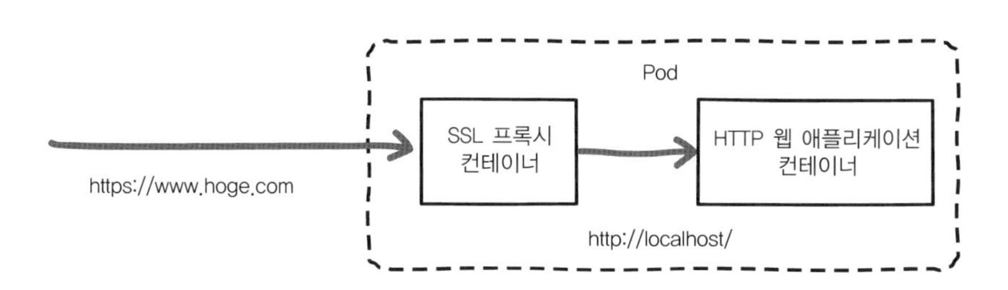

[그림 5.3] 프록시 역할을 하는 컨테이너

또 컨테이너 애플리케이션에서 DB에 액세스하기 위해 프록시용 컨테이너를 배치하는 경우도 있습니다.

② 인증 처리를 하는 컨테이너

애플리케이션이 OAuth 인증을 필요로 하는 경우 등은 애플리케이션 본체의 기능과 분리시켜 인증 처리를 하는 전용 포드를 배치하는 경우가 있습니다(그림 5.4).

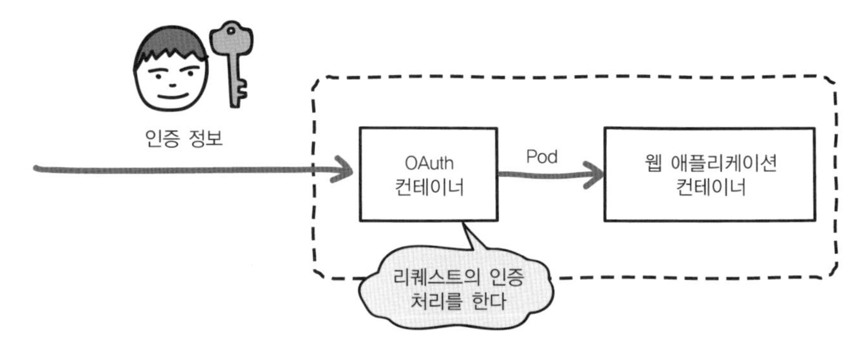

[그림 5.4] 인증 처리를 하는 컨테이너

그리고 또 다른 중요한 포인트가 하나 있습니다. 쿠버네티스에서는 포드가 디플로이의 최소 단위가 됩니다. 그래서 애플리케이션의 확장성 관점에서 보면 스케일을 어떻게 시킬지가 포드 디자인 패턴 선정의 결정타가 됩니다.

예를 들어 일반적인 웹 시스템에서는 리퀘스트를 처리하는 프론트엔드 서버와 업무 로직을 실행하는 백엔드 서버에서 급격한 액세스 증가가 있었을 때 스케일할 타이밍이 반드시 같지 않습니다(그림 5.5). 따라서 프론트엔드와 백엔드의 컨테이너는 각각 다른 포드로서 관리하는 것이 좋습니다(그림 5.6).

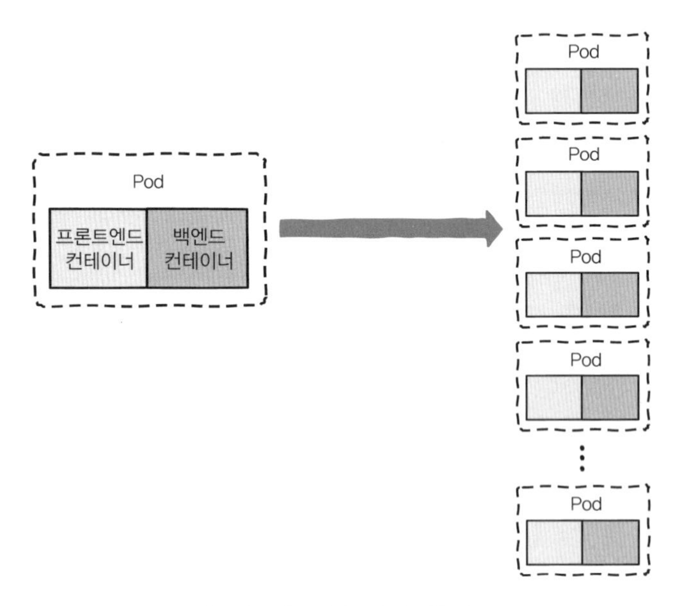

[그림 5.5] 스케일하기 어려운 예

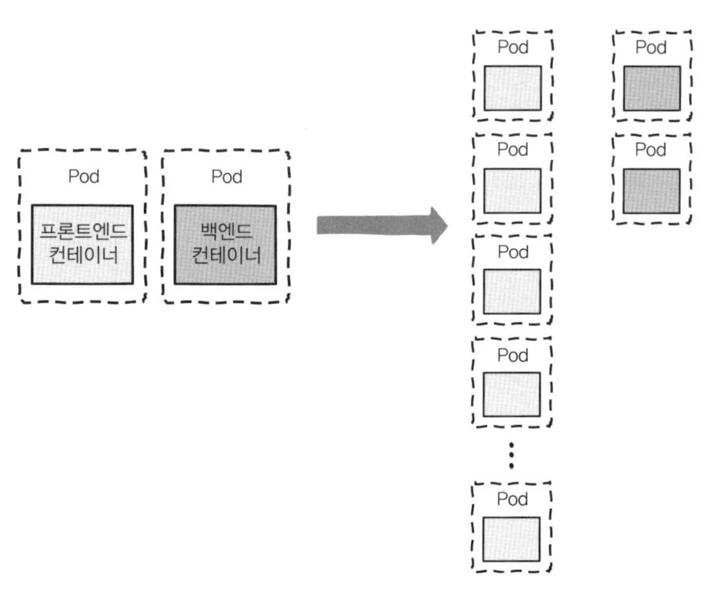

[그림 5.6] 바람직한 예

또 컨테이너 애플리케이션의 전체 아키텍처 및 디자인 패턴에 대해서는 아래 서적에 정리되어 있으므로 관심이 있으신 분은 참고하기 바랍니다.

- Designing Distributed Systems
  https://azure.microsoft.com/ko-kr/resources/designing-distributed-systems/

NOTE 서비스 메시 'Istio'

마이크로 서비스 아키텍처 애플리케이션은 운용 시 고려해야 할 것이 많이 있습니다. 예를 들어 애플리케이션을 구성하는 다른 마이크로 서비스를 자동으로 감지할 수 있을지 없을지나 분하 분산, 디플로이먼트 장치에 더해 리트라이/타임아웃, 서킷브레이커/벌크헤드, 유량제어, 장애 감지, 감시, 로그 출력 등입니다. 이러한 기능을 제공하는 OSS로 'Istio'가 있습니다. Istio에서는 애플리케이션에 필요한 기능을 프록시 프로세스로 작동시킵니다. 이로써 헤더를 바탕으로 액세스를 할당하는 규칙을 정의 베이스로 수행할 수도 있습니다. 예를 들어 '리퀘스트의 80%는 v1.0, 나머지 20%는 v2.0을 호출한다'는 룰을 기술해 두면 Canary Release[※2]를 실현할 수 있습니다.

- Istio [공식 사이트]
  https://istio.io/

※2 Canary Release란 신기능을 실제 환경의 일부로 디플로이하여 한정된 사용자에 대해서만 릴리스하여 제공하여 문제가 없다는 것을 확인한 후에 모든 디플로이를 하는 방법을 말합니다.

5.2 포드의 스케줄링 구조

쿠버네티스는 '컨테이너 애플리케이션을 어디에서 가동시키든지 문제없이 서비스를 제공할 수 있는' 환경을 제공합니다. 하지만 쿠버네티스를 배우기 시작할 때 가장 먼저 드는 의문 중 하나가 도대체 포드가 어떤 노드에 어떻게 전개되는지 일 것입니다. 컨테이너 애플리케이션을 실제 환경에서 운용할 때 실제로 내부 구조를 모르면 적절한 애플리케이션 설계를 할 수 없을 뿐더러 만일 장애가 발생했을 때 대응을 할 수 없습니다.

여기서는 쿠버네티스에서 포드가 어떻게 배치되는지를 살펴보겠습니다.

포드가 어떻게 배치되는가?

쿠버네티스는 컨테이너 애플리케이션을 구체적으로 어떤 노드에서 움직이게 할지를 알고리즘에 기초하여 배치합니다. 이 처리를 스케줄링이라고 합니다.

이 스케줄링의 구조를 이해하는 데 있어서 중요한 역할을 하는 것이 쿠버네티스의 마스터에서 움직이는 API Server입니다.

API Server의 움직임을 살펴봅시다. API Server는 클러스터 안의 리소스를 작성, 참조, 갱신, 삭제(Create, Read, Update, Delete)하기 위해 RESTful 인터페이스를 갖고 있습니다.

클러스터의 상태 데이터를 갖고 있는 etcd에 대한 액세스도 이 API Server를 통해 합니다. 이때 동시 갱신이 발생한 경우에 오브젝트의 변경이 다른 클라이언트에 의해 오버라이드되지 않도록 API Server가 제어를 합니다.

제3장의 튜토리얼에서 YAML 형식의 매니페스트 파일을 작성하고, kubectl 명령을 실행하여 애플리케이션을 디플로이했습니다. 여기서는 이 튜토리얼을 예로 들어 구체적으로 쿠버네티스의 내부에서 어떤 일이 일어나고 있는지를 살펴봅시다.

(1) kubectl 명령 실행

개발자는 포드를 작성할 때 kubectl 명령을 실행합니다. 구체적으로는 어떤 포드를 만들지를 매니페스트 파일에 기술하고 -f 옵션을 사용하여 API Server로 송신합니다.

(2) 클러스터 구성 정보의 갱신

클라이언트로부터 kubectl 명령을 받은 API Server는 매니페스트 파일의 내용을 클러스터의 구성 정보를 관리하는 etcd에 저장합니다.

(3) 클러스터 구성 변경의 통지

클러스터의 구성 정보에 변경이 있으면 변경된 내용을 API Server에게 통지합니다. 이 경우 새로운 포드가 만들어진다는 것이 통지됩니다.

(4) 포드의 작성

API Server는 클러스터 안에서 움직이는 워커노드에 새로운 포드의 명령을 송신합니다. 여기서 주의해야 할 것은 포드, 즉 컨테이너 애플리케이션을 실행하는 것은 API Server의 역할이 아니라는 점입니다. 포드는 노드에서 움직이는 kubelet에 의해 실행됩니다.

포드를 배치하는 노드는 어떻게 정하는가?

스케줄링의 기본적인 구조를 이해했으면 이제 포드가 어떤 노드에 배치되는지를 살펴봅시다.

포인트는 마스터에서 움직이는 스케줄러(Scheduler)입니다. 앞에서 살펴본 (1)~(4)까지의 흐름을 바탕으로 좀 더 자세히 순서대로 살펴봅시다.

1. kubectl 명령 실행

kubectl 명령으로 포드를 작성하는 매니페스트를 apply하면 kubectl 명령은 마스터에서 움직이는 API Server(Pod API)를 호출합니다.

2. 포드 정보의 갱신

그 다음 마스터의 API Server(Pod API)는 포드가 작성되었다는 정보를 etcd에 기록합니다.

3. 포드 정보의 변경을 감지

스케줄러(Scheduler)는 클러스터 상에 포드를 배치하는 것을 정하는 컴포넌트입니다. 스케줄러는 클러스터 구성에 변경이 없는지를 확인하기 위해 API Server(Pod API)를 항상 감시하고 있습니다. 그래서 스케줄러가 (2)의 변화를 감지합니다.

4. 포드를 할당 / 노드를 정한다

포드가 작성되었다는 정보를 감지한 스케줄러는 어떤 노드에 포드를 배치할지를 결정합니다.

5. 포드의 할당 위치 갱신

스케줄러가 포드를 배치할 노드를 정하면 API Server(Pod API)를 호출하고 etcd 상의 포드 정보에 배치 노드를 갱신합니다. 여기서 스케줄러의 일은 끝납니다.

6. 포드 정보의 변경을 감지

한편 클러스터의 노드에서 움직이는 kubelet도 클러스터 구성에 변경이 없는지를 확인하기 위해 API Server(Pod API)를 항상 감시하고 있습니다. 그래서 kubelet이 '자신의 노드 상태에 변경이 있었다'는 것을 감지합니다.

7. 포드 작성

구성 정보를 감지한 kubelet은 컨테이너 런타임(Docker)에 포드 작성을 지시합니다. 이것은 앞의 (4)에서 설명한 것과 똑같습니다.

흐름을 보면 알 수 있듯이 쿠버네티스에서는 각 컴포넌트가 자율적으로 움직여 마스터의 API Server를 통해 서로 연계하면서 처리를 수행하고 있습니다. 참조 제7장 '이벤트 체인' p.227

이를 그림으로 나타내면 [그림 5.7]과 같습니다.

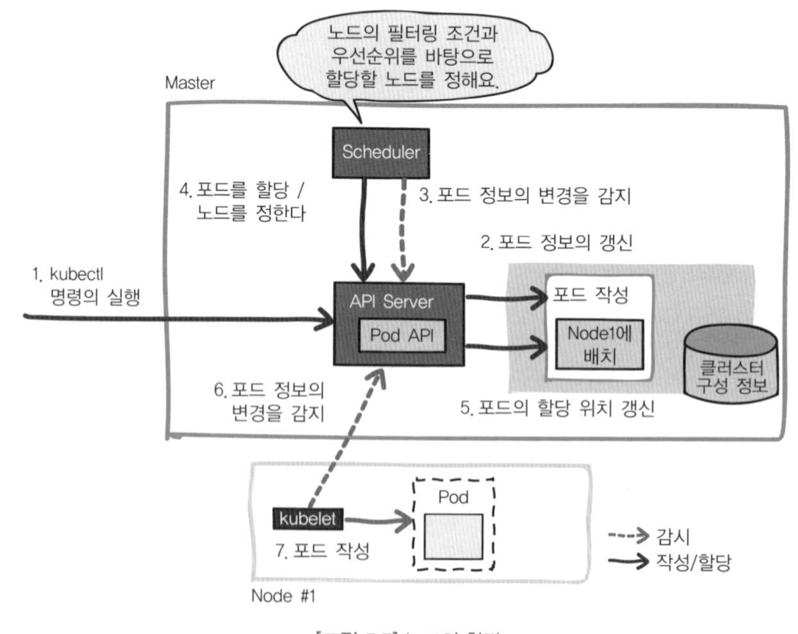

[그림 5.7] 노드의 할당

스케줄러가 어떻게 적절한 노드를 정하는지는 다음 두 가지 규칙에 기초합니다.

노드의 필터링

포드에 NodeSelector를 설정하고 있는지 없는지 또는 포드에 설정된 리소스 요구와 실제 리소스가 비어 있는 상황 등을 보고 할당할 노드를 필터링합니다.

예를 들어 '심층학습을 하는 시스템에서 학습 처리를 하는 포드는 하드웨어 사양이 높은 CPU가 탑재된 노드에서 실행하고 싶다' 등 애플리케이션의 요건이 있으면 해당 노드에 라벨을 설정하여 포드의 매니페스트에서 명시적으로 고사양 노드에 스케줄링되도록 설정합니다.

노드의 우선순위

동일한 종류의 포드가 가능한 한 여러 노드에 분산되도록 하거나 CPU나 메모리 사용율의 균형을 맞추는 우선순위(0~10)를 정합니다(그림 5.8). 이 우선순위를 바탕으로 배치할 노드가 정해집니다.

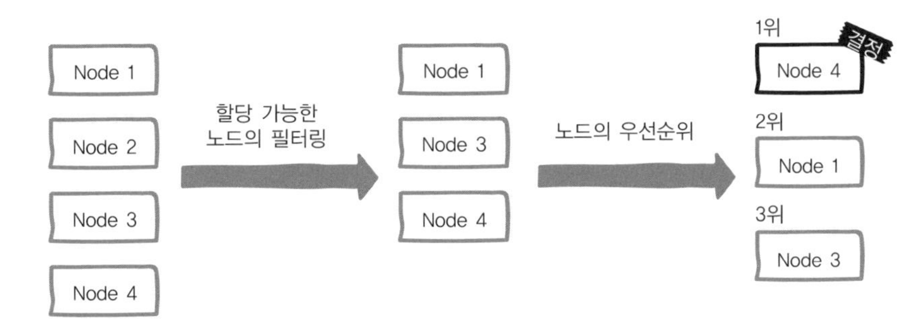

[그림 5.8] 노드의 선정

포드를 움직이는 노드를 명시적으로 설정하기

여기서 노드에 대해 좀 더 자세히 살펴봅시다. 쿠버네티스에서는 보통 포드를 움직이는 노드의 할당을 클러스터에게 맡기지만 포드를 움직이는 노드를 명시적으로 지정하고 싶을 때는 NodeSelector를 사용합니다.

제4장에서는 포드에 라벨을 설정했는데 이와 마찬가지로 노드에도 라벨을 설정하여 논리적인 그룹을 만들 수 있습니다. 지금 쿠버네티스 상에는 3대의 노드가 가동 중인데 [그림 5.9]와 같이 라벨을 설정합니다.

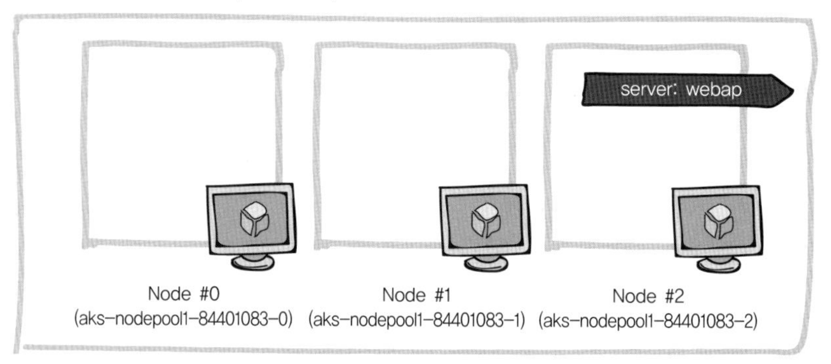

[그림 5.9] 노드에 라벨을 설정

먼저 명령을 실행하여 클러스터 안의 노드를 확인합니다. 3대의 노드(aks-nodepool1-84401083-0, aks-nodepool1-84401083-1, aks-nodepool1-84401083-2)가 가동 중인 것을 알 수 있습니다.

```
$ kubectl get node
NAME                       STATUS   ROLES   AGE   VERSION
aks-nodepool1-84401083-0   Ready    agent   2h    v1.11.4
aks-nodepool1-84401083-1   Ready    agent   2h    v1.11.4
aks-nodepool1-84401083-2   Ready    agent   2h    v1.11.4
```

여기서 그중 한 대(aks-nodepool1-84401083-2)에 'server=webap'라는 라벨을 붙입니다.

```
$ kubectl label node aks-nodepool1-84401083-2 server=webap
node/aks-nodepool1-84401083-2 labeled
```

다음 명령을 실행하여 설정한 라벨을 확인합니다.

```
$ kubectl get node --show-labels
NAME                       STATUS   ROLES   AGE   VERSION   LABELS
aks-nodepool1-84401083-0   Ready    agent   2h    v1.11.4
➡ agentpool=nodepool1, ...
aks-nodepool1-84401083-1   Ready    agent   2h    v1.11.4
➡ agentpool=nodepool1, ...
aks-nodepool1-84401083-2   Ready    agent   2h    v1.11.4
➡ agentpool=nodepool1, ... , server=webap
```

이것으로 한 대에만 라벨이 설정된 노드가 만들어졌습니다. 계속해서 이 노드에서만 작동하는 포드를 작성합니다. 매니페스트 파일은 [리스트 5.5]와 같습니다. 포인트는 [containers] 필드에 'nodeSelector'를 설정하고 있다는 점입니다. 여기서 'server: webap' 태그가 설정되어 있는 노드를 선택하여 실행시킵니다.

[리스트 5.5] chap05/Pod/labels-node.yaml

```
# [1] 기본 항목
apiVersion: v1
kind: Pod
metadata:
  name: nginx
  labels:
    env: stage

# [2] Pod 스펙
spec:
  # [3] 컨테이너 사양
  containers:
  - name: nginx
    image: nginx
  nodeSelector:
    server: webap  # webap라는 라벨이 붙은 Node에서 실행
```

매니페스트 파일이 완성되면 다음 명령을 실행하여 포드를 실행시킵니다.

```
$ kubectl create -f Pod/labels-node.yaml
pod/nginx created
```

클러스터 안의 포드를 확인합니다. 명령 결과를 보면 포드는 라벨을 설정한 노드인 'aks-nodepool1-84401083-2'에서 실행 중인 것을 알 수 있습니다.

```
$ kubectl get pod --output=wide
NAME    READY   STATUS    RESTARTS   AGE  IP           NODE
nginx   1/1     Running   0          21s  10.244.1.9   aks-nodepool1-84401083-2
```

이와 같이 노드에 라벨을 설정하면 컨테이너 애플리케이션을 실행하고 싶은 머신을 지정할 수 있습니다.

CHAPTER 05

확인이 끝났으면 다음 명령을 실행하여 포드를 삭제해 둡시다.

```
$ kubectl delete -f Pod/labels-node.yaml
```

포드를 스케줄링하는 노드를 세세히 제어하려면

어떤 노드에 포드를 배치시킬지 스케줄링을 제어할 수 있는 추가 파라미터가 있습니다. 먼저 Pod Affinity/Anti Affinity입니다. Pod Affinity는 관련된 두 개의 포드가 있는데 그 둘의 레이턴시를 줄이기 위해 가능한 한 같은 노드에 디플로이시키고 싶을 때 사용합니다. 반대로 Anti Affinity는 어떤 포드가 다른 포드의 퍼포먼스를 방해하는 경우 등에서 같은 노드 상에 포드를 스케줄링하고 싶지 않을 때 사용합니다.

- Assigning Pods to Nodes - Kubernetes
  https://kubernetes.io/docs/concepts/configuration/assign-pod-node/#affinity-and-anti-affinity

또 특정 노드에 포드를 스케줄링되지 않도록 설정하고 싶을 때는 Taints와 Tolerations를 사용합니다. Taints는 노드에 대해 설정하는 것으로, NoSchedule로 지정하면 클러스터는 해당 노드에는 포드를 스케줄링하지 않습니다. 또 PreferNoSchedule로 지정하면 미리 용인된 포드 외에는 스케줄하지 않도록 제어할 수 있습니다. Taints가 설정된 노드에 포드를 배치하고 싶을 때는 포드에 Tolerations를 설정합니다. 구체적인 사용법은 클러스터 안에 GPU를 탑재한 머신이 있는 경우 GPU를 필요로 하는 연산 처리를 하는 포드만 이 노드를 사용하게 해서 다른 포드는 다른 노드에 스케줄링되도록 세세한 규칙을 설정할 수 있습니다.

- Taints and Tolerations - Kubernetes
  https://kubernetes.io/docs/concepts/configuration/taint-and-toleration/

5.3 포드를 효율적으로 움직이자

쿠버네티스를 사용하면 컨테이너 애플리케이션이 사용하는 컴퓨팅 리소스를 명시적으로 요구하거나 제한을 걸 수가 있습니다. 여기서는 쿠버네티스 클러스터 전체의 리소스의 사용율을 높이고 효율적이고 안전하게 애플리케이션을 가동시키는 구조에 대해 설명하겠습니다.

노드의 CPU와 메모리 리소스 확인하기

쿠버네티스를 사용하면 마치 한 대의 서버 머신 상에서 컨테이너 애플리케이션이 움직이는 것처럼 작동시킬 수 있습니다. 특히 클라우드 환경에서는 부하에 따라 클러스터를 자유자재로 스케일할 수 있으므로 마치 마법의 상자와 같은 감각을 느끼게 될 것입니다. 하지만 그 뒤에서는 클라우드의 데이터센터에서 물리 서버 머신이 가동되고 있습니다. 이러한 서버 머신에는 CPU나 메모리, 스토리지 등과 같은 컴퓨팅 리소스가 있습니다.

제2장에서 작성한 AKS의 쿠버네티스 클러스터는 3대의 노드(Azure 가상 머신)로 구성되어 있습니다. 이 머신의 구성은 [그림 5.10]과 같은데, 각각 1vCPU와 메모리는 3.5GB로 되어 있습니다.

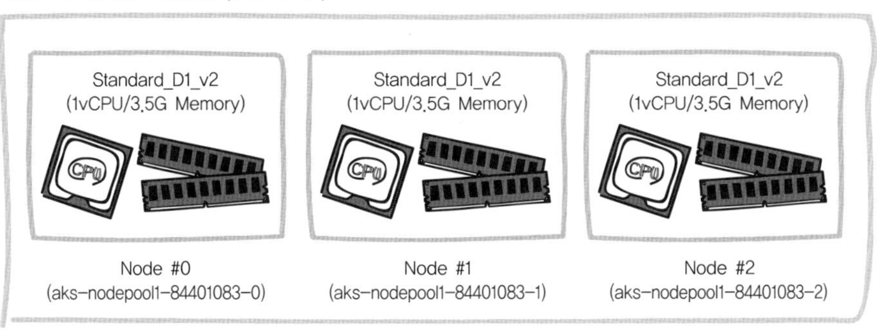

[그림 5.10] 클러스터의 상태

각 노드에서 이용할 수 있는 리소스의 상세 정보는 다음 명령으로 확인할 수 있습니다. 여기서 노드 'aks-nodepool1-84401083-0'를 예로 살펴봅시다.

[Capacity]는 노드가 사용 가능한 리소스이며, 그중 포드가 이용 가능한 리소스의 총 양은 [Allocatable]이 됩니다.

```
$ kubectl describe node aks-nodepool1-84401083-0
Name:                   aks-nodepool1-84401083-0
Roles:                  agent
~중략~
Capacity:
  cpu:                  1
  ephemeral-storage:    30428648Ki
  hugepages-1Gi:        0
```

```
  hugepages-2Mi:        0
  memory:               3524620Ki
  pods:                 110
Allocatable:
  cpu:                  940m
  ephemeral-storage:    28043041951
  hugepages-1Gi:        0
  hugepages-2Mi:        0
  memory:               2504716Ki
  pods:                 110
```

포드가 이용 가능한 CPU를 볼 때는 [Allocatable] – [cpu]를 확인합니다. 쿠버네티스에 있는 1CPU(=1000m)는 다음과 같은 뜻을 가집니다.

- AWS vCPU
- GCP 코어
- Azure vCore

메모리는 [Allocatable] – [memory]로 확인할 수 있는데, 이 예에서는 '2504716Ki'로 되어 있다는 것을 알 수 있습니다.

쿠버네티스를 사용하면 '클러스터에는 무한의 컴퓨팅 리소스가 있다'고 착각을 하기 쉽습니다. 하지만 현실은 여러 대의 가상 머신으로 구성된 서버들입니다. CPU나 디스크의 교환이나 네트워크 부설 등과 같은 물리적인 작업은 필요 없지만 그 기초가 되는 인프라스트럭처에 대한 지식은 중요합니다. 참조 제7장 '인프라스트럭처와의 관계' p.222

포드에 필요한 메모리와 CPU를 할당하기

쿠버네티스는 여러 대의 서버 머신을 노드로 추상화하여 여기서 컨테이너 애플리케이션의 집합인 포드를 움직입니다. 어떤 노드에 어떤 포드가 스케줄링될지는 5.2에서 설명한대로 클러스터에게 맡기지만 힘이 달리는 노드에 포드가 디플로이되면 곤란한 경우도 있습니다.

그래서 쿠버네티스에서는 포드에 들어가는 컨테이너 애플리케이션이 어느 정도의 CPU와 메모리를 사용하는 애플리케이션인지를 클러스터에게 미리 선언하는 기능이 있습니다. 이것을 Resource Requests라고 합니다.

이 Resource Requests의 값은 포드를 노드에 스케줄링할 때 사용됩니다. 예를 들어 CPU를 400m 코어, 메모리를 2Gi 사용하는 컨테이너 애플리케이션을 갖고 있는 포드가 있다고 합시다. 이것을 매니페스트에 정의하면 클러스터가 포드를 스케줄링할 때 지정한 리소스를 확보할 수 있는 노드를 찾아 할당합니다.

실제로 설정을 해 봅시다. [리스트 5.6]과 같은 매니페스트를 준비합니다.

[resources] – [requests] 필드에 [cpu]와 [memory]를 각각 지정합니다. 메모리의 단위는 E, P, T, G, M, K 또는 Ei, Pi, Ti, Gi, Mi, Ki 중 하나를 사용하기 바랍니다.

[리스트 5.6] chap05/Pod/pod-request.yaml

```
# [1] 기본 항목
apiVersion: v1
kind: Pod
metadata:
  name: requests-pod

# [2] Pod 스펙
spec:
  # [3] 컨테이너 사양
  containers:
  - image: busybox
    command: ["dd", "if=/dev/zero", "of=/dev/null"]
    name: main
    resources:
      requests:
        cpu: 400m
        memory: 2Gi
```

다음 명령을 실행하여 포드를 실행시킵니다.

```
$ kubectl create -f Pod/pod-request.yaml
pod/requests-pod created
```

포드가 어떤 노드에 스케줄링되어 움직이는지를 확인합니다. 여기서는 'aks-nodepool1-84401083-1'에서 움직이는 것을 알 수 있습니다.

```
$ kubectl get pods --output wide
NAME            READY   STATUS    RESTARTS   AGE    IP             NODE
requests-pod    1/1     Running   0          1m     10.244.2.14    aks-
➡nodepool1-84401083-1
```

이 노드의 리소스가 어떻게 되어 있는지를 확인합니다. 실행 중인 포드의 상태는 [Non-terminated Pods]의 값을 확인합니다.

```
$ kubectl describe node aks-nodepool1-84401083-1
Name:                 aks-nodepool1-84401083-1
~중략~
Allocatable:
  cpu:                940m
  ephemeral-storage:  28043041951
  hugepages-1Gi:      0
  hugepages-2Mi:      0
  memory:             2504716Ki
  pods:               110
~중략~
Non-terminated Pods:  (3 in total)
  Namespace     Name                       CPU Requests  CPU Limits  Memory Requests   Memory Limits
  ---------     ----                       ------------  ----------  ---------------   -------------
  default       requests-pod               400m (42%)    0 (0%)      2Gi (83%)         0 (0%)
  kube-system   kube-proxy-qqv98           100m (10%)    0 (0%)      0 (0%)            0 (0%)
  kube-system   kube-svc-redirect-vf2hk    10m (1%)      0 (0%)      34Mi (1%)         0 (0%)
Allocated resources:
  (Total limits may be over 100 percent, i.e., overcommitted.)
  Resource      Requests       Limits
  --------      --------       ------
  cpu           510m (54%)     0 (0%)
  memory        2082Mi (85%)   0 (0%)
```

이것으로 다음과 같은 것을 알 수 있습니다.

CPU

포드 'requests-pod'에서 400m 코어가 확보되어 있습니다. 또 클러스터 내부에서 사용되는 포드 'kube-proxy-qqv98'에서 100m 코어, 포드 'kube-svc-redirect-vf2hk'에서 10m 코어를 요구하고 있으므로 총 510m 코어가 확보되어 있습니다.

메모리

포드 'requests-pod'에서 노드 전체의 83%에 해당하는 2Gi가 확보되어 있습니다.

또 포드 'kube-svc-redirect-vf2hk'도 34Mi 메모리를 요구하고 있다는 것을 알 수 있습니다.

이 상태를 그림으로 나타내면 [그림 5.11]과 같습니다.

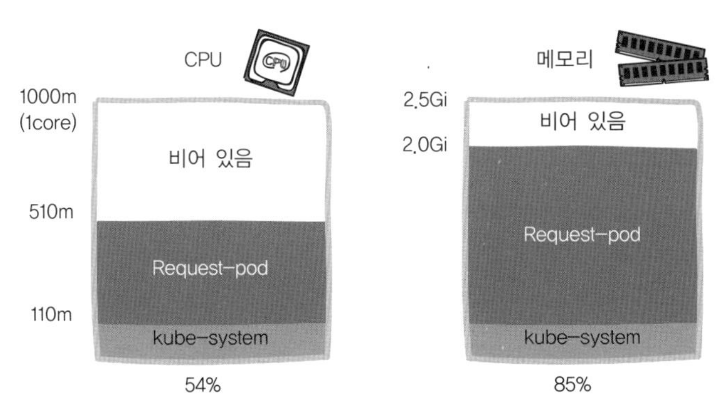

[그림 5.11] 컴퓨팅 리소스의 리소스 정의

이때 주의해야 할 점은 포드를 스케줄링할 때는 실제 노드의 리소스 사용량을 체크하는 것이 아니라는 점입니다. 그래서 만일 실제 리소스 사용율이 낮아 충분히 여유가 있는 노드가 있어도 정의상 리소스를 확보할 수 없는 노드에는 포드를 배치하지 않습니다.

또 Resource Requests는 포드에 들어가는 컨테이너 애플리케이션이 지정한 총 합이 됩니다. 예를 들어 [memory]에서 50Mi를 지정한 애플리케이션 A와 80Mi를 지정한 애플리케이션 B를 갖고 있는 포드는 130Mi 메모리를 요구합니다.

이제 다음 명령을 실행하여 일단 포드를 삭제합니다.

```
$ kubectl delete -f Pod/pod-request.yaml
```

다음은 실제 물리 메모리의 크기를 넘는 Resource Requests를 지정하면 어떻게 되는지를 살펴봅시다.

매니페스트 파일을 [리스트 5.7]과 같이 2Gi에서 4Gi로 수정합니다. 4Gi는 노드가 되는 Azure 가상 머신 한 대에 할당되는 물리 메모리의 용량을 넘는 크기라는 점에 주의하기 바랍니다.

[리스트 5.7] chap05/Pod/pod-request.yaml

```
# [1] 기본 항목
apiVersion: v1
kind: Pod
metadata:
```

```
  name: requests-pod
spec:
  containers:
~중략~
    resources:
      requests:
        cpu: 400m
        memory: 4Gi   # 여기를 수정한다
```

다음 명령을 실행하여 포드를 실행시키고 상태를 확인합니다. 노드에 대한 할당이 〈none〉이고 STATUS가 [Pending]이라는 것을 알 수 있습니다.

```
$ kubectl apply -f Pod/pod-request.yaml
pod "requests-pod" created

$ kubectl get pod --output=wide
NAME           READY    STATUS     RESTARTS   AGE    IP       NODE
requests-pod   0/1      Pending    0          15s    <none>   <none>
```

다음 명령을 실행하여 포드 'requests-pod'의 로그를 확인합니다.

```
$ kubectl describe pod requests-pod
Name:        requests-pod
Namespace:   default
Node:        <none>
~중략~
Containers:
  main:
~중략~
    Requests:
      cpu:       400m
      memory:    4Gi
~중략~
Conditions:
  Type           Status
  PodScheduled   False
~중략~
Events:
  Type     Reason            Age               From                Message
  ----     ------            ----              ----                -------
```

```
  Warning   FailedScheduling    17s (x7 over 48s)   default-scheduler    0/3 nodes
➡ are available: 3 Insufficient memory.
```

먼저 포드가 스케줄링되어 있는 노드를 보면 [none]으로 되어 있어서 미할당이라는 것을 알 수 있습니다. 또 [Conditions] - [PodScheduled]가 'False'로 되어 있습니다. [Events]에서 오류 로그를 보면 '0/3 nodes are available: 3 Insufficient memory'로 되어 있습니다.

이를 그림으로 나타내면 [그림 5.12]와 같습니다.

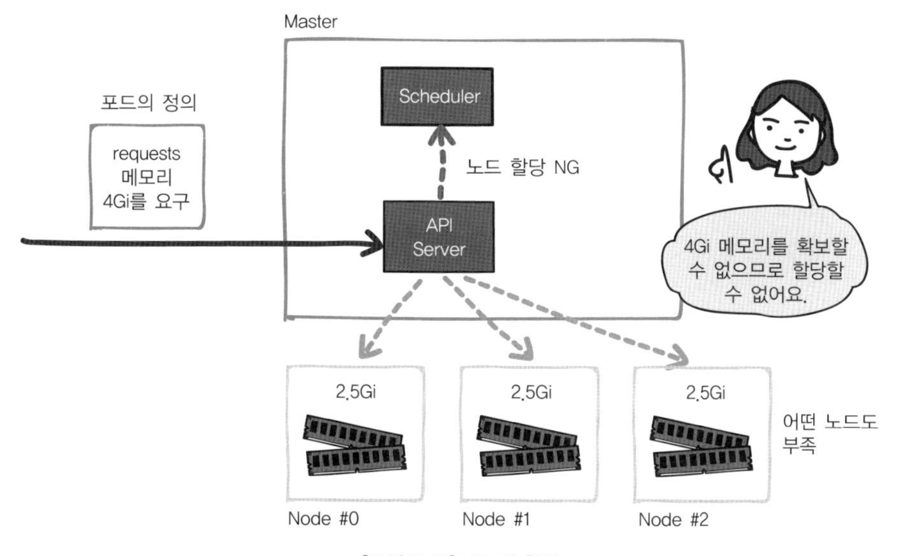

[그림 5.12] 포드의 할당

즉, 요구한 메모리가 부족하기 때문에 포드를 스케줄링할 수 있는 노드가 없어 할당할 수 없는 상태라는 것을 알 수 있습니다.

확인이 끝났다면 다음 명령으로 포드를 삭제하기 바랍니다.

```
$ kubectl delete -f Pod/pod-request.yaml
```

NOTE 쿠버네티스가 내부에서 이용하는 포드의 Resource Requests

쿠버네티스는 제4장에서 설명한 네임스페이스 'kube-system' 등에서 관리되는 관리용 포드가 몇 개 있는데, 이것도 개발자가 작성한 포드와 똑같이 관리됩니다.

예를 들어 아래는 클러스터를 작성한 직후로, 포드를 하나도 실행시키고 있지 않은 상태에서 포드를 확인한 예입니다. 노드 'aks-nodepool1-84401083-0' 에는 5개의 포드 'azureproxy-6496d6f4c6-dst64', 'kube-dns-v20-55645bfd65-7rtfj', 'kube-proxy-4j688', '「kube-svc-redirect-7pn4z', 'tunnelfront-5455b6bb9c-jtn6q'가 이미 실행중이라는 것을 로그로부터 확인할 수 있습니다.

```
$ kubectl describe node aks-nodepool1-84401083-0

Name:     aks-nodepool1-84401083-0
Roles:    agent
Labels:   agentpool=nodepool1
~중략~
Non-terminated Pods:  (5 in total)
  Namespace    Name                              CPU Requests  CPU Limits  Memory Requests  Memory Limits
  ---------    ----                              ------------  ----------  ---------------  -------------
  kube-system  azureproxy-6496d6f4c6-dst64       0 (0%)        0 (0%)      0 (0%)           0 (0%)
  kube-system  kube-dns-v20-55645bfd65-7rtfj     110m (11%)    0 (0%)      120Mi (3%)       220Mi (6%)
  kube-system  kube-proxy-4j688                  100m (10%)    0 (0%)      0 (0%)           0 (0%)
  kube-system  kube-svc-redirect-7pn4z           0 (0%)        0 (0%)      0 (0%)           0 (0%)
  kube-system  tunnelfront-5455b6bb9c-jtn6q      0 (0%)        0 (0%)      0 (0%)           0 (0%)
Allocated resources:
  (Total limits may be over 100 percent, i.e., overcommitted.)
  Resource    Requests      Limits
  --------    --------      ------
  cpu         210m (21%)    0 (0%)
  memory      120Mi (3%)    220Mi (6%)
Events:       <none>
```

이런 포드가 사용하고 있는 리소스는 [Allocated resources]에서 관리할 수 있습니다. 이 예의 경우 3개의 포드에서 CPU의 Resource Requests가 210m(21%), 메모리의 Resource Requests 120Mi(3%)가 이미 확보되어 있는 상태입니다. 개발한 컨테이너 애플리케이션을 디플로이할 때는 이것들을 추가한 후에 적절한 리소스 배분을 하기 바랍니다.

포드의 메모리와 CPU의 상한값 설정하기

컨테이너 애플리케이션의 리소스 사용양의 상한값을 설정하고 싶을 때는 Resource Limits를 사용합니다.

이것도 실제로 설정을 해 봅시다. [리스트 5.8]과 같은 매니페스트를 준비합니다. 이것은 'polinux/stress' 이미지로부터 컨테이너를 생성하여 그 컨테이너가 0.5Gi 메모리를 사용하는 애플리케이션입니다. 그리고 이 컨테이너에 대해 'cpu의 상한은 400m 코어, 메모리 상한은 1Gi'라는 제한을 걸고 있습니다.

[리스트 5.8] chap05/Pod/pod-limits.yaml

```
# [1] 기본 항목
apiVersion: v1
kind: Pod
metadata:
  name: limits-pod

# [2] Pod 스펙
spec:
  # [3] 컨테이너 사양
  containers:
  - name: main
    image: polinux/stress
    resources:
      limits:
        cpu: 400m
        memory: 1Gi
    command: ["stress"]
    args: ["--vm", "1", "--vm-bytes", "500M", "--vm-hang", "1"]
```

다음 명령을 실행하여 포드를 기동시키고 어떤 노드에 스케줄링되었는지를 확인합니다. 여기서는 'aks-nodepool1-84401083-1'에서 움직이고 있다는 것을 알 수 있습니다.

```
$ kubectl create -f Pod/pod-limits.yaml
pod/limits-pod created

$ kubectl get pod --output=wide
NAME          READY   STATUS     RESTARTS   AGE    IP            NODE
limits-pod    1/1     Running    0          22s    10.244.2.15   aks-
➡nodepool1-84401083-1
```

이 노드의 리소스가 어떻게 되어 있는지를 확인합니다. 가동 중인 포드의 상태는 [Non-terminated Pods]의 값을 확인합니다.

```
$ kubectl describe node aks-nodepool1-84401083-1
Name:         aks-nodepool1-84401083-1
Roles:        agent
Labels:       agentpool=nodepool1
~중략~
Non-terminated Pods: (3 in total)
  Namespace    Name                        CPU Requests  CPU Limits  Memory Requests  Memory Limits
  ---------    ----                        ------------  ----------  ---------------  -------------
  default      limits-pod                  400m (42%)    400m (42%)  1Gi (41%)        1Gi (41%)
  kube-system  kube-proxy-qqv98            100m (10%)    0 (0%)      0 (0%)           0 (0%)
  kube-system  kube-svc-redirect-vf2hk     10m (1%)      0 (0%)      34Mi (1%)        0 (0%)
Allocated resources:
  (Total limits may be over 100 percent, i.e., overcommitted.)
  Resource    Requests       Limits
  --------    --------       ------
  cpu         510m (54%)     400m (42%)
  memory      1058Mi (43%)   1Gi (41%)
~중략
```

CPU

포드 [limits-pod]에서 [CPU Limits]가 400m 코어로 설정되어 있습니다.

메모리

포드 [limits-pod]에서 [Memory Limits]가 노드 전체의 41%에 해당하는 1Gi로 설정되어 있습니다.

이 예와 같이 컨테이너 애플리케이션이 실제로 사용하는 리소스가 상한값을 넘지 않는 경우는 오류가 발생하지 않고 포드가 작동하는 것을 알 수 있습니다.

여기서 다음 명령을 실행하여 일단 포드를 삭제합니다.

```
$ kubectl delete -f Pod/pod-limits.yaml
```

이제 포드에 들어 있는 컨테이너의 실제 메모리 사용양이 Resources Limits로 지정한 메모리 크기를 넘으면 어떻게 되는지 살펴봅시다. 여기서는 컨테이너 안에서 stress 명령을 실행하고 있으므로 이 인수를 '500M'에서 '2G'로 증가시킵니다(리스트 5.9).

[리스트 5.9] chap05/Pod/pod-limits.yaml의 변경

변경 전

```
command: ["stress"]
args: ["--vm", "1", "--vm-bytes", "500M", "--vm-hang", "1"]
```

변경 후

```
command: ["stress"]
args: ["--vm", "1", "--vm-bytes", "2G", "--vm-hang", "1"]
```

다음 명령을 실행하여 포드를 가동시켜 상태를 확인합니다. 그러면 포드가 재시작을 반복하면서 정상적으로 기동되지 않는다는 것을 알 수 있습니다.

```
$ kubectl apply -f Pod/pod-limits.yaml
pod/limits-pod created

$ kubectl get pod
NAME         READY    STATUS             RESTARTS     AGE
limits-pod   0/1      CrashLoopBackOff   1            24s
```

다음 명령을 실행하여 상세한 로그를 확인합니다.

```
$ kubectl describe pod limits-pod

Name:           limits-pod
Namespace:      default
Node:           aks-nodepool1-84401083-1/10.240.0.4
~중략~
Containers:
  main:
~중략~
    State:          Waiting
      Reason:       CrashLoopBackOff
    Last State:     Terminated
      Reason:       OOMKilled
      Started:      Sun, 05 Aug 2018 16:08:11 +0900
      Finished:     Sun, 05 Aug 2018 16:08:12 +0900
    Ready:            False
```

```
    Restart Count:    3
    Limits:
      cpu:          400m
      memory:       1Gi
~중략~
Conditions:
  Type            Status
  Initialized     True
  Ready           False
  PodScheduled    True
~중략~
Events:

  Type    Reason     Age          From                     Message
  ----    ------     ----         ----                     -------
  Normal  Scheduled  1m           default-scheduler        Successfully assigned
 ➡limits-pod to aks-nodepool1-84401083-1
  Normal  SuccessfulMountVolume  1m     kubelet, aks-nodepool1-84401083-1  MountVolume.SetUp
 ➡succeeded for volume "default-token-nvgkg"
  Normal  Pulling    44s (x4 over 1m)  kubelet, aks-nodepool1-84401083-1  pulling image "polinux/
 ➡stress" Normal Pulled 42s (x4 over 1m)  kubelet, aks-nodepool1-84401083-1  Successfully
 ➡pulled image "polinux/stress"
  Normal  Created    41s (x4 over 1m)  kubelet, aks-nodepool1-84401083-1  Created container
  Normal  Started    41s (x4 over 1m)  kubelet, aks-nodepool1-84401083-1  Started container
  Warning BackOff    11s (x7 over 1m)  kubelet, aks-nodepool1-84401083-1  Back-off restarting
failed
 ➡container
```

이 포드는 좀 전과는 달리 노드 'aks-nodepool1-84401083-1'에 스케줄링되어 있습니다. 하지만 [State]를 확인하면 'CrashLoopBackOff'가 이유로 'Waiting'으로 되어 있습니다. 이것은 컨테이너 안의 프로세스 종료를 감지하고 있다는 것을 의미합니다.

또 [Last State]를 보면 'OOMKilled'가 이유로 포드가 삭제(Terminated)되었다는 것을 알 수 있습니다. 이것은 컨테이너에 할당된 메모리를 다 사용해서 컨테이너 안에서 OOM Killer로 프로세스가 kill되었기 때문입니다.

실제로는 노드에서 이용 가능한 물리 메모리는 약 2.5Gi 있으므로 아직 여유가 있지만 Resource Limits를 사용하여 포드가 이용할 수 있는 리소스의 상한을 설정하고 있기 때문에 이것을 넘으면 오류가 발생하는 것입니다(그림 5.13).

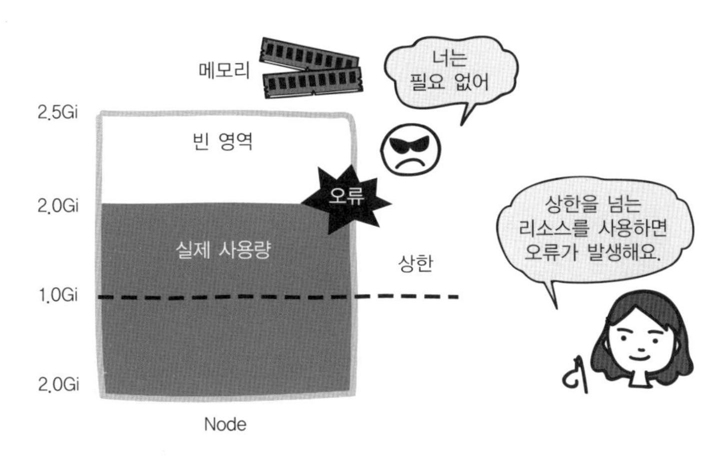

[그림 5.13] 메모리의 상한 설정

이와 같이 Resources Limits를 적절히 설정해 두면 노드 상에서 특정 포드가 리소스를 모두 사용해 버리는 일을 막을 수 있습니다. Resources Limits를 지정하지 않는 경우는 리소스를 무제한으로 사용할 수 있습니다. 하지만 이것은 위험하므로 지정해 두는 편이 좋습니다. 또 네임스페이스 단위로 리소스 제한을 걸어두는 것도 필요합니다. 참조 제11장 '11.6 리소스 이용량의 제한' p.324

확인이 끝났으면 다음 명령을 실행하여 포드를 일단 삭제합니다.

```
$ kubectl delete -f Pod/pod-limits.yaml
```

 포드에 오류가 발생하면 어떻게 움직이는가?

쿠버네티스는 자기 복구 기능을 갖고 있기 때문에 포드가 오류를 감지하면 기본적으로 재시작을 반복합니다.

이 재시작 폴리시를 설정하려면 매니페스트 파일에서 다음과 같이 [spec] – [restartPolicy]를 설정합니다.

여기서 지정할 수 있는 값은 다음 세 가지입니다. 만일 값을 설정하지 않는 경우는 기본값으로 'Always'가 됩니다. 또 이 폴리시는 포드에 들어가는 모든 컨테이너에 적용됩니다.

- Always　　항상 재시작
- OnFailure　　오류인 경우만 재시작
- Never　　재시작하지 않는다

구체적으로 살펴봅시다. 매니페스트에 [spec] – [restartPolicy]를 추가하고 값을 'OnFailure'로 설정합니다(리스트 5.10).

[리스트 5.10] chap05/Pod/pod-limits.yaml의 변경

```
~중략~
spec:
  restartPolicy: OnFailure
```

다음 명령을 실행하여 포드를 시작한 후 kubectl get 명령에 -w 옵션을 붙여 상태를 확인합니다. 그러면 포드가 재시작을 반복한다는 것을 알 수 있습니다. 이 -w 옵션의 구조에 대해서는 실전편에서 설명합니다. 참조 제7장 'API의 watch 옵션' p.226

```
$ kubectl apply -f Pod/pod-limits.yaml
pod/limits-pod created

$ kubectl get pod -w
NAME          READY   STATUS              RESTARTS    AGE
limits-pod    1/1     Running             0           6s
limits-pod    0/1     OOMKilled           0           7s
limits-pod    1/1     Running             1           10s
limits-pod    0/1     OOMKilled           1           11s
limits-pod    0/1     CrashLoopBackOff    1           12s
limits-pod    1/1     Running             2           29s
limits-pod    0/1     OOMKilled           2           30s
limits-pod    0/1     CrashLoopBackOff    2           45s
limits-pod    1/1     Running             3           1m
limits-pod    0/1     OOMKilled           3           1m
limits-pod    0/1     CrashLoopBackOff    3           1m
limits-pod    1/1     Running             4           1m
limits-pod    0/1     OOMKilled           4           1m
limits-pod    0/1     CrashLoopBackOff    4           2m
limits-pod    1/1     Running             5           3m
limits-pod    0/1     OOMKilled           5           3m
limits-pod    0/1     CrashLoopBackOff    5           3m
limits-pod    1/1     Running             6           6m
limits-pod    0/1     OOMKilled           6           6m
limits-pod    0/1     CrashLoopBackOff    6           6m
limits-pod    1/1     Running             7           11m
limits-pod    0/1     OOMKilled           7           11m
```

```
limits-pod    0/1    CrashLoopBackOff    7     11m
limits-pod    1/1    Running             8     16m
limits-pod    0/1    OOMKilled           8     16m
limits-pod    0/1    CrashLoopBackOff    8     16m
limits-pod    1/1    Running             9     21m
limits-pod    0/1    OOMKilled           9     21m
limits-pod    0/1    CrashLoopBackOff    9     22m
limits-pod    1/1    Running             10    26m
limits-pod    0/1    OOMKilled           10    27m
limits-pod    0/1    CrashLoopBackOff    10    27m
~계속~
```

포드의 재시작 횟수는 [RESTARTS]에서 확인할 수 있습니다. 주목할 점은 재시작 간격입니다. 쿠버네티스는 일정 간격으로 재시작을 반복하는 것이 아니라 Exponential Backoff라는 알고리즘에 기초하여 재시작합니다. 이것은 지수상관적으로 처리의 리트라이 간격을 증가시키는 알고리즘을 말합니다. 위의 재시작 간격을 살펴보면, 먼저 10s, 20s, 40s, ...와 같이 리트라이 간격을 지수적으로 늘려 갑니다. 그리고 최종적으로 10분을 넘으면 300s 간격으로 재시작을 반복한다는 것을 알 수 있습니다.

이 알고리즘에 관심이 있는 사람은 아래 공식 사이트를 읽어보면 재미있을 것입니다.

- Pod Lifecycle – Kubernetes
  https://kubernetes.io/docs/concepts/workloads/pods/pod-lifecycle/#restart-policy

포드의 우선순위(QoS)

쿠버네티스는 하나의 클러스터에서 여러 개의 컨테이너 애플리케이션을 실행할 수 있습니다. 하지만 예를 들어 '온라인 처리를 제공하는 컨테이너는 우선순위를 높여서 실행하고 싶다', '배치 처리는 비어 있는 리소스가 있으면 실행하는 낮은 우선순위' 등과 같은 요건이 있는 경우 포드에 우선순위를 붙일 수 있습니다.

쿠버네티스에서는 포드에 대해 3개의 Quality of Service(QoS) 클래스를 제공하고 있습니다. 이 QoS는 Resource Requests와 리소스의 상한을 정하는 Resource Limits 조건을 바탕으로 우선순위가 다음과 같이 정해집니다(그림 5.14).

- BestEffort　　포드 안의 어떤 컨테이너에도 Resource Requests와 Resource Limits가 설정되어 있지 않았을 때 설정된다.

- **Burstable** BestEffort와 Guaranteed 이외의 경우에 설정된다.
- **Guaranteed** CPU와 메모리 둘 다에 Resource Requests와 Resource Limits가 설정되어 있는 경우, 포드 안의 각각의 컨테이너에 설정되어 있는 경우, Resource Requests와 Resource Limits의 값이 각각 똑같은 경우에 설정된다.

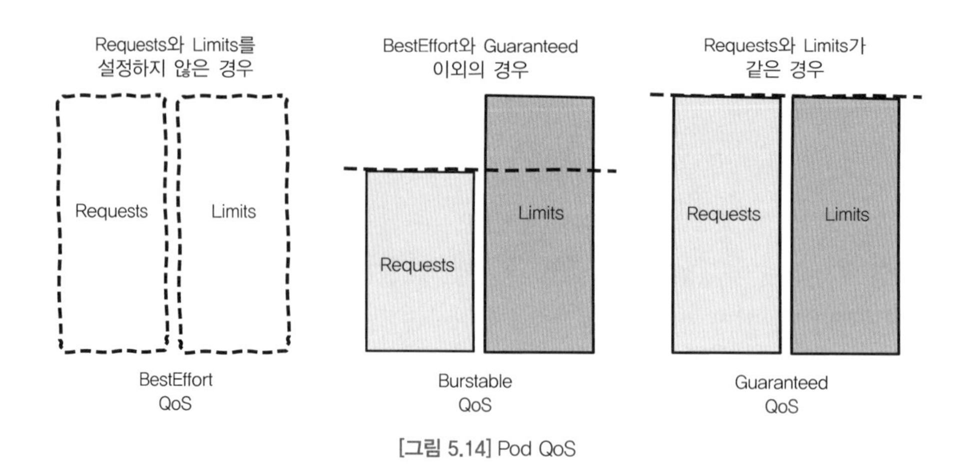

[그림 5.14] Pod QoS

CPU와 메모리 각각의 Resource Requests와 Resource Limits에 따른 컨테이너 애플리케이션의 QoS의 관계는 [표 5.5]와 같습니다.

[표 5.5] CPU/메모리 설정과 QoS의 관계

CPU 설정	메모리 설정	QoS class
–	–	BestEffort
–	Requests 〈 Limits	Burstable
–	Requests = Limits	Burstable
Requests 〈 Limits	–	Burstable
Requests 〈 Limits	Requests 〈 Limits	Burstable
Requests 〈 Limits	Requests = Limits	Burstable
Requests = Limits	Requests = Limits	Guaranteed

여러 컨테이너로 구성된 포드의 경우는 먼저 각 컨테이너에 각각 QoS를 할당합니다. 모든 컨테이너가 BestEffort라면 포드의 QoS는 BestEffort가 되며, 모든 컨테이너가 Guaranteed라면 포드의 QoS도 Guaranteed가 됩니다. 어떤 조건에도 해당하지 않는 경우는 BestEffort가 됩니다.

포드에 설정된 QoS의 확인은 kubectl describe로 할 수 있습니다. 예를 들어 포드 'limits-pod'의 QoS를 확인하려면 다음 명령을 실행합니다.

```
$ kubectl describe pod limits-pod |grep QoS
QoS Class:  Guaranteed
```

쿠버네티스에서는 리소스가 부족할 때 QoS에 따라 어떤 포드의 컨테이너 애플리케이션을 kill할지를 정합니다. 가장 우선순위가 낮고 처음에 kill되는 것은 BestEffort이며, 그 다음이 Burstable, 마지막이 Guaranteed가 kill됩니다. 이 Guaranteed는 시스템이 메모리를 필요로 하는 경우에만 kill됩니다. 만일 동일한 QoS 클래스인 경우는 OutOfMemory score에 따라 어떤 프로세스를 kill할지를 비교하여 정합니다.

이러한 동작을 고려하여 포드에는 애플리케이션 요건에 맞는 적절한 QoS를 설정하기 바랍니다.

확인이 끝났으면 다음 명령을 실행하여 포드를 모두 삭제해 두기 바랍니다.

```
$ kubectl delete -f Pod/
```


5.4 포드를 감시하자

쿠버네티스 클러스터 상에는 많은 포드가 가동됩니다. 이것들이 정상적으로 움직이고 있는지 아닌지를 체크해서 만일 문제가 있으면 재빨리 복구해야 합니다. 쿠버네티스에서는 컨테이너 애플리케이션이 올바르게 움직이고 있는지 아닌지를 항상 감시하여 문제가 있으면 포드를 자동으로 재시작하는 장치가 있습니다.

컨테이너 애플리케이션의 감시

쿠버네티스에서는 포드가 가동되고 있는지를 포드 안의 컨테이너 프로세스가 가동 중인지 아닌지로 판단합니다. 하지만 실제로 컨테이너 애플리케이션을 운용할 때 '포드 안의 컨테이너의 프로세스는 가동 중이지만 서비스로서는 정상적으로 움직이고 있지 않은' 경우도 있습니다. 예를 들어 프로세스가 데드락을 일으켜 리퀘스트에 응답할 수 없는 경우 등이 그렇습니다.

이럴 때를 대처하기 위해 쿠버네티스에서는 Liveness Probe라는 장치가 마련되어 있습니다. 이 Liveness Probe는 말 그대로 '애플리케이션이 응답하는지 아닌지'를 체크하기 위한 것입니다(그림 5.15). Liveness Probe는 포드의 매니페스트에 체크 조건을 추가하면 활성화됩니다.

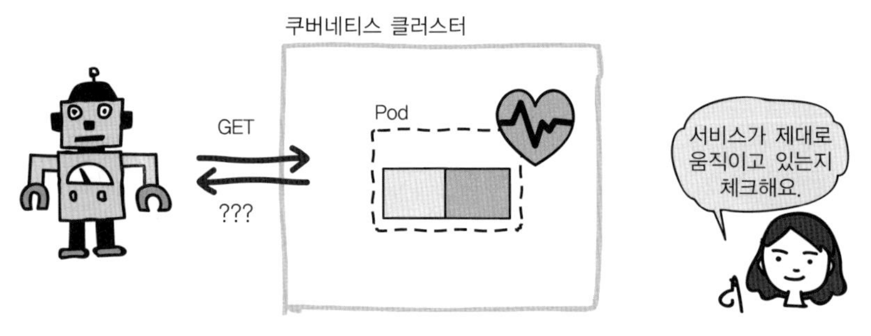

[그림 5.15] Liveness Probe

Liveness Probe는 다음 세 가지 방법으로 포드의 가동 상태를 감시할 수 있습니다.

① HTTP 리퀘스트의 반환값을 체크한다.
② TCP Socket으로 연결할 수 있는지를 체크한다.
③ 명령의 실행 결과를 체크한다.

HTTP 리퀘스트의 반환값을 체크하기

웹 애플리케이션의 경우 특정 URL에 HTTP 리퀘스트를 보내, 그 반환값을 체크함으로써 애플리케이션이 정상적으로 움직이고 있는지를 판단합니다(그림 5.16).

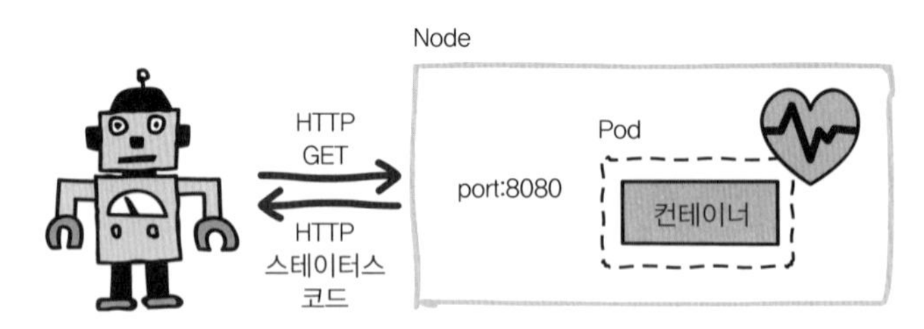

[그림 5.16] HTTP로 체크

[리스트 5.11]과 같은 매니페스트를 만듭니다.

[리스트 5.11] chap05/Liveness/pod-liveness-http.yaml

```
# (1) 기본 항목
apiVersion: v1
kind: Pod
metadata:
  labels:
    test: liveness
  name: liveness-http

# (2) Pod 스펙
spec:

  # (3) 컨테이너 사양
  containers:
  - name: liveness
    image: k8s.gcr.io/liveness
    args:
    - /server
    livenessProbe:
      httpGet:  # HTTP 리퀘스트의 반환값에 따른 체크를 한다
        path: /healthz
        port: 8080
        httpHeaders:
        - name: X-Custom-Header
          value: Awesome
      initialDelaySeconds: 10
      periodSeconds: 5
```

이 매니페스트의 경우 Liveness Probe를 실행하기 위해 kubelet은 HTTP GET 리퀘스트를 컨테이너 안에서 실행되고 있는 /healthz:8080에 대해 송신합니다. 이 리퀘스트의 HTTP 스테이터스 코드가 200이상 400미만인 경우는 성공으로 간주됩니다. 그 외의 스테이터스 코드가 반환된 경우(예를 들어 404나 500~ 등)는 오류로 간주하고 kubelet이 컨테이너를 재시작합니다.

또 매니페스트의 [initialDelaySeconds] 필드는 포드가 시작된 이후 처음으로 감시를 실행할 때까지의 시간을 나타내는 것으로 이 예에서는 10초로 설정되어 있습니다(그림 5.17). [periodSeconds] 필드는 Liveness Probe의 실행 간격입니다. 이 예에서는 5초로 설정되어 있으므로 5초마다 체크가 일어납니다.

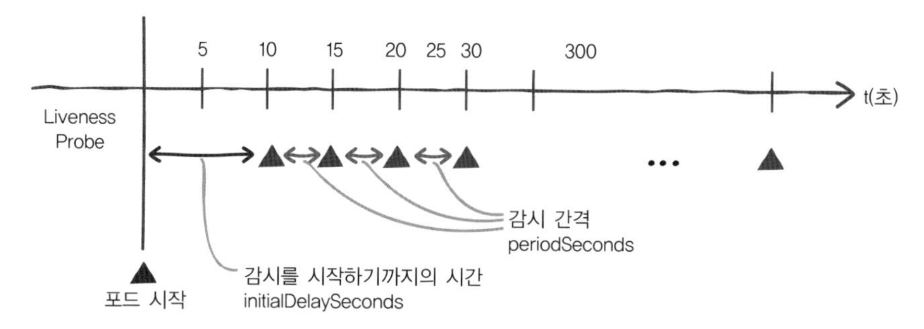

[그림 5.17] 감시 타이밍

또 이 매니페스트로 시작되는 컨테이너의 경우 컨테이너가 생존하는 최초의 10초 동안 /healthz 핸들러가 스테이터스 200을 반환합니다(리스트 5.12). 그 후 핸들러는 스테이터스 500을 반환합니다.

[리스트 5.12] 샘플 구축

```
http.HandleFunc("/healthz", func(w http.ResponseWriter, r *http.Request) {
    duration := time.Now().Sub(started)
    if duration.Seconds() > 10 {
        w.WriteHeader(500)
        w.Write([]byte(fmt.Sprintf("error: %v", duration.Seconds())))
    } else {
        w.WriteHeader(200)
        w.Write([]byte("ok"))
    }
})
```

- **[참고]** server.go - kubernetes
  https://github.com/kubernetes/kubernetes/blob/master/test/images/liveness/server.go

동작을 이해했으면 다음 명령을 실행하여 포드를 시작하고 로그를 확인해 봅시다. 감시가 시작되는 10초 이후는 리턴 코드 500을 반환하도록 되어 있기 때문에 HTTP probe가 'failed'가 되는 것을 알 수 있습니다.

```
$ kubectl apply -f Liveness/pod-liveness-http.yaml
pod " liveness-http" created

$ kubectl describe pod liveness-http
```

```
~중략~
Events:
  Type     Reason                 Age               From                               Message
  ----     ------                 ----              ----                               -------
  Normal   Scheduled              1m                default-scheduler                  Successfully assigned
➡ liveness-http to aks-nodepool1-84401083-1
  Normal   SuccessfulMountVolume  1m                kubelet, aks-nodepool1-84401083-1  MountVolume.SetUp
➡ succeeded for volume "default-token-nvgkg"
  Normal   Pulling                40s (x3 over 1m)  kubelet, aks-nodepool1-84401083-1  pulling image "k8s.gcr.
➡ io/liveness"
  Normal   Pulled                 39s (x3 over 1m)  kubelet, aks-nodepool1-84401083-1  Successfully pulled image
➡ "k8s.gcr.io/liveness"
  Normal   Created                38s (x3 over 1m)  kubelet, aks-nodepool1-84401083-1  Created container
  Normal   Started                38s (x3 over 1m)  kubelet, aks-nodepool1-84401083-1  Started container
  Warning  Unhealthy              22s (x9 over 1m)  kubelet, aks-nodepool1-84401083-1  Liveness probe failed:
➡ HTTP probe failed with statuscode: 500
  Normal   Killing                22s (x3 over 58s) kubelet, aks-nodepool1-84401083-1  Killing container with id
➡ docker://liveness:Container failed liveness probe.. Container will be killed and recreated.
```

TCP Socket으로 연결할 수 있는지 체크하기

HTTP를 사용한 감시와 거의 비슷하지만 TCP Socket에 의한 연결을 확립할 수 있는지 없는지로 감시할 수도 있습니다. 매니페스트 파일에서는 [livenessProbe] 필드에 [tcpSocket]을 설정합니다(리스트 5.13).

[리스트 5.13] chap05/Liveness/pod-liveness-tcp.yaml

```
# [1] 기본 항목
apiVersion: v1
kind: Pod
metadata:
  name: liveness-tcp

# [2] Pod 스펙
spec:
  # [3] 컨테이너 사양
  containers:
  - name: goproxy
    image: k8s.gcr.io/goproxy:0.1
```

```
    livenessProbe:
      tcpSocket:     # TCP 소켓 통신에 의한 체크를 한다
        port: 8080
      initialDelaySeconds: 15
      periodSeconds: 20
```

이 예에서는 컨테이너가 기동된 지 15초 후부터 8080 포트에 대해 감시를 시작합니다. 연결을 확립할 수 있으면 정상으로 간주되고, 감시 간격은 20초입니다.

이것은 주로 HTTP 이외의 서비스를 체크할 때 사용합니다.

명령의 실행 결과를 체크하기

리퀘스트의 결과가 아니라 컨테이너 안에서 임의의 명령을 실행하여 그 결과로 포드의 가동 여부를 판단할 수도 있습니다(그림 5.18).

[그림 5.18] 명령을 사용한 체크

[리스트 5.14]의 매니페스트를 만듭니다.

[리스트 5.14] chap05/Liveness/pod-liveness-exec.yaml

```
# [1] 기본 항목
apiVersion: v1
kind: Pod
metadata:
  labels:
    test: liveness
```

```
  name: liveness-exec

# [2] Pod 스펙
spec:

  # [3] 컨테이너 사양
  containers:
  - name: liveness
    image: busybox
    args:
    - /bin/sh
    - -c
    - touch /tmp/healthy; sleep 30; rm -rf /tmp/healthy; sleep 600
    livenessProbe:
      exec:   # 명령의 실행 결과에 의한 체크를 한다
        command:
        - cat
        - /tmp/healthy
      initialDelaySeconds: 10
      periodSeconds: 5
```

컨테이너가 가동 중인지 아닌지를 확인하기 위해 컨테이너 안에서 cat 명령을 실행합니다. 명령이 성공하면 0을 반환합니다. 만일 0 이외의 값이 반환되면 '애플리케이션이 가동되고 있지 않다'고 간주하여 kubelet이 컨테이너를 재시작합니다.

컨테이너 안에서는 처음에 /tmp/healthy를 작성하고 그 후 30초 Sleep한 후 healthy 파일을 삭제하고 있습니다. 이것을 설명하면 [그림 5.19]와 같습니다.

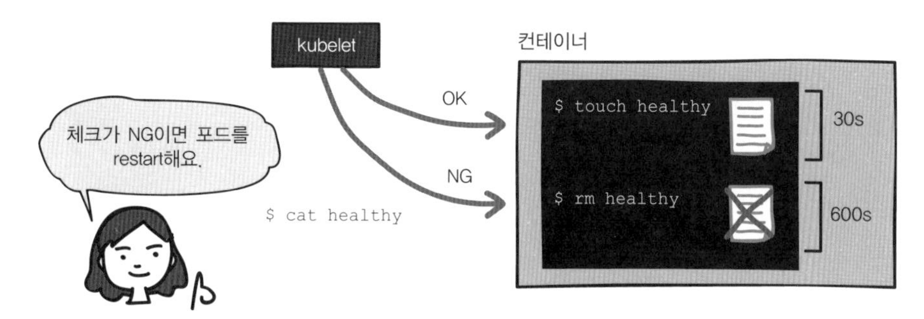

[그림 5.19] 명령에 의한 체크의 상세 내용

처음 30초 후에는 /tmp/healthy 파일이 존재하기 때문에 Liveness Probe는 감시에 성공하지만 30초 후에 삭제되기 때문에 오류가 나올 것입니다.

Probe를 실행하기 위해 kubelet은 컨테이너 안에서 cat 명령을 실행합니다. 명령이 성공하면 0을 반환하고 kubelet은 컨테이너가 작동하고 있다고 간주합니다. 명령이 0 이외의 값을 반환한 경우 kubelet은 컨테이너를 강제 종료시키고 재시작합니다.

여기서 다음 명령을 실행하여 포드를 시작합시다.

```
$ kubectl apply -f Liveness/pod-liveness-exec.yaml
pod/liveness-exec created
```

실제로 내부에서 어떻게 움직이고 있는지를 다음 명령으로 체크합니다. 로그는 kubectl describe 명령의 [Events] 필드에서 확인할 수 있습니다. 30초 이내에 다음 명령을 실행하면 포드가 문제없이 가동 중이라는 것을 알 수 있습니다. 하지만 35초 이후에 실행하면 Liveness Probe 체크가 오류가 되어 포드가 재시작된다는 것을 알 수 있습니다.

```
$ kubectl describe pod liveness-exec

~중략~
Events:
  Type     Reason                 Age               From                                Message
  ----     ------                 ----              ----                                -------
  Normal   Scheduled              1m                default-scheduler                   Successfully
➡ assigned liveness-exec to aks-nodepool1-84401083-1
  Normal   SuccessfulMountVolume  1m                kubelet, aks-nodepool1-84401083-1   MountVolume.
➡ SetUp succeeded for volume "default-token-nvgkg"
  Warning  Unhealthy              57s (x3 over 1m) kubelet, aks-nodepool1-84401083-1   Liveness
➡ probe failed: cat: can't open '/tmp/healthy': No such file or directory
~중략~
```

포드가 정상적으로 움직이고 있는지를 체크하는 것은 중요합니다. 애플리케이션을 개발할 때는 어떤 방법으로든 감시를 해야 한다는 것을 생각하고 구축하기 바랍니다. 참조 ➡ **제12장 '쿠버네티스 환경의 관측가능성'** p.335

확인이 끝났으면 다음 명령을 실행하여 포드를 모두 삭제해 둡니다.

```
$ kubectl delete -f Liveness/
```

5.5 리플리카셋으로 여러 포드를 관리하자

포드란 어떤 것인지, 포드가 어떤 구조로 노드에 스케줄링되는지를 이해했으면 이제 실제로 클러스터에 여러 개의 포드를 디플로이해 봅시다. 여기서는 쿠버네티스의 중요한 개념 중 하나인 자기 복구 기능(Self-Healing)을 구현하는 리플리카셋에 대해 설명하겠습니다.

리플리카셋(ReplicaSet)

리플리카셋은 클러스터 안에서 움직이는 포드의 수를 유지하는 장치입니다(그림 5.20). 만일 애플리케이션 오류나 노드 장애 등으로 포드가 정지된 경우 리플리카셋이 자동으로 새로운 포드를 시작합니다.

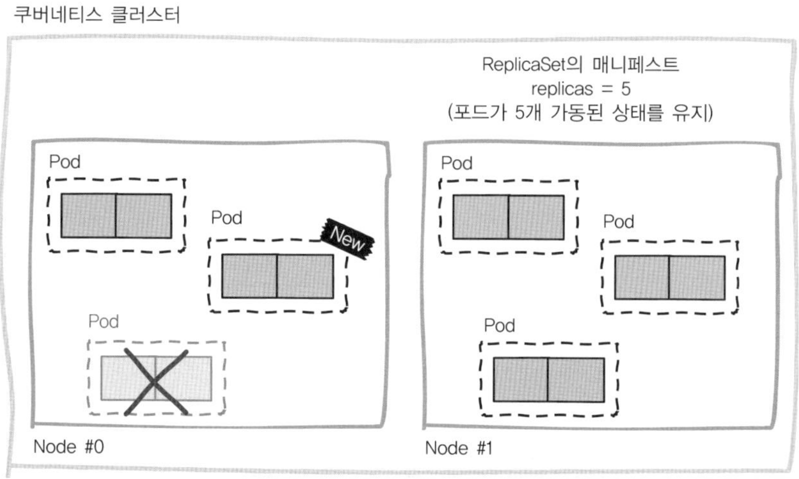

[그림 5.20] 리플리카셋

리플리카셋은 라벨 셀렉터의 조건에 따라 포드를 검색하여 가동 중인 포드의 수가 매니페스트 파일의 replicas의 수와 일치하는지 아닌지를 체크합니다. 만일 일치하지 않는 경우 가동 중인 포드의 수가 부족할 때는 새로 포드를 추가하고, 포드의 수가 많을 때는 여분의 포드를 정지시킵니다.

가동 중인 애플리케이션의 포드 수를 변경하고 싶을 때는 리플리카셋의 replicas의 값을 수정하기만 하면 됩니다. 그러면 수정된 포드의 수에 맞춰 포드의 시작과 정지를 수행합니다.

매니페스트 파일

리플리카셋의 매니페스트의 기본적인 작성 방법을 설명하겠습니다. 기본적인 작성 방법은 포드와 비슷하지만 포인트는 클러스터 안에서 포드를 몇 개 가동하고 싶은지를 설정하는 [replicas] 필드가 있다는 것입니다(리스트 5.15).

[리스트 5.15] 리플리카셋의 매니페스트 파일

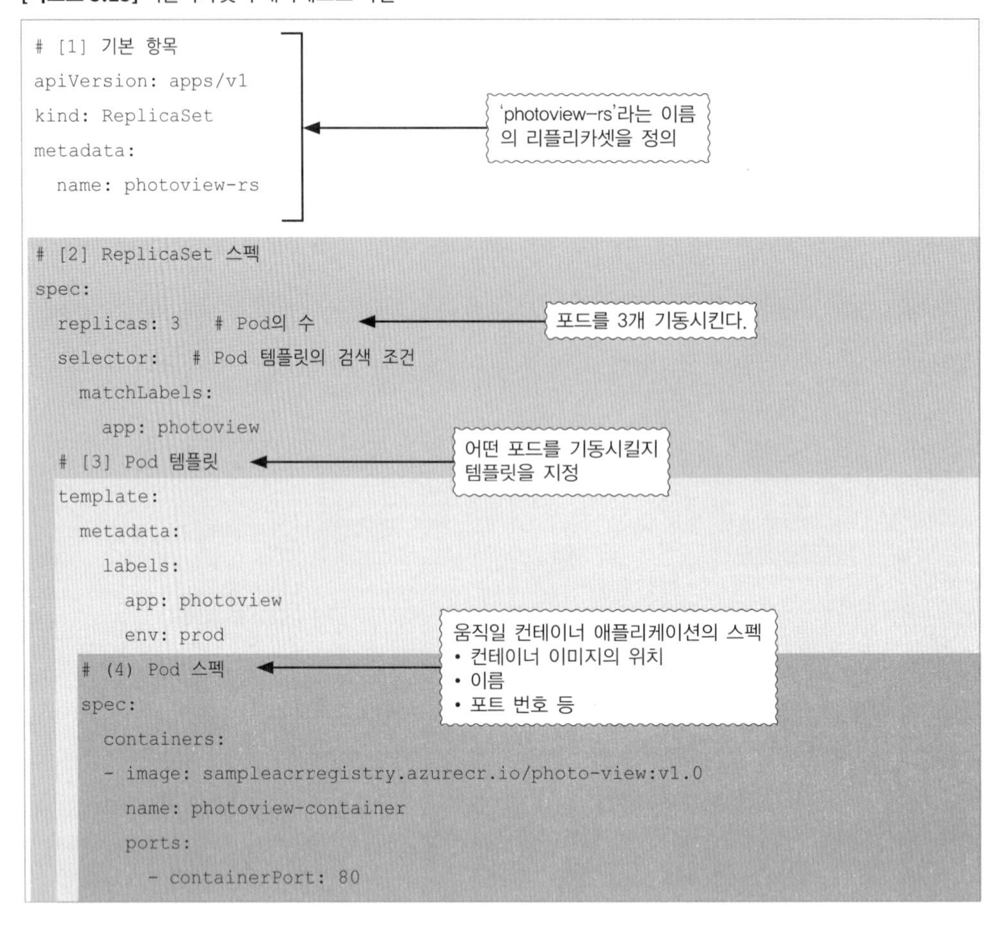

```
# [1] 기본 항목
apiVersion: apps/v1
kind: ReplicaSet
metadata:
  name: photoview-rs

# [2] ReplicaSet 스펙
spec:
  replicas: 3    # Pod의 수
  selector:    # Pod 템플릿의 검색 조건
    matchLabels:
      app: photoview
  # [3] Pod 템플릿
  template:
    metadata:
      labels:
        app: photoview
        env: prod
    # (4) Pod 스펙
    spec:
      containers:
      - image: sampleacrregistry.azurecr.io/photo-view:v1.0
        name: photoview-container
        ports:
          - containerPort: 80
```

'photoview-rs'라는 이름의 리플리카셋을 정의
포드를 3개 기동시킨다.
어떤 포드를 기동시킬지 템플릿을 지정
움직일 컨테이너 애플리케이션의 스펙
• 컨테이너 이미지의 위치
• 이름
• 포트 번호 등

[1] 매니페스트 기본 항목

먼저 API 버전이나 리플리카셋의 이름 등 기본 항목을 설정합니다(표 5.6).

[표 5.6] **리플리카셋 매니페스트의 기본 항목**

필드	데이터형	설명	예
apiVersion	문자열	API의 버전. 집필 시점에서 최신은 'apps/v1' 존재하지 않는 값을 설정하면 오류가 발생한다.	apps/v1
kind	문자열	쿠버네티스 리소스의 종류	ReplicaSet
metadata	Object	리플리카셋의 이름이나 Label과 같은 메타데이터	name: photoview-rs
spec	PodSpec	리플리카셋의 상세 정보를 설정	-

[2] 리플리카셋 스펙

[spec] 필드에는 리플리카셋의 내용을 설정합니다(표 5.7). 클러스터 안에서 작동시키고 싶은 포드의 수를 replicas로 설정합니다. 또 만일 실제로 클러스터 안에서 움직이는 포드의 수가 부족할 때에 어떤 포드를 새로 시작시킬지 그 템플릿을 정합니다.

[표 5.7] **리플리카셋 스펙([spec] 필드)**

필드	데이터형	설명
replicas	정수	클러스터 안에서 가동시킬 포드의 수. 기본값은 1
selector	LabelSelector	어떤 포드를 가동시킬지에 대한 셀렉터. 포드의 Template에 설정된 라벨과 일치해야 한다(그림 5.21).
template	PodTemplateSpec	실제로 클러스터 안에서 움직이는 포드의 수가 replicas에 설정된 포드의 수를 만족시키지 않을 때 새로 작성되는 포드의 템플릿

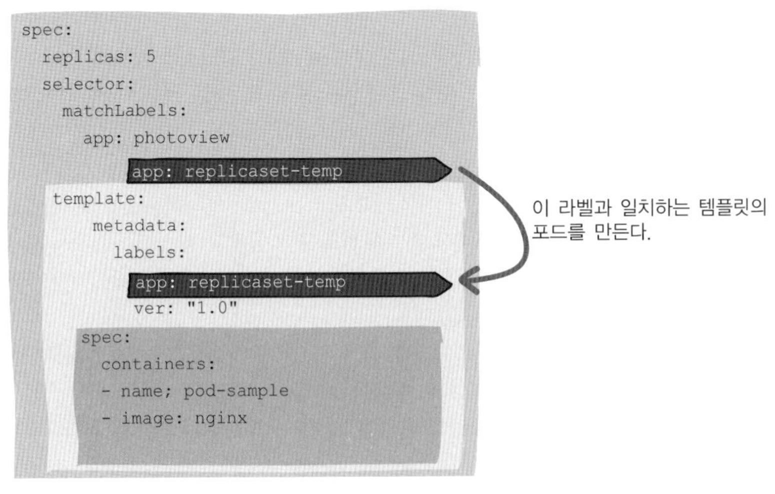

[그림 5.21] LabelSelector

[3] 포드 템플릿

[template] 필드에는 가동시키고 싶은 포드의 템플릿을 지정합니다(표 5.8). [2]의 selector 에서 지정한 조건과 맞는 것을 만들 필요가 있습니다.

[표 5.8] 리플리카셋의 포드 템플릿([template] 필드)

필드	데이터형	설명
metadata	Object	템플릿의 이름이나 Label과 같은 메타데이터
spec	PodSpec	포드의 상세 정보를 설정

[4] 포드 스펙

[spec] 필드에는 포드의 상세 정보를 설정합니다. 이것은 이 장의 앞에서 설명한 '포드 스펙'과 똑같은 설정입니다. 참조 제5장 '(2) 포드 스펙' p.99

그 외 리플리카셋 매니페스트 파일에 지정할 수 있는 항목에 대한 자세한 내용은 아래 공식 사이트를 참조하기 바랍니다.

- ReplicaSet v1 apps - Kubernetes API Reference Docs
  https://kubernetes.io/docs/reference/generated/kubernetes-api/v1.10/#replicaset-v1-apps

ReplicationController란?

ReplicationController는 리플리카셋과 매우 비슷한 기능을 갖고 있는 리소스입니다. 오래된 버전의 쿠버네티스에서 이용했었지만 지금은 보다 유연하게 셀렉터를 지정할 수 있는 리플리카셋이 주류가 되었습니다. 그래서 앞으로는 ReplicationController가 아니라 리플리카셋을 이용하기 바랍니다.

또 리플리카셋은 지정된 수의 포드가 항상 실행되고 있다는 것을 보증하는 장치이지만 버전 관리를 하는 장치는 갖고 있지 않습니다. 실제로 프로젝트에서 이용할 때는 제6장에서 설명할 리플리카셋의 상위 레벨의 개념으로 만들어진 디플로이먼트를 이용하는 편이 좋습니다. 디플로이먼트를 사용하면 롤링 업데이트를 할 수 있습니다.

단, 리플리카셋을 이해하는 데 있어서 포드의 개념이 필요한 것처럼 디플로이먼트를 올바르게 구사하려면 리플리카셋의 개념이 중요합니다. 쿠버네티스는 개발 속도가 빨라서 최신 정보를 쫓아가는 것이 중요한데 그때 '어떤 배경으로 그 기능이 태어났는지', '어떤 구조로 움직이고 있는지'를 파악해 가는 것이 중요합니다.

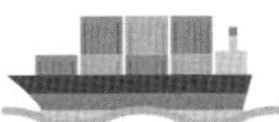

리플리카셋의 작성, 변경, 삭제

이제 매니페스트 파일을 바탕으로 리플리카셋을 작성, 변경, 삭제해 봅시다. 절차는 포드와 거의 비슷하지만 확인할 포인트가 다르므로 실제로 손을 움직여 봅시다.

(1) 리플리카셋 작성하기

샘플의 매니페스트 파일을 수정합니다. 포드의 매니페스트 파일과 마찬가지로 컨테이너 이미지의 공개 위치를 제2장에서 작성한 ACR 레지스트리로 변경합니다. 이 예에서는 'sampleacrregistry.azurecr.io'로 되어 있지만, 여기를 각자의 환경에 맞춰 수정하기 바랍니다(그림 5.16).

[리스트 5.16] chap05/ReplicaSet/replicaset.yaml

```
# [1] 기본 항목
apiVersion: v1
~중략~
    # [4] Pod 스펙
    spec:
      containers:
      - image: sampleacrregistry.azurecr.io/photo-view:v1.0  # 여기를 수정한다
        name: photoview-container
~중략~
```

다음 명령을 실행하여 리플리카셋을 작성합니다.

```
$ kubectl create -f ReplicaSet/replicaset.yaml
replicaset.apps/photoview-rs created
```

다음 명령을 사용하여 리플리카셋의 목록을 살펴봅시다. STATUS가 'Running'으로 되어 있어서 문제없이 작동하고 있다는 것을 알 수 있습니다.

```
$ kubectl get pod --show-labels
NAME                READY   STATUS     RESTARTS   AGE   LABELS
photoview-rs-jswf4  1/1     Running    0          3s    app=photoview,env=prod
photoview-rs-k6xzk  1/1     Running    0          3s    app=photoview,env=prod
photoview-rs-pqm9p  1/1     Running    0          3s    app=photoview,env=prod
```

리플리카셋의 상세 정보를 확인하려면 다음 명령을 실행합니다. [Replicas] 필드를 확인하면 포드가 3개 기동되어 있다는 것을 알 수 있습니다. [Events] 필드를 보면 각각 포드가 만들어져 있다는 것을 알 수 있습니다.

```
$ kubectl describe rs photoview-rs
Name:         photoview-rs
Namespace:    default
Selector:     app=photoview
Labels:       app=photoview
              env=prod
Annotations:  <none>
Replicas:     3 current / 3 desired
Pods Status:  0 Running / 3 Waiting / 0 Succeeded / 0 Failed
Pod Template:
~중략~
Events:
  Type    Reason            Age   From                   Message
  ----    ------            ----  ----                   -------
  Normal  SuccessfulCreate  5m    replicaset-controller  Created pod: photoview-rs-r8kbq
  Normal  SuccessfulCreate  5m    replicaset-controller  Created pod: photoview-rs-dflqs
  Normal  SuccessfulCreate  5m    replicaset-controller  Created pod: photoview-rs-lgpvj
```

포드의 상태를 확인해 봅시다. 시작된 리플리카셋의 이름 뒤에 랜덤한 숫자가 자동으로 붙어 있다는 것을 알 수 있습니다. 이로써 포드를 고유하게 만들고 있습니다.

```
$ kubectl get pod --show-labels
NAME                 READY   STATUS    RESTARTS  AGE   LABELS
photoview-rs-jswf4   1/1     Running   0         3s    app=photoview,env=prod
photoview-rs-k6xzk   1/1     Running   0         3s    app=photoview,env=prod
photoview-rs-pqm9p   1/1     Running   0         3s    app=photoview,env=prod
```

(2) 리플리카셋 변경하기

이제 리플리카셋의 내용을 변경해 봅시다. 현재 클러스터 안에 세 개의 포드가 가동 중인데, 이것을 10개로 변경합니다. 매니페스트 파일의 replicas를 [리스트 5.17]과 같이 변경하기만 하면 됩니다.

[리스트 5.17] chap05/ReplicaSet/replicaset.yaml의 변경

```
# [2] ReplicaSet 스펙
spec:
  replicas: 10    # Pod의 수
  selector:   # Pod 템플릿의 검색 조건
    matchLabels:
      app: photoview
```

다음 명령을 실행하여 리플리카셋을 갱신합니다.

```
$ kubectl apply -f ReplicaSet/replicaset.yaml
replicaset.apps/photoview-rs configured
```

포드의 상태를 확인해 봅시다. 포드가 3개에서 10개로 늘어난 것을 알 수 있습니다.

```
$ kubectl get pod
NAME                 READY   STATUS    RESTARTS   AGE
photoview-rs-5grtt   1/1     Running   0          1m
photoview-rs-8c9f7   1/1     Running   0          1m
photoview-rs-8v2mn   1/1     Running   0          1m
photoview-rs-9wlvc   1/1     Running   0          1m
photoview-rs-gvw25   1/1     Running   0          1m
photoview-rs-jswf4   1/1     Running   0          10m
photoview-rs-k6xzk   1/1     Running   0          10m
photoview-rs-pqm9p   1/1     Running   0          10m
photoview-rs-rv5kd   1/1     Running   0          1m
photoview-rs-z65dr   1/1     Running   0          1m
```

(3) 리플리카셋 삭제하기

다음 명령을 실행하면 리플리카셋을 삭제할 수 있습니다. 리플리카셋을 삭제하면 포드도 한꺼번에 삭제됩니다.

```
$ kubectl delete -f ReplicaSet/replicaset.yaml
replicaset.apps "photoview-rs" deleted

$ kubectl get pod
No resources found.
```

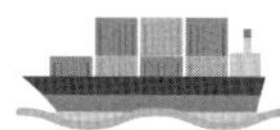

클러스터 안의 상태를 어떻게 제어하는가?

지금까지 리플리카셋의 구조를 살펴보았는데 클러스터 안에서 포드를 정한 수만큼 실행시켜 두려면 어떤 방법으로든 클러스터의 상태를 항상 감시하여 제어하는 일이 필요할 것입니다.

이 역할을 컨트롤러라고 부릅니다. 컨트롤러의 기본적인 움직임은 다음과 같습니다.

(1) 클러스터(X)의 현재 상태를 확인
(2) 클러스터(Y)가 본래 되어 있어야 할 상태를 확인
(3) X == Y
- true 아무 것도 하지 않는다.
- false 컨테이너를 시작 또는 재시작한다. 또는 특정 애플리케이션의 리플리카 수의 스케일링 등 Y가 되도록 태스크를 실행

(4) (1)로 되돌아간다.

쿠버네티스는 이 처리를 반복함으로써 클러스터의 상태를 확인하고 원래의 모습, 즉 매니페스트에 정의된 상태로 되어 있는지를 감시합니다. 그리고 만일 상태가 다르면 본연의 모습이 되도록 자동으로 복구합니다.

이런 일들은 어떤 구조로 구축되는 것일까요? 리플리카셋의 기능을 제공하는 컨트롤러인 ReplicaSet Controller가 클러스터 안의 포드를 어떻게 감시하는지 구체적인 예를 들어 설명하겠습니다.

먼저 ReplicaSet Controller는 실행 중인 포드의 목록을 항상 감시하여 포드의 실제 수를 확인합니다. 또 매니페스트 파일에 정의된 'replicas'의 수도 체크합니다. 예를 들어 replicas=3인 경우는 다음과 같이 움직입니다(그림 5.22).

(1) 포드가 3보다 적은 경우 ➡ 매니페스트 파일의 [spec] 필드에 정의된 포드를 새로 만들도록 API Server에게 통지한다.
(2) 포드의 수가 3인 경우 ➡ 아무 것도 하지 않는다.
(3) 포드의 수가 3보다 많은 경우 ➡ 여분의 포드를 삭제하도록 API Server에게 통지한다.

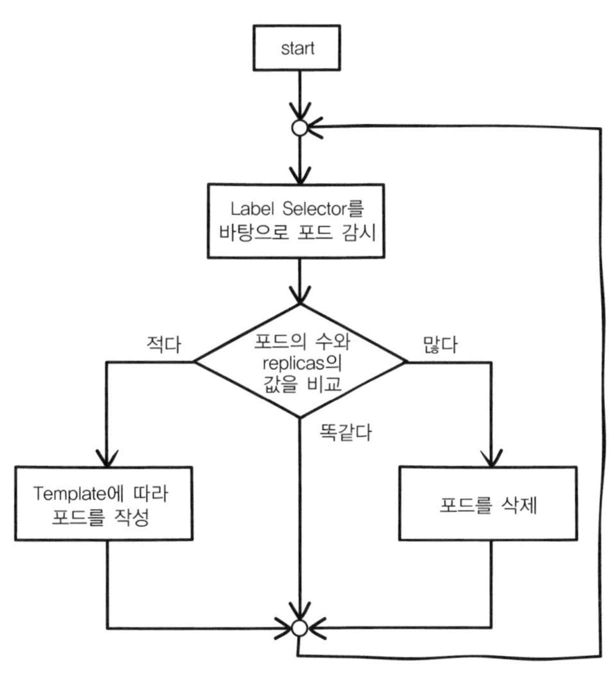

[그림 5.22] 리플리카셋의 동작

또한 실제로 포드를 작성 및 삭제하는 것은 노드 상의 kubelet이 컨테이너 런타임(Docker)에게 지시를 내려 수행합니다.

여기서 착각하기 쉬운 점을 하나 확인해 둡시다. 리플리카셋을 '지정된 수의 포드를 실행시키는 리소스'라고 생각하기 쉬운데 리플리카셋은 어디까지나 '지정된 수의 포드가 실행된 상태를 유지하기' 위한 리소스입니다.

여기서 실제로 명령을 실행하여 확인해 봅시다. 여기서는 다음과 같은 작업을 해서 실제로 어떤 일이 일어나는지를 살펴보겠습니다(그림 5.23).

(1) 포드를 하나 생성한다.

(2) (1)과 똑같은 라벨이 붙은 포드를 5개 움직이는 리플리카셋을 생성한다.

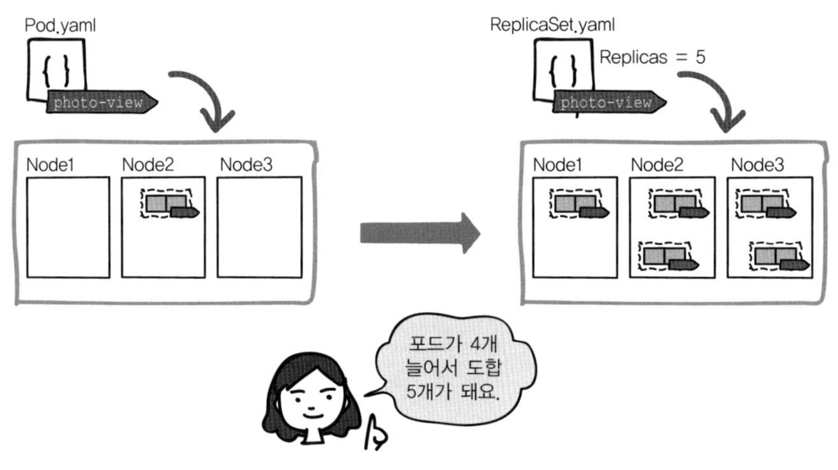

[그림 5.23] 리플리카셋의 구조

(1) 포드를 하나 실행시킨다

nginx 컨테이너가 실행되는 심플한 매니페스트를 준비합니다(리스트 5.18). 이 포드에는 'app: photo-view'라는 라벨이 붙어 있습니다.

[리스트 5.18] chap05/ReplicaSet/pod-nginx.yaml

```
apiVersion: v1
kind: Pod
metadata:
  name: nginx-pod
  labels:
    app: photo-view
spec:
  containers:
  - image: nginx
    name: photoview-container
```

이 매니페스트 파일을 다음 명령을 사용하여 클러스터에게 송신하고, 포드의 상태를 확인합니다. 'nginx-pod'라는 이름의 포드가 하나 실행되어 있다는 것을 알 수 있습니다.

```
$ kubectl apply -f ReplicaSet/pod-nginx.yaml
pod/nginx-pod created
```

```
$ kubectl get pod
NAME         READY     STATUS     RESTARTS     AGE
nginx-pod    1/1       Running    0            9s
```

(2) 리플리카셋으로 포드의 개수를 지정한다

계속해서 리플리카셋의 매니페스트를 작성합니다. 'replicas'가 5로 설정되어 있으므로 클러스터 안에 5개의 포드가 복제된 상태로 만들기 위한 매니페스트입니다(리스트 5.19). 이 매니페스트의 포인트는 'app: photo-view'라는 라벨이 붙은 포드를 템플릿으로 하고 있다는 데 있습니다. 이것은 (1)에서 작성한 포드와 똑같은 라벨로, 이미 하나의 포드가 클러스터 안에서 움직이고 있습니다.

[리스트 5.19] chap05/ReplicaSet/replicaset-nginx.yaml

```
# (1) 기본 항목
apiVersion: apps/v1
kind: ReplicaSet
~중략
spec:
  replicas: 5
~중략
  template:
    metadata:
      labels:
        app: photo-view
~중략~
```

다음 명령을 실행하여 리플리카셋을 작성합니다.

```
$ kubectl apply -f ReplicaSet/replicaset-nginx.yaml
replicaset.apps/nginx-replicaset created
```

여기서 클러스터 안에서 포드가 어떤 상태인지를 살펴봅시다.

```
$ kubectl get pod
NAME                     READY    STATUS     RESTARTS     AGE
nginx-pod                1/1      Running    0            2m
nginx-replicaset-bb8j6   1/1      Running    0            46s
```

```
nginx-replicaset-bdlh6    1/1     Running   0          46s
nginx-replicaset-ctbbq    1/1     Running   0          46s
nginx-replicaset-swk4z    1/1     Running   0          46s
```

이미 (1)에서 실행 중이던 포드 'nginx-pod'는 그대로로, 새로 4개의 포드 'nginx-replicaset-bb8j6~nginx-replicaset-swk4z'가 만들어진 것을 알 수 있습니다. 이로써 합계 5개의 포드가 가동 중인 상태가 됩니다.

이것으로 리플리카셋은 실행 중인 클러스터의 상태를 감시하여 매니페스트 파일에서 정의한 상태와 다른 경우에는 자동으로 조정한다는 것을 알 수 있습니다.

이와 같이 리플리카셋은 어디까지나 클러스터 안의 포드의 개수를 라벨에 기초하여 유지하는 장치라는 것을 알 수 있습니다. 이번 예처럼 'app: photo-view'라는 라벨이 붙은 포드가 클러스터 상에서 이미 움직이고 있으면 리플리카셋 등에서 똑같은 라벨이 붙은 포드가 스케일다운되었을 때 삭제 대상이 됩니다. 따라서 네이밍룰이 중요합니다. 특히 라벨의 네이밍룰은 설계 단계에서 정해두는 것이 좋습니다.

NOTE 쿠버네티스의 컨트롤러의 종류

쿠버네티스는 크게 두 개의 컨트롤러를 제공하고 있습니다. 하나는 클러스터 안의 상태를 감시하는 것이고, 다른 하나는 클라우드 프로바이더의 독자적인 것입니다.

① kube-controller-manager

쿠버네티스 클러스터 안의 리소스를 감시하고 상태를 본래 되어 있어야 할 상태가 되도록 유지합니다. 클러스터의 컨트롤 플레인인 마스터에서 움직이며 주로 다음과 같은 것들이 있습니다. 또한 컨트롤러는 리소스에 따라 다양한 종류가 있지만 컨트롤러끼리 서로 직접 통신하는 일은 없습니다.

- ReplicationManager
- ReplicaSet/DaemonSet/Job controllers
- Deployment controller
- StatefulSet controller
- Node controller
- Service controller
- Endpoint controller
- Namespace controller

② cloud-controller-manager

쿠버네티스 매니지드 서비스 등에서 클라우드 자체 컨트롤러를 구축하기 위한 것입니다. 구체적으로는 스토리지 서비스나 부하 분산을 위한 로드밸런서 기능 등에 이용됩니다. Azure의 경우는 주로 Microsoft의 엔지니어가 개발에 공헌하고 있습니다.

또 이 외에도 이용자 자신이 커스텀으로 컨트롤러를 구축하는 것도 가능합니다. 쿠버네티스는 오픈소스 프로젝트이므로 누구나 개발에 참가할 수 있습니다. 필요한 기능이 있으면 구축하여 컨트리뷰트해 보는 것도 좋을 것입니다. 참조 제7장 '이벤트 체인' p.227

포드 장애가 발생하면 어떻게 될까?

지금까지 리플리카셋의 구조를 살펴보았는데 실제로 리플리카셋으로 생성된 포드에 장애가 발생하면 어떻게 되는지 살펴봅시다. 포드의 컨테이너 애플리케이션이 오류를 일으킨 경우 등의 장애입니다.

지금 5개의 포드가 클러스터 상에서 실행 중입니다. 이들이 어떤 노드에서 움직이고 있는지 확인해 봅시다.

```
$ kubectl get pod -o wide
NAME                     READY   STATUS    RESTARTS   AGE   IP            NODE
nginx-pod                1/1     Running   0          6m    10.244.2.29   aks-
➡ nodepool1-84401083-1
nginx-replicaset-bb8j6   1/1     Running   0          5m    10.244.2.30   aks-
➡ nodepool1-84401083-1
nginx-replicaset-bdlh6   1/1     Running   0          5m    10.244.1.17   aks-
➡ nodepool1-84401083-2
nginx-replicaset-ctbbq   1/1     Running   0          5m    10.244.2.31   aks-
➡ nodepool1-84401083-1
nginx-replicaset-swk4z   1/1     Running   0          5m    10.244.1.18   aks-
➡ nodepool1-84401083-2
```

여기서 포드 'nginx-replicaset-bb8j6'를 아래 명령을 사용하여 의도적으로 삭제합니다.

```
$ kubectl delete pod nginx-replicaset-bb8j6
pod "nginx-replicaset-bb8j6" deleted
```

다음 명령을 사용하여 클러스터 안의 포드를 다시 확인합니다.

```
$ kubectl get pod -o wide
NAME                     READY   STATUS    RESTARTS   AGE   IP            NODE
nginx-pod                1/1     Running   0          16m   10.244.2.29   aks-
```

```
➡ nodepool1-84401083-1
nginx-replicaset-bdlh6     1/1     Running   0          14m   10.244.1.17     aks-
➡ nodepool1-84401083-2
nginx-replicaset-ctbbq     1/1     Running   0          14m   10.244.2.31     aks-
➡ nodepool1-84401083-1
nginx-replicaset-swk4z     1/1     Running   0          14m   10.244.1.18     aks-
➡ nodepool1-84401083-2
nginx-replicaset-tqxgt     1/1     Running   0          12s   10.244.0.13     aks-
➡ nodepool1-84401083-0
```

명령의 실행 결과를 확인해 보면 삭제한 포드 'nginx-replicaset-bb8j6'이 없어지고, 그 대신 포드 'nginx-replicaset-tqxgt'가 새로 생성되어 있는 것을 알 수 있습니다(그림 5.24).

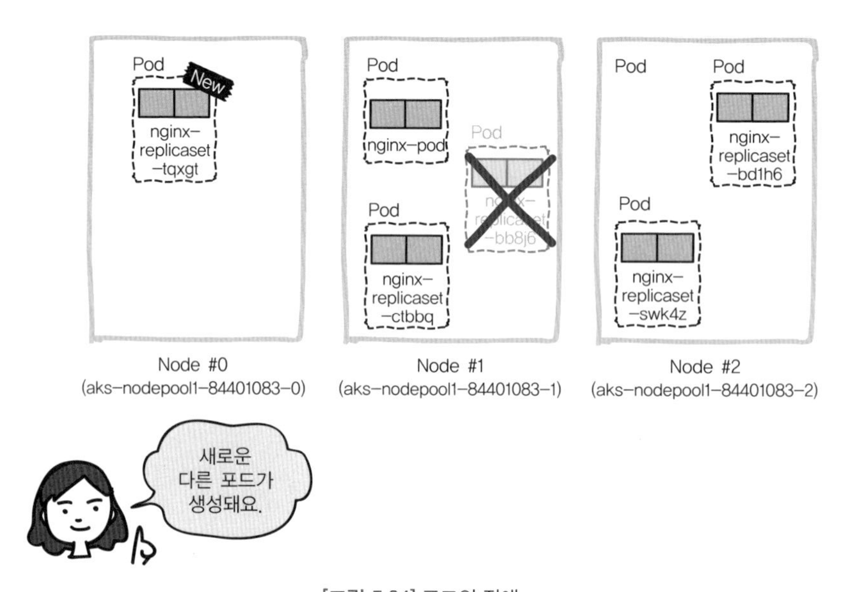

[그림 5.24] 포드의 장애

이와 같이 컨테이너 애플리케이션이 움직이고 있는 한 포드에 장애가 발생하여 이용할 수 없게 되면 리플리카셋의 매니페스트 파일의 'replicas'에서 설정한 5개의 상태를 유지하도록 포드가 새로 하나 자동으로 생성됩니다.

여기서 주의해야 할 점은 이상 종료된 포드가 재시작되는 것이 아니라 새로 다른 포드가 생성된다는 점입니다. 새로운 포드는 리플리카셋의 템플릿에서 설정한 조건에 맞춰 만들어집니다.

쿠버네티스로 컨테이너 애플리케이션을 운용할 때는 이 점을 염두에 둘 필요가 있습니다. 스테이트풀한 애플리케이션의 경우 포드의 상태를 보증하지 않으므로 StatefulSet을 사용하기 바랍니다.

노드 장애가 발생하면 포드는 어떻게 될까?

리플리카셋은 클러스터 안의 포드의 개수를 유지하는 장치이지만 포드가 아니라 노드에 장애가 발생한 경우는 어떻게 되는지 확인해 봅시다. 즉, 컨테이너 애플리케이션 장애가 아니라 클러스터를 구성하는 머신 한 대가 물리적으로 고장을 일으킨 상태라고 가정합니다.

먼저 다음 명령을 사용하여 현재의 리소스 그룹을 확인합니다. 여기서 'MC_'로 시작하는 리소스 그룹 안에 쿠버네티스 클러스터를 구성하는 노드가 되는 가상 머신이 들어가 있는 것을 확인합니다.

```
$ az group list
Name                                     Location        Status
---------------------------------------  ----------      ---------
AKSCluster                               koreacentral    Succeeded
MC_AKSCluster_AKSCluster_Koreacentral    koreacentral    Succeeded
sampleACRRegistry                        koreacentral    Succeeded
```

그 다음 노드 'aks-nodepool1-84401083-0'을 다음 명령을 사용하여 정지시킵니다[※3]. 이때 -g 옵션으로 가상 머신의 리소스 그룹을 지정합니다. 잠시 기다리면 가상 머신이 정지됩니다.

```
$ az vm stop --name aks-nodepool1-84401083-0 -g MC_AKSCluster_AKSCluster_
➡koreacentral
```

여기서 kubectl 명령을 사용하여 노드의 상태를 확인하면 정지된 'aks-nodepool1-84401083-0'이 'NotReady'로 되어 쿠버네티스의 Master에서 이용할 수 없는 상태가 되어 있다는 것을 알 수 있습니다.

```
$ kubectl get node
NAME                       STATUS     ROLES    AGE   VERSION
aks-nodepool1-84401083-0   NotReady   agent    8h    v1.11.3
aks-nodepool1-84401083-1   Ready      agent    8h    v1.11.3
aks-nodepool1-84401083-2   Ready      agent    8h    v1.11.3
```

※3 이 조작은 검증을 위해 하는 것으로, 운용 중인 환경에서 노드를 줄일 때는 az aks scale 명령을 사용하기 바랍니다.

다음 명령을 사용하여 포드가 어떻게 되었는지를 확인합니다.

명령을 실행하면 6개의 포드를 확인할 수 있습니다. 그중 5개가 가동 중(Running)이고, 하나의 포드가 Unknown(알 수 없음) 상태라는 것을 알 수 있습니다.

```
$ kubectl get pod -o wide
NAME                      READY   STATUS    RESTARTS   AGE   IP            NODE
nginx-pod                 1/1     Running   0          32m   10.244.2.29   aks-
➡ nodepool1-84401083-1
nginx-replicaset-bdlh6    1/1     Running   0          31m   10.244.1.17   aks-
➡ nodepool1-84401083-2
nginx-replicaset-ctbbq    1/1     Running   0          31m   10.244.2.31   aks-
➡ nodepool1-84401083-1
nginx-replicaset-jfpd8    1/1     Running   0          13s   10.244.2.32   aks-
➡ nodepool1-84401083-1
nginx-replicaset-swk4z    1/1     Running   0          31m   10.244.1.18   aks-
➡ nodepool1-84401083-2
nginx-replicaset-tqxgt    1/1     Unknown   0          16m   10.244.0.13   aks-
➡ nodepool1-84401083-0
```

로그를 확인하여 이 6개의 포드가 노드에 어떻게 배치되어 있는지를 살펴봅시다.

(1) Node0에서 가동 중이던 포드(nginx-replicaset-tqxgt)

[Ready] 필드가 False로 되어 사용 불가능한 상태입니다.

```
$ kubectl describe pod nginx-replicaset-tqxgt
~중략~
Conditions:
  Type              Status
  Initialized       True
  Ready             False
  PodScheduled      True
~중략~
Events:
  Type    Reason                 Age   From                                Message
  ----    ------                 ----  ----                                -------
  Normal  Scheduled              27m   default-scheduler                   Successfully assigned
  ➡ nginx-replicaset-tqxgt to aks-nodepool1-84401083-0
  Normal  SuccessfulMountVolume  27m   kubelet, aks-nodepool1-84401083-0   MountVolume.SetUp
  ➡ succeeded for volume "default-token-nvgkg"
```

```
  Normal  Pulling              27m    kubelet, aks-nodepool1-84401083-0   pulling image "nginx"
  Normal  Pulled               27m    kubelet, aks-nodepool1-84401083-0   Successfully pulled image
➡ "nginx"
  Normal  Created              27m    kubelet, aks-nodepool1-84401083-0   Created container
  Normal  Started              27m    kubelet, aks-nodepool1-84401083-0   Started container
```

(2) Node1 또는 Node2에서 가동 중이던 포드(nginx-pod, nginx-replicaset-bd1h6, nginx-replicaset-ctbbq, nginx-replicaset-swk4z)

포드는 가동 중인 상태로 변경이 없습니다.

```
$ kubectl describe pod nginx-pod
~중략~
Events:
  Type    Reason                 Age   From                                Message
  ----    ------                 ----  ----                                -------
  Normal  Scheduled              43m   default-scheduler                   Successfully assigned
➡nginx-pod to aks-nodepool1-84401083-1
  Normal  SuccessfulMountVolume 43m   kubelet, aks-nodepool1-84401083-1   MountVolume.SetUp
➡succeeded for volume "default-token-nvgkg"
  Normal  Pulling                43m   kubelet, aks-nodepool1-84401083-1   pulling image "nginx"
  Normal  Pulled                 43m   kubelet, aks-nodepool1-84401083-1   Successfully pulled image
➡"nginx"
  Normal  Created                43m   kubelet, aks-nodepool1-84401083-1   Created container
  Normal  Started                43m   kubelet, aks-nodepool1-84401083-1   Started container
```

(3) 새로 생성된 포드(nginx-replicaset-jfpd8)

default-scheduler로부터 지시를 받은 Node1의 kubelet에 의해 새로운 포드가 생성되어 있습니다.

```
$ kubectl describe pod nginx-replicaset-jfpd8
~중략~
Events:
  Type    Reason                 Age   From                                Message
  ----    ------                 ----  ----                                -------
  Normal  Scheduled              8m    default-scheduler                   Successfully assigned
```

```
➡nginx-replicaset-jfpd8 to aks-nodepool1-84401083-1
 Normal  SuccessfulMountVolume  8m     kubelet, aks-nodepool1-84401083-1   MountVolume.SetUp
➡succeeded for volume "default-token-nvgkg"
 Normal  Pulling                8m     kubelet, aks-nodepool1-84401083-1   pulling image "nginx"
 Normal  Pulled                 8m     kubelet, aks-nodepool1-84401083-1   Successfully pulled image
➡"nginx"
 Normal  Created                8m     kubelet, aks-nodepool1-84401083-1   Created container
 Normal  Started                8m     kubelet, aks-nodepool1-84401083-1   Started container
```

이와 같이 하나의 노드가 장애로 이용할 수 없게 되면 정상적으로 움직이고 있는 다른 노드 상에 리플리카셋의 매니페스트에서 지정한 리플리카 수가 되도록 포드가 자동으로 생성됩니다.

이때도 장애가 발생한 노드에서 가동되던 포드가 다시 재배치되는 것이 아니라 새로운 다른 포드가 정상적인 노드 상에 생성됩니다.

왜 이런 구조로 되어 있는지를 설명하겠습니다. 쿠버네티스는 마스터에서 움직이는 Controller Manager의 Node Controller가 노드를 관리합니다. Node Controller는 쿠버네티스 내부의 노드 리소스를 최신의 상태로 유지하는 역할을 갖고 있습니다. 클러스터 안의 노드가 비정상적인 경우 해당 노드가 할당된 머신(VM)이 이용가능한지 아닌지를 확인하고, 이용 불가능하다면 Node Controller가 해당 노드를 클러스터의 노드 목록에서 스케줄링 대상으로 이용할 수 없도록(Not Ready) 만듭니다(그림 5.25).

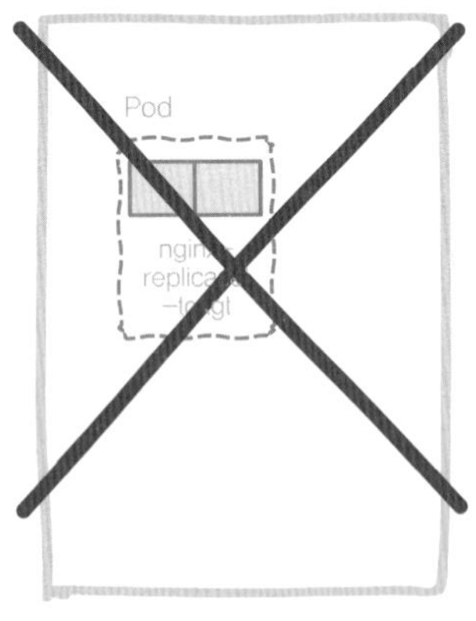

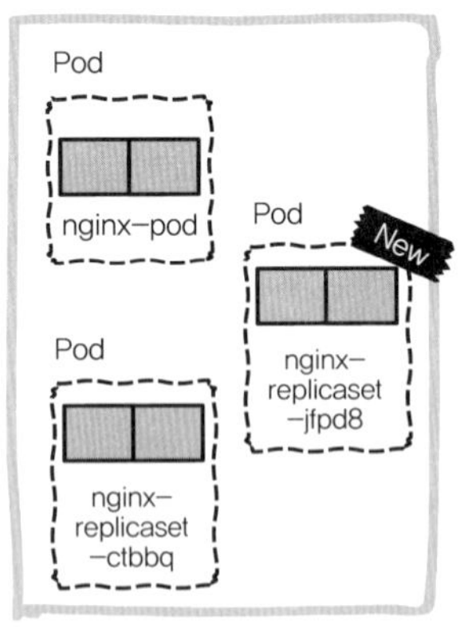

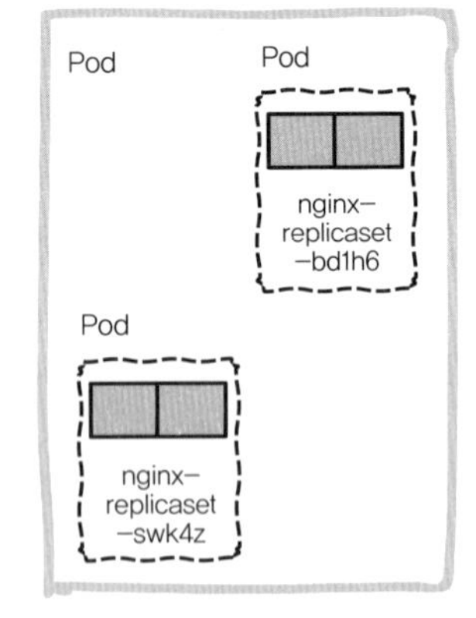

[그림 5.25] 노드의 장애

포드는 스케줄러에 의해 재배치됩니다. 이때 노드 목록을 바탕으로 정상적인 노드에만 배치됩니다. 구체적으로는 Node0의 정지를 감지한 Node Controller가 노드 목록에서 Node0을 제외했기 때문에 정상적으로 움직이고 있는 Node1에 리플리카셋에서 정의한 리플리카 수를 유지하도록 다른 포드가 새로 배치되는 것입니다.

NOTE 리플리카셋을 이용한 장애 트레이스

실제 환경에서 애플리케이션 오류가 발생하면 해당 프로세스를 정지시키고 각종 로그 등을 해석하여 오류의 원인을 특정하지만, 쿠버네티스에서는 앞에서 말한 대로 라벨 설정을 변경하기만 하면 포드의 역할을 바꿀 수 있습니다(그림 5.A).

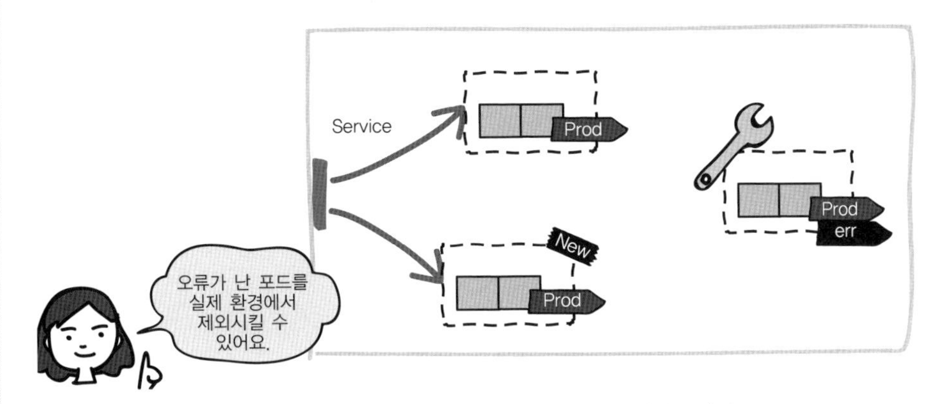

[그림 5.A] 라벨을 사용한 컨테이너 애플리케이션의 장애 트레이스

이와 같이 라벨을 변경하면 라벨이 변경된 포드는 Service의 셀렉터 조건과 일치하지 않게 되므로 리퀘스트가 전송되지 않습니다. 또 리플리카셋이 'env: prod' 라벨과 일치하는 포드가 하나 부족하다는 것을 감지하고 자동으로 새로운 포드를 배치합니다.
따라서 오류가 발생한 포드를 클러스터 상에서 가동한 상태에서 오류의 원인을 조사할 수 있습니다.

확인이 끝났으면 다음 명령을 사용하여 정지시킨 노드를 다시 가동시킵니다.

```
$ az vm start --name aks-nodepool1-84401083-0 -g MC_AKSCluster_AKSCluster_
➡koreacentral
```

또 다음 명령을 실행하여 포드를 모두 삭제해 두기 바랍니다.

```
$ kubectl delete -f ReplicaSet/
```

5.6 부하에 따라 포드의 수를 바꿔 보자

쿠버네티스 클러스터는 확장성이 높다는 특징을 갖고 있습니다. 예를 들어 웹 애플리케이션에서 액세스가 급증했을 때 유연하게 스케일을 할 수 있습니다. 하지만 컴퓨팅 리소스는 무제한으로 있는 것이 아니므로 구조를 이해해두는 것이 중요합니다.

스케일러빌리티

쿠버네티스는 스케일러빌리티(Scalability)가 높아 시스템의 가동 상황에 맞춰 시스템을 유연하게 확장할 수 있는 것이 매력입니다.

여기서 분산 시스템에 있어서 시스템의 스케일러빌리티에 대해 이해할 때 중요한 두 가지 개념을 정리해 두겠습니다.

① 스케일 아웃(수평 스케일)

스케일 아웃은 시스템을 구성하는 서버의 대수를 늘림으로써 시스템의 처리 능력을 높이는 방법입니다(그림 5.26).

예를 들어 초당 10건의 리퀘스트를 처리할 수 있는 서버가 한 대 있다고 합시다. 이것을 5대로 늘리면 이론적으로는 시스템 전체가 초당 50건의 리퀘스트를 처리[※4]할 수 있게 됩니다. 동일한 구성으로 된 서버의 수를 수평으로 늘리므로 수평 스케일이라고 합니다.

스케일 아웃을 할 때는 서버에 리퀘스트를 배분하는 로드밸런서를 도입합니다. 때문에 어떤 트러블로 서버 한 대가 고장이 나도 다른 서버가 처리를 계속할 수 있기 때문에 시스템의 가용성이 올라갑니다.

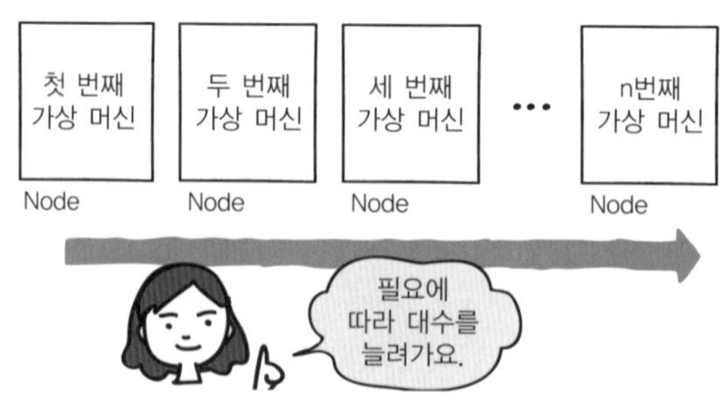

[그림 5.26] 스케일 아웃

※4 단, 네트워크나 스토리지의 영향이 있기 때문에 실제 처리 능력은 이론적인 수치와는 다릅니다.

② 스케일 업(수직 스케일)

서버의 대수를 늘리는 것이 아니라 서버의 CPU나 메모리, 디스크 용량과 같은 컴퓨팅 리소스를 증강시키는 것을 스케일 업이라고 합니다(그림 5.27). 클라우드를 이용하는 경우 부하가 올라가서 가상 머신의 크기를 올리는 경우가 있습니다.

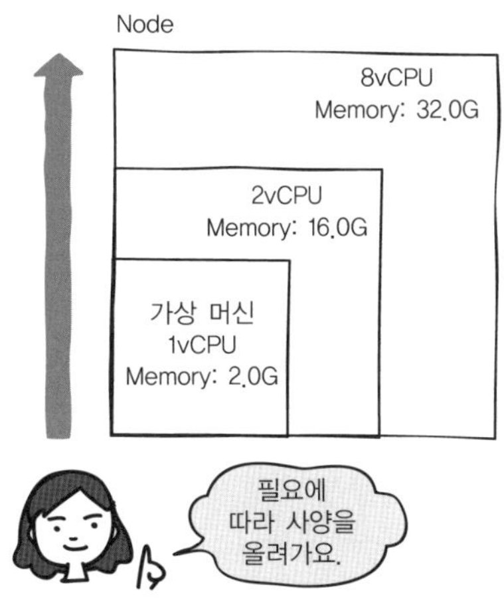

[그림 5.27] 스케일 업

Azure를 사용한 쿠버네티스 환경에서는 스케일러빌리티에 대해 [그림 5.28]과 같이 정리할 수 있습니다(표 5.9).

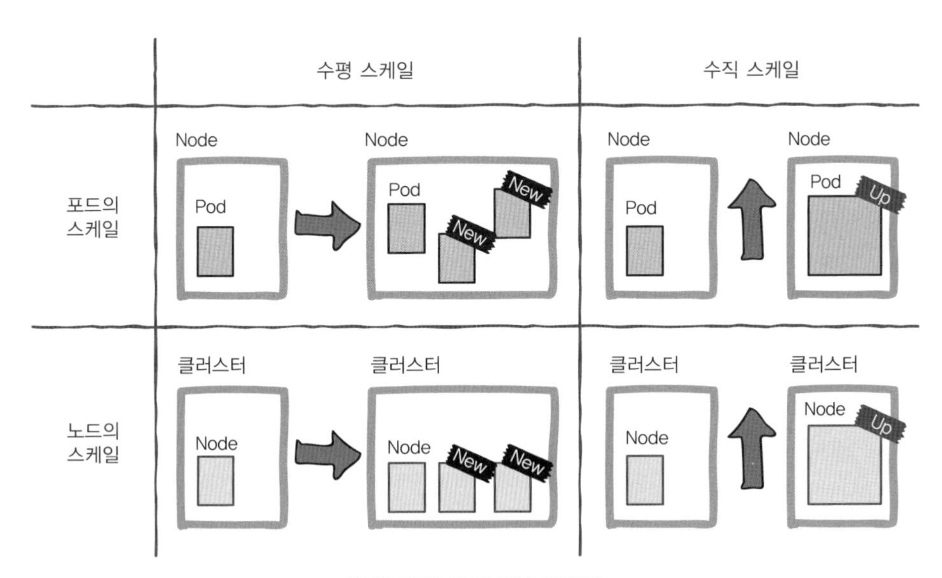

[그림 5.28] 쿠버네티스의 확장

[표 5.9] 클러스터의 확장

	기능	수평 스케일	수직 스케일
Pod	쿠버네티스의 기능	Horizontal Pod Autoscaler(HPA)	Vertical Pod Autoscaler(VPA) ※ 단, 집필 시점에서는 알파 기능
Node	Azure의 기능	as aks scale 명령	–

쿠버네티스는 '확장성이 높기' 때문에 시스템을 무제한으로 확장할 수 있다는 인상을 주고 있습니다. 하지만 실제로 실제 환경에서 운용을 할 때는 노드와 포드의 스케일러빌리티, 수평 스케일과 수직 스케일의 차이 등 기본적인 것을 잘 파악해 둘 필요가 있습니다.

또 노드의 스케일러빌리티에 관해서는 '클러스터에 할당하는 리소스의 확장이 필요해지므로 클라우드 서비스나 온프레미스 환경에서의 대처가 필요하다'는 점도 혼동하기 쉬우므로 주의하기 바랍니다. 예를 들어 은행의 창구처럼 고객이 갑자기 늘어날 때 닫아둔 창구가 있으면 그 창구를 열어서 처리량을 늘리면 됩니다. 하지만 물리적으로 빈 창구가 없는데 점내에 다 못 들어올 정도로 고객이 늘어난 경우는 은행의 지점 확장을 검토해야 합니다.

다음에서는 쿠버네티스의 기능인 포드 수평 스케일에 대해 설명하겠습니다.

포드를 수동으로 수평 스케일하기

포드 수평 스케일이란 클러스터 안의 포드의 수를 늘리거나 줄이는 것을 말합니다.

앞에서 리플리카셋을 사용하면 클러스터 안의 포드 개수를 매니페스트 파일에서 정의할 수 있다고 설명했는데 명령을 사용해도 스케일을 할 수 있습니다(그림 5.29).

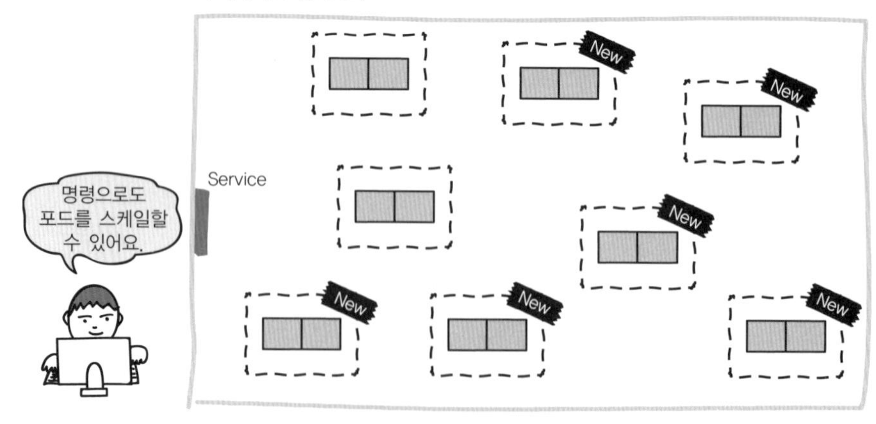

[그림 5.29] 포드의 수평 스케일

여기서는 먼저 리플리카셋을 사용하여 클러스터 상에서 3개의 포드가 움직이는 것을 확인합니다. 샘플의 chap05/HPA/pod-scale.yaml을 사용합니다. 다음 명령을 실행하여 리플리카셋을 작성하고 클러스터 안에서 움직이는 포드를 확인합시다.

```
$ kubectl apply -f HPA/pod-scale.yaml
replicaset.apps/nginx-replicaset created

$ kubectl get pod
NAME                      READY   STATUS    RESTARTS   AGE
nginx-replicaset-7wdll    1/1     Running   0          7s
nginx-replicaset-9whfn    1/1     Running   0          7s
nginx-replicaset-fgdmw    1/1     Running   0          7s
```

매니페스트의 [replicas] 필드에서 지정한 대로 세 개의 포드가 실행되어 있습니다. 여기서 kubectl scale 명령을 사용하여 포드를 늘립니다. 다음 명령은 'nginx-replicaset'이라는 이름의 리플리카셋의 포드의 개수를 8로 늘리고 있습니다.

```
$ kubectl scale --replicas=8 rs/nginx-replicaset
replicaset.extensions/nginx-replicaset scaled
```

다시 클러스터 안의 포드를 확인하면 새로 5개의 포드가 생성되어, 합계 8개의 포드가 움직이고 있는 것을 알 수 있습니다.

```
$ kubectl get pod
NAME                      READY   STATUS    RESTARTS   AGE
nginx-replicaset-2tqtw    1/1     Running   0          12s
nginx-replicaset-44s25    1/1     Running   0          11s
nginx-replicaset-72kr2    1/1     Running   0          11s
nginx-replicaset-7dw46    1/1     Running   0          11s
nginx-replicaset-7wdll    1/1     Running   0          1m
nginx-replicaset-9whfn    1/1     Running   0          1m
nginx-replicaset-b9lbn    1/1     Running   0          11s
nginx-replicaset-fgdmw    1/1     Running   0          1m
```

kubectl scale 명령은 파일명을 지정하여 포드의 개수를 스케일할 수 있습니다. 단, 매니페스트 자체의 변경을 하는 것은 아니라는 점에 주의하기 바랍니다.

```
$ kubectl scale --replicas=8 -f HPA/pod-scale.yaml
```

CHAPTER 05

확인이 끝났으면 다음 명령을 사용하여 포드를 삭제해 둡니다.

```
$ kubectl delete -f HPA/pod-scale.yaml
```

포드를 자동으로 수평 스케일하기

쿠버네티스는 CPU 사용률이나 기타 메트릭을 체크하여 포드의 개수를 스케일하는 기능을 갖고 있습니다.

이것은 HorizontalPodAutoscaler(이후, HPA로 표기)로 지정한 메트릭을 컨트롤러가 체크하여 부하에 따라 필요한 포드의 리플리카수가 되도록 자동으로 포드를 늘리거나 줄입니다.

HPA는 리플리카셋뿐만 아니라 다음 리소스의 포드 스케일링에 사용할 수 있습니다.

- Deployment
- ReplicaSet
- Replication Controller
- StatefulSet

여기서는 리플리카셋에서 포드를 자동으로 스케일해 봅시다(그림 5.30).

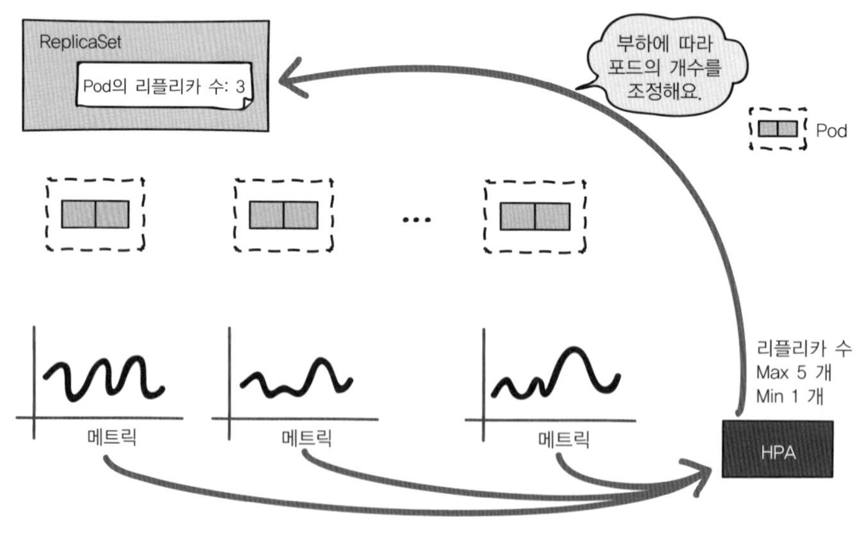

[그림 5.30] 포드의 자동 스케일

쿠버네티스의 HPA는 Metrics Server를 사용하여 리소스의 사용 상황을 수집합니다.

먼저 자동 스케일하고 싶은 리플리카셋을 작성합니다. HPA를 사용할 때는 리플리카셋의 포드 템플릿에서 CPU의 Requests와 Limits를 설정할 필요가 있으므로 리플리카셋에 [리스트 5.20]의 정의를 넣어 둡니다.

[리스트 5.20] chap05/HPA/replicaset-hpa.yaml

```
        resources:
          requests:   # 리소스 요구
            cpu: 100m
          limits:
            cpu: 100m
```

다음 명령을 사용하여 리플리카셋을 작성하고 포드가 2개 가동 중인지를 확인합니다.

```
$ kubectl apply -f HPA/replicaset-hpa.yaml
replicaset.apps/busy-replicaset created

$ kubectl get pod
NAME                     READY   STATUS    RESTARTS   AGE
busy-replicaset-7v5kb    1/1     Running   0          8s
busy-replicaset-dss5g    1/1     Running   0          8s
```

kubectl top 명령을 사용하여 포드의 부하 상황을 확인합니다. 포드의 감시가 활성화되려면 잠시 시간이 걸립니다. 이번에는 컨테이너 안에서 dd 명령을 실행하여 의도적으로 부하를 걸고 있는데 CPU의 Limits를 설정하고 있으므로 약 100m 코어가 되어 있다는 것을 알 수 있습니다.

```
$ kubectl top pod
NAME                     CPU(cores)   MEMORY(bytes)
busy-replicaset-7v5kb    100m         0Mi
busy-replicaset-dss5g    99m          0Mi
```

여기서 클러스터 안에 포드가 2개 움직이고 있는 상태가 되었으므로 부하에 따라 자동으로 스케일 시키기 위한 HPA 리소스를 작성합니다. [리스트 5.21]의 매니페스트를 정의합니다.

[리스트 5.21] chap05/HPA/hpa.yaml

```
# [1] 기본 항목
apiVersion: autoscaling/v2beta1
kind: HorizontalPodAutoscaler
metadata:
  name: budy-hpa

# [2] HPA 스펙
spec:
  minReplicas: 1   # 최소 리플리카 수
  maxReplicas: 5   # 최대 리플리카 수

  # 스케일할 조건
  metrics:
  - resource:
      name: cpu
      targetAverageUtilization: 30  # CPU가 30%가 되도록 조정
    type: Resource

  #  스케일할 ReplicaSet 설정
  scaleTargetRef:
    apiVersion: apps/v1
    kind: ReplicaSet
    name: busy-replicaset
```

[1] 매니페스트 기본 항목

먼저 API의 버전이나 HPA명 등 기본 항목을 설정합니다(표 5.10).

[표 5.10] HPA 매니페스트의 기본 항목

필드	데이터형	설명	예
apiVersion	문자열	API의 버전. 집필 시점에서 최신은 'autoscaling/v2beta1'. 존재하지 않는 값을 설정하면 오류가 발생한다.	autoscaling/v2beta1
kind	문자열	쿠버네티스 리소스의 종류	HorizontalPodAutoscaler
metadata	Object	HPA의 이름이나 Label 등의 메타데이터	name: photoview-rs
spec	HorizontalPodAutoscalerSpec	HPA의 상세 정보를 설정	-

[2] HorizontalPodAutoscaler 스펙

[spec] 필드에는 HorizontalPodAutoscaler의 내용을 설정합니다(표 5.11). 여기서는 자동 스케일을 할 때의 조건, 구체적으로는 자동 스케일의 최대값/최소값, 자동 스케일의 대상을 정의합니다.

[표 5.11] HPA의 스펙([spec] 필드)

필드	데이터형	설명
maxReplicas	정수	자동 스케일할 포드의 최대 값. minReplicas보다 작은 값은 설정할 수 없다.
minReplicas	정수	자동 스케일할 포드의 최소 값. 기본값은 1
scaleTargetRef	CrossVersionObjectReference	자동 스케일 대상 리소스를 설정
metrics	MetricSpec	자동 스케일을 하기 위한 메트릭 설정

이번 예에서는 리퀘스트에 대해 CPU의 사용률이 30%가 되도록 포드의 개수가 1~5개 사이로 자동 스케일을 하기 위한 정의를 하고 있습니다.

다음 명령을 실행하여 HPA 리소스를 작성합니다.

```
$ kubectl apply -f HPA/hpa.yaml
horizontalpodautoscaler.autoscaling/budy-hpa created
```

HPA의 상태를 확인하기 위해 다음 명령을 실행합니다. -w 옵션으로 반복시켜 두면 상황이 바뀔 때마다 자동으로 변경됩니다. 명령 결과를 보면 처음에는 메트릭을 취득할 수 없기 때문에 〈unknown〉으로 되어 있지만 약 1분 후에 포드가 4개 늘어있다는 것을 알 수 있습니다. 4분 후에는 매니페스트 파일에서 정의한 최대 개수인 5개로 증가합니다.

```
$ kubectl get hpa -w
NAME      REFERENCE                      TARGETS          MINPODS   MAXPODS   REPLICAS   AGE
budy-hpa  ReplicaSet/busy-replicaset    <unknown>/30%    1         5         0          17s
budy-hpa  ReplicaSet/busy-replicaset    99%/30%          1         5         2          30s
budy-hpa  ReplicaSet/busy-replicaset    99%/30%          1         5         4          1m
budy-hpa  ReplicaSet/busy-replicaset    99%/30%          1         5         4          1m
budy-hpa  ReplicaSet/busy-replicaset    99%/30%          1         5         4          2m
budy-hpa  ReplicaSet/busy-replicaset    99%/30%          1         5         4          2m
budy-hpa  ReplicaSet/busy-replicaset    99%/30%          1         5         4          3m
budy-hpa  ReplicaSet/busy-replicaset    99%/30%          1         5         4          3m
```

```
budy-hpa   ReplicaSet/busy-replicaset   99%/30%      1        5        4       4m
budy-hpa   ReplicaSet/busy-replicaset   99%/30%      1        5        5       4m
```

다시 kubectl top 명령을 사용하여 부하 상황을 확인하면 CPU가 약 100m 코어 상태에서 포드가 5개 늘어 있다는 것을 알 수 있습니다.

```
$ kubectl top pod
NAME                          CPU(cores)    MEMORY(bytes)
busy-replicaset-5grps         101m          0Mi
busy-replicaset-7v5kb         99m           0Mi
busy-replicaset-clmsh         99m           0Mi
busy-replicaset-djtw6         100m          0Mi
busy-replicaset-dss5g         99m           0Mi
```

이와 같이 부하에 따라 포드의 개수를 자동으로 스케일할 수 있습니다.

확인이 끝났으면 다음 명령을 실행하여 리소스를 모두 삭제합니다.

```
$ kubectl delete -f HPA/
```

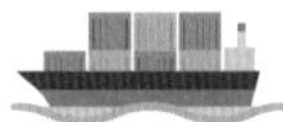

HPA의 구조

이제 포드의 자동 수평 스케일을 실현하는 HPA의 구조를 살펴봅시다.

(1) 메트릭 취득

쿠버네티스에서는 노드 상에서 움직이는 kubelet의 cAdvisor라는 에이전트가 메트릭을 수집합니다. 이 cAdvisor는 오픈소스로 된 컨테이너의 감시 툴로 CPU, Memory, Network, FileSystem 등의 메트릭을 취득합니다.

클러스터 상의 리소스의 메트릭을 모아서 집약하는 것은 Metrics Server의 역할입니다.

이 Metrics Server는 네임스페이스 'kube-system' 안에서 쿠버네티스가 내부에서 이용하는 포드로서 움직이고 있습니다. 확인을 하려면 다음 명령을 실행합니다. 이 예에서는 노드 'aks-nodepool1-84401083-2'에서 Metrics Server가 움직이고 있다는 것을 알 수 있습니다.

```
$ kubectl get pod -n kube-system --output wide
NAME                                READY    STATUS     RESTARTS   AGE   IP             NODE
~중략~
metrics-server-6fbfb84cdd-skn7b     1/1      Running    1          19h   10.244.1.87    aks-
➡ nodepool1-84401083-2
```

Metrics Server는 수집한 클러스터 안의 메트릭 정보를 메모리 상에서 관리합니다(그림 5.31). CPU 사용률의 경우 포드의 과거 1분 동안의 평균을 포드에서 요구하는 CPU로 나눈 값이 됩니다.

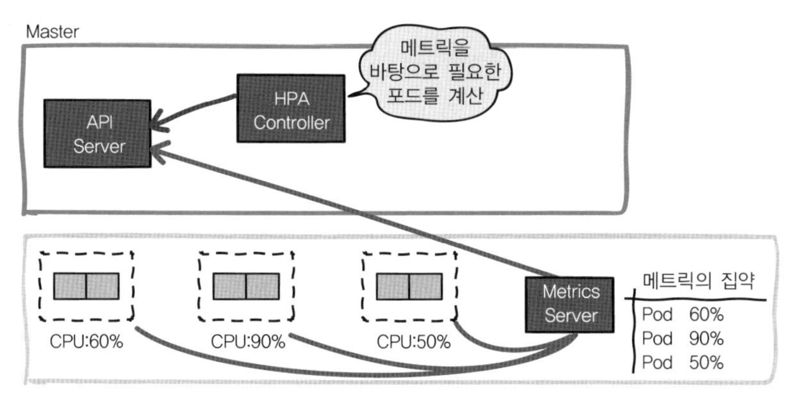

[그림 5.31] HPA의 원리

(2) 필요한 포드의 수를 계산

HPA 리소스를 작성하면 Metrics Server에서 관리되는 메트릭의 수를 바탕으로 클러스터 안에서 필요한 수의 리플리카를 계산합니다. 예를 들어 CPU가 50%가 되도록 매니페스트를 지정한 경우 (1)에서 요구한 모든 포드의 메트릭의 합을 매니페스트의 [targetAverageUtilization] 필드에서 지정한 값(50%)으로 나눠 필요한 리플리카 수를 구합니다. 이때 값은 올림합니다. 그림으로 나타내면 [그림 5.32]와 같습니다.

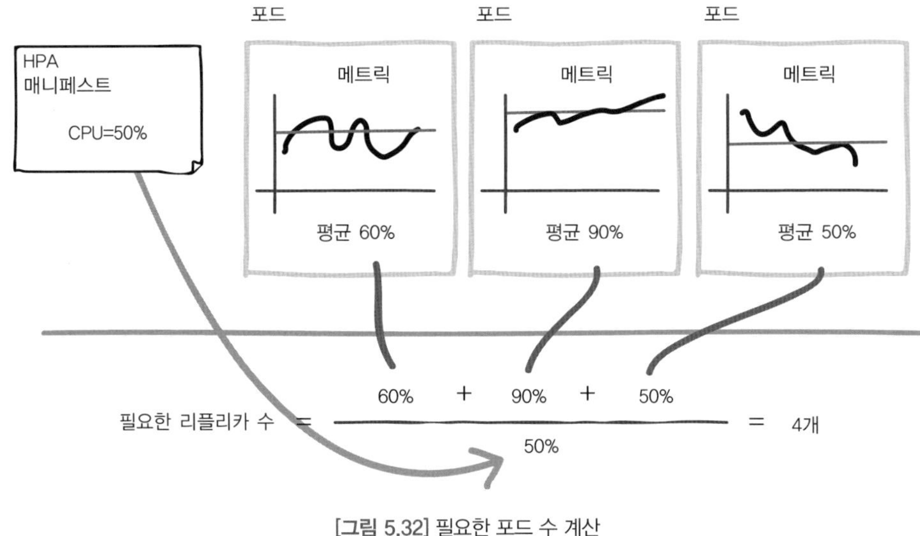

[그림 5.32] 필요한 포드 수 계산

또 여러 개의 메트릭, 예를 들어 CPU 사용률과 QPS(Queries-Per-Second)를 둘 다 지정한 경우, 메트릭별로 필요한 리플리카 수를 계산하여 그 수의 최대 값이 되도록 자동으로 스케일할 수도 있습니다. 자세한 알고리즘에 관심이 있으신 분은 소스코드를 확인해 보기 바랍니다.

- [GitHub] kubernetes/community/horizontal-pod-autoscaler.md
  https://github.com/kubernetes/community/blob/master/contributors/design-proposals/autoscaling/horizontal-pod-autoscaler.md#autoscaling-algorithm

(3) [replicas] 필드의 갱신

필요한 리플리카 수를 계산했으므로 이것을 클러스터에 반영합니다. 이로써 포드가 많은 경우는 삭제, 부족한 경우는 템플릿을 바탕으로 생성합니다. 이것은 리플리카셋에서 설명한 것과 똑같이 작동합니다(그림 5.33).

이와 같이 클러스터의 상태를 항상 감시하면서 자동으로 포드를 스케일하는 구조로 되어 있습니다. 클러스터 자체의 스케일에 대해서는 제9장에서 설명하겠습니다.

또 이 책의 집필 당시에는 Heapster라는 감시 서버도 움직이고 있었지만 앞으로는 Metrics Server로 대체되어 갈 예정입니다. Metrics Server는 수 천 대 규모의 노드를 갖고 있는 클러스터에서도 안정적으로 움직이도록 클러스터 내부의 코어 메트릭만을 수집하는 것을 목적으로 보다 슬림화되어 있습니다.

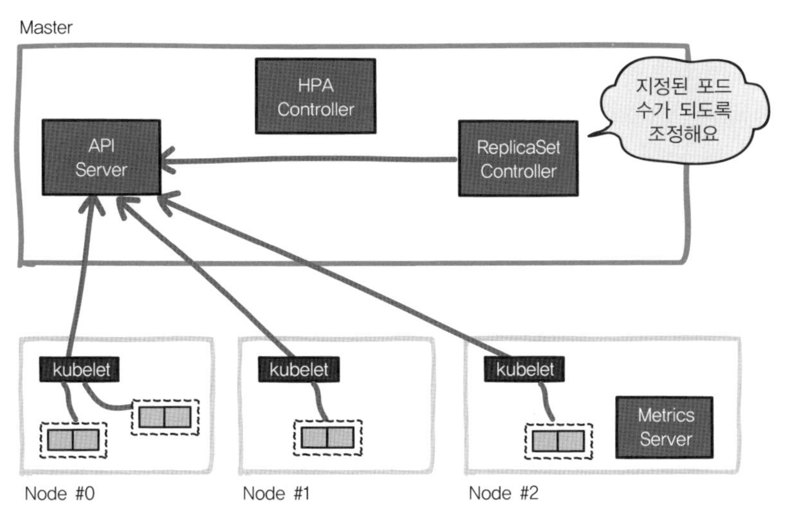

[그림 5.33] 포드의 리플리카 수 조정

또 커스텀 메트릭을 바탕으로 자동 스케일을 하거나 수집한 메트릭의 이력을 저장하고 싶을 때는 감시를 하는 Prometheus 등 다른 툴과 연계시킬 수도 있습니다. 참조 제9장 '9.3 기타 자동 스케일' p.273

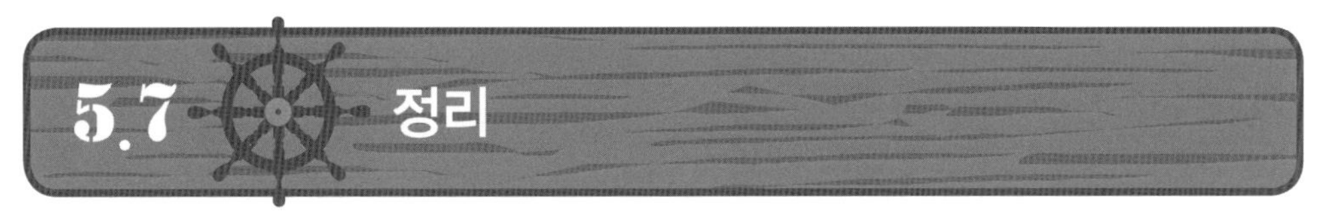

5.7 정리

이 장에서는 먼저 쿠버네티스에서 컨테이너 애플리케이션을 디플로이할 때의 최소 단위인 포드(Pod)에 대해 설명했습니다.

- 매니페스트 파일의 작성 방법
- 스케줄링의 구조
- 리소스 관리
- 감시

그 다음 여러 개의 포드를 유지 관리하는 장치인 리플리카셋(ReplicaSet)에 대해 설명했습니다.

- 매니페스트 파일의 작성 방법
- 포드의 자기 복구 기능
- 포드의 스케일

리플리카셋은 쿠버네티스의 핵심 개념인 셀프 힐링을 실현하기 위해 중요한 기능입니다. 때문에 내부에서 어떤 동작을 하는지를 올바르게 이해하는 것이 컨테이너 애플리케이션을 안정적으로 운용하는 핵심이 됩니다.

이제 기본편의 마지막인 제6장에서는 리플리카셋의 이력을 관리할 수 있는 디플로이먼트(Deployment)에 대해 설명하겠습니다. CI/CD를 실현하기 위한 장치를 자세히 살펴봅시다.

CHAPTER

06

애플리케이션 디플로이

쿠버네티스의 강점은 애플리케이션을 유연하게 디플로이할 수 있다는 점에 있습니다. 서비스를 정지시키지 않고 충분한 테스트가 끝난 안전한 애플리케이션을 단기간에 릴리스하여 만일 장애가 발생해도 쉽게 되돌릴 수 있는 장치가 마련되어 있습니다. 이것들은 CI/CD를 실현하는 데 있어 필요한 기능입니다.

※ 이 장에서 설명하는 환경을 구축하기 위한 코드, 샘플 애플리케이션은 GitHub(https://github.com/ToruMakabe/Understanding-K8s/tree/master/chap06)에 공개하고 있습니다.

6.1 디플로이먼트를 사용한 애플리케이션 디플로이

제5장에서는 쿠버네티스의 기본이 되는 포드의 구조와 클러스터 안에 포드의 리플리카를 유지하기 위한 장치인 리플리카셋에 대해 설명했습니다. 이것들은 쿠버네티스를 이해하는 데 있어서 빼놓을 수 없는 중요한 개념이지만 실제로 운용을 할 때는 애플리케이션의 디플로이를 관리하는 리소스인 '디플로이먼트(Deployment)'를 사용하는 것이 편리합니다. 여기서는 디플로이먼트의 구조를 살펴보겠습니다.

애플리케이션의 버전업 개념

애플리케이션 개발에서는 한 번 릴리스가 완료되었다고 그것으로 끝나는 것이 아니라 새 기능 추가나 버그 수정 등과 같은 버전업이 일어납니다. 특히 비즈니스 요건이 자주 변경되는 경우는 작은 단위로 애플리케이션에 추가 기능을 넣거나 수정하여 짧은 기간에 릴리스하는 방법을 사용합니다.

하지만 애플리케이션의 버전업에는 위험이 뒤따릅니다. 사소한 설정 미스로 인해 시스템 오류를 일으키거나 경우에 따라서는 서비스 정지에 이르는 경우도 있습니다. 그래서 테스트가 끝난 안전한 애플리케이션을 가능한 한 신속하게 디플로이할 수 있는 구조를 갖추는 것이 중요합니다.

애플리케이션을 디플로이하는 방법에는 여러 가지가 있습니다.

롤링 업데이트

애플리케이션을 버전업할 때 모두 모아서 한꺼번에 변경을 하는 것이 아니라 애플리케이션을 가동한 상태에서 조금씩 순서대로 갱신을 하는 방법입니다(그림 6.1). 똑같은 애플리케이션이 여러 개 병렬로 움직이는 경우 서서히 교체해 가므로 버전업 중에는 신구 애플리케이션이 동시에 혼재하게 됩니다. 때문에 애플리케이션이 롤링 업데이트를 지원할 필요가 있습니다.

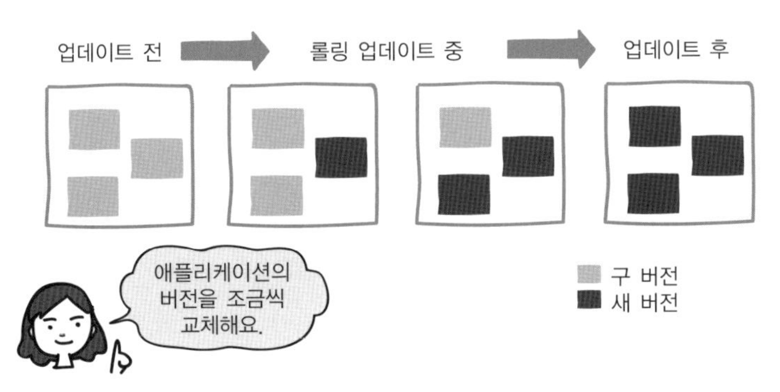

[그림 6.1] 롤링 업데이트

블루/그린 디플로이먼트

버전이 다른 두 애플리케이션을 동시에 가동시켜 두고 네트워크 설정을 이용하여 변경하는 방법입니다. 블루(구)와 그린(신)을 전환한다는 뜻에서 블루/그린 디플로이먼트라고 부릅니다(그림 6.2).

블루가 실제 서비스를 제공하고 있을 때 그린은 대기 상태가 됩니다. 새 기능은 대기 머신인 그린 쪽에 추가되어 여기서 사전 테스트를 실시합니다. 그리고 테스트를 클리어했다는 것을 확인한 후에 그린을 실제 서비스로 전환시킵니다. 블루/그린 디플로이먼트의 경우 만일 전환시킨 그린의 애플리케이션에서 장애가 있었을 때 블루로 바로 되돌릴 수 있다는 장점이 있습니다.

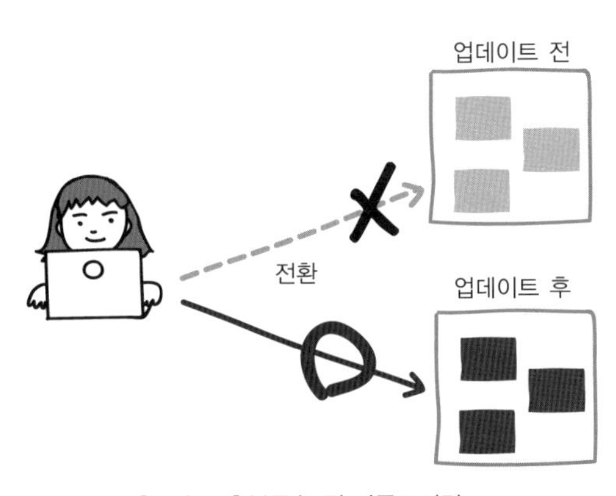

[그림 6.2] 블루/그린 디플로이먼트

그 외에도 일부 이용자에게만 새 기능을 제공하여 문제가 없다는 것을 확인한 후에 모든 사용자에게 대규모 전개를 하는 카나리아 릴리스(Canary Release) 등도 있습니다.

디플로이먼트

쿠버네티스에서는 포드를 어떤 노드에 어떻게 배치할지는 제3장에서 설명한 스케줄링에 기초하여 일어납니다. 그리고 클러스터 상의 포드는 라벨을 사용하여 관리하고 있습니다. 즉, '컨테이너 애플리케이션의 버전업을 한다'는 것은 '액세스할 포드를 바꾼다'는 것과 똑같습니다. 이것을 모아서 관리하는 기능이 디플로이먼트(Deployment)입니다.

포드와 리플리카셋은 이력이라는 개념이 없기 때문에 릴리스 후에 변경이 없는 애플리케이션을 관리하는 데 적합합니다. 디플로이먼트는 이에 버전업 개념을 추가한 것이라고 생각하면 이해하기 쉬울 것입니다(그림 6.3).

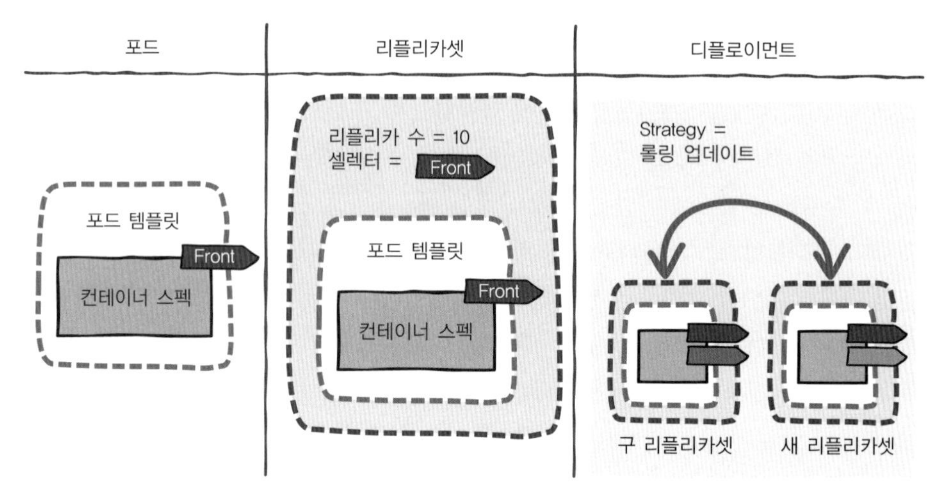

[그림 6.3] 포드, 리플리카셋, 디플로이먼트

디플로이먼트를 사용하면 다음과 같은 일이 가능합니다.

- 포드의 롤아웃/롤백
- 롤아웃 방식의 지정
- 롤아웃 조건이나 속도 제어

디플로이먼트는 컨테이너 이미지의 버전업 등 업데이트가 있을 때 새로운 사양의 리플리카셋을 작성하고 순서대로 새로운 포드로 대체하여 롤아웃을 수행합니다(그림 6.4).

디플로이먼트가 리플리카셋과 다른 점은 이력을 관리한다는 점입니다. 때문에 1세대 이전으로 되돌리는 롤백을 할 수 있습니다.

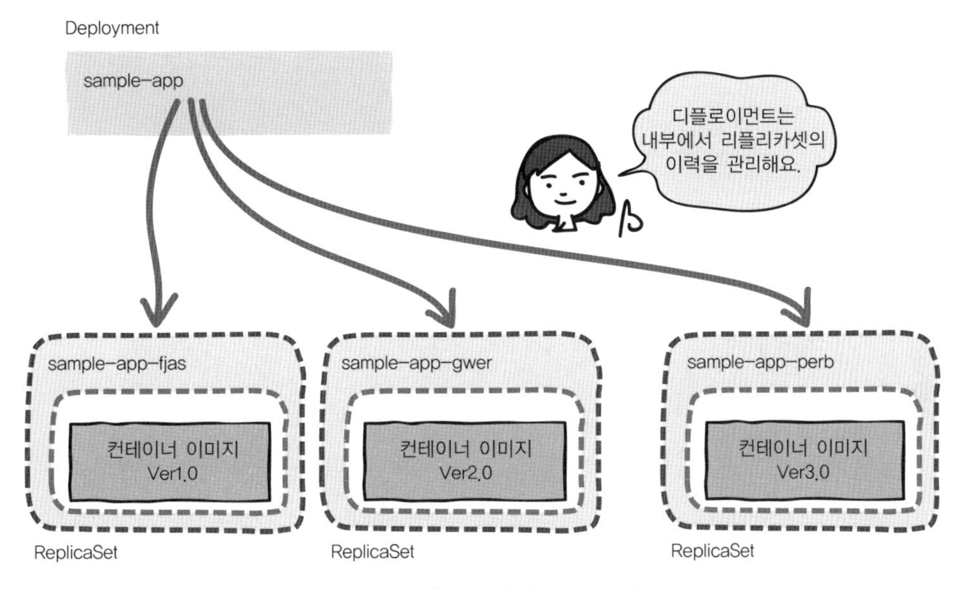

[그림 6.4] 디플로이먼트(Deployment)

일반적으로 '한 번 만들면 그걸로 끝'인 애플리케이션은 거의 없기 때문에 포드나 리플리카셋이 아니라 디플로이먼트를 적극적으로 이용하기 바랍니다.

매니페스트 파일

디플로이먼트의 매니페스트 파일을 작성하는 방법은 리플리카셋과 거의 비슷합니다. 기본 구조는 [리스트 6.1]과 같습니다.

[리스트 6.1] 디플로이먼트의 매니페스트 파일(chap06/Deployment/nginx-deployment.yaml)

```
# [1] 기본 항목
apiVersion: apps/v1
kind: Deployment
metadata:
  name: nginx-deployment

# [2] Deployment 스펙
spec:
  replicas: 3   # 리플리카 수
  selector:
    matchLabels:
      app: nginx-pod   # 템플릿 검색 조건

  # [3] Pod 템플릿
  template:
    metadata:
      labels:
        app: nginx-pod
    spec:
      containers:
      - name: nginx
        image: nginx:1.14   # 컨테이너 이미지의 위치
        ports:
        - containerPort: 80   # 포트 번호
```

[1] 매니페스트 기본 항목

먼저 API 버전이나 포드명과 같은 기본 항목을 설정합니다(표 6.1).

[표 6.1] 디플로이먼트 매니페스트의 기본 항목

필드	데이터형	설명	예
apiVersion	문자열	API의 버전. 집필 시점에서 최신은 'apps/v1' 존재하지 않는 값을 설정하면 오류가 발생한다.	apps/v1
kind	문자열	쿠버네티스 리소스의 종류	Deployment
metadata	Object	디플로이먼트의 이름이나 라벨과 같은 메타데이터	–
spec	PodSpec	디플로이먼트의 상세 정보를 설정	–

[2] 디플로이먼트 스펙

[spec] 필드에는 디플로이먼트의 내용을 설정합니다(표 6.2). 클러스터 안에서 실행시키고 싶은 포드의 수를 replicas로 설정합니다. 또 만일 실제로 클러스터 안에서 움직이는 포드의 수가 부족할 때 어떤 포드를 새로 기동시킬지 템플릿을 정합니다.

[표 6.2] **디플로이먼트의 스펙([spec] 필드)**

필드	데이터형	설명
replicas	정수	클러스터 안에서 가동시킬 포드의 수. 기본값은 1
selector	LabelSelector	어떤 포드를 가동시킬지에 대한 셀렉터. 포드의 Template에 설정된 라벨과 일치해야 한다. 참조 제5장 '[2] 리플리카셋 스펙' p.141
template	PodTemplateSpec	실제로 클러스터 안에서 움직이는 포드의 수가 replicas에 설정된 포드의 수를 만족시키지 않을 때 새로 작성될 포드의 템플릿

[3] 포드 템플릿

[template] 필드에는 가동시키고 싶은 포드의 템플릿을 지정합니다. 이것은 제5장에서 설명한 포드 템플릿과 똑같습니다. 참조 **제5장 '[3] 포드 템플릿' p.142**

디플로이먼트 매니페스트 파일에 지정할 수 있는 항목의 상세 정보는 API 버전에 따라 다릅니다. 이 책의 집필 시점에서 최신 버전인 app/v1에 대해서는 아래 공식 사이트를 참조하기 바랍니다.

- Deployment v1 apps - Kubernetes API Reference Docs
  https://kubernetes.io/docs/reference/generated/kubernetes-api/v1.10/#deployment-v1-apps

디플로이먼트 작성, 변경, 삭제

이제 매니페스트 파일을 바탕으로 디플로이먼트를 작성, 변경, 삭제해 봅시다. 지금 아직 쿠버네티스 클러스터가 가동되어 있지 않다면 제2장의 절차를 바탕으로 클러스터를 작성하기 바랍니다.

매니페스트 파일은 리플리카셋과 매우 비슷하지만 내부 동작은 다르므로 명령 결과를 잘 확인하면서 살펴봅시다.

(1) 디플로이먼트 작성하기

다음 명령을 실행하여 디플로이먼트를 작성합니다.

```
$ kubectl apply -f Deployment/nginx-deployment.yaml
deployment.apps/nginx-deployment created
```

다음 명령을 실행하면 클러스터 안의 디플로이먼트 목록을 확인할 수 있습니다.

```
$ kubectl get deploy
NAME               DESIRED    CURRENT   UP-TO-DATE   AVAILABLE    AGE
nginx-deployment   3          3         3            0            9s
```

각각의 의미는 [표 6.3]과 같습니다.

[표 6.3] 디플로이먼트의 명령 결과

항목	설명
NAME	디플로이먼트명
DESIRED	매니페스트 파일에서 지정한 리플리카 수
CURRENT	갱신 중인 리플리카 수
UP-TO-DATE	갱신된 리플리카 수
AVAILABLE	사용 가능한 리플리카 수
AGE	애플리케이션의 실행 시간

디플로이먼트를 작성하면 자동으로 리플리카셋과 포드도 만들어집니다. 다음 명령을 실행하면 클러스터 안의 포드와 리플리카셋 목록을 같이 확인할 수 있습니다. 명령의 결과를 살펴보면 3개의 포드 'nginx-deployment-fdcd7ff9d-c8s7s~nginx-deployment-fdcd7ff9d-x6jzh'가 움직이고 있다는 것을 알 수 있습니다.

```
$ kubectl get replicaset,pod
NAME                                                DESIRED   CURRENT   READY   AGE
replicaset.extensions/nginx-deployment-fdcd7ff9d   3         3         3       2m
NAME                                         READY   STATUS    RESTARTS   AGE
pod/nginx-deployment-fdcd7ff9d-c8s7s        1/1     Running   0          2m
pod/nginx-deployment-fdcd7ff9d-wwr8q        1/1     Running   0          2m
pod/nginx-deployment-fdcd7ff9d-x6jzh        1/1     Running   0          2m
```

[NAME] 필드를 주의 깊게 보기 바랍니다. 디플로이먼트명 다음에 리플리카셋의 내부 ID, 그 다음 포드의 내부 ID의 명명 규칙으로 되어 있다는 것을 알 수 있습니다. 이들의 관계를 그림으로 나타내면 [그림 6.5]와 같습니다.

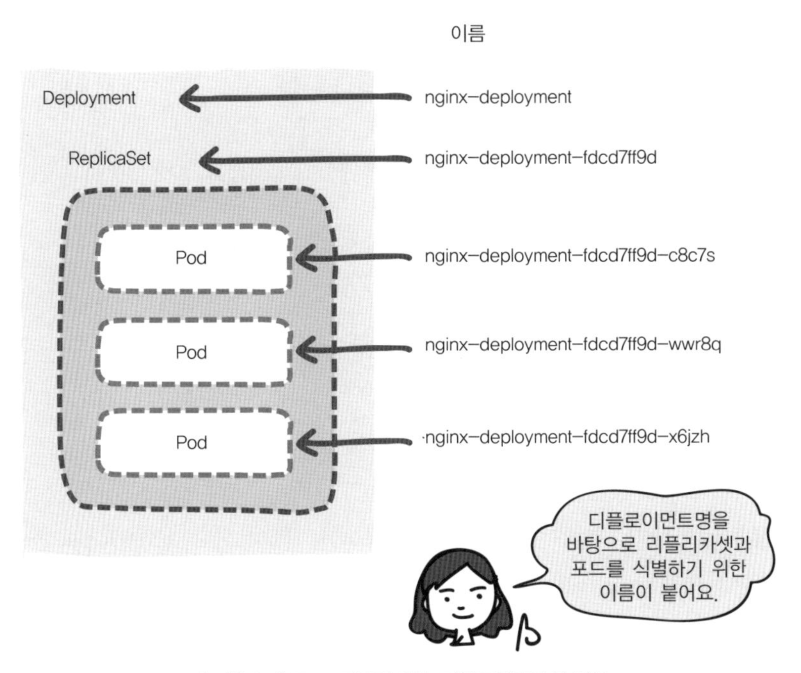

[그림 6.5] 포드, 리플리카셋, 디플로이먼트의 이름

디플로이먼트의 상세 정보를 확인할 때는 다음 명령을 실행합니다. 여기서 확인해 둘 것은 [OldReplicaSets] 필드와 [NewReplicaSet]입니다. 디플로이먼트는 내부에서 리플리카셋의 이력을 유지 관리하고 있습니다.

```
$ kubectl describe deploy nginx-deployment
Name:           nginx-deployment
Namespace:      default
~중략~
Conditions:
  Type           Status   Reason
  ----           ------   ------
  Available      True     MinimumReplicasAvailable
  Progressing    True     NewReplicaSetAvailable
OldReplicaSets:  <none>
NewReplicaSet:   nginx-deployment-fdcd7ff9d (3/3 replicas created)
```

(2) 디플로이먼트 변경하기

계속해서 디플로이먼트의 내용을 변경해 봅시다. 여기서는 컨테이너의 이미지 태그를 새로운 버전으로 바꿔 보겠습니다(리스트 6.2).

[리스트 6.2] chap06/Deployment/nginx-deployment.yaml

변경 전

```
  spec:
    containers:
    - name: nginx
      image: nginx:1.14
```

변경 후

```
  spec:
    containers:
    - name: nginx
      image: nginx:1.15
```

다음 명령을 실행하여 디플로이먼트를 갱신합니다.

```
$ kubectl apply -f Deployment/nginx-deployment.yaml
deployment.apps/nginx-deployment configured
```

다시 명령을 사용하여 디플로이먼트의 상세 정보를 확인합니다. [NewReplicaSet] 필드를 확인하면 변경 전에는 'nginx-deployment-fdcd7ff9d'라는 이름의 리플리카셋을 바탕으로 포드가 만들어졌지만 지금은 'nginx-deployment-547cfd8c49'로 대체되어 있다는 것을 알 수 있습니다.

```
$ kubectl describe deploy nginx-deployment
Conditions:
  Type           Status    Reason
  ----           ------    ------
  Available      True      MinimumReplicasAvailable
  Progressing    True      NewReplicaSetAvailable
OldReplicaSets:  <none>
NewReplicaSet:   nginx-deployment-547cfd8c49 (3/3 replicas created)
```

이 모습을 그림으로 나타내면 [그림 6.6]과 같습니다.

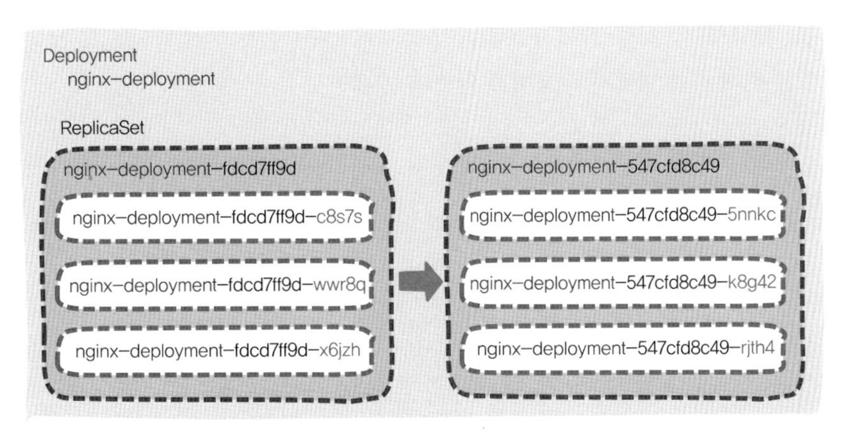

[그림 6.6] 디플로이먼트의 변경

디플로이먼트는 내부에서 리플리카셋 이력을 갖고 있습니다. 다음 명령을 실행하여 라벨을 확인해 봅시다.

```
$ kubectl get replicaset --output=wide
NAME                         DESIRED   CURRENT   READY   AGE   CONTAINERS
IMAGES       SELECTOR
nginx-deployment-547cfd8c49  3         3         3       6m    nginx
nginx:1.15   app=nginx-pod,pod-template-hash=1037984705
nginx-deployment-fdcd7ff9d   0         0         0       24m   nginx
nginx:1.14   app=nginx-pod,pod-template-hash=987839958
```

여기서 주목할 것은 리플리카셋에 [pod-template-hash]라는 키의 해시 값을 갖고 있는 라벨이 자동으로 설정되어 있다는 점입니다. 이 값을 사용하여 내부에서 포드를 식별하고 있기 때문에 이 값은 변경하지 말기 바랍니다.

(3) 디플로이먼트 삭제하기

디플로이먼트를 삭제하려면 포드나 리플리카셋과 마찬가지로 kubectl delete 명령을 사용합니다.

```
$ kubectl delete -f Deployment/nginx-deployment.yaml
deployment.apps "nginx-deployment" deleted
```

좀 전과 마찬가지로 포드, 리플리카셋, 디플로이먼트의 목록을 살펴봅시다. 모든 리소스가 삭제되었다는 것을 알 수 있습니다. 디플로이먼트를 작성하면 내부에서 리플리카셋과 포드가

생성되는데, 디플로이먼트를 삭제하면 그와 연결되어 있던 리플리카셋과 포드도 모두 삭제됩니다. 만일을 위해 다음 명령을 사용하여 확인해 봅시다.

```
$ kubectl get pod,replicaset,deploy
No resources found.
```

모든 리소스가 한꺼번에 삭제된 것을 알 수 있습니다.

6.2 디플로이먼트의 구조

디플로이먼트의 기본을 이해했으면 이제 실제로 컨테이너 애플리케이션의 버전업을 하면서 그 구조를 살펴봅시다.

여기서는 [그림 6.7]과 같은 구성에서 버전이 다른 샘플 애플리케이션을 전환하여 그 움직임을 살펴보겠습니다. 여기서는 제2장에서 ACR을 사용하여 작성한 두 개의 샘플 애플리케이션의 도커 이미지를 사용합니다. 만일 아직 작성하지 않았다면 이미지를 빌드해 두기 바랍니다.

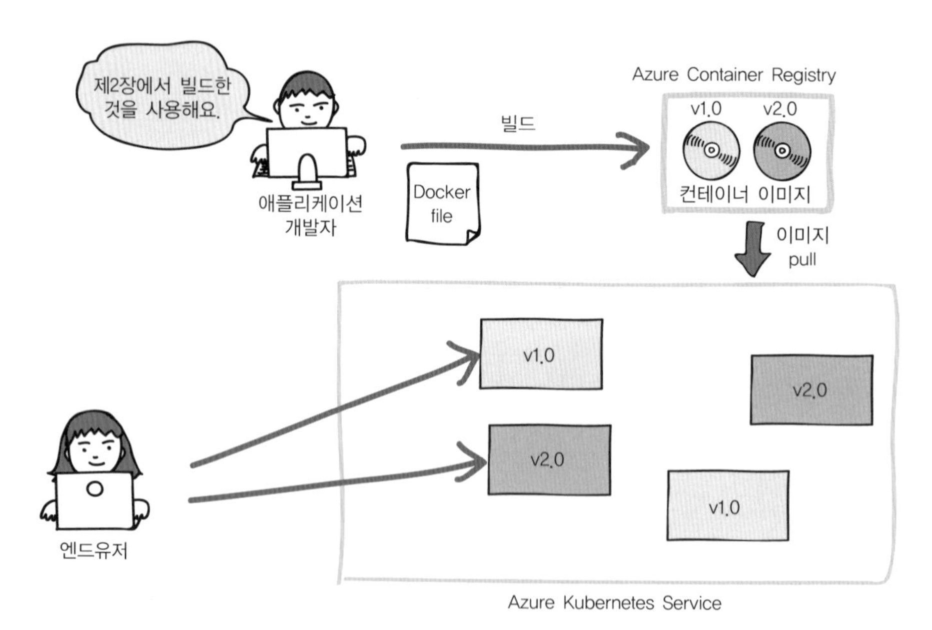

[그림 6.7] 샘플 애플리케이션의 개요

업데이트 처리 방식

실제로 가동 중인 애플리케이션의 디플로이에는 새로운 버전이 잘 작동하지 않을 위험이 있습니다.

쿠버네티스에서는 크게 다음 두 가지 업데이트 처리 방식이 있습니다(그림 6.8).

리크리에이트(Recreate)

오래된 포드를 일단 정지시키고 새로운 포드를 다시 작성하는 방식입니다. 심플하며 속도가 빠르지만 다운타임이 발생합니다. 개발 환경이나 다운타임이 허용되는 시스템 등에서 사용합니다.

롤링 업데이트(RollingUpdate)

클러스터에서 움직이는 포드를 조금씩 업데이트해 가는 방식입니다. 오래된 포드가 움직이고 있는 상태에서 새로운 포드를 시작하여 새로운 포드의 실행이 확인되면 오래된 포드를 정지시킵니다. 일시적으로 신구 버전이 동시에 존재하므로 처리 방법은 복잡하지만 다운타임 없이 이전이 가능하다는 특징이 있습니다.

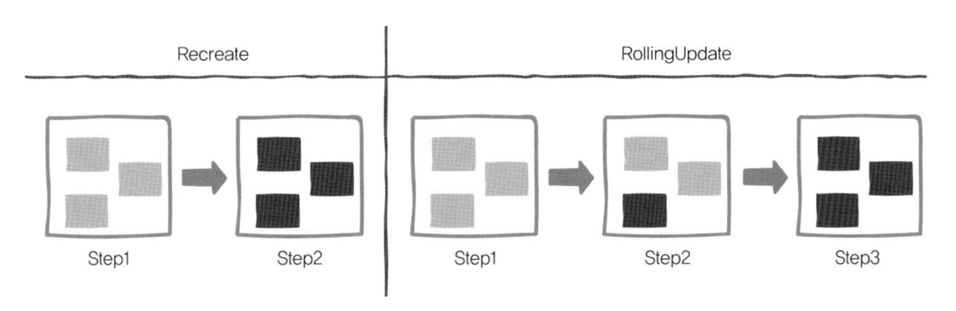

[그림 6.8] 업데이트 방식

업데이트 처리 방식은 매니페스트 파일의 디플로이먼트 스펙의 [strategy] – [Type]에서 설정합니다. 설정할 수 있는 값은 'RollingUpdate' 또는 'Recreate'입니다. [리스트 6.3]은 10개의 리플리카를 작성하고 조건으로 'Recreate'를 지정한 예입니다. 또 [strategy] – [Type]을 명시적으로 지정하지 않은 경우는 기본값인 'RollingUpdate'가 됩니다.

[리스트 6.3] 업데이트 처리 방식의 설정

```
# Deployment 스펙
spec:
  replicas: 10   # 리플리카 수

  # 업데이트 방식
  strategy:
    type: Recreate
```

다음은 RollingUpdate를 사용한 처리 방식에 대해 설명하겠습니다.

롤아웃

롤아웃(Rollout)이란 애플리케이션을 클러스터 안에 디플로이하여 서비스를 가동시키는 것을 말합니다.

먼저 [리스트 6.4]의 디플로이먼트 매니페스트 파일을 작성합니다.

[리스트 6.4] chap06/Deployment/rollout-deployment.yaml

```
# [1] 기본 항목
apiVersion: apps/v1
kind: Deployment
metadata:
  name: rollout-deployment

# [2] Deployment 스펙
spec:
  replicas: 10   # 리플리카 수
  selector:
    matchLabels:
      app: photo-view   # 템플릿 검색 조건

  # [3] Pod 템플릿
  template:
    metadata:
      labels:
        app: photo-view

    spec:
```

```
    containers:
    - image: <작성한 ACR 레지스트리명>.azurecr.io/photo-view:v1.0   # 여기를 변경한다
      name: photoview-container   # 컨테이너명
      ports:
      - containerPort: 80   # 포트 번호
```

이 매니페스트는 'rollout-deployment'이라는 이름의 디플로이먼트를 만드는 것으로, 세 개의 포드를 실행시킵니다. 포드 안의 컨테이너 이미지는 [image] 필드에 설정합니다. 이 책에서는 'sampleacrregistry.azurecr.io/photo-view:v1.0'에서 취득하고 있지만 여기를 제2장에서 작성한 레지스트리로 변경하기 바랍니다.

다음 명령을 실행하여 리소스를 작성합니다.

```
$ kubectl apply -f Deployment/rollout-depoyment.yaml
deployment.apps/rollout-deployment created
service/rollout created
```

또 샘플의 동작 확인을 위해 디플로이먼트뿐만 아니라 서비스 리소스도 작성하기 바랍니다.

'rollout-deployment'이라는 이름의 디플로이먼트의 결과를 확인하려면 다음 명령을 실행합니다. 문제없이 롤아웃된다는 것을 알 수 있습니다.

```
$ kubectl rollout status deploy rollout-deployment
deployment "rollout-deployment" successfully rolled out
```

다음 명령을 실행하면 포드 목록을 확인할 수 있습니다. 명령의 결과를 보면 세 개의 포드가 움직이고 있다는 것을 알 수 있습니다.

```
$ kubectl get pod
NAME                                  READY   STATUS    RESTARTS   AGE
rollout-deployment-68c78b7444-7txtr   1/1     Running   0          1m
rollout-deployment-68c78b7444-fn7r2   1/1     Running   0          1m
rollout-deployment-68c78b7444-x4gp9   1/1     Running   0          1m
```

계속해서 이 포드에 대해 클러스터 외부에서 액세스할 수 있는 글로벌 IP를 조사하기 위해 다음 명령을 실행합니다. 여기서 서비스 'webserver'의 EXTERNAL-IP 주소를 확인합니다.

예를 들어 다음의 경우는 '40.115.182.239'가 됩니다. IP 주소의 할당에는 시간이 조금 걸립니다.

```
$ kubectl get service
NAME         TYPE           CLUSTER-IP    EXTERNAL-IP      PORT(S)        AGE
kubernetes   ClusterIP      10.0.0.1      <none>           443/TCP        1d
rollout      LoadBalancer   10.0.57.34    40.115.182.239   80:30201/TCP   2m
```

이것으로 클러스터 외부에서 액세스할 수 있는 글로벌 IP 주소를 취득할 수 있으므로 브라우저를 시작하여 액세스합니다(그림 6.9).

http://40.115.182.239/

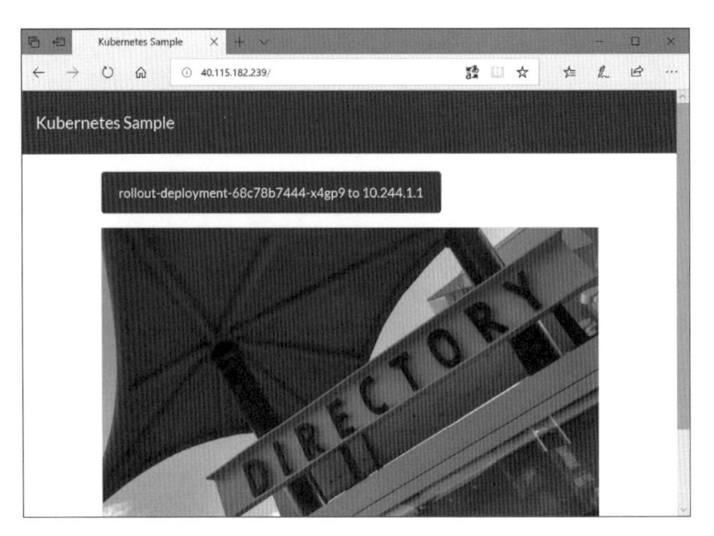

[그림 6.9] 동작 확인

디플로이먼트의 상세 정보를 확인할 때는 다음 명령을 실행합니다.

```
$ kubectl describe deploy rollout-deployment
```

먼저 디플로이먼트의 개요가 표시됩니다. 여기서 주목할 것은 [Annotations] 필드에 'revision=1'이 자동으로 추가되어 있다는 점입니다. 이 값은 디플로이먼트의 리비전을 나타내는 것으로 롤링 업데이트를 할 때마다 증가됩니다.

```
Name:                      rollout-deployment
Namespace:                 default
CreationTimestamp:         Tue, 07 Aug 2018 09:45:08 +0900
Labels:                    <none>
Annotations:               deployment.kubernetes.io/revision=1
```

다음 필드에서는 롤링 업데이트의 상황을 확인할 수 있습니다.

```
Selector:                  app=photo-view
Replicas:                  3 desired | 3 updated | 3 total | 3 available | 0
unavailable
StrategyType:              RollingUpdate
MinReadySeconds:           0
RollingUpdateStrategy:     25% max unavailable, 25% max surge
```

포드의 상세 정보는 리플리카셋이나 포드의 경우와 똑같습니다. [Pod Template] 필드에서 포드의 사양을 확인할 수 있습니다.

```
Pod Template:
  Labels: app=photo-view
  Containers:
    photoview-container:
      Image:      <작성한 ACR 레지스트리명>.azurecr.io/photo-view:v1.0
      Port:       80/TCP
~중략~
```

마지막으로 디플로이먼트의 상태는 [Conditions] 필드, 로그는 [Events] 필드에서 확인할 수 있습니다. 신구 리플리카셋은 각각 [OldReplicaSets]와 [NewReplicaSet] 필드에서 확인할 수 있습니다.

```
Conditions:
  Type           Status    Reason
  ----           ------    ------
  Progressing    True      NewReplicaSetAvailable
  Available      True      MinimumReplicasAvailable
OldReplicaSets:  <none>
NewReplicaSet:   rollout-deployment-68c78b7444 (3/3 replicas created)
```

```
Events:
  Type    Reason             Age   From                   Message
  ----    ------             ----  ----                   -------
  Normal  ScalingReplicaSet  5m    deployment-controller  Scaled up replica set
rollout-deployment-68c78b7444 to 3
```

애플리케이션의 버전업

이제 애플리케이션을 버전업하기 위해 디플로이먼트의 내용을 변경합니다(리스트 6.5). 여기서는 컨테이너 이미지를 변경합니다. 이로써 애플리케이션을 버전업할 수 있습니다.

[리스트 6.5] chap06/Deployment/rollout-deployment.yaml 변경 1

변경 전

```
template:
  spec:
    containers:
    - image: <작성한 ACR 레지스트리명>.azurecr.io/photo-view:v1.0
```

변경 후

```
template:
  spec:
    containers:
    - image: <작성한 ACR 레지스트리명>.azurecr.io/photo-view:v2.0
```

다음 명령을 실행하여 디플로이먼트를 갱신합니다.

```
$ kubectl apply -f Deployment/rollout-depoyment.yaml
deployment.apps/rollout-deployment configured
service/rollout unchanged
```

```
$ kubectl get deploy
NAME                 DESIRED   CURRENT   UP-TO-DATE    AVAILABLE    AGE
rollout-deployment   3         3         3             3            9m

$ kubectl get rs
NAME                              DESIRED   CURRENT   READY   AGE
rollout-deployment-68c78b7444     0         0         0       9m
rollout-deployment-796fdbcf97     3         3         3       2m
```

어떻게 교체되었는지 로그를 [Events] 필드에서 자세히 살펴봅시다.

```
$ kubectl describe deploy rollout-deployment

Events:
  Type    Reason             Age   From                   Message
  ----    ------             ----  ----                   -------
  Normal  ScalingReplicaSet  8m    deployment-controller  Scaled up replica set rollout-deployment-68c78b7444 to 3
  Normal  ScalingReplicaSet  21s   deployment-controller  Scaled up replica set rollout-deployment-796fdbcf97 to 1
  Normal  ScalingReplicaSet  20s   deployment-controller  Scaled down replica set rollout-deployment-68c78b7444 to 2
  Normal  ScalingReplicaSet  20s   deployment-controller  Scaled up replica set rollout-deployment-796fdbcf97 to 2
  Normal  ScalingReplicaSet  18s   deployment-controller  Scaled down replica set rollout-deployment-68c78b7444 to 1
  Normal  ScalingReplicaSet  18s   deployment-controller  Scaled up replica set rollout-deployment-796fdbcf97 to 3
  Normal  ScalingReplicaSet  16s   deployment-controller  Scaled down replica set rollout-deployment-68c78b7444 to 0
```

오래된 리플리카셋 'rollout-deployment-68c78b7444'에서 새로운 리플리카셋인 'rollout-deployment-796fdbcf97'로 교체된 것을 알 수 있습니다.

로그를 자세히 살펴보면 다음과 같은 일이 일어난 것을 알 수 있습니다.

(1) 새로운 리플리카셋을 작성한다.
(2) 새로운 리플리카셋의 포드를 늘린다.
(3) 오래된 리플리카셋의 포드를 줄인다.
(4) 오래된 리플리카셋의 포드가 0이 될 때까지 절차 (2)와 (3)을 반복한다.

이를 그림으로 나타내면 [그림 6.10]과 같습니다.

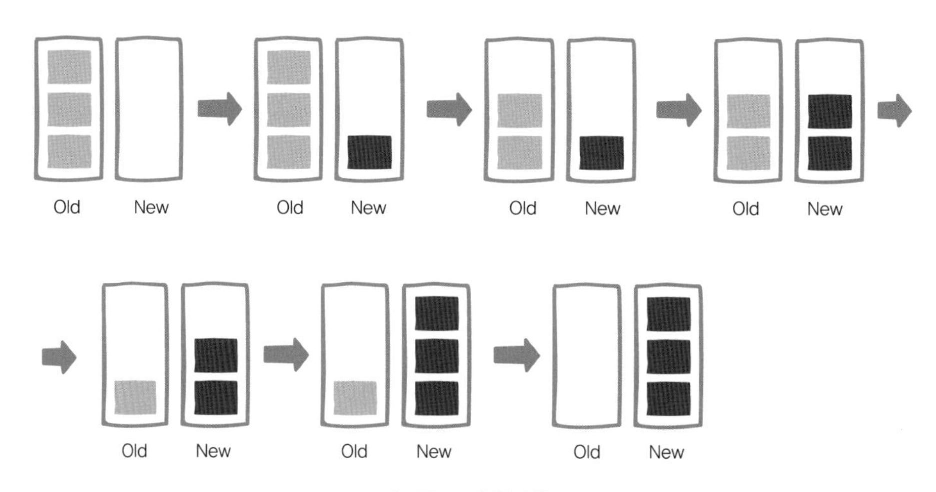

[그림 6.10] 롤아웃

이와 같이 서비스가 정지되지 않도록 내부에서 무결성을 취하면서 서서히 롤아웃해 가는 것을 알 수 있습니다.

롤백

컨테이너 이미지를 변경하여 애플리케이션의 버전을 'v1.0'에서 'v2.0'으로 버전업했습니다. 이를 다시 'v1.0'으로 되돌리려면 어떻게 하면 될까요? 변경 방법은 좀 전과 마찬가지로 매니페스트를 수정하고 kubectl apply 명령을 실행하기만 하면 됩니다(그림 6.6).

[리스트 6.6] chap06/Deployment/rollout-deployment.yaml 변경 2

변경 전

```
      - image: <작성한 ACR 레지스트리명>.azurecr.io/photo-view:v2.0
```

변경 후

```
      - image: <작성한 ACR 레지스트리명>.azurecr.io/photo-view:v1.0
```

다음 명령을 실행하여 디플로이먼트를 갱신합니다.

```
$ kubectl apply -f Deployment/rollout-depoyment.yaml
deployment.apps/rollout-deployment configured
service/rollout unchanged
```

다시 kubectl describe 명령으로 상세 정보를 확인합니다. 먼저 [Annotations] 필드가 'revision=3'으로 올라간 것을 알 수 있습니다.

```
$ kubectl describe deploy rollout-deployment
Name:                   rollout-deployment
Namespace:              default
CreationTimestamp:      Tue, 07 Aug 2018 09:45:08 +0900
Labels:                 <none>
Annotations:            deployment.kubernetes.io/revision=3
~중략~
```

포드 템플릿의 이미지는 매니페스트에서 지정한대로 'v2.0'에서 'v1.0'으로 교체됩니다.

```
Pod Template:
  Labels: app=photo-view
  Containers:
    photoview-container:
      Image: <작성한 ACR 레지스트리명>.azurecr.io/photo-view:v1.0
```

마지막으로 [NewReplicaset] 필드를 확인합니다. 'rollout-deployment-68c78b7444'로 되어 있습니다. 이것은 처음에 디플로이먼트를 작성했을 때의 리플리카셋과 똑같은 것입니다.

명령을 주의 깊게 확인하면 'rollout-deployment-68c78b7444'로 롤아웃되어 있습니다.

```
Conditions:
  Type           Status   Reason
  ----           ------   ------
  Available      True     MinimumReplicasAvailable
  Progressing    True     NewReplicaSetAvailable
OldReplicaSets:  <none>
NewReplicaSet:   rollout-deployment-68c78b7444 (3/3 replicas created)
```

```
$ kubectl get deploy
NAME                 DESIRED   CURRENT   UP-TO-DATE    AVAILABLE     AGE
rollout-deployment   3         3         3             3             13m
$ kubectl get rs
NAME                           DESIRED   CURRENT   READY   AGE
rollout-deployment-68c78b7444  3         3         3       14m
rollout-deployment-796fdbcf97  0         0         0       6m
```

즉, 디플로이먼트의 리비전은 'revision2.0'에서 'revision3.0'으로 올라갔지만 참조하고 있는 리플리카셋은 'revision3.0'과 'revision1.0'이 똑같은 것을 사용하여 포드를 기동시키고 있다는 것을 알 수 있습니다.

이를 그림으로 나타내면 [그림 6.11]과 같습니다.

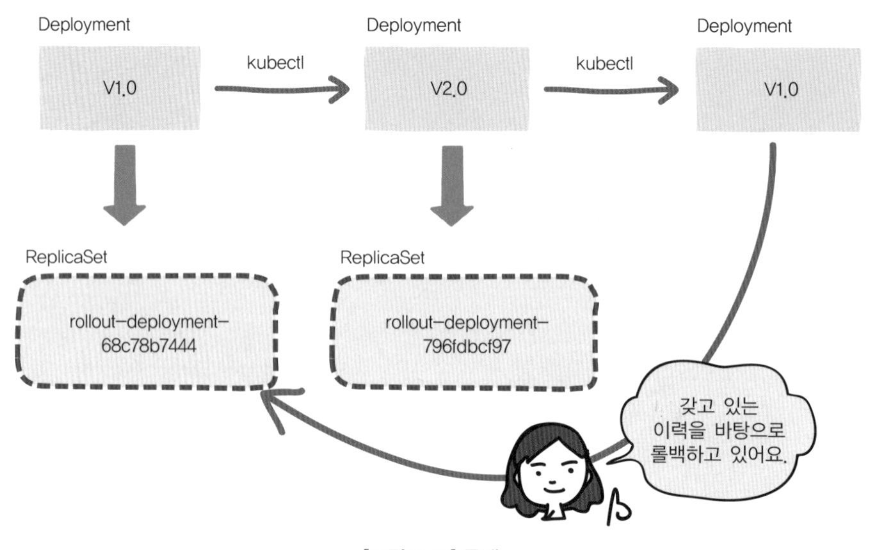

[그림 6.11] 롤백

이와 같이 디플로이먼트, 리플리카셋, 포드가 서로 이력을 가지고 롤아웃/롤백을 하고 있다는 것을 알 수 있습니다.

또 kubectl edit 명령을 사용하면 가동 중인 매니페스트 파일을 직접 에디터에서 편집할 수 있습니다. 하지만 저장한 시점에서 롤링 업데이트가 일어나기 때문에 실수로 잘못 수정해 버린 경우에는 트러블이 발생하는 경우도 있습니다. 또 kubectl rollout 명령을 사용하면 명령적으로 롤아웃도 가능하지만 구성 관리를 할 수 없어지므로 매니페스트 파일의 갱신으로 선언적으로 관리할 것을 권장합니다.

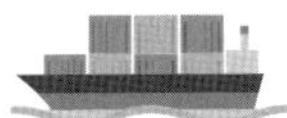

롤아웃 조건

디플로이먼트의 롤아웃은 극단적으로 말하면 '포드를 변경하기' 위한 장치입니다. 따라서 포드 템플릿 이외의 변경에서는 리비전이 올라가지 않습니다. 지금 v1.0인 포드가 세 개 움직이고 있는데 이것을 10개로 늘려 봅시다. 매니페스트 파일을 [리스트 6.7]과 같이 수정합니다.

[리스트 6.7] chap06/Deployment/rollout-deployment.yaml 변경 3

변경 전

```
spec:
  replicas: 3
```

변경 후

```
spec:
  replicas: 10
```

다음 명령을 실행하여 디플로이먼트를 갱신하고 포드의 개수를 확인해 봅시다. 포드가 10개로 늘어난 것을 알 수 있습니다.

```
$ kubectl apply -f Deployment/rollout-depoyment.yaml
deployment.apps/rollout-deployment configured
service/rollout unchanged

$ kubectl get pod
NAME                                 READY   STATUS    RESTARTS   AGE
rollout-deployment-68c78b7444-2vpqz   1/1     Running   0          16s
rollout-deployment-68c78b7444-4blrz   1/1     Running   0          16s
rollout-deployment-68c78b7444-6wmgs   1/1     Running   0          16s
~중략~
rollout-deployment-68c78b7444-htssq   1/1     Running   0          9m
rollout-deployment-68c78b7444-n49lb   1/1     Running   0          16s
rollout-deployment-68c78b7444-xsdcv   1/1     Running   0          16s
```

다시 kubectl describe 명령으로 [Annotations] 필드의 리비전을 확인하면 'revision=3'인 상태 그대로입니다. 이와 같이 디플로이먼트 매니페스트의 [template] 필드의 갱신 외에는 업데이트되지 않으므로 주의하기 바랍니다(그림 6.12).

```
$ kubectl describe deploy rollout-deployment
Name:                   rollout-deployment
Namespace:              default
CreationTimestamp:      Tue, 07 Aug 2018 09:45:08 +0900
Labels:                 <none>
Annotations:            deployment.kubernetes.io/revision=3
~중략~
```

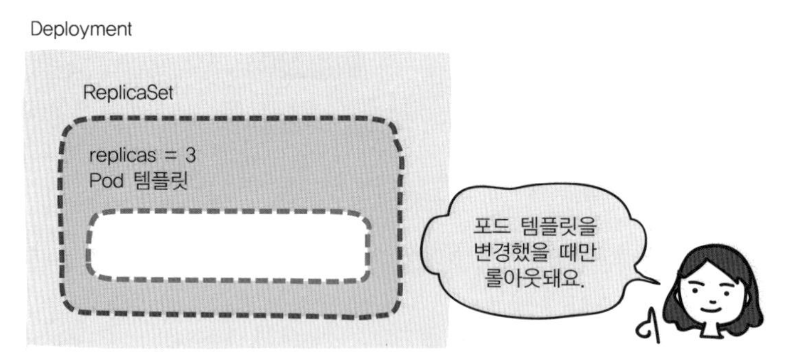

[그림 6.12] 롤아웃 조건

디플로이먼트의 이력을 확인할 때는 kubectl rollout history 명령을 사용합니다. 이 명령을 실행하면 롤아웃에서 어떤 변경이 일어났는지를 확인할 수 있습니다.

```
$ kubectl rollout history deploy rollout-deployment
deployments "rollout-deployment"
REVISION    CHANGE-CAUSE
2           <none>
3           <none>
```

리비전별로 상세 내용을 확인하고 싶을 때는 명령에 --revision 옵션을 지정합니다. 다음은 'revision=3'의 내용을 확인한 예입니다.

```
$ kubectl rollout history deploy rollout-deployment --revision=3
deployments "rollout-deployment" with revision #3
Pod Template:
  Labels:          app=photo-view
        pod-template-hash=2473463000
  Containers:
```

```
  photoview-container:
    Image:         <작성한 ACR 레지스트리명>.azurecr.io/photo-view:v1.0
    Port:          80/TCP
    Host Port:     0/TCP
    Environment:           <none>
    Mounts:        <none>
  Volumes:       <none>
```

또 디플로이먼트에서는 이력을 관리하므로 장기간 운용하고 있으면 이력 정보가 커집니다. 그래서 롤백 세대를 지정해 두는 것도 검토하기 바랍니다. 이력은 기본값으로 10세대까지 관리하지만, 이를 변경할 때는 디플로이먼트 스펙에서 [revisionHistoryLimit]를 설정합니다. 자세한 것은 아래 공식 사이트를 참조하기 바랍니다.

- Deployments – Kubernetes
  https://kubernetes.io/docs/concepts/workloads/controllers/deployment/

확인이 끝났으면 다음 명령을 사용하여 리소스를 삭제합니다.

```
$ kubectl delete -f Deployment/rollout-deployment.yaml
```

롤링 업데이트 제어

애플리케이션에 따라서는 업데이트 중에 성능 저하를 최소한으로 줄이고 싶은 경우가 있습니다. 디플로이먼트는 이러한 롤링 처리를 세세하게 제어할 수 있습니다.

(1) 사용할 수 없는 포드 제어(maxUnavailable)

업데이트 중에 사용 못 해도 괜찮은 포드의 최대 개수를 지정할 때는 디플로이먼트의 [spec] 필드의 [strategy] – [rollingUpdate] –[maxUnavailable]을 설정합니다. 설정할 수 있는 값은 포드의 수 또는 전체 포드의 비율(퍼센티지)입니다. 예를 들어 10개의 포드를 가동한 시스템에서 [maxUnavailable]을 30%로 설정하면 롤링 업데이트 중이라도 항상 사용 가능한 포드의 총 수가 희망 포드의 70% 이상, 즉 7개 이상의 포드가 클러스터 안에서 항상 이용할 수 있는 상태를 유지합니다(그림 6.13). 이 [maxUnavailable]을 명시적으로 지정하지 않았을 때 기본값은 25%입니다.

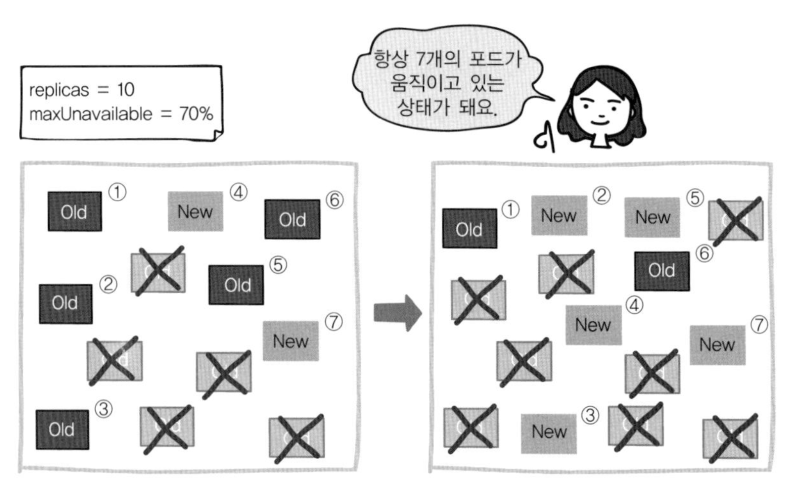

[그림 6.13] 롤링 업데이트의 포드 제어

(2) 클러스터에서 포드를 작성할 수 있는 최대 개수(maxSurge)

롤아웃을 할 때 어느 정도의 추가 리소스를 작성할 수 있는지를 제어하고 싶을 때는 디플로이먼트의 [spec] 필드에서 [strategy] – [rollingUpdate] –[maxSurge]를 설정합니다. 설정할 수 있는 값은 포드의 수 또는 전체 포드의 비율(퍼센티지)입니다. 예를 들어 이 값을 30%로 설정하면 롤링 업데이트가 시작되자마자 바로 리플리카셋을 확대하여 오래된 포드와 새로운 포드의 합계가 130%를 넘지 않도록 제어합니다(그림 6.14). 이 값을 100%로 하면 클러스터 안에 리플리카에서 지정한 수만큼 새로운 포드가 모두 기동된 후 오래된 포드를 스케일 다운 시킵니다. 안정성은 높은 반면 2배의 포드를 가동시켜 둘 필요가 있으므로 컴퓨팅 리소스를 보다 많이 필요로 합니다. 하드웨어가 고성능이고 컴퓨팅 리소스에 여유가 있는 경우는 이처럼 높이 설정해도 좋습니다. 이 [maxSurge]를 명시적으로 지정하지 않을 때의 기본값은 25%입니다.

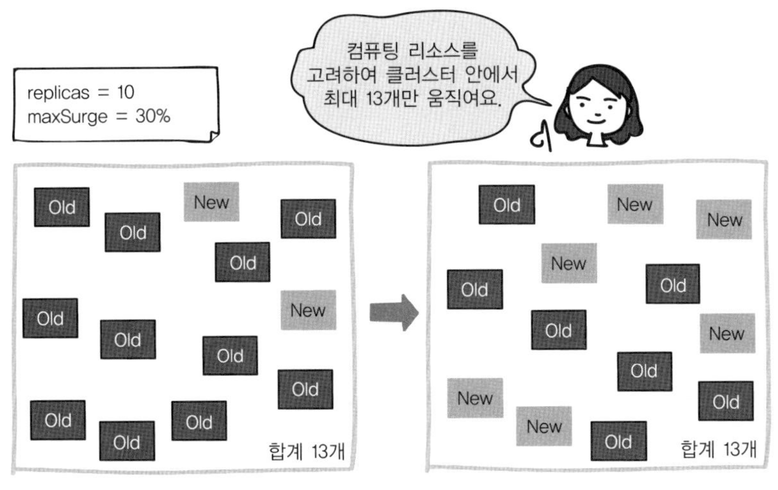

[그림 6.14] maxSurge 설정

구체적인 설정은 [리스트 6.8]과 같이 합니다. 이 예에서는 롤링 업데이트의 설정에서 롤링 업데이트 중에 사용할 수 없는 포드를 전체의 10%, 즉 1개까지로 설정하고, 클러스터에서 포드를 작성할 수 있는 최대 수를 30%, 즉 클러스터 전체에서 13개까지를 허용하고 있습니다.

[리스트 6.8] chap06/Deployment/rollingupdate-deployment.yaml

```
# A. 기본 항목
apiVersion: apps/v1
kind: Deployment
metadata:
  name: rolling-deployment

# B. Deployment 스펙
spec:
  replicas: 10   # 리플리카 수

  # 롤링 업데이트 설정
  strategy:
    type: RollingUpdate
    rollingUpdate:
      maxSurge: 30%
      maxUnavailable: 10%
```

롤링 업데이트 설정은 kubectl describe deploy 명령으로 확인할 수 있습니다. [RollingUpdateStrategy] 필드에 각각 maxUnavailable과 maxSurge가 표시됩니다.

```
$ kubectl describe deploy rolling-deployment
Name:                   rolling-deployment
Namespace:              default
CreationTimestamp:      Thu, 26 Jul 2018 15:18:02 +0900
~중략~
StrategyType:           RollingUpdate
MinReadySeconds:        0
RollingUpdateStrategy:  10% max unavailable, 30% max surge
```

또 maxUnavailable과 maxSurge는 둘 다 리플리카 수의 개수를 지정할 수 있지만 특별한 이유가 없는 한 전체 리플리카 수에 대한 퍼센트를 지정하는 것이 좋습니다. 왜냐하면 포드의 리플리카 수는 부하에 따라 동적으로 변화했을 때 예기치 못한 동작을 하는 경우도 생각할 수 있기 때문입니다. 예를 들어 포드의 리플리카 수를 스케일하고 있는 중에 움직이고 있는 포드의 수 보다 maxUnavailable의 값이 커져 버리면 곤란하기 때문입니다.

Readiness Probe

그런데 롤링 업데이트의 경우 갱신한 포드가 정상적으로 움직인다는 것을 어떻게 확인할까요?

디플로이먼트 컨트롤러는 포드에 설정된 Readiness Probe의 결과를 보고 판단을 합니다. 이 Readiness Probe는 컨테이너 안의 애플리케이션이 리퀘스트를 받을 수 있는지 확인하는 헬스 체크입니다. 말 그대로 애플리케이션이 (Ready), 즉 준비 가능한 상태인지 아닌지를 체크합니다.

Readiness Probe를 활성화하려면 포드의 매니페스트에 체크 조건을 추가합니다. Readiness Probe는 제5장에서 설명한 Liveness Probe와 마찬가지로 다음 세 종류의 방법으로 포드를 감시할 수 있습니다.

① HTTP 리퀘스트의 반환값을 체크한다.
② TCP Socket으로 연결할 수 있는지 체크한다.
③ 명령의 실행 결과를 체크한다.

설정 내용은 Liveness Probe와 거의 비슷합니다. 매니페스트 파일을 작성할 때의 차이는 [livenessProbe] 필드를 [readinessProbe]로 변경하는 것뿐입니다. 예를 들어 /healthz에 액세스했을 때의 HTTP 리퀘스트의 반환값을 체크하고 싶을 때는 [리스트 6.9]와 같이 작성합니다.

[리스트 6.9] Readiness Probe를 사용한 포드 감시

```
readinessProbe:
  httpGet:
    path: /healthz
    port: 8080
    httpHeaders:
    - name: X-Custom-Header
      value: Awesome
  initialDelaySeconds: 3
  periodSeconds: 3
```

Liveness Probe와 ReadinessProbe는 동일한 컨테이너에 대해 둘 다 설정할 수 있습니다. 디플로이먼트를 사용할 때는 반드시 설정해 두기 바랍니다.

블루/그린 디플로이먼트

롤링 업데이트는 서비스가 정지하지 않도록 쿠버네티스 내부에서 포드를 서서히 변경하는 장치입니다.

하지만 좀 더 심플하게 업데이트를 할 수도 있습니다. 클러스터 상에 v1.0 애플리케이션과 v2.0 애플리케이션을 각각 세 개씩 합계 6개를 기동시켜 두고 라벨을 설정하여 서비스의 정의로 액세스할 곳을 전환하는 방법입니다. 앞에서 설명한 롤링 업데이트 방법과 비교하면 전환 장치가 단순합니다.

[리스트 6.10]과 [리스트 6.11]처럼 포드의 컨테이너 이미지의 버전이 다른 두 종류의 디플로이먼트를 마련합니다. 그리고 이것들을 식별하기 위해 포드의 라벨로 각각 'ver: v1.0'과 'ver: v2.0'을 설정합니다. 포드 안의 컨테이너 이미지는 [image] 필드로 설정합니다. 이 예에서는 'sampleacrregistry.azurecr.io/photo-view:v1.0'로부터 취득하고 있지만 여기를 제2장에서 작성한 레지스트리로 변경하기 바랍니다.

[리스트 6.10] chap06/Deployment/blue-deployment.yaml

```
# [1] 기본 항목
apiVersion: apps/v1
kind: Deployment
metadata:
  name: blue-deployment
```

```
# [2] Deployment 스펙
spec:
  replicas: 3   # 리플리카 수
~중략~
  template:
    metadata:
      labels:
        app: photo-view
        ver: v1.0
    spec:
      containers:
      - image: <작성한 ACR 레지스트리명>.azurecr.io/photo-view:v1.0      # 여기를 변경한다
```

[리스트 6.11] chap06/Deployment/green-deployment.yaml

```
# [1] 기본 항목
apiVersion: apps/v1
kind: Deployment
metadata:
  name: green-deployment

# [2] Deployment 스펙
spec:
~중략~
  template:
    metadata:
      labels:
        app: photo-view
        ver: v2.0
    spec:
      containers:
      - image: <작성한 ACR 레지스트리명>.azurecr.io/photo-view:v2.0      # 여기를 변경한다
```

이 둘을 다음 명령을 사용하여 클러스터에 디플로이합니다.

```
$ kubectl apply -f Deployment/blue-deployment.yaml
$ kubectl apply -f Deployment/green-deployment.yaml
```

다음 명령을 실행하여 포드의 상태를 확인합니다. 버전이 다른 blue-deployment와 greendeployment가 각각 세 개씩 도합 6개가 클러스터 안에 공존하여 움직이고 있다는 것을 알 수 있습니다.

```
$ kubectl get pod
NAME                                  READY    STATUS     RESTARTS    AGE
blue-deployment-5f66db8454-vh7nj      1/1      Running    0           35s
blue-deployment-5f66db8454-vvj7t      1/1      Running    0           35s
blue-deployment-5f66db8454-wc82n      1/1      Running    0           35s
green-deployment-7b698f9db6-7p67d     1/1      Running    0           24s
green-deployment-7b698f9db6-mqmb7     1/1      Running    0           24s
green-deployment-7b698f9db6-nq4hq     1/1      Running    0           24s
```

클러스터 외부에서 포드에 액세스하기 위한 서비스의 매니페스트 파일을 작성합니다(리스트 6.12). 여기서 포인트는 포드의 Selector에서 'ver: v1.0'을 지정하고 있는 부분입니다. 이로써 클러스터 안에 디플로이된 6개의 포드 중 라벨이 'ver: v1.0'인 포드, 즉 blue-deployment.yaml을 바탕으로 작성된 포드로 전송되도록 합니다.

[리스트 6.12] chap06/Deployment/service.yaml

```
# [1] 기본 항목
apiVersion: v1
kind: Service
metadata:
  name: webserver

# [2] Service 스펙
spec:
  type: LoadBalancer
  ports:   # 포트 번호
    - port: 80
      targetPort: 80
      protocol: TCP

  # [3] Pod 조건(라벨)
  selector:
    app: photo-view
    ver: v1.0
```

다음 명령을 사용하여 서비스를 등록하고 할당된 IP 주소를 확인합니다.

```
$ kubectl apply -f Deployment/service.yaml
service/webserver created

$ kubectl get svc
NAME         TYPE           CLUSTER-IP    EXTERNAL-IP     PORT(S)        AGE
kubernetes   ClusterIP      10.0.0.1      <none>          443/TCP        1d
webserver    LoadBalancer   10.0.60.107   23.100.98.137   80:30706/TCP   2m
```

브라우저에서 확인을 하면 v1.0의 샘플 애플리케이션이 표시됩니다(그림 6.15).

http://23.100.98.137/

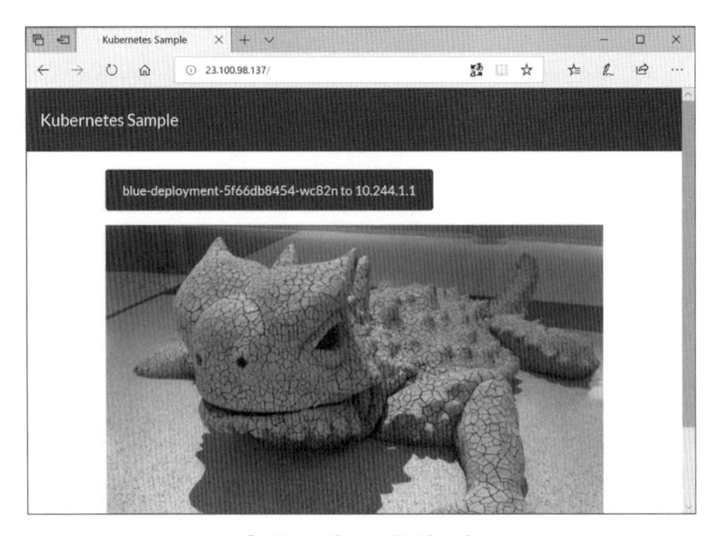

[그림 6.15] 동작 확인(v1.0)

이것을 v2.0 버전의 애플리케이션으로 전환해 봅시다. 서비스의 매니페스트 파일을 [리스트 6.13]과 같이 수정합니다.

[리스트 6.13] chap06/Deployment/service.yaml 변경

변경 전

```
selector:
  app: photo-view
  ver: v1.0
```

변경 후

```
selector:
  app: photo-view
  ver: v2.0
```

다음 명령을 사용하여 서비스의 매니페스트 파일을 변경합니다.

```
$ kubectl apply -f Deployment/service.yaml
service/webserver configured
```

다시 브라우저에서 애플리케이션에 액세스하면 버전이 v2.0로 변경된 것을 확인할 수 있습니다(그림 6.16). 클러스터 상에서는 두 버전을 모두 기동시킨 상태로 참조처만 전환하는 것이므로 만일 변경한 v2.0에 뭔가 문제가 생긴 경우에는 바로 v1.0으로 전환할 수 있습니다.

[그림 6.16] 동작 확인(v2.0)

이와 같이 Label Selector를 전환하기만 함으로써 블루/그린 디플로이먼트를 구현할 수 있습니다. 또 이 장에서는 애플리케이션 레벨에서 업데이트를 하는 구조를 설명했는데 인프라 레벨에서 업데이트를 하는 방법에 대해서는 제10장에서 설명합니다.

확인이 끝났으면 다음 명령을 사용하여 리소스를 모두 삭제하기 바랍니다.

```
$ kubectl delete -f Deployment/
```

6.3 애플리케이션의 설정 정보를 관리하자

지금까지 디플로이먼트를 사용한 애플리케이션의 디플로이 방법을 살펴봤습니다. 보통의 애플리케이션에서는 다른 시스템에 액세스하기 위한 인증 정보 등 환경에 의존하는 설정 값을 사용하는 경우가 많습니다. 그래서 여기서는 이러한 정보를 적절히 관리하는 방법에 대해 설명하겠습니다.

애플리케이션의 설정 정보 관리

애플리케이션 안에서 이용하는 설정 정보나 외부 서비스를 이용하기 위한 API 키 등은 환경에 의존하기 때문에 애플리케이션의 컨테이너 이미지로 관리하는 것이 아니라 다른 방법으로 관리하는 것이 바람직합니다. 쿠버네티스에서는 이러한 설정 정보를 관리하기 위한 리소스를 제공하고 있는데, 바로 컨피그맵(ConfigMap)이라는 것입니다. 간단히 말하자면 애플리케이션에서 이용하는 환경 의존적인 변수를 모아서 관리하기 위한 상자 같은 것이라고 생각하면 됩니다.

컨피그맵은 실행 시에 설정 파일, 명령줄 인수, 환경변수 등의 정보를 포드와 같은 쿠버네티스 리소스와 연결시킵니다(그림 6.17). 컨피그맵을 사용하면 환경에 의존하는 설정과 애플리케이션의 로직을 분리시킬 수 있기 때문에 쿠버네티스에서의 설정 변경이나 관리가 용이해집니다.

컨피그맵은 다음 세 종류의 방법으로 작성할 수 있습니다.

① 쿠버네티스의 매니페스트 파일을 작성한다.
② 애플리케이션의 config 파일을 마운트한다.
③ kubectl 명령을 사용하여 작성한다.

여기서는 주로 많이 사용하는 ①과 ②의 절차를 설명하겠습니다.

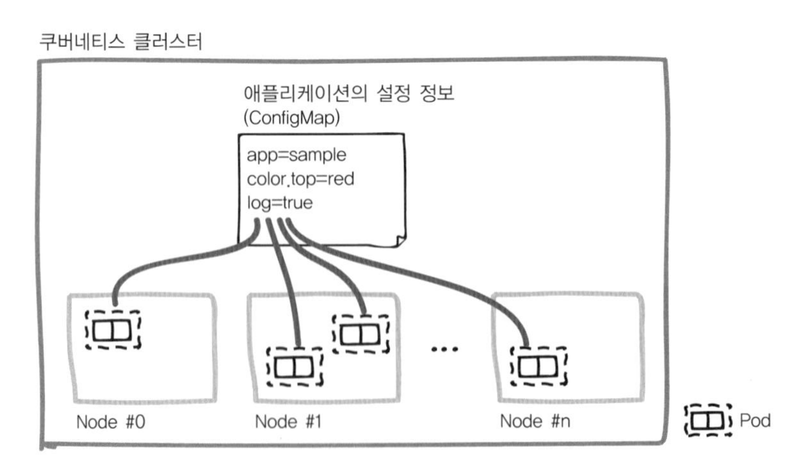

[그림 6.17] 컨피그맵(ConfigMap)

쿠버네티스의 매니페스트 파일을 작성하기

매니페스트 파일의 kind를 [ConfigMap]으로 하고 [리스트 6.14]와 같은 파일(configmap.yaml)을 준비합니다. 이 예에서는 키가 'project.id'이며 값이 'hello-kubernetes'인 컨피그맵을 정의하고 있습니다.

[리스트 6.14] chap06/ConfigMap/configmap.yaml

```
# [1] 기본 항목
apiVersion: v1
kind: ConfigMap
metadata:
    name: project-config

# [2] ConfigMap에서 설정할 데이터
data:
    project.id: "hello-kubernetes"
```

다음 명령을 사용하여 컨피그맵을 작성하고 확인합니다. 'project-config'라는 이름의 컨피그맵이 작성되는 것을 알 수 있습니다.

```
$ kubectl apply -f ConfigMap/configmap.yaml
configmap/project-config created

$ kubectl get configmap
NAME              DATA    AGE
project-config    1       12s
```

설정한 값은 다음 명령으로 확인합니다. 매니페스트 파일에서 지정한 내용대로 되어 있다는 것을 알 수 있습니다.

```
$ kubectl describe configmap project-config
Name:         project-config
Namespace:    default
~중략~
Data
====
project.id:
----
hello-kubernetes
Events: <none>
```

이것으로 클러스터에 컨피그맵이 작성되었습니다.

애플리케이션의 config 파일을 마운트하기

일반적으로 애플리케이션에서는 여러 개의 파라미터를 설정 정보로 가집니다. 이것을 파일로 관리하는 경우는 파일을 통째로 마운트할 수 있습니다.

예를 들어 어떤 애플리케이션에서 아래와 같은 설정 파일을 이용하고 있다고 합시다.

```
 [UI]
color.top = blue
text.size = 10
```

이것을 컨테이너에서 컨피그맵으로서 이용할 수 있도록 하려면 아래 명령을 실행합니다. 파일 경로 및 파일명은 --from file 옵션에서 지정합니다. 파일이 여러 개 있을 때는 디렉토리로 지정할 수 있습니다. 아래 예에서는 'config' 디렉토리 아래에 있는 설정 파일을 모아서 'app-config'라는 이름의 컨피그맵으로 등록하고 있습니다.

```
$ kubectl create configmap app-config --from-file=ConfigMap/config/
configmap/app-config created
```

다시 컨피그맵 목록을 확인해 봅시다. 'project-config'라는 이름의 컨피그맵이 작성되어 있는 것을 알 수 있습니다.

```
$ kubectl get configmap
NAME             DATA    AGE
app-config       1       40s
project-config   1       5m
```

이것으로 두 개의 컨피그맵이 작성되었습니다.

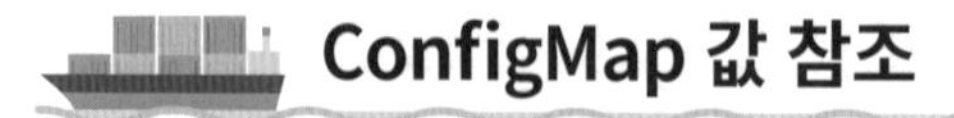

ConfigMap 값 참조

포드에서 컨피그맵의 값을 참조할 때는 환경변수로서 전달할지 Volume으로서 마운트할지, 두 가지 패턴이 있습니다. 설정은 포드의 템플릿 안의 [spec] 필드에서 합니다.

① 환경변수로서 전달하기

컨피그맵의 값을 환경변수로 전달할 때는 [containers] – [env] 필드를 사용합니다. 여기서는 [valueFrom]을 'configMapKeyRef'로 하고, 거기서 참조하고 싶은 컨피그맵의 이름을 [name]에, 참조하고 싶은 키를 [key] 필드에 설정합니다.

[리스트 6.15]의 예에서는 [리스트 6.14]의 매니페스트 파일로부터 작성된 'project-config'라는 이름의 컨피그맵에서 정의한 'project-config'의 값을 환경변수 PROJECT_ID로 설정하고 있습니다.

[리스트 6.15] chap06/ConfigMap/deployment.yaml

```
  # C. Pod 템플릿
  template:
~중략~
    spec:
      containers:
      ~중략

        # [1] ConfigMap을 환경변수에 설정
        env:
        - name: PROJECT_ID
          valueFrom:
            configMapKeyRef:
              name: project-config
              key: project.id
```

② Volume으로서 마운트하기

등록한 컨피그맵을 파일로서 마운트하려면 [containers] – [volumeMounts] 필드를 설정합니다. [리스트 6.16]의 예는 좀 전에 설정한 'app-config'라는 이름의 컨피그맵을 컨테이너의 /etc/config/에 마운트하는 예입니다.

[리스트 6.16] chap06/ConfigMap/deployment.yaml

```
# [1] 기본 항목
apiVersion: apps/v1
kind: Deployment
metadata:
```

```
  name: configmap-deployment

# [2] Deployment 스펙
spec:
  replicas: 3   # 리플리카 수
~중략~
  template:
    spec:
      containers:
    ~중략~
        # ConfigMap의 마운트 설정
        volumeMounts:
          - name: config-volume
            mountPath: /etc/config

      # ConfigMap의 볼륨 마운트
      volumes:
        - name: config-volume
          configMap:
            name: app-config
```

실제로 디플로이먼트로 포드를 디플로이하여 움직임을 확인해 봅시다. 먼저 포드 안의 애플리케이션에서 컨피그맵의 값을 참조하기 위해 샘플 애플리케이션을 v3.0으로 버전업합니다.

다음 명령을 실행하여 컨테이너 이미지를 작성합니다.

컨테이너 이미지의 빌드 방법은 제2장을 참조하기 바랍니다. 여기서는 컨테이너 이미지의 태그를 'v3.0'으로 해 두기 바랍니다.

```
$ ACR_NAME=<제2장에서 작성한 ACR 레지스트리명>
$ az acr build --registry $ACR_NAME --image photo-view:v3.0 ConfigMap/v3.0
```

그 다음 디플로이먼트의 컨테이너 이미지의 위치를 변경합니다. 샘플인 [리스트 6.17]의 위치를 수정하기 바랍니다.

[리스트 6.17] chap06/ConfigMap/Manifest/deployment.yaml 변경

```
- image: <작성한 ACR 레지스트리명>.azurecr.io/photo-view:v3.0
```

다음 명령을 실행하여 디플로이먼트와 서비스의 리소스를 작성합니다.

```
$ kubectl apply -f ConfigMap/deployment.yaml
deployment.apps/configmap-deployment created
service/webserver created
```

이것으로 v3.0인 애플리케이션이 디플로이되었습니다. 다음 명령을 실행하여 서비스에 할당된 EXTERNAL-IP를 확인합시다.

```
$ kubectl get svc
NAME          TYPE           CLUSTER-IP     EXTERNAL-IP      PORT(S)        AGE
kubernetes    ClusterIP      10.0.0.1       <none>           443/TCP        1d
webserver     LoadBalancer   10.0.145.42    52.246.164.167   80:31595/TCP   6m
```

브라우저에서 디플로이한 애플리케이션에 액세스합니다.

http://52.246.164.167/

애플리케이션에서 컨피그맵에서 설정한 값을 취득하고 있다는 것을 알 수 있습니다(그림 6.18). 여러 개의 브라우저를 리로드하여 동작을 확인해 보기 바랍니다. 참조하고 있는 포드는 바뀌지만 컨피그맵에서 설정한 내용은 어떤 포드에서든 똑같은 값으로 되어 있을 것입니다.

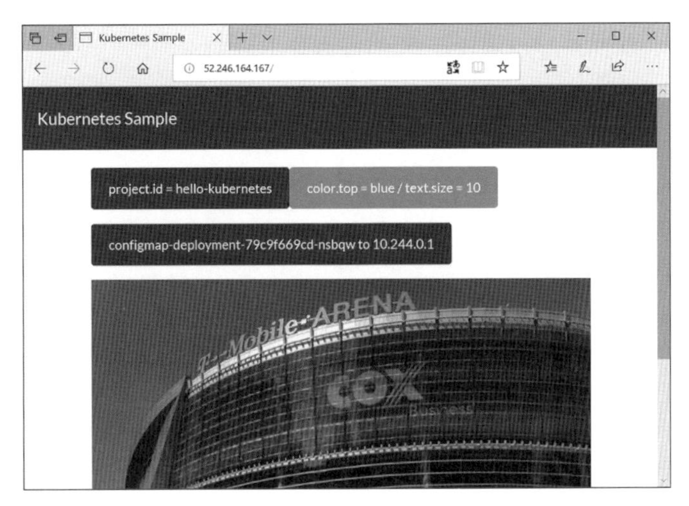

[그림 6.18] 동작 확인

이제 포드가 어떤 상태인지를 확인해 봅시다. 다음 명령을 실행하여 움직이고 있는 포드의 목록을 표시합니다.

```
$ kubectl get pod
NAME                                  READY   STATUS    RESTARTS   AGE
configmap-deployment-79c9f669cd-fx2ps   1/1     Running   0          7m
configmap-deployment-79c9f669cd-nsbqw   1/1     Running   0          7m
configmap-deployment-79c9f669cd-qc4vm   1/1     Running   0          7m
```

세 개의 포드가 움직이고 있는데 그중 하나인 'configmap-deployment-79c9f669cd-fx2ps'에 로그인해 봅시다. 다음 명령을 실행합니다. 그러면 프롬프트가 바뀌면서 포드 안에서 Bash를 실행시키고 있는 상태가 될 것입니다.

```
$ kubectl exec -it configmap-deployment-79c9f669cd-fx2ps /bin/bash
root@configmap-deployment-79c9f669cd-fx2ps:/#
```

먼저 환경변수를 확인합니다. 컨피그맵에서 설정한 'PROJECT_ID'에 'hello-kubernetes'가 설정되어 있다는 것을 알 수 있습니다.

```
# env | grep PROJECT_ID
PROJECT_ID=hello-kubernetes
```

계속해서 마운트한 디렉토리를 확인합니다. 다음 명령을 실행하면 /etc/config에 컨피그맵의 ui.ini 파일이 전개되어 있다는 것을 알 수 있습니다.

```
# ls /etc/config/
ui.ini
# cat /etc/config/ui.ini
; 설정 파일의 예
[UI]
color.top = blue
text.size = 10
```

똑같은 방법으로 남은 두 개의 포드도 확인해 봅시다. 모두 똑같이 환경변수와 파일이 마운트되어 있다는 것을 알 수 있습니다. 이것으로 포드가 수평 스케일되어도 애플리케이션의 설정 정보는 컨피그맵으로 모아서 관리할 수 있기 때문에 이식성이 올라갑니다. 또 설정 누락 등 환경에 의존하는 문제를 줄일 수도 있습니다.

컨피그맵을 포드에서 참조할 때는 모든 포드를 작성하기 전에 컨피그맵을 먼저 작성해야 합니다. 컨피그맵이 참조되지 않으면 포드가 정상적으로 움직이지 않으므로 주의하기 바랍니다.

- [참고] Configure a Pod to Use a ConfigMap - Kubernetes
  https://kubernetes.io/docs/tasks/configure-pod-container/configure-pod-configmap/

확인이 끝났으면 다음 명령을 사용하여 리소스를 모두 삭제합니다.

```
$ kubectl delete -f ConfigMap/
```

비밀번호와 키 관리

보통 애플리케이션은 다른 시스템을 호출하여 사용하는 API 키나 데이터베이스에 연결하기 위한 ID/비밀번호, TLS에 필요한 키와 인증서 등과 같은 기밀 데이터를 다룹니다.

쿠버네티스에서 기밀 정보를 관리할 때는 시크릿(Secrets) 리소스를 사용합니다. 시크릿의 구조는 컨피그맵과 매우 비슷합니다(그림 6.19). 하지만 컨피그맵은 데이터가 플레인 텍스트로 저장되지만 시크릿은 etcd 안에서 암호화된 상태로 관리되는 등 몇 가지 차이가 있습니다.

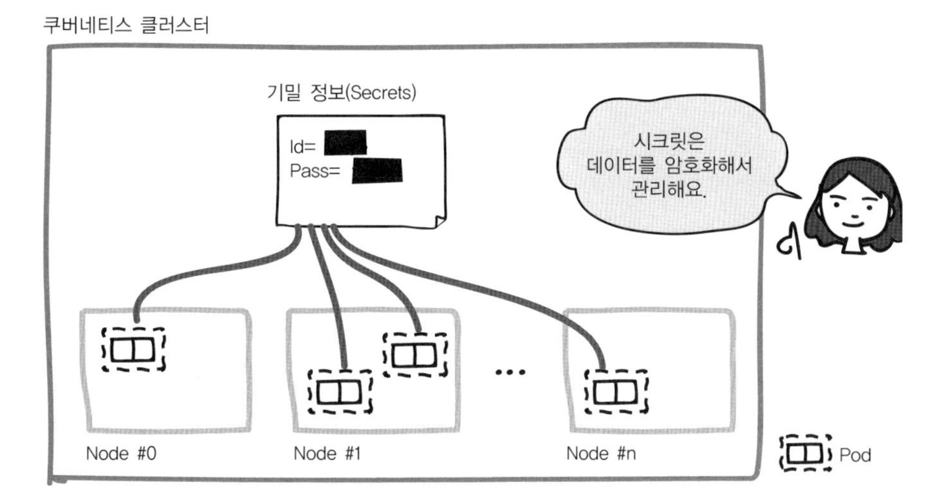

[그림 6.19] 시크릿(Secrets)

① 쿠버네티스의 매니페스트 파일을 작성하기

시크릿을 작성하는 방법은 몇 가지 있지만 여기서는 매니페스트 파일로 작성해 봅시다. 예를 들어 id와 key를 기밀 정보로서 관리하는 경우를 생각해 보겠습니다.

[리스트 6.18]은 'api-key'라는 이름의 시크릿을 정의하는 매니페스트 파일입니다. [kind] 필드를 'Secret'으로 합니다.

[리스트 6.18] chap06/Secrets/secrets.yaml

```
# [1] 기본 항목
apiVersion: v1
kind: Secret
metadata:
  name: api-key
type: Opaque

# [2] Secret으로 설정할 데이터
data:
  id: ZGJ1c2Vy
  key: YUJjRDEyMw==
```

[type] 필드는 기밀 정보의 종류를 나타내는데, [표 6.4]와 같은 설정을 할 수 있습니다.

[표 6.4] **[type] 필드에 설정할 수 있는 값**

설정 값	설명
type: Opaque	일반적인 기밀 정보
type: kubernetes.io/tls	TLS 정보
type: kubernetes.io/dockerconfigjson	Docker Registry 정보
type: kubernetes.io/service-account-token	Service Account 정보

기밀 정보로서 전달하고 싶은 데이터는 [data] 필드에 설정합니다. 데이터는 Key-Value형으로 지정하고 값은 base64로 인코딩한 것을 사용합니다. 이것이 컨피그맵과는 크게 다른 점입니다. 여기서는 [표 6.5]의 값을 설정하고 있습니다.

[표 6.5] **secrets.yaml의 [data] 필드**

설정 값	값	base64 인코딩
id	dbuser	ZGJ1c2Vy
key	aBcD123	YUJjRDEyMw==

다음 명령을 실행하여 시크릿을 작성합니다.

```
$ kubectl apply -f Secrets/secrets.yaml
secret/api-key created
```

NOTE base64 인코딩

시크릿에 저장하는 기밀 정보는 base64로 인코딩할 필요가 있습니다. 예를 들어 'dbuser' 라는 문자열을 인코딩할 때는 다음 명령을 실행합니다.

```
$ echo -n "dbuser" | base64
ZGJ1c2Vy
```

설정한 값은 다음 명령으로 확인합니다. 컨피그맵과는 달리 설정한 값은 표시되지 않고 크기만 표시되는 것을 알 수 있습니다.

```
$ kubectl describe secrets api-key
Name:         api-key
Namespace:    default
Labels:       <none>
Annotations:
Type:         Opaque
Data
====
id:           6 bytes
key:          7 bytes
```

② 기밀 정보 파일을 마운트하기

컨피그맵과 마찬가지로 기밀 정보도 파일로서 마운트할 수 있습니다. 예를 들어 어떤 애플리케이션에서 apl.crt를 인증 정보로 이용하고 있다고 합시다. 이것을 시크릿으로 만들어 컨테이너에서 이용할 수 있도록 하려면 다음 명령을 실행합니다. 파일 경로 및 파일명은 --from-file 옵션으로 지정합니다. 여러 개의 파일이 있는 경우는 디렉토리로 지정할 수 있습니다. 이 예에서는 'key' 디렉토리 아래에 있는 설정 파일을 모아서 'apl-auth'라는 이름의 시크릿으로 등록하고 있습니다.

```
$ kubectl create secret generic apl-auth --from-file=Secrets/key/
secret/apl-auth created
```

다시 시크릿 목록을 확인해 봅시다. 'api-auth'라는 이름의 시크릿이 작성되어 있다는 것을 알 수 있습니다.

```
$ kubectl get secrets
NAME        TYPE      DATA    AGE
api-key     Opaque    2       1m
apl-auth    Opaque    1       16s
```

이것으로 두 개의 시크릿이 만들어졌습니다.

시크릿의 매니페스트 파일은 Git과 같은 버전 관리 시스템에 저장하는 것을 피하기 바랍니다. 실수로 퍼블릭한 리포지토리에 푸시하면 정보가 유출될 가능성이 있습니다.

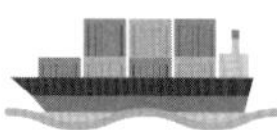

Secrets 값 참조

포드의 애플리케이션에서 시크릿의 값을 참조할 때는 컨피그맵과 비슷합니다.

① 환경변수로서 전달하기

시크릿의 값을 환경변수로 전달할 때는 [containers] – [env] 필드를 사용합니다. 시크릿의 경우는 [valueFrom] – [secretKeyRef]로 하여 거기서 참조하고 싶은 이름을 [name] 필드에, 키를 [key] 필드에 설정합니다.

[리스트 6.19]는 'api-key'라는 이름으로 작성한 시크릿으로부터 'id'와 'key'를 각각 환경변수 SECRET_ID와 SECRET_KEY에 설정하는 예입니다.

[리스트 6.19] chap06/Secrets/deployment.yaml

```
# [3] Pod 템플릿
template:
   ~중략~
  spec:
    containers:
    ~중략~
      env:
```

```
        # Secrets를 환경변수에 설정
        - name: SECRET_ID
          valueFrom:
            secretKeyRef:
              name: api-key
              key: id
        - name: SECRET_KEY
          valueFrom:
            secretKeyRef:
              name: api-key
              key: key
```

② Volume으로서 마운트하기

시크릿을 파일로서 마운트하려면 [containers] – [volumeMounts] 필드를 설정합니다. [리스트 6.20]은 좀 전에 설정한 'app-config'라는 이름의 컨피그맵을 컨테이너의 /etc/secrets/에 마운트하는 예입니다.

[리스트 6.20] chap06/Secrets/deployment.yaml

```
# [3] Pod 템플릿
template:
   ~중략~
  spec:
    containers:
    ~중략~
      env:
      # Secrets의 마운트 설정
      volumeMounts:
        - name: secrets-volume
          mountPath: /etc/secrets
          readOnly: true

    # Secrets의 볼륨 마운트
    volumes:
      - name: secrets-volume
        secret:
          secretName: apl-auth
```

실제로 디플로이먼트에서 포드를 디플로이하여 움직임을 확인해 봅시다. 다음 명령을 실행하여 디플로이먼트 리소스를 작성하고 포드 목록을 확인합니다.

```
$ kubectl apply -f Secrets/deployment.yaml
deployment.apps/secret-deployment created

$ kubectl get pod
NAME                                  READY    STATUS     RESTARTS    AGE
secret-deployment-6b8658cb7f-hc7t4    1/1      Running    0           9s
secret-deployment-6b8658cb7f-k7s59    1/1      Running    0           19s
secret-deployment-6b8658cb7f-mftv5    1/1      Running    0           7s
```

세 개의 포드가 기동되어 있는데 그중 하나에 로그인해 봅시다. 다음 명령을 실행합니다. 그러면 프롬프트가 바뀌고 포드 안에 Bash를 실행시킨 상태가 됩니다.

```
$ kubectl exec -it secret-deployment-6b8658cb7f-hc7t4 /bin/bash
root@secret-deployment-6b8658cb7f-hc7t4:/#
```

먼저 환경변수를 확인합니다. 시크릿에서 설정한 SECRET_ID와 SECRET_KEY에 값이 설정되어 있는 것을 알 수 있습니다.

```
# env | grep SECRET*
SECRET_ID=dbuser
SECRET_KEY=aBcD123
```

계속해서 마운트한 디렉토리를 확인합니다. 다음 명령을 실행하면 /etc/secrets에 시크릿의 apl.crt 파일이 전개되어 있는 것을 알 수 있습니다.

```
# ls /etc/secrets/
apl.crt
```

마운트된 기밀 정보가 들어 있는 디렉토리의 상태를 확인해 봅시다. 다음 명령을 실행하면 /etc/secrets가 tmpfs로 되어 있는 것을 알 수 있습니다. 이것은 이 폴더가 디스크가 아니라 메모리상에 전개되어 있다는 것을 뜻합니다.

```
# cat /etc/mtab | grep /etc/secrets
tmpfs /etc/secrets tmpfs ro,relatime 0 0
```

같은 방법으로 나머지 두 개의 포드도 확인해 봅시다. 모두 똑같은 환경변수와 파일 마운트가 일어난 것을 알 수 있습니다.

시크릿은 애플리케이션 안에서의 참조뿐만 아니라 TLS에 필요한 정보나 컨테이너 이미지를 취득할 때의 프라이빗 레지스트리의 인증 정보를 받아 전달하는 데에도 사용됩니다.

참조 제11장 '서비스 계정(Service Account)' p.306

확인이 끝났으면 다음 명령을 실행하여 리소스를 모두 삭제하기 바랍니다.

```
$ kubectl delete -f Secrets/
```

이것으로 기본편은 모두 끝났습니다. 지금까지 이용한 환경을 모두 삭제하려면 다음 명령을 실행하여 작성한 ACR과 AKS 리소스 그룹을 삭제합니다.

```
$ ACR_RES_GROUP=<임의로 설정한 ACR 리소스 그룹>
$ az group delete --resource-group $ACR_RES_GROUP
$ AKS_RES_GROUP=<임의로 설정한 AKS 리소스 그룹>
$ az group delete --resource-group $AKS_RES_GROUP
```

또 작성한 서비스 프린서플도 삭제해 둡시다.

```
$SP_NAME=<임의로 설정한 서비스 프린서플명>
$az ad sp delete --id=$(az ad sp show --id http://$SP_NAME --query appId
➡ --output tsv)
```

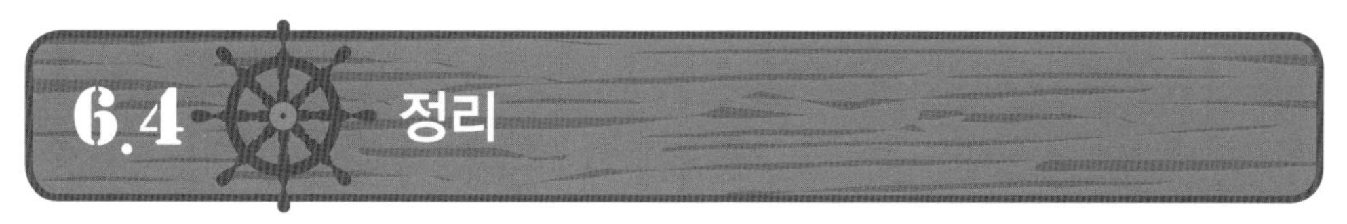

6.4 정리

이 장에서는 컨테이너 애플리케이션을 디플로이하기 위한 리소스인 '디플로이먼트(Deployment)'에 대해 설명을 했습니다.

- 버전업의 개념
- 매니페스트 파일의 작성 방법
- 롤링 업데이트의 구조
- 블루/그린 디플로이먼트

또 분산 환경에서 컨테이너 애플리케이션의 Config 정보나 기밀 정보를 관리하는 컨피그맵과 시크릿에 대해서도 설명했습니다.

다들 어렵다고 하는 쿠버네티스이지만 기본이 되는 개념을 제대로 이해해 두면 전체상이 보일 것입니다. 그 다음은 공식 도큐먼트나 API 레퍼런스를 확인하면서 손을 움직여 가는 것뿐입니다.

이후 장에서는 실전편으로 쿠버네티스 내부의 구조나 시스템 전체의 가용성 및 확장성 등의 관점에서 인프라스트럭처에 한 발 다가가 자세히 살펴보겠습니다. 익숙해질 때까지는 좀 어렵겠지만 그 후에는 분명 보람이 있을 것입니다. 피할 수 없다면 즐기기 바랍니다!

CHAPTER 07

아키텍처와 설계 원칙

기본편에서는 쿠버네티스의 기본적인 사용법과 구조를 배웠습니다. 지금부터는 실전편으로서 쿠버네티스 환경을 설계, 구축, 운용하는 데 있어서 신경 써야 할 부분과 이해해 두어야 할 다섯 가지 관점(가용성, 확장성, 유지보수성, 리소스 분리, 관측가능성)에 대해 설명하겠습니다.

다섯 가지 관점에 들어가기 전에 먼저 이 장에서 쿠버네티스의 아키텍처와 설계 원칙을 소개하겠습니다. 쿠버네티스와 그 주변 구성 요소는 애플리케이션부터 인프라스트럭처까지 다양한 분야에 걸쳐 있어서 쉽게 이해하기 힘든 부분이 많습니다. 하지만 그 깊은 세계에서 미아가 되었다고 하더라도 기본 구조와 원칙으로 되돌아가면 쉽게 이해할 수 있고 문제가 해결되는 경우가 있습니다. 더 깊이 들어가기 전에 기본이 설 자리를 다져 만들어 봅시다.

※ 이 장은 샘플 및 환경 구축 코드가 없습니다.

7.1 쿠버네티스의 아키텍처

기본편에서 잠깐 설명했듯이 쿠버네티스는 API Server, Scheduler, kubelet 등 여러 개의 컴포넌트로 이루어진 집합체입니다(그림 7.1). 이것들은 사용자의 애플리케이션이나 데이터와는 구별하여 컨트롤 플레인(control plane)이라고 합니다.

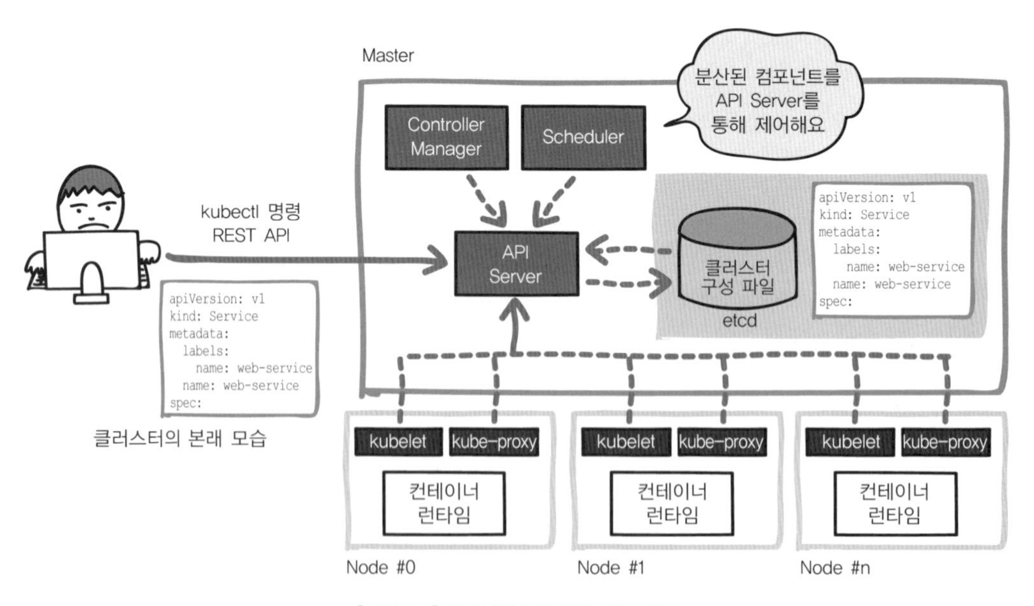

[그림 7.1] 쿠버네티스의 주요 컴포넌트

아래 컴포넌트는 마스터 위치에 있습니다.

- API Server
- Scheduler
- Controller Manager
- etcd (Master에서 분리할 수도 있다)

그리고 각 노드에서는 주로 포드나 네트워크 환경을 관리하는 컴포넌트가 움직입니다.

- kubelet
- kube-proxy
- 컨테이너 런타임(Docker, containerd, rkt 등)

또 애드온 컴포넌트는 포드로서 움직입니다. 다음은 대표적인 애드온 컴포넌트입니다.

- 대시보드
- DNS
- Ingress Controller
- 감시용 에이전트(Prometheus Node Exporter, Microsoft OMS Agent 등)

애드온 컴포넌트는 주로 Namespace kube-system에서 움직입니다. 기본편에서 이미 살펴봤으므로 기억하고 있을지도 모르지만 배치 상황이라는 관점에서 다시 살펴봅시다. 다음은 Azure Kubernetes Service(AKS)의 예입니다.

```
$ kubectl get pod -n kube-system -o custom-columns=Pod:metadata.name,Node:spec.nodeName
Pod                                                             Node
addon-http-application-routing-default-http-backend-b8f5bcs6k8s aks-agentpool-28313266-1
addon-http-application-routing-external-dns-6d598d9699-pqwg7    aks-agentpool-28313266-0
addon-http-application-routing-nginx-ingress-controller-864dvtt aks-agentpool-28313266-0
azureproxy-57b7c7b896-q6cxj                                     aks-agentpool-28313266-1
heapster-5f7c7df649-9kg28                                       aks-agentpool-28313266-1
kube-dns-v20-58bc8dcd9f-8ll7k                                   aks-agentpool-28313266-1
kube-dns-v20-58bc8dcd9f-r7bq6                                   aks-agentpool-28313266-0
kube-proxy-2x95f                                                aks-agentpool-28313266-0
kube-proxy-xdp28                                                aks-agentpool-28313266-1
kube-svc-redirect-4q5t2                                         aks-agentpool-28313266-1
kube-svc-redirect-852ct                                         aks-agentpool-28313266-0
kubernetes-dashboard-586bf9bc58-k22cf                           aks-agentpool-28313266-0
omsagent-p7gg4                                                  aks-agentpool-28313266-0
omsagent-rs-f4db58545-jd2kl                                     aks-agentpool-28313266-1
```

```
omsagent-z47fk                                        aks-agentpool-28313266-1
tunnelfront-68bd78ff68-bgp92                          aks-agentpool-28313266-0
```

애드온 컴포넌트의 포드는 마스터가 아니라 포드에 배치됩니다. 기본편에서도 잠깐 다뤘지만 노드에서는 자신이 디플로이한 애플리케이션 외에도 이러한 포드들이 움직이고 있으므로 항상 의식하기 바랍니다.

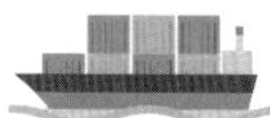

인프라스트럭처와의 관계

가용성이나 확장성을 고려하는 데 있어서 쿠버네티스의 각 컴포넌트와 그것들이 배치되는 인프라스트럭처와의 관계를 이해할 필요가 있습니다. 가장 중요한 요소는 마스터나 노드의 실체인 서버입니다. 구축은 물리 서버, 가상 서버를 가리지 않습니다. [그림 7.2]는 전형적인 배치 예입니다.

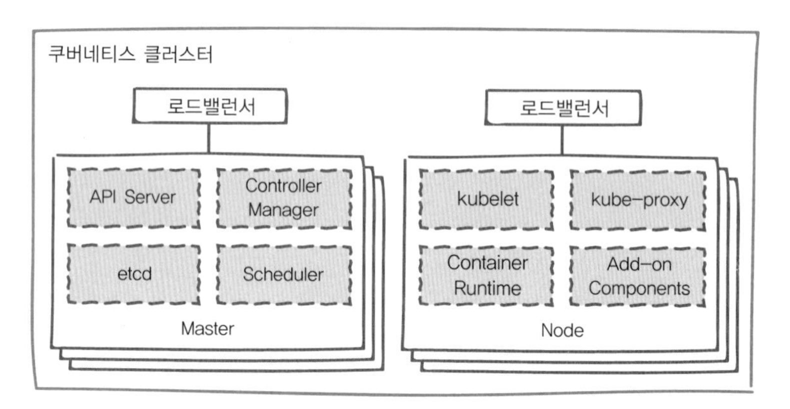

[그림 7.2] 쿠버네티스 컴포넌트와 인프라스트럭처의 관계

특성이 다른 마스터와 노드를 분리하여 여러 대의 서버로 구성합니다. 또한 로드밸런서를 사용하여 가용성과 확장성을 향상시킵니다.

마스터군용 로드밸런서는 쿠버네티스의 외부에 구성하여 API Server에 대한 액세스를 분산시킵니다.

한편 노드군용 액세스의 분산에는 쿠버네티스의 컨트롤 플레인과 연동하는 다양한 선택지가 있습니다. AKS를 이용한 기본편의 실습에서는 Type이 LoadBalancer인 서비스를 작성했습니다. 실제는 서비스로서 Azure Load Balancer를 설정하여 액세스를 분산시켰던 것입니다.

또 컨트롤 플레인의 데이터스토어인 etcd는 마스터에 배치하는 것이 일반적이지만 필수 조건은 아닙니다. 마스터에서 분리할 수도 있습니다.

이용할 클라우드 프로바이더나 제품에 따라 서버의 구축 기술은 다양합니다. 서버를 연결하는 네트워크, 데이터를 저장하는 데이터스토어도 다양합니다. 하지만 쿠버네티스 컴포넌트와 그러한 인프라스트럭처의 매핑은 기본적으로 똑같습니다. 이후의 내용을 쉽게 이해하려면 이 매핑을 기억해 두기 바랍니다.

7.2 쿠버네티스의 설계 원칙

기본편에서 Immutable Infrastructure, 선언적 설정, 자기 복구라는 쿠버네티스의 세 가지 개념을 소개했습니다. 쿠버네티스 커뮤니티는 이 개념을 설계에 반영하도록 그 원칙을 공개하고 있습니다.

- Kubernetes Design and Architecture
  https://github.com/kubernetes/community/blob/master/contributors/design-proposals/architecture/architecture.md
- Design Principles
  https://github.com/kubernetes/community/blob/master/contributors/design-proposals/architecture/principles.md

그 중에서도 특히 Design Principles의 Architecture 항목은 쿠버네티스의 아키텍처를 이해하는 데 도움이 됩니다. 요점은 다음과 같습니다.

- API Server만이 데이터스토어(etcd)를 다룬다.
- 부분적인 서버 장애가 클러스터 전체의 다운으로 이어지지 않도록 한다.
- 각 컴포넌트에 대한 지시를 잃어버려도 최근의 지시를 바탕으로 처리를 계속할 수 있도록 한다.
- 각 컴포넌트는 관련된 설정이나 상태를 메모리에 저장하지만 영구화는 API Server를 통해 데이터스토어(etcd)에서 한다.
- 사용자나 다른 컴포넌트가 오브젝트를 변화시킨 것을 감지할 수 있도록 컴포넌트는 API Server를 워치한다.
- API Server에서 폴링하는 것이 아니라 각 컴포넌트가 자율적으로 워치한다.

Reconciliation Loops와 레벨 트리거 로직

각 컴포넌트가 '본래 되어 있어야 할 모습과 차이가 없는지'를 API Server에게 조회하는 것은 기본편에서 설명한 그대로입니다. 이 개념을 Reconciliation Loops라고 합니다. 한글 번역이 아직 확립되지 않았기 때문에 영어 그대로 표현하고 있지만 Reconciliation이라는 말에는 대조, 조회라는 뉘앙스가 있습니다(그림 7.3). API Server에 조회하여 현재 상태와의 차이를 체크하는 루프를 떠올리면 좋을 것입니다.

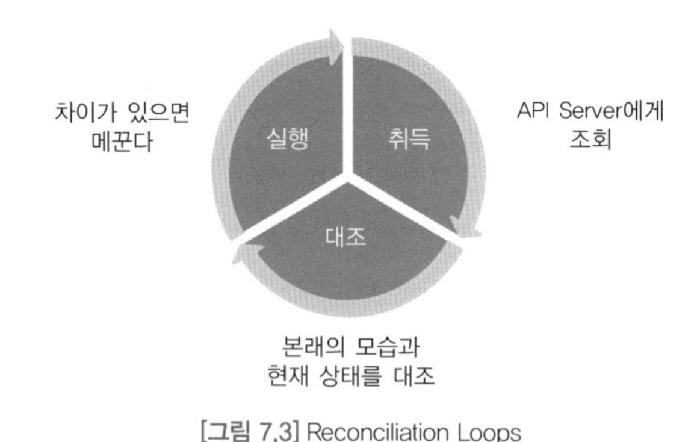

[그림 7.3] Reconciliation Loops

가령 오브젝트의 변화를 이벤트로서 API Server로부터 푸시로 전달하는 구조가 있다고 합시다. 이것은 전자공학 분야에서 사용하는 엣지 트리거와 비슷합니다(그림 7.4).

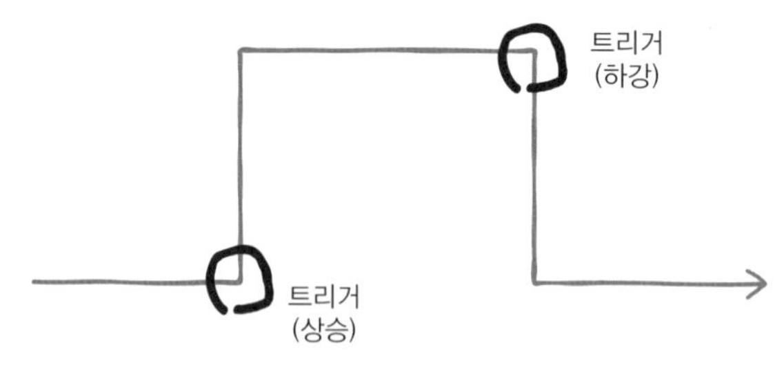

[그림 7.4] 엣지 트리거

이 로직의 문제는 변화 트리거와 변화 내용을 받는 쪽이 캐치하지 못한 경우의 감지와 리커버리입니다.

높은 가용성과 확장성을 실현하고 싶은 경우 쿠버네티스는 여러 대의 서버에 컴포넌트를 배치할 수 있습니다. 소위 분산 시스템이라는 것입니다. 분산된 서버는 네트워크로 연결되어 통신합니다.

분산 시스템의 설계와 운용은 예외 처리와의 싸움이기도 합니다. 네트워크가 끊어질지도 모릅니다. 서버의 부하가 일시적으로 올라가서 기대하는 시간 안에 응답이 되돌아오지 않을지도 모릅니다.

노드 상의 kubelet과 마스터 상의 API Server가 통신을 못하게 되는 경우를 상상해 보기 바랍니다. API Server가 기점인 엣지 트리거 로직을 선택한다고 가정하면 API Server에는 오브젝트의 변화 이벤트가 발생할 때마다 분산된 컴포넌트의 상태를 관리하고 계속 푸시, 폴링을 하는 장치가 필요합니다. 왜냐하면 지시한 변경 내용이 반영되었는지를 확인해야 하기 때문입니다. 컴포넌트의 종류나 수가 늘어나면 API Server도 비대해집니다. API Server를 거치지 않고 컴포넌트끼리 직접 통신을 하자는 아이디어도 있지만 컴포넌트간의 연결 수는 곱으로 증가하므로 더욱 복잡해집니다.

한편 변화시키고 싶은 어느 쪽의 레벨이나 상태를 유지하고 계속 확인을 하면 어떻게 될까요? 일시적인 통지인 엣지 트리거와는 달리 놓쳤다 하더라도 결국은 변화를 알아차리게 됩니다. 이것이 레벨 트리거 로직입니다(그림 7.5).

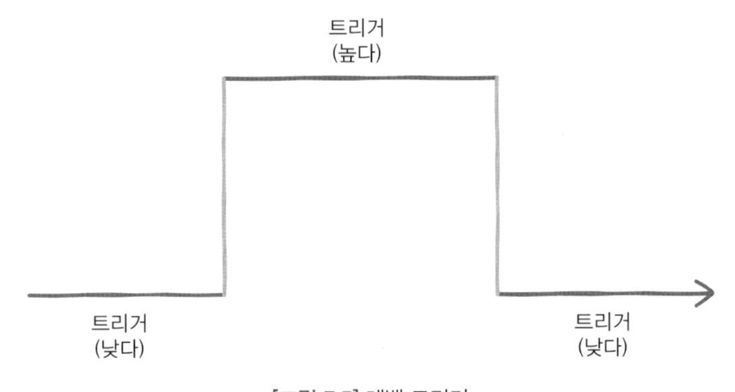

[그림 7.5] 레벨 트리거

쿠버네티스는 컴포넌트의 변화를 감지하고 적용하는 데 이 개념을 채택하고 있습니다. 이벤트만으로 제어하는 것이 아니라 상태를 계속 확인하는 것입니다.

이제 쿠버네티스의 실제 예로서 리플리카셋의 리플리카 수를 증감시키는 경우를 생각해 봅시다. 현재 리플리카 수는 2인데 4로 늘린 후 다시 3으로 줄인다는 시나리오입니다.

엣지 트리거로 변화량을 전달하는 경우는 다음 두 단계를 밟습니다.

(1) 2를 더한다. 성공 (본래 모습 4, 현재 상태 4)
(2) 1을 뺀다. 성공 (본래 모습 3, 현재 상태 3)

하지만 가령 스텝 1이 실패했는데 다음 스텝으로 진행되었다면 어떻게 될까요?

(1) 2를 더한다, 실패 (본래 모습 4, 현재 상태 2)
(2) 1을 뺀다, 성공 (본래 모습 3, 현재 상태 1)

본래 모습과 현재 상태가 일치하지 않습니다. 한편 레벨 트리거의 경우를 살펴봅시다.

(1) 4로 만든다 (본래 모습 4, 현재 상태 4)
(2) 3으로 만든다 (본래 모습 3, 현재 상태 3)

스텝 1에서 실패를 해도 마지막으로 지정한 3으로 됩니다. 이벤트를 취득하지 못한 경우라도 정의한 리플리카 수가 되는 것을 알 수 있습니다.

효율의 관점에서는 엣지 트리거 로직이 효율적인 경우도 있지만 쿠버네티스는 레벨 트리거를 채택하고 있습니다.

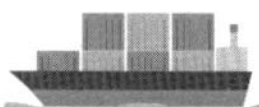

API의 watch 옵션

쿠버네티스의 Reconciliation Loops를 실현하는 장치 중 하나가 API의 watch 옵션입니다. API Server에 대해 watch 옵션을 붙여 API를 호출하면 오브젝트의 변화를 취득할 수 있습니다. 지정에는 쿼리 파라미터를 사용합니다.

```
GET <API Server>/api/v1/<object>?watch=true
```

쿠버네티스의 각 컴포넌트는 API Server의 클라이언트로서 이 옵션을 사용하여 변화를 감지합니다.

kubectl get 명령을 사용하면 그 동작을 알 수 있습니다. 앞으로 작성에 시간이 걸리는 오브젝트를 만들 기회가 있다면 작성 중에 대상 오브젝트를 '--watch (-w)' 옵션을 붙여 get해 보기 바랍니다.

예를 들어 Type이 LoadBalancer이고 EXTERNAL-IP를 갖고 있는 서비스 'azure-myapp-front'를 작성한다고 합시다. EXTERNAL-IP의 할당에는 조금 시간이 걸리므로 좋은 예입니다. 작성 후에 -w 옵션으로 워치합니다.

```
$ kubectl get svc azure-myapp-front -w
NAME                TYPE           CLUSTER-IP    EXTERNAL-IP   PORT(S)        AGE
azure-myapp-front   LoadBalancer   10.0.138.74   <pending>     80:30915/TCP   15s
[대기]
azure-myapp-front   LoadBalancer   10.0.138.74   13.78.26.75   80:30915/TCP   1m
[대기]
```

서비스의 작성과 kubectl get 명령을 실행한 직후는 EXTERNAL-IP가 아직 할당되지 않기 때문에 〈pending〉 상태로 결과가 출력됩니다. 그 후 명령은 대기 상태에 들어갑니다. EXTERNAL-IP가 할당되면 그 이벤트를 감지하고 결과를 출력합니다. 그리고 다시 대기 상태에 들어갑니다. 이것이 watch 옵션의 동작입니다.

이벤트 체인

watch 옵션은 오브젝트 사이에 의존 관계가 있는 경우에도 유용한 장치입니다. 디플로이먼트를 예로 살펴보겠습니다. 디플로이먼트는 리플리카셋과 그 실체인 포드와 의존 관계를 갖고 있으므로 좋은 예입니다.

먼저 Controller Manager부터 설명하겠습니다. Controller Manager는 개념 설명에서는 하나로 표현되는 경우가 많지만 실제로는 다양한 컨트롤러의 집합체입니다. 다음은 대표적인 컨트롤러입니다.

- Deployment Controller
- ReplicaSet Controller
- Node Controller
- Service Controller

오브젝트의 특성에 맞는 컨트롤러가 있습니다. 각각의 컨트롤러는 API Server를 워치하고 오브젝트를 본래의 모습으로 변경 및 유지시킵니다.

디플로이먼트를 작성하는 경우 각 컴포넌트는 [그림 7.6]과 같은 관계를 가집니다.

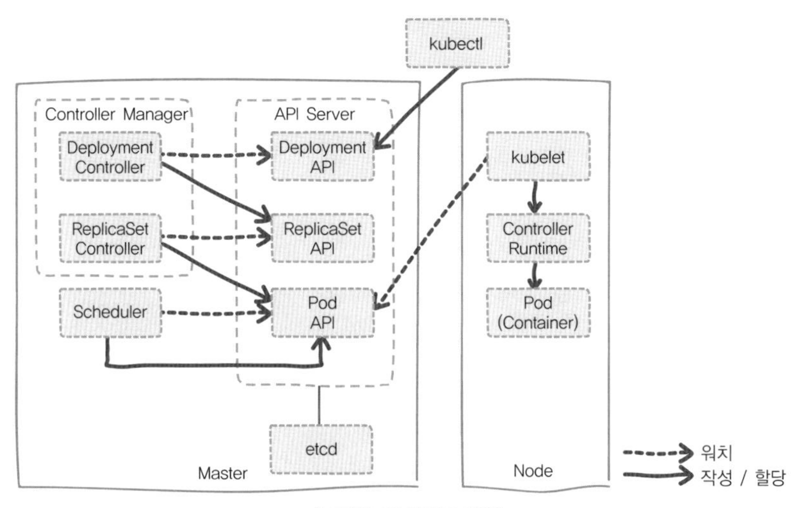

[그림 7.6] 이벤트 체인

디플로이먼트 컨트롤러와 리플리카셋 컨트롤러가 각각의 담당 오브젝트를 워치합니다. 동시에 스케줄러와 노드 상의 kubelet은 포드의 상태를 워치합니다.

이제 디플로이먼트 작성의 흐름을 살펴봅시다.

- kubectl에서 디플로이먼트를 작성하는 매니페스트를 apply
- kubectl이 디플로이먼트 API를 호출한다.
- 디플로이먼트 API가 디플로이먼트를 etcd에 저장한다.
- 디플로이먼트 API를 워치하고 있는 디플로이먼트 컨트롤러가 변화를 감지한다.
- 디플로이먼트 컨트롤러가 리플리카셋 API를 호출한다.
- 리플리카셋 API가 리플리카셋을 etcd에 저장한다.
- 리플리카셋 API를 워치하고 있는 리플리카셋 컨트롤러가 변화를 감지한다.
- 리플리카셋 컨트롤러가 포드 API를 호출한다.
- 포드 API가 포드 etcd에 저장한다.
- 포드 API를 워치하고 있는 스케줄러가 변화를 감지한다.
- 스케줄러가 어떤 노드에 포드를 배치할지를 판단한다.
- 스케줄러가 포드 API를 호출하여 etcd 상의 포드 속성(배치 노드)을 갱신한다.
- 포드 API를 워치하고 있는 배치 노드의 kubelet이 변화를 감지한다.
- kubelet이 컨테이너 런타임에 포드 작성을 지시한다.
- 각 컴포넌트는 변화에 대비해 워치를 계속한다.

이와 같이 쿠버네티스에서는 여러 개의 루프가 동시에 움직이고 있습니다. 때문에 Reconciliation Loop가 아니라 'Loops'로 복수형으로 표현하는 것입니다.

또 이 일련의 흐름은 kubectl get events와 --watch (-w) 옵션을 사용하여 이벤트의 발생순으로 표시할 수 있습니다. 다음 결과는 디플로이먼트 'azure-myapp-front'를 작성할 때 별도의 터미널에서 미리 kubectl get events -w를 실행해 둔 예입니다.

```
$ kubectl get events -w
LAST SEEN  FIRST SEEN  COUNT   NAME                                                   KIND
➡SUBOBJECT                              TYPE     REASON                  SOURCE
➡MESSAGE
0s         0s          1       azure-myapp-front.153f43928138a6fe                     Deployment
➡                                       Normal   ScalingReplicaSet       deployment-controller
➡Scaled up replica set azure-myapp-front-7976b7dcd9 to 1
0s         0s          1       azure-myapp-front-7976b7dcd9.153f43928294d330          ReplicaSet
➡                                       Normal   SuccessfulCreate        replicaset-controller
➡Created pod: azure-myapp-front-7976b7dcd9-mf64q
0s         0s          1       azure-myapp-front-7976b7dcd9-mf64q.153f439284624d71 Pod
```

```
➡                                   Normal   Scheduled  d          efault-scheduler
➡Successfully assigned azure-myapp-front-7976b7dcd9-mf64q to aks-agentpool-28313266-0
0s        0s          1        azure-myapp-front-7976b7dcd9-mf64q.153f439290d3a2cf    Pod
➡                                   Normal   SuccessfulMountVolume kubelet,  aks-agentpool-28313266-0
➡ MountVolume.SetUp succeeded for volume "default-token-7gnh7"
0s        0s          1        azure-myapp-front-7976b7dcd9-mf64q.153f4392bc87dfc7    Pod
➡ spec.containers{azure-myapp-front}    Normal   Pulled                kubelet, aks-agentpool-28313266-0
➡ Container image "microsoft/azure-myapp-front:v1" already present on machine
0s        0s          1        azure-myapp-front-7976b7dcd9-mf64q.153f4392c4b88744    Pod
➡ spec.containers{azure-myapp-front}    Normal   Created               kubelet, aks-agentpool-28313266-0
➡ Created container
0s        0s          1        azure-myapp-front-7976b7dcd9-mf64q.153f4392cca07cfc    Pod
➡ spec.containers{azure-myapp-front}    Normal   Started               kubelet, aks-agentpool-28313266-0
➡ Started container
[대기]
```

쿠버네티스에서는 하나의 컴포넌트가 많은 역할이나 관심사를 가지지 않습니다. 심플하게 자신의 역할에 집중할 수 있도록 설계되어 있습니다. 각각의 목적으로 특화된 심플한 컴포넌트를 조합하여 전체의 목적을 실현합니다. 마이크로 서비스 아키텍처라고 부를 수 있을지도 모르겠습니다.

마이크로 서비스 아키텍처는 각각의 서비스를 심플하게 만들 수 있는 반면 다른 서비스에 대한 의존과 연결 상대가 많다는 것이 문제점입니다. 쿠버네티스에서 이 과제를 해결하는 방법 중 하나가 API Server에 대한 인터페이스 집약과 watch 옵션입니다.

API Server를 중심으로 레벨 트리거 로직을 바탕으로 한 Reconciliation Loops를 돌린다, 이것이 쿠버네티스의 설계 원칙입니다. '만일 어딘가에 이상이 생겨도 항상 본래의 모습으로 진정된다', 'API Server에서의 푸시, 폴링에 기대지 않고 각 컴포넌트가 자율적으로 조회한다'는 단순 명쾌한 폴리시가 이 원칙의 배경에 있습니다.

NOTE 쿠버네티스에 숨어 있는 UNIX 철학

Design Principles에서는 일반적인 원칙으로 Eric Raymond의 '17 UNIX Rules'를 들 수 있습니다. 하나의 목적을 잘 구사하는 기능, 심플하고 쉽게 알 수 있는 기능을 조합한다는 UNIX의 철학이 뿌리깊이 들어 있습니다.

쿠버네티스는 전 세계 개발자가 아이디어를 가지고 만들어진 선진적인 소프트웨어입니다. 역사가 깊은 UNIX 철학이 거기에 감춰져 있는 것은 재미있지 않습니까? 시대는 흘러도 보편적인 원칙은 빛이 바래지 않는 법입니다.

7.3 서비스와 제품의 구축

쿠버네티스는 오픈소스 소프트웨어이기 때문에 사용자나 업체는 Apache License 2.0에서 이용할 수 있습니다. 라이선스 관점에서는 사용자나 업체가 수정하여 이용, 재배포할 수 있습니다. 또 API가 준거되어 있는지를 설정하는 제한은 있지만 그 구축이나 인프라스트럭처에 제약은 없습니다. 다양성을 인정하고 있는 것입니다. 따라서 서비스나 제품을 사용하는 경우는 각각의 구축 방법을 의식하는 것이 중요합니다.

쿠버네티스 Conformance Partner

쿠버네티스에는 세 개의 인증 프로그램이 있습니다.

- KCSP(Kubernetes Certified Service Providers)
- KTP(Kubernetes Training Partners)
- Conformance Partner

KCSP는 쿠버네티스의 시스템 통합 능력이 있는 프로페셔널 서비스를 제공할 수 있다고 인증받은 업체입니다. KTP는 인증 트레이닝을 제공할 수 있는 업체를 가리킵니다. 그리고 Conformance Partner는 설정 테스트를 통과한 서비스나 제품을 갖고 있는 업체입니다. 클라우드 프로바이더의 매니지드 서비스, 소프트웨어 업체의 디스트리뷰션 등 다양한 서비스와 제품이 있습니다.

이런 업체는 아래 사이트에서 확인할 수 있습니다.

- Kubernetes Partners
  https://kubernetes.io/partners/

Conformance Partner의 설정 테스트 내용과 각 업체의 버전별 서비스, 제품의 테스트 결과도 공개되어 있습니다.

- Certified Kubernetes
  https://github.com/cncf/k8s-conformance

단, 테스트 내용으로도 알 수 있듯이 어디까지나 쿠버네티스의 사양에 준한다는 것을 인증하는 제도입니다. 구축이나 토대가 되는 인프라스트럭처는 업체에 맡깁니다.

쿠버네티스 컴포넌트를 독자적으로 개발하고 싶은 업체는 많지 않을 것입니다. 왜냐하면 쿠버네티스 컴포넌트를 독자적으로 만들어 버리면 변화가 심한 업스트림을 따라갈 수 없게 되기 때문입니다. 하지만 이를 지지하는 인프라스트럭처 자체나 인프라스트럭처를 조작하는 인터페이스와 툴, 추가 기능과의 통합은 각 업체별로 차별화되어 있습니다.

그리고 그 차이는 쿠버네티스 클러스터의 구축과 운용에 조금이나마 영향을 줍니다. 다음은 대표적인 예입니다.

- 쿠버네티스 클러스터를 포털이나 툴로 편하게 작성할 수 있다.
- 노드나 스토리지의 증감을 툴이나 API에서 동적으로 실행할 수 있다.
- 마스터나 노드의 컴포넌트, OS를 쉽게 업데이트할 수 있다.
- 쿠버네티스 클러스터 외부에 있는 로드밸런서나 DNS 등 추가 기능을 이용할 수 있다.
- 버전업을 할 때나 바쁠 때에 인프라스트럭처 리소스를 일시적으로 도입 또는 폐기할 수 있다.

이런 일이 가능한지 여부로 구축과 운용에 있어서 사용자의 부담이 크게 달라집니다. 이것이 업체별 특징을 의식해야 하는 이유입니다.

그렇다고 해서 이 책에서 각 업체의 지원 여부를 모두 소개할 여유는 없으므로 기본편에 이어 AKS를 참고로 이후 장을 설명하겠습니다. 쿠버네티스의 공통된 개념이나 구조를 이해한 후에 구체적인 예로서 AKS의 구축 방법을 소개하겠습니다.

다음과 같은 이유로 AKS가 쿠버네티스의 구축 레퍼런스로서 이 책의 콘셉트와 맞는다고 생각합니다.

- 쿠버네티스를 포크하지 않고 커뮤니티에서 개발하고 업스트림을 따라간다는 방침을 갖고 있다.
- 번잡한 구축이나 운용 작업의 부담을 경감시키고 싶어하는 사용자의 요구를 바탕으로 한 매니지드 서비스이다.
- 매니지드 서비스를 사용하는 경우의 가시/비가시의 경계선이 참고가 된다.
- 노드나 네트워크, 스토리지에 가시성이 있어 블랙박스가 아니다.

쿠버네티스 클러스터에 필요한 인프라스트럭처

구축 설명에 들어가기 전에 쿠버네티스 클러스터에 필요한 인프라스트럭처의 요소를 정리하고 어떤 작업이 필요한지를 이해해 둡시다.

먼저 필요한 요소는 다음과 같습니다.

- 서버(마스터/노드)
- 네트워크(노드간/포드간/로드밸런서)
- 각종 증명서
- 쿠버네티스 컴포넌트(바이너리)
- 쿠버네티스 설정 파일
- etcd 바이너리
- etcd 설정 파일

위의 대부분의 요소는 지금까지 다뤄왔기 때문에 설명이 필요 없을 것입니다. 처음 나오는 노드간/포드간 네트워크에 대해서만 간단히 설명하겠습니다.

쿠버네티스는 네트워크 사양이 규정되어 있지 않습니다. 다음 세 가지 조건을 만족하면 방식은 사용자나 업체가 선택할 수 있습니다.

- 포드간은 NAT 없이 통신할 수 있다.
- 노드와 포드간도 NAT 없이 통신할 수 있다.
- 포드 자신이 인식하고 있는 IP는 다른 포드에서 봐도 똑같다.

말하자면 포드에는 서버로 닫힌 프라이빗 IP를 할당할 수 없습니다. 기존의 도커 네트워킹 모델에서 일반적이었던 프라이빗 네트워크와 NAT, 포트 매핑 조합과는 다른 접근 방식입니다.

서버로 닫힌 프라이빗 네트워크를 만들어 컨테이너를 가두는 이점은 많습니다. 다른 네트워크와 주소의 중복을 신경 쓰지 않아도 되며, 대량의 컨테이너를 만들었을 때 스위치의 주소 학습 비용도 절감할 수 있습니다. 하지만 서버 외부와 통신하는 경우 변환이 필요합니다. 그 대표적인 것이 NAT와 포트 매핑입니다.

하지만 포트 매핑은 똑같은 프라이빗 네트워크의 컨테이너에서 사용하는 포드가 중복되지 않도록 컨트롤하는 것이 매우 힘듭니다. 예를 들어 포드 80이나 443은 하나의 컨테이너에만 매핑할 수 있습니다. 따라서 이런 일을 하지 않는다는 쿠버네티스의 방침도 이해할 수 있습니다.

쿠버네티스의 룰에 따르면 노드를 연결하는 네트워크뿐만 아니라 포드간의 네트워크도 검토해야 합니다. [그림 7.7]은 AKS에서 네트워크 플러그인으로서 kubenet을 선택한 경우의 예입니다. kubenet은 심플한 쿠버네티스 표준 플러그인입니다.

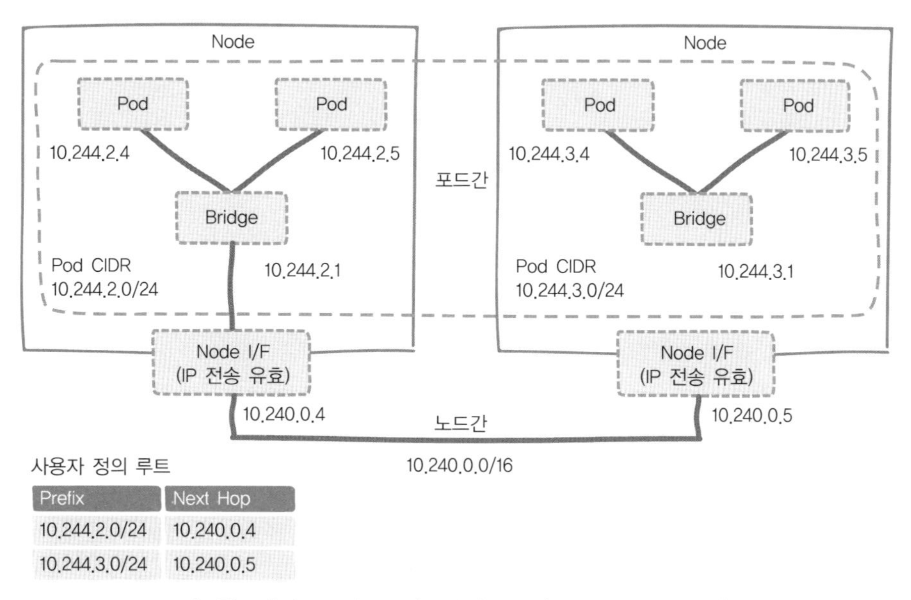

[그림 7.7] 각 노드의 포드에 도달하는 구조(AKS kubenet의 경우)

위 예에서는 노드를 연결하는 네트워크는 10.240.0.0/16입니다. Azure의 가상 머신의 NIC에는 이 범위의 IP를 할당합니다.

그 다음 포드의 네트워크 공간을 클러스터 전체에서 검토합니다. 이 공간을 바탕으로 노드별로 중복되지 않는 Pod CIDR을 할당합니다. 이 예에서는 두 개의 노드에 각각 10.244.2.0/24와 10.244.3.0/24를 할당하고 있습니다.

그리고 마지막 작업으로 노드를 걸쳐 포드간 통신을 하기 위해 사용자 정의 루트를 설정합니다. 이 사용자 정의 루트는 Azure SDN(Software Defined Networking)의 기능입니다.

사용자 정의 루트가 필요한 이유는 포드가 다른 노드 상의 포드와 통신을 할 때 노드간 네트워크를 통하기 때문입니다. 하지만 통신하고 싶은 포드 CIDR이 어떤 노드의 I/F에 있는지 모릅니다. 그래서 보낼 곳의 Prefix를 보고 해당 노드 I/F로 보내는 루트를 만듭니다. 해당 노드 I/F까지 도착하면 그 다음은 IP 전송과 브리징으로 포드에 전달됩니다.

이것은 kubenet 플러그인과 Azure SDN을 조합한 예이지만 그 외에도 많은 선택지가 있습니다. 예를 들어 CNI(Container Network Interface) 커뮤니티에서 사양화하고 있는 CNI 플러그인이 있습니다. CNI에는 Calico, Weave, Cilium이나 Azure SDN의 기능을 이어받은 것 등 다양한 플러그인이 있으며 네트워크 모델도 다양합니다. 이 책에서 각각의 플러그인을 다 다루지는 못하지만 쿠버네티스에서는 노드간뿐만 아니라 포드간 통신을 고려한 네트워크 장치가 필요하다는 것만은 이해해 두기 바랍니다.

쿠버네티스 클러스터 구축에 필요한 작업

이제 이러한 요소를 조합하여 클러스터를 작성하는 데 어떤 작업이 필요한지를 설명하겠습니다. 대강의 흐름은 다음과 같습니다.

- 노드간 네트워크 작성
- 마스터 서버의 작성
- 마스터 서버용 로드밸런서 작성
- 노드 서버의 작성
- 포드간 네트워크 작성
- 증명서 작성과 배포
- etcd 설정 파일의 작성과 배포
- etcd 시작
- 쿠버네티스 설정 파일의 작성과 배포
- 쿠버네티스 컴포넌트(바이너리)의 배포
- 쿠버네티스 컴포넌트의 시작
- 쿠버네티스 애드온 컴포넌트의 작성

수작업으로는 힘든 작업이지만 학습 목적이 아니라면 이 작업은 자동화해 주는 툴을 사용합니다. 여기서는 쿠버네티스 클러스터를 구성하는 요소와 필요한 작업이 많다는 것과 그것을 지원하기 위한 툴이 있다는 것을 이해하기만 하면 충분합니다.

NOTE Kubernetes the hard way

쿠버네티스는 구성 요소가 많고 현재도 계속 급격히 발전하고 있습니다. 구축이나 운용의 부하 경감을 위해 매니지드 서비스나 상용 제품을 사용하는 사용자가 많다는 인상을 갖고 있습니다. 가령 그런 것들을 채택하지 않는 경우라도 kubeadm이나 kops와 같은 툴을 사용할 것입니다.
사용자의 목적은 일반적으로 클러스터의 구축이나 유지가 아닙니다. 그 부하나 수고를 가능한 한 낮고 적게 만들고 싶은 것입니다. 유료 무료를 불문하고 사용할 수 있는 제품이나 툴은 활용하는 것이 좋습니다.
하지만 만일 그 구성 요소나 동작을 보다 더 깊이 이해하고 싶다는 목적이 있다면 수작업으로 클러스터를 만드는 방법이 있습니다. 바로 Kubernetes the hard way입니다. 굳이 hard way(힘든 방법)로 만들어 보자는 콘셉트입니다.
오리지널은 구글의 Kelsey Hightower가 작성하여 GitHub에 공개되어 있습니다. 전제 환경은 Google Cloud Platform입니다.

- **Kubernetes the hard way**
  https://github.com/kelseyhightower/kubernetes-the-hard-way

다른 플랫폼용에도 포크되어 있습니다. Azure용도 있습니다.

- **Kubernetes the hard way on Azure**
  https://github.com/ivanfioravanti/kubernetes-the-hard-way-on-azure

이 방법은 솔직히 '귀찮지만' 가상 머신이나 네트워크의 작성, 증명서의 작성과 배포, 쿠버네티스 컴포넌트 구성 파일의 작성과 배포, etcd의 작성 등 툴이 은폐하고 있는 내부 요소를 직접 접할 수 있습니다.
물론 이 방법으로 운용을 하고 싶지는 않을 것입니다. 하지만 쿠버네티스를 이해하는 데는 매우 유용합니다. 방법을 막연히 따라가는 것이 아니라 '왜 이 작업을 하고 있는지'를 의식하면서 도전해 보기 바랍니다. 그러면 얻는 것이 많을 것입니다.

AKS의 아키텍처와 Cloud Controller Manager

당연한 이야기이지만 AKS는 인프라스트럭처로 Azure를 사용하고 있습니다(그림 7.8).

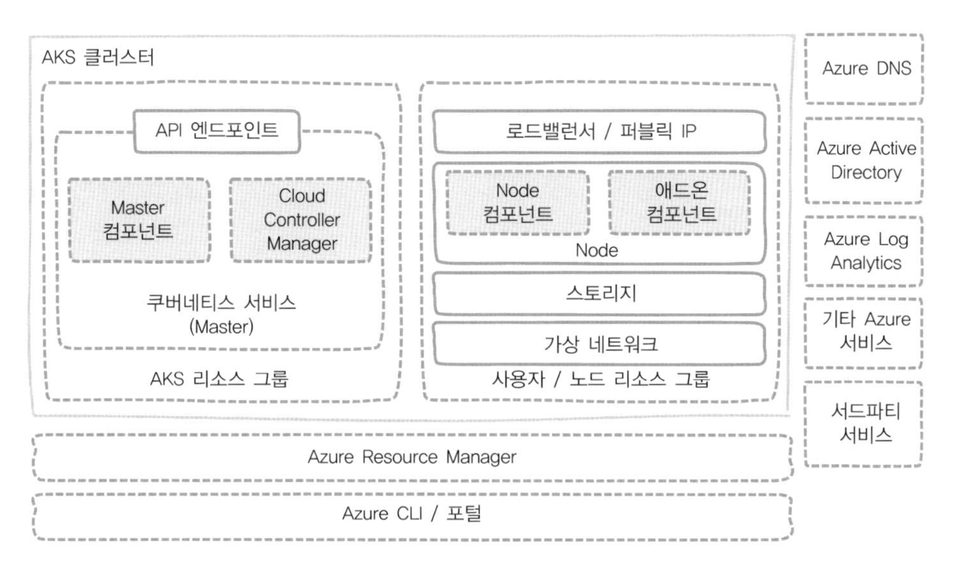

[그림 7.8] AKS의 구성 요소

가상 머신이나 네트워크, 스토리지 등 쿠버네티스의 토대가 되는 인프라스트럭처 리소스뿐만 아니라 Azure DNS나 인증 기반인 Azure Active Directory 등을 추가 기능으로 통합할 수도 있습니다.

Azure는 리소스를 묶는 논리적인 오브젝트인 '리소스 그룹'을 리소스 관리의 베이스로 하고 있습니다. CLI나 포털에서 AKS 클러스터를 작성하면 두 개의 리소스 그룹이 만들어집니다. AKS용 리소스 그룹과 노드용 리소스 그룹입니다. 사용자가 이미 작성한 다른 리소스 그룹에 있는 리소스를 연결할 수도 있습니다. 가상 네트워크가 그 대표 예입니다.

AKS 리소스 그룹에는 AKS의 논리적인 리소스 '쿠버네티스 서비스'가 배치됩니다. 가상의 마스터라고 생각하면 됩니다. AKS에 있어서 마스터는 매니지드 서비스이며, Azure에 의해 관리됩니다. 내부 리소스는 보이지 않습니다. 작성된 API 엔드포인트를 통해 쿠버네티스의 각종 조작을 합니다.

한편 노드 리소스 그룹에는 노드가 배치됩니다. 노드의 실체는 가상 머신입니다. 가상 머신을 작성하고 쿠버네티스 컴포넌트나 설정 파일을 배포하여 컴포넌트를 기동시킵니다.

AKS는 사용자/노드 리소스 그룹의 준비 완료를 기다린 후 서비스로서 자신의 상태를 성공(Succeeded)으로 만듭니다. 이것은 쿠버네티스 서비스 리소스의 '상태'에서 확인할 수 있습니다.

NOTE AKS-Engine

AKS 클러스터는 CLI나 포털에서 간단히 만들 수 있습니다. 매우 편리하지만 그 반면 안이 보이지 않아 블랙박스처럼 느껴집니다. 내부에서는 Azure Resource Manager에 대해 여러 가지 리소스 작성을 지시하는 템플릿이 실행되고 있습니다.
실제로 이 템플릿을 작성하는 애플리케이션이 오픈소스로 공개되어 있습니다. AKS-Engine 프로젝트입니다.

- AKS-Engine
  https://github.com/Azure/aks-engine

어떤 리소스가 어떤 파라미터로 작성되는지를 확인하기만 해도 참고가 됩니다. 또 GitHub 상에서 개발되고 있으며 코드나 논의를 볼 수도 있기 때문에 앞으로 AKS에 추가될 기능을 미리 만날 수 있을지도 모릅니다.
또 AKS에서 노드로서 작성되는 가상 머신은 어떤 버전의 AKS-Engine이 생성한 템플릿이 바탕이 되어 있는지 판별할 수 있도록 태그가 설정되어 있습니다. 가상 머신의 [태그] 메뉴에서 [aksengineVersion]을 확인해 보기 바랍니다.

Azure 리소스의 작성에는 Azure Resource Manager가 API를 공개하고 있어서 일괄적으로 이어 받습니다(그림 7.9). 클러스터 작성 시뿐만 아니라 작성 후에 CLI나 포털을 사용하여 노드의 수를 증감시킬 수도 있습니다. 이것은 CLI나 포털이 Azure의 API를 통해 가상 머신을 작성, 파기하여 네트워크 설정을 하고 있기 때문입니다.

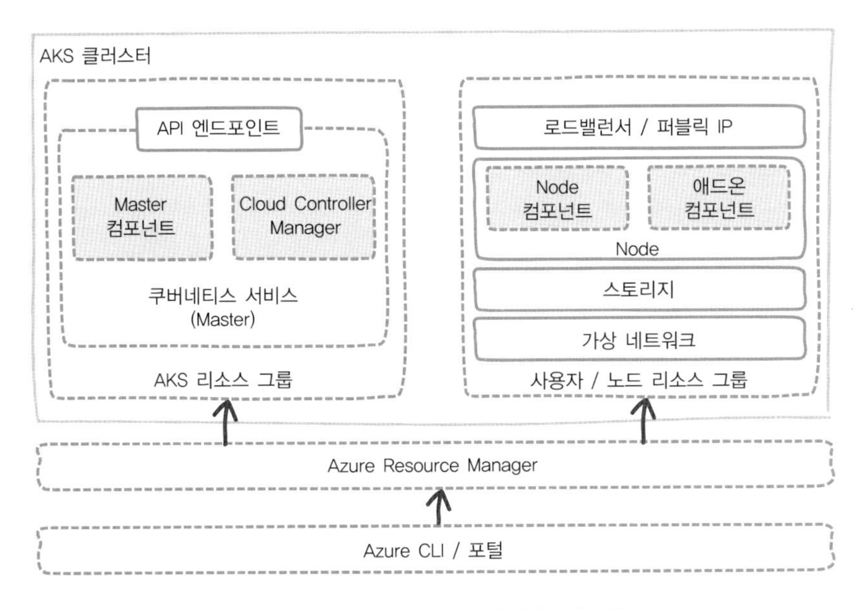

[그림 7.9] Azure 인프라스트럭처의 조작 흐름

또 사용자가 아니라 쿠버네티스가 Azure의 리소스를 조작하고 싶은 경우가 있습니다. 예를 들면 앞에서 소개한 서비스의 Type이나 LoadBalancer입니다. 쿠버네티스가 Azure의 API를 호출하여 Azure Load Balancer를 설정합니다.

그런데 이 기능을 쿠버네티스의 어떤 컴포넌트에게 맡겨야 할까요? 디플로이먼트나 리플리카셋과 마찬가지로 Controller Manager 아래에 배치해야 할까요?

클라우드 프로바이더는 클라우드 프로바이더에서 빠른 페이스로 서비스 개발을 하고 있습니다. 따라서 Controller Manager가 개발의 보조를 그에 맞추는 것은 현실적이지 않습니다. 또 이 기능이 불필요한 사용자도 있습니다. 이 문제를 해결하기 위해 개발된 것이 Cloud Controller Manager입니다(그림 7.10).

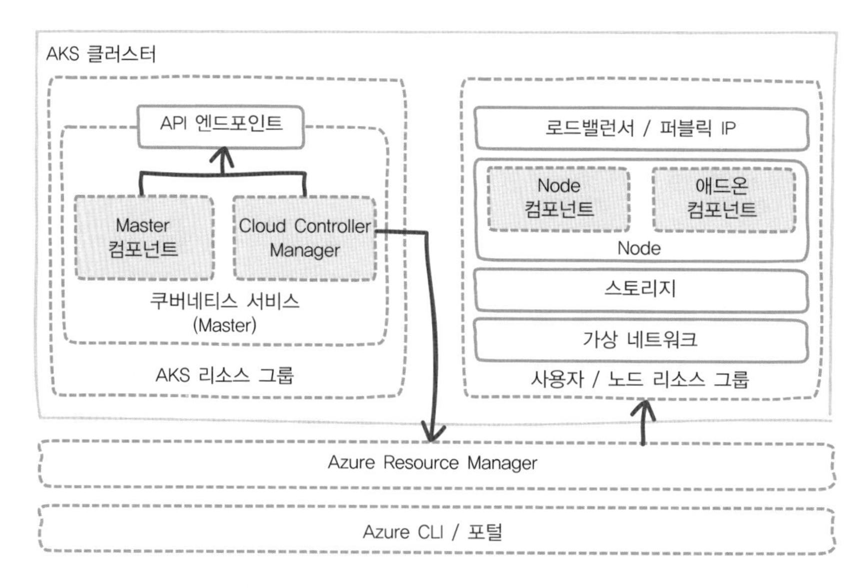

[그림 7.10] Cloud Controller Manager의 위치

Cloud Controller Manager는 클라우드 프로바이더의 차이를 흡수합니다. 노드를 구성하는 VM의 정보 취득 하나를 봐도 클라우드 프로바이더별로 API가 다릅니다. Cloud Controller Manager는 그 다리 역할을 합니다. 다음과 같은 컨트롤러가 있습니다.

- 노드 컨트롤러(Node Controller)
- 서비스 컨트롤러(Service Controller)
- 루트 컨트롤러(Route Controller)

예로 되돌아가 봅시다. kubectl 등에서 Type이 LoadBalancer인 서비스가 작성되면 서비스 컨트롤러가 서비스 오브젝트를 작성합니다. 그리고 Cloud Controller Manager가 그것을 감지하여 Azure의 API를 호출하고, Azure Load Balancer를 설정합니다.

사용자가 직접 지시를 하는 것이 아니라 쿠버네티스가 Azure의 리소스를 조작, 컨트롤하는 경우가 있다는 것을 기억해 두기 바랍니다.

7.4 정리

이 장에서는 쿠버네티스의 아키텍처와 설계 원칙에 대해 설명했습니다.

- 각 컴포넌트는 자율적으로 움직이고 그 관계는 멀다.
- 각 컴포넌트의 중심에 API Server가 있다.
- 각 컴포넌트는 항상 API Server에게 조회를 하고 본래의 모습을 유지하는 'Reconciliation Loops'를 돌리고 있다.
- 쿠버네티스의 구축은 토대가 되는 인프라스트럭처에 따라 다양하므로 이를 이해해야 한다.

이후 장에서는 설계, 구축, 운용을 의식하여 쿠버네티스를 설명해 가겠습니다. 만일 이해하는 데 문제가 생기면 이 장을 다시 살펴보기 바랍니다. 뭔가 힌트가 있을지도 모릅니다.

NOTE 활발한 오픈소스 프로젝트와 사귀는 방법

쿠버네티스는 개발이 활발히 진행되는 오픈소스 프로젝트입니다. 전 세계에서 사용자 및 업체가 아이디어를 가지고 모여 개발하고 있습니다. 사용자나 업체가 한 회사에서 개발하는 것과 비교하여 스피드감이 넘치고 혁신적인 설계나 기능도 많이 들어가 사용하는 사람은 그 혜택을 누리고 있습니다.
한편 고려해야 할 점도 있습니다. 바로 이해관계자, 즉 개발에 참가하든 아니면 이용하는 사용자든 사양이나 기능을 생각만큼 컨트롤할 수 없다는 점입니다. 사용자가 직접 개발하는 소프트웨어라면 만드는 것은 자유입니다. 또 업체가 자사에 혼자 틀어박혀 개발하고 있다면 목소리 큰 이용자의 의견은 반영되기 쉬울 것입니다. 하지만 오픈소스 프로젝트는 그렇지 않습니다. 각각의 프로젝트에 각각의 거버넌스가 있습니다.
쿠버네티스에는 사용자는 물론 클라우드 제공업체, 소프트웨어 업체, 하드웨어 업체 등 다양한 입장의 개발자가 참가하고 있습니다. 커뮤니티에서 생겨난 요구 외에 소속 조직이나 고객의 요구를 만족시키려고 합니다. 쿠버네티스가 주목과 기대를 모으는 중에 이것은 나날이 쌓여가고 있습니다.
그것들은 때로는 상반되는 것도 있습니다. 요구 하나하나는 타당해도 전체 밸런스를 무너지게 하는 것은 채택할 수 없습니다. 의사결정은 논의를 통해 합니다. 쿠버네티스 회의체는 크게 3개가 있는데, 영역에 특화된 SIG(Special Interest Group), 여러 개의 SIG에서 논의가 필요한 테마를 취급하는 WG(Working Group), 전체를 조정하는 Steering Committee로 구성되어 있습니다. 거버넌스 모델은 한번 훑어볼 것을 권장합니다.

- Kubernetes Community - Governance
  https://github.com/kubernetes/community/blob/master/governance.md

CHAPTER 07

쿠버네티스와 관련된 상용제품이나 서비스를 사용하는 경우 기존에는 통용되었을지 모르는 '업체와 교섭을 하면 어떻게든 되겠지' 라는 생각은 맞지 않는다는 것을 의식해 두기 바랍니다. 업체가 고객의 요구에 맞춰 커뮤니티에 들고 온다고 해도 실현할 수 없는 경우도 있습니다. 만일 된다 하더라도 시간이 걸리는 경우도 있습니다.
다음은 쿠버네티스와 잘 사귀기 위해 필자가 유의하고 있는 것입니다.

- 컨트롤하려고 하지 말고 변화를 받아들인다.
- 언제 어떤 기능이 실현될 것 같은지와 같은 커뮤니티의 논의를 파악해 둔다.
- 원하는 기능이나 개선 아이디어는 스스로 제안하고 공헌할 수 있는 가능성을 잊어버리지 않는다(그게 어려워도 방관자는 되지 않는다).

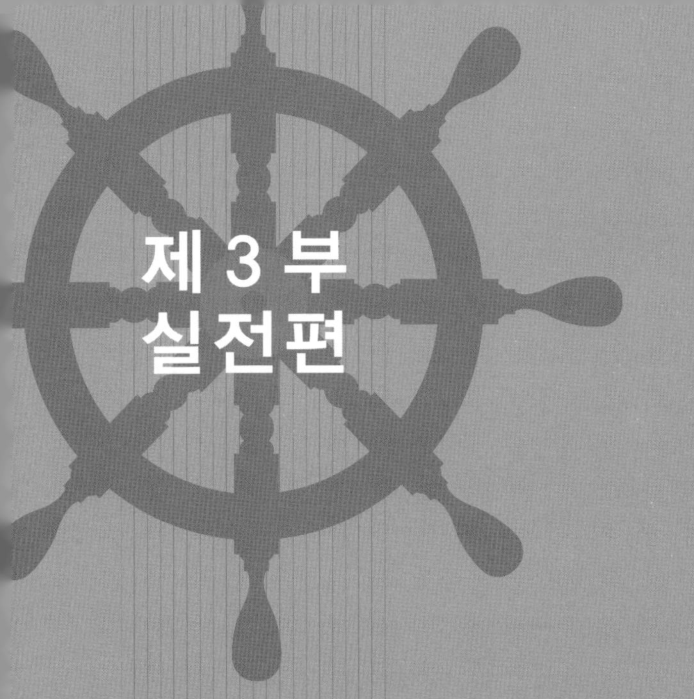

CHAPTER

08

가용성(Availability)

실전편에서는 다섯 가지 관점(가용성, 확장성, 유지보수성, 리소스 분리, 관측가능성)으로 쿠버네티스의 구축과 운용에 필요한 지식을 배웁니다. 먼저 가용성부터 살펴보겠습니다.

쿠버네티스 클러스터 상에서 비즈니스를 떠받치는 애플리케이션을 가동시킨다면 먼저 '혹시 어딘가가 망가져도 서비스를 계속시키는 방법'을 검토하고 싶을 것입니다. 형태가 있는 것은 언젠가는 망가집니다. 여기서는 부분적인 장애가 서비스나 애플리케이션 전체의 다운으로 이어지지 않도록 하는 쿠버네티스와 인프라스트럭처의 설계에 대해 설명하겠습니다.

※ 이 장에서 설명하는 환경을 구축하기 위한 코드, 샘플 애플리케이션은 GitHub(https://github.com/ToruMakabe/Understanding-K8s/tree/master/chap08)에 공개하고 있습니다.

8.1 쿠버네티스의 가용성

지금까지 설명한대로 쿠버네티스는 서버를 여러 대 구성하여 가용성을 올립니다.

기본편에서 포드의 리플리카 수를 1보다 많게 정의하면 포드를 여러 노드로 분산시킬 수 있다는 것을 확인했습니다. 또 포드가 움직이는 어떤 노드를 사용할 수 없게 되면 다른 노드에서 포드를 실행시켜 정의한 리플리카 수를 유지한다는 것도 설명했습니다. 애플리케이션의 관점에서 스테이트리스하게 만들어 두면 가용성을 올리는 일은 어렵지 않습니다. 노드 서버와 리플리카 수를 늘리면 되기 때문입니다.

그렇다면 쿠버네티스 자체의 가용성은 어떻게 높일까요?

마스터의 가용성(모두 액티브한 etcd와 API Server)

아키텍처에 대한 설명에서 말했듯이 컨트롤 플레인을 구성하는 쿠버네티스 컴포넌트는 주로 마스터 서버 상에 배치됩니다. 그리고 로드밸런서를 사용하여 액세스를 분산시킵니다.

여기서는 컨트롤 플레인의 시선에서 컴포넌트의 관계를 정리해 보겠습니다(그림 8.1).

분산 시스템은 영구 데이터를 etcd에만 저장합니다. etcd는 쿠버네티스를 구성하는 컴포넌트 안에서 특히 중요한 요소입니다.

etcd의 가용성을 높이는 방법은 심플합니다. etcd 바이너리와 증명서, 각종 파일을 대상 서버에 배포하고 기동시키기만 하면 됩니다. 이것으로 각 서버에 있는 etcd가 '멤버'로서 etcd 클러스터에 참가합니다.

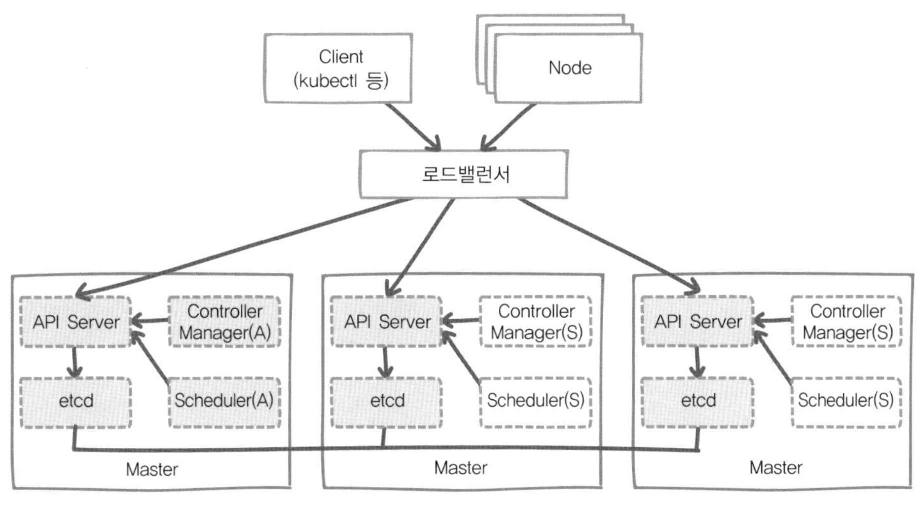

[그림 8.1] 마스터 컴포넌트의 관계

즉, 기본적인 접근 방법은 마스터 서버를 다중화하여 각각에서 etcd를 움직이는 것입니다. 작업이나 운용과는 별도로 개념을 이해하기 쉽습니다.

또 아키텍처의 설명에서 다뤘듯이 etcd를 마스터 서버 상에 둘 필요는 없습니다. 다른 데서 etcd가 움직이고 있으면 네트워크를 경유하여 연결하는 구성도 가능합니다. 하지만 그렇지 않은 경우에는 etcd의 클라이언트인 API Server와 같은 곳에 두는 것이 좋습니다. 통신이 같은 서버 안에서 이루어지면 지연을 줄일 수 있기 때문입니다.

NOTE **etcd의 탄생**

쿠버네티스의 데이터스토어로서 중요한 역할을 갖고 있는 etcd는 본래 CoreOS사(현재는 Red Hat사가 매수)가 자신의 Linux OS 디스트리뷰션의 설정을 여러 서버 간에서 일원화하기 위해 만든 툴이었습니다.
Linux의 설정 파일을 배치하는 /etc 디렉토리를 여러 서버에서 공유하려고 했던 것입니다. etc를 "d"istributed로 하려고 한다는 뜻을 담아 etcd라는 이름을 붙였다고 합니다.
쿠버네티스의 컨트롤 플레인이 영구화하는 데이터는 구성이나 설정과 관련된 것이므로 etcd는 이런 탄생 배경을 생각하면 쿠버네티스와 궁합이 좋은 것 같습니다.

- etcd versus other key-value stores
  https://github.com/etcd-io/etcd/blob/v3.2.17/Documentation/learning/why.md

데이터스토어의 배치가 정해졌으면 그 다음 생각해야 할 것은 API Server의 배치입니다. API Server는 영구 데이터를 가지지 않는 스테이트리스이기 때문에 API Server의 배치는 어렵지 않습니다.

기본 전략은 다중화한 모든 마스터 서버에 배치하고 로드밸런서로 액세스를 분산시킵니다. 마스터 서버 중 어느 것이 다운되어도 이후 요청은 다른 마스터 서버가 이어 받습니다.

마스터의 가용성 (액티브/스탠바이 컴포넌트)

API Server와 etcd는 모든 서버에 대해 분산 배치하지만 컨트롤러 매니저(Controller Manager)와 스케줄러(Scheduler)는 그렇지 않습니다. 실제로 여러 개의 컨트롤러 매니저와 스케줄러를 동시에 액티브로 만들 수 없습니다. 액티브하지 않은 컨트롤러 매니저와 스케줄러는 스탠바이 상태로 장애에 대비합니다. 액티브/스탠바이형입니다.

그렇다면 왜 액티브가 하나일까요? 지금까지 설명한 것처럼 컨트롤러 매니저의 각 컨트롤러와 스케줄러는 API Server를 경유하여 오브젝트의 상태를 항상 워치합니다. 그리고 본래 되어 있어야 할 상태를 유지하는 루프를 돌립니다. 가령 이것이 동시에 움직이면 오브젝트 조작이 경합을 벌일 우려가 있습니다.

예를 들어 리플리카셋의 리플리카, 즉 포드를 하나 늘린다고 합시다. 만일 리플리카셋 컨트롤러가 여러 개 있으면 각각이 포드를 하나씩 늘리려고 할 것입니다. 이러한 경합을 피하기 위해 컨트롤러 매니저와 스케줄러는 각각 액티브를 하나만 가지고 나머지는 스탠바이로 구성합니다.

그러면 어떻게 액티브한 하나를 결정하는 것일까요? 그 구조는 바로 빠른 사람이 이기는 것입니다. 가장 빨리 쓴 것이 리더가 되어 정기적으로 갱신 시각을 기록합니다(그림 8.2). 기본값은 2초 간격입니다.

현재는 이 정보의 관리에 Endpoint 오브젝트를 사용하고 있지만 앞으로는 컨피그맵으로 대체될 예정입니다. 엔드포인트 'kube-controller-manager'에 리더명과 갱신 시각이 기록됩니다.

다른 컨트롤러 매니저는 엔드포인트 kube-controller-manager의 갱신 시각을 확인합니다. 갱신되어 있으면 리더가 움직이고 있다고 판단합니다. 하지만 이 갱신이 멈춘 경우에는 자신이 리더가 되려고 엔드포인트 오브젝트에게 자신의 이름을 쓰러 갑니다. 이 동작을 계속 반복하는 것입니다.

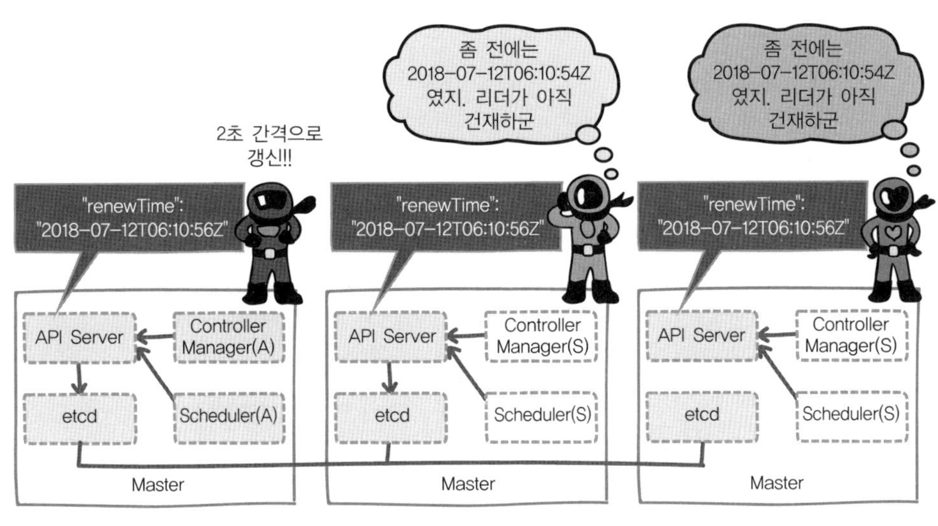

[그림 8.2] 컨트롤러 매니저와 스케줄러의 리더가 사활을 걸고 확인하는 구조

이제 엔드포인트 kube-controller-manager를 살펴봅시다.

```
$ kubectl get endpoints kube-controller-manager -n kube-system -o yaml
apiVersion: v1
kind: Endpoints
  metadata:
    annotations:
      control-plane.alpha.kubernetes.io/leader: '{"holderIdentity":
➡ "kube-controller-manager-7fd887f4c-lx5k4_163180d0-79df-11e8-99ee-86a670432ff
➡ c","leaseDurationSeconds":15,"acquireTime":"2018-06-27T07:53:21Z",
➡ "renewTime":"2018-07-12T06:14:21Z","leaderTransitions":0}'
  creationTimestamp: 2018-06-27T07:53:21Z
  name: kube-controller-manager
  namespace: kube-system
  resourceVersion: "1590294"
  selfLink: /api/v1/namespaces/kube-system/endpoints/kube-controller-manager
  uid: 296200b5-79df-11e8-adcd-0e4443688d51
```

리더의 선출에는 metadata의 annotations, control-plane.alpha.kubernetes.io/leader가 사용됩니다. hoderIdentity가 현재의 리더입니다. acquireTime이 리더가 된 시각, renewTime이 갱신 시각입니다. 리더는 정기적으로 renewTime을 갱신하고 자신이 움직이고 있다는 것을 다른 컨트롤러에게 보여줍니다.

여기까지가 마스터 서버의 가용성에 대한 설명입니다. 컴포넌트마다 특징이 있지만 동일한 구성의 서버를 늘려 액세스를 분산시킴으로써 가용성을 확보할 수 있습니다.

노드의 가용성

그렇다면 노드 서버의 경우는 어떻게 될까요? 결론부터 말하자면 노드 서버도 마찬가지로 동일한 구성으로 된 서버를 늘리는 스케일 아웃이 기본적인 접근 방식입니다. 노드 서버에는 컨트롤러 매니저나 스케줄러에 있는 액티브/스탠바이와 같은 비대칭성이 없기 때문에 보다 심플합니다.

분산 수를 어떻게 할까? (마스터)

마스터와 노드는 둘 다 서버의 스케일 아웃에 의해 가용성을 향상시킬 수 있습니다. 아마 그 다음 신경이 쓰이는 것은 그 수가 아닐까 합니다.

마스터 노드 수는 홀수로 할 것을 권장합니다. 당연히 1대로는 가용성이 없기 때문에 후보 수는 3, 5, 7, ...이 됩니다. 일반적으로는 3으로 하고 필요에 따라 증가시킵니다. 가용성 관점에서는 7개 있으면 충분합니다. 그 이상은 데이터 동기의 오버헤드가 늘어나기 때문에 성능에 대한 영향을 고려할 필요가 있습니다.

홀수로 하는 이유는 데이터스토어인 etcd의 무결성을 유지하기 위해서입니다. etcd 클러스터를 구성하는 멤버의 수는 홀수를 권장합니다.

그렇다면 왜 홀수일까요? 분산 데이터스토어의 장애에서 특히 걱정해야 할 시나리오는 각각의 멤버가 다른 멤버와 합의 없이 마음대로 데이터를 갱신해 버리는 일입니다. 이것은 서버 장애가 일어나 멤버가 다운된 것보다 더 골치 아픕니다. 다운 뿐만이라면 복구까지 참으면 되지만 데이터 무결성이 어긋나 버리면 복구가 곤란합니다. 경우에 따라서는 되돌릴 수 없을 수도 있습니다.

데이터 부정합이 일어나지 않도록 분산 데이터스토어의 멤버는 네트워크를 통해 항상 합의를 하고 있습니다. 하지만 네트워크 트러블 등으로 합의할 수 있는 멤버와 그렇지 않은 멤버가 나눠질 가능성이 있습니다. 네트워크 분단이라고 하는 상태입니다. 이 네트워크 분단에 대한 대처를 어떻게 고려할지에 따라 분산 데이터스토어의 특징이 나타납니다.

네트워크 분단이 일어났을 때 각각의 그룹이 데이터를 기록해 버리면 부정합이 일어날 우려가 있습니다. 그래서 분단된 그룹 중 한 쪽만이 갱신을 계속할 수 있도록 합니다(그림 8.3). etcd의 룰은 다수결입니다.

etcd는 각 멤버가 클러스터가 본래 갖고 있어야 할 멤버 수를 알고 있습니다. 생존 확인이 된 멤버의 수와 자신을 합친 수가 과반수에 달하면 서비스를 계속할 권리를 얻은 그룹이 있다고 판단합니다. 따라서 그 멤버가 서비스를 계속합니다. 그리고 분단이 해소된 후 계속된 그룹에서의 갱신을 올바르다고 간주하고 다른 쪽을 덮어씁니다.

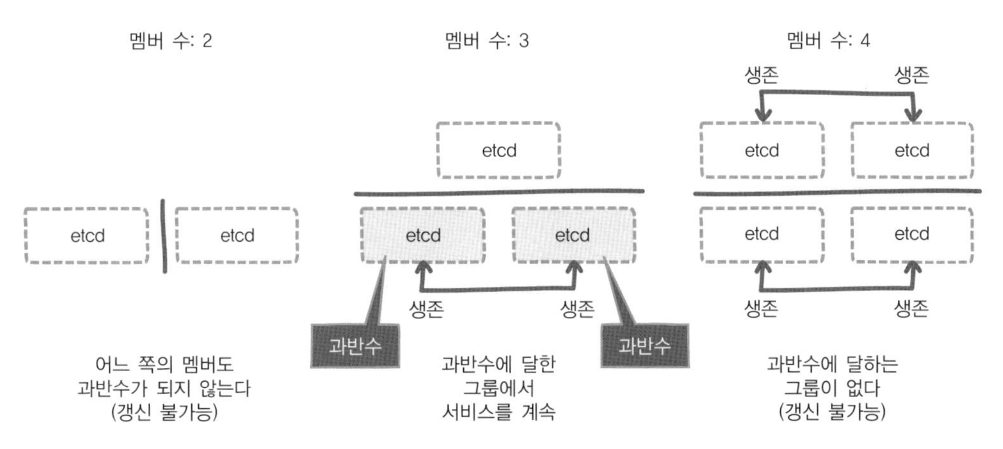

[그림 8.3] etcd에서 네트워크 분단이 일어나면

데이터나 상태를 관리하는 분산 시스템의 실현을 어렵게 만드는 이유 중 하나는 다른 멤버와 통신이 끊어진 경우에 그 원인이 고장 때문인지, 대폭의 지연 때문인지, 네트워크 분단 때문인지를 판단하는 것이 어렵다는 점입니다. 통신이 끊어진 멤버의 상태가 불분명해도 자신과 통신 가능한 멤버만으로 판단할 필요가 있으며, 이를 해결하기 위해 다양한 알고리즘이 나와 있습니다.

대강의 개념을 설명했는데 etcd는 Raft라는 분산 합의 알고리즘을 채택하고 있습니다. 액티브한 멤버 중에서 리더를 선출하고, 그 리더를 중심으로 데이터를 갱신합니다. Raft는 etcd 외에도 HashiCorp사가 개발을 이끌고 있는 Consul에서도 채택되어 현재 주목을 받고 있는 알고리즘입니다. 관심이 있으신 분은 다음 사이트를 찾아보기 바랍니다.

- The Raft Consensus Algorithm
  https://raft.github.io/

또한 과반수가 필요하다는 점에서 etcd는 짝수 멤버 수와는 궁합이 좋지 않습니다. 예를 들어 [표 8.1]과 같이 멤버 수가 2인 경우는 다중화의 의미가 없습니다. 또 멤버 수 3과 4의 분단/고장 노드 허용 수는 똑같습니다. 멤버를 늘려도 의미가 없으므로 아깝습니다. 짝수의 경우는 네트워크 분단 시에 어느 쪽 그룹도 과반수를 얻지 못할 우려가 있습니다. 그래서 홀수 멤버 수를 권장하는 것입니다.

[표 8.1] 멤버 수와 그 과반수, 분단 및 고장 노드 허용 수

멤버 수	과반수	분단 및 고장 노드 허용 수
1	1	0
2	2	0
3	2	1
4	3	1
5	3	2
6	4	2
7	4	3

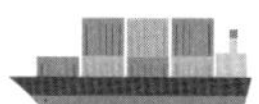

분산 수를 어떻게 할까? (노드)

노드 서버의 수에는 마스터와 달리 쿠버네티스 컨트롤 플레인 특유의 고려할 점이 없습니다. 다중화가 필요하면 서버 2대 이상에서 필요한 리소스 양을 보고 결정합니다.

이때 서버 다운 시의 영향을 고려하기 바랍니다. 노드가 서버 2대 구성인 경우 한 서버의 다운으로 50%의 포드가 영향을 받습니다. 생존 노드에서 포드가 재작성되지만 그 동안은 성능 및 가용성의 서비스 수준이 저하됩니다. 그리고 당연하지만 생존 노드 상에는 각각의 포드를 받아들일 수 있는 빈 리소스가 필요합니다.

3 노드 구성인 경우는 1 노드 다운 시의 영향이 33%, 4 노드인 경우는 25%입니다. 노드 서버가 많으면 많을수록 재작성 대상이 되는 포드의 이동처, 선택지가 증가하며 재작성에 걸리는 부하도 분산됩니다.

노드 다운 시에 필요로 하는 리소스의 양도 고려하여 노드 수를 결정하기 바랍니다. 2 노드 구성의 경우는 노드 다운 시에 리소스의 절반이 영향을 받습니다. 그리고 잔존하는 하나밖에 없는 노드에 부하가 집중됩니다.

노드는 3개 이상으로 구성하는 것이 전형적입니다.

8.2 인프라스트럭처의 시점

가용성을 높이는 설계의 경우 쿠버네티스의 토대가 되는 인프라스트럭처를 검토해야 합니

다. 쿠버네티스 컴포넌트는 다중화했는데 그 토대 설계가 제대로 되지 않아 모두가 장애의 영향을 받는 일이 없도록 장애의 영향과 영향 범위를 의식하여 설계하기 바랍니다.

 Blast Radius(폭발 반경)

'달걀을 한 바구니에 담지 않는다'는 투자 격언이 있습니다. 갖고 있는 달걀을 모두 하나의 바구니에 넣으면 만일 떨어뜨렸을 때 돌이킬 수 없습니다. 하지만 여러 바구니에 나눠 담으면 떨어뜨려도 다른 바구니의 달걀은 남습니다. 즉, 전멸을 피하자는 것입니다. 투자할 금융상품을 너무 좁히지 말고 리스크 분산의 중요성을 역설한 격언입니다.

다중화 시스템도 마찬가지입니다. 서버를 다중화했다 하더라도 모두가 장애의 영향을 받는 범위에 있다면 전멸해 버립니다. 그래서 가용성을 검토할 때는 항상 장애의 영향 범위를 의식하여 요건에 따라 분산시켜야 합니다.

좀 과격한 말이지만 장애의 영향이 미치는 범위를 Blast Radius라고 합니다. Blast란 폭발을 뜻합니다. 시스템 세계에서의 Blast는 고장이나 재해를 가리킵니다. 폭발이라고 해서 물리적인 현상만을 말하는 것은 아닙니다. 논리적인 문제나 버그, 조작 미스도 포함합니다. 그리고 Radius는 반경을 뜻하는 말로, 폭발이 미치는 범위를 뜻합니다.

인프라스트럭처를 구성하는 요소로 Blast Radius를 고려해 봅시다. 쿠버네티스 컨트롤 플레인, 사용자 애플리케이션이 움직이는 서버를 다중화하고 분산 배치를 한다면 어느 레벨에서 분리를 할 수 있을까요? 예를 들어 봅시다(그림 8.4).

- 물리 서버(가상 머신의 경우)
- 랙
- 데이터 센터
- 지역

먼저 물리 서버부터 살펴봅시다. 마스터나 노드에 전용 물리 서버를 할당하지 않고 가상 머신을 사용한 경우에는 검토가 필요합니다. 가상 머신을 다중화해도 동일한 역할의 가상 머신을 동일한 물리 서버에 배치해 버리면 물리 서버에 장애가 발생할 때 모두 영향을 받습니다. 최소한 다른 물리 서버에 배치해야 합니다.

다음은 랙입니다. 일반적으로 물리 서버에 대한 전력, 네트워크는 랙 단위로 묶습니다. 예를 들어 서버의 네트워크가 물려있는 ToR(Top of Rack) 스위치가 고장을 일으키면 해당 랙 전체의 서버에 영향을 미칩니다. 그래서 명시적으로 랙을 나눠 가상 머신을 분산 배치하면 영향을 국소화할 수 있습니다.

실제로는 랙의 네트워크, 전원 계통을 이중화하는 경우가 많습니다. 하지만 고장의 확률이나 비용, 소프트웨어로 리커버리 가능 여부 등을 종합적으로 판단하여 물리적인 이중화를 생략하는 경우도 늘고 있습니다.

계속해서 데이터 센터입니다. 데이터 센터에는 배전, 발전 장치, 공조 등 건물 전체에 영향을 줄 수 있는 공유 설비가 있습니다. 이것들은 다중화되어 있는 경우가 대부분이지만, 유사시에 올바르게 작동하지 않을 가능성이 0은 아닙니다. 다중화도 했다, 훈련도 했다, 그런데 움직이지 않았다는 사례도 적지 않습니다. 따라서 데이터 센터를 나눠서 가상 머신을 배치할 수 있다면 리스크를 크게 완화시킬 수 있습니다.

마지막으로 지역 레벨에서의 분산입니다. 지진이나 홍수 등 여러 데이터 센터가 영향을 받는 광역 재해가 이에 해당합니다. 한국에서는 수도권과 지방으로 분산 배치하는 경우가 많습니다. 광역 재해의 확률은 높지 않을지도 모르지만 내일 무슨 일이 일어날지는 아무도 모르는 것입니다. 비즈니스에 대한 영향에 따라서는 검토해야 할 부분입니다.

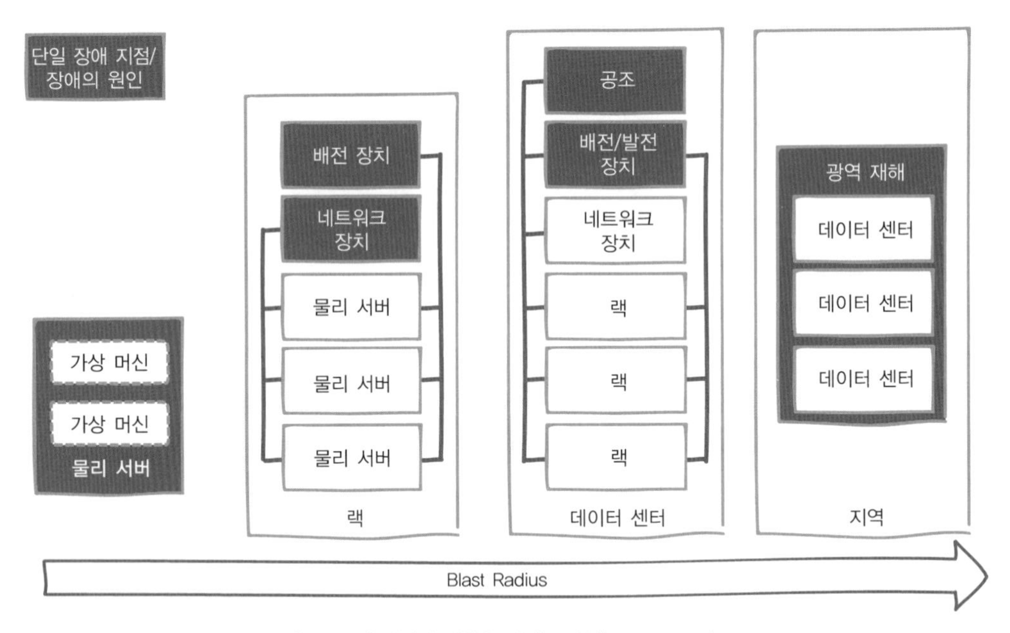

[그림 8.4] 장애가 영향을 끼치는 범위(Blast Radius)

쿠버네티스는 마스터와 노드라는 두 종류의 서버, 가상 머신을 각각 다중화하여 가용성을 높이는데, 이때 Blast Radius를 의식하여 '동일한 종류의 서버나 가상 머신을 얼마나 분리시켜 배치할지'가 가용성을 올리는 포인트입니다. 이후에서는 보다 구체적으로 설명하겠습니다.

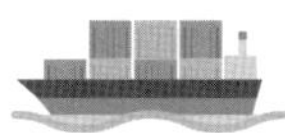

소프트웨어적인 Blast Radius

여기까지는 물리적인 고장이나 재해를 대상으로 이야기를 했지만 이것만으로는 부족합니다. 소프트웨어적인 Blast Radius도 의식하는 편이 좋습니다.

쿠버네티스는 발전 속도가 빠른 소프트웨어입니다. 일 년에 몇 번씩 버전업을 하고 있고, 기능이 과감하게 추가됩니다. 화려한 반면 버그나 문제가 발생할 위험도 있습니다. 아직 발전을 적극적으로 추진하는 한 무시할 수 없는 문제입니다.

그러면 소프트웨어적인 문제가 있는 경우 Blast Radius는 어떻게 될까요? 생각할 수 있는 최대 범위는 클러스터 전체입니다.

클러스터 전체에 영향을 주는 문제가 발생할 확률은 낮을지도 모릅니다. 하지만 계속 발전하고 있는 이상 위험은 적잖이 있으며 영향도 큽니다. 실제로 쿠버네티스 컨트롤 플레인의 버그나 코너케이스의 고려 누락으로 클러스터 전체를 사용할 수 없게 된 트러블이 과거에 있었습니다.

한편 리스크 완화를 위해 클러스터를 다중화하면 비용이 올라갑니다. 리스크를 감안하고 단일 클러스터로 갈지, 회피를 위해 복수 클러스터로 할지는 기술뿐만 아니라 비즈니스와 리스크 매니지먼트의 관점이 필요합니다.

복수 클러스터에 의한 페더레이션(federation)은 쿠버네티스 커뮤니티에서도 핫한 화제 중 하나입니다. 하지만 그 연계와 통합이 밀접하면 페더레이션을 구성하는 모든 클러스터가 버그의 영향을 받을 가능성이 높아집니다. 트레이드오프 관계에 있지만 페더레이션과 분리도는 어느 쪽을 우선시할지를 신중히 검토해야 합니다.

컴포넌트가 네트워크로 연결되어 다른 컴포넌트를 컨트롤할 능력이 있으면 그 Blast Radius는 거리를 따지지 않습니다. 이는 쿠버네티스에 국한된 이야기가 아니므로 의식하기 바랍니다.

배치 예

다중화할 수 있는 요소와 장애시의 영향 범위를 알았다면 케이스 스터디를 해 봅시다.

- 마스터 가상 머신: 3대
- 노드 가상 머신: 6대

이 가상 머신들을 배치할 패턴을 생각해 봅시다.

물리 서버를 의식한 배치

먼저 최소한 하나의 물리 서버가 고장난 것만으로 클러스터가 전멸되지 않도록 하고 싶을 것입니다. 제가 최소 구성을 설계한다면 다음과 같이 하겠습니다(그림 8.5). 물리 서버의 수는 3대입니다.

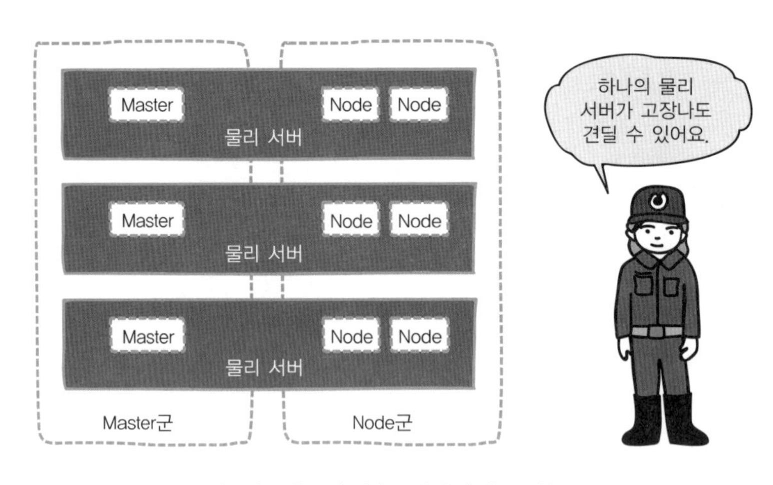

[그림 8.5] 물리 서버 고장에 견디는 구성

물리 서버가 3대 있으면 마스터 가상 머신을 각각 배치할 수 있습니다. 전멸을 피하기만 할 뿐이라면 2대만 있으면 되지만, 가령 2개의 마스터 가상 머신이 모여있는 쪽의 물리 서버가 다운되면 etcd의 기록이 멈춰 버립니다. 그래서 3대 이상이 바람직합니다.

노드 가상 머신은 물리 서버의 수에 따라 균등하게 배치합니다. 한쪽으로 치우치지 않게 배치함으로써 물리 서버 장애 시의 영향 정도를 직관적으로 파악할 수 있습니다. 물리 서버의 수를 늘릴 수 있다면 마스터와 분리하여 노드 전용 물리 서버를 마련해도 상관없습니다.

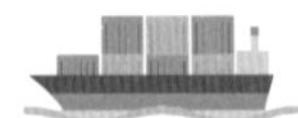

랙을 의식한 배치

이제 물리 서버뿐만 아니라 랙 장애도 고려하고 싶은 경우를 살펴봅시다(그림 8.6).

물리 서버의 패턴과 그다지 차이는 없습니다. 마스터 가상 머신을 동일한 랙에 배치하지 않도록 합니다. 노드도 마찬가지로 하나의 랙에 치우치지 않도록 배치합니다.

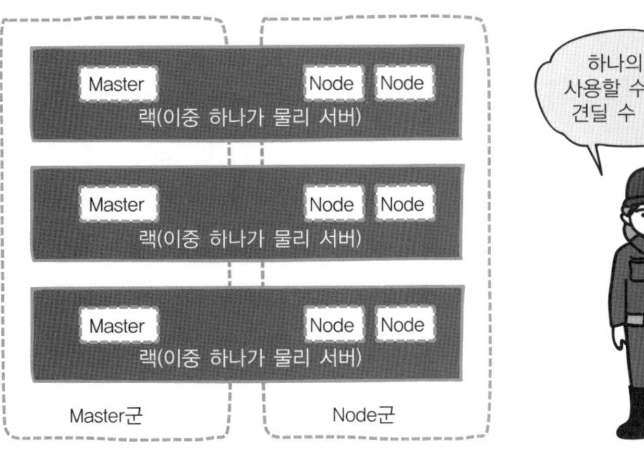

[그림 8.6] 랙 전체의 장애에 견디는 구성

데이터 센터를 의식한 배치

스케일을 좀 더 키워 데이터 센터의 다운을 허용할 수 없는 경우는 어떻게 될까요?(그림 8.7)

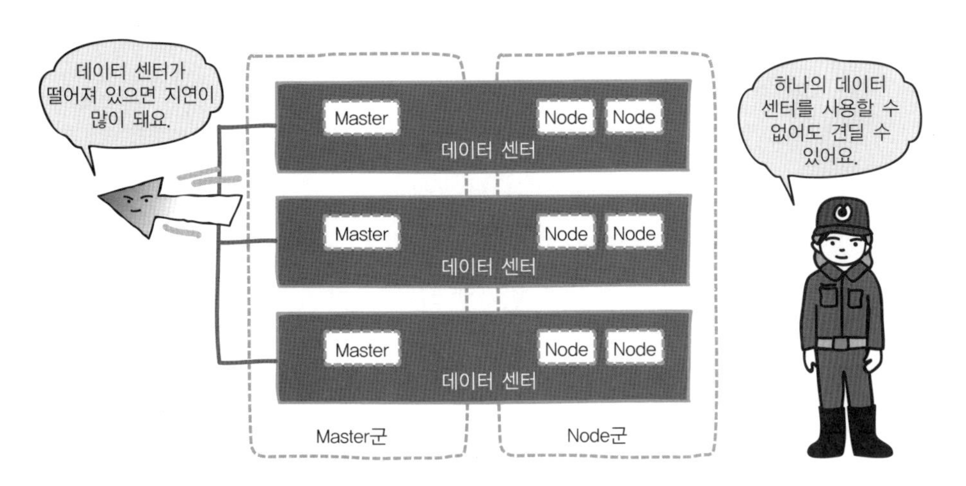

[그림 8.7] 데이터 센터 장애에 견디는 구성

배치는 크게 다르지 않습니다. 여기서도 세 군데의 데이터 센터에 균등하게 배치합니다. 하지만 검토해야 할 점이 크게 늘었습니다. 바로 데이터 센터 간의 지연입니다.

요즘의 일반적인 데이터 센터 네트워크의 경우 가상 머신 간의 통신은 1밀리초를 밑도는

경우가 많습니다. 하지만 데이터 센터가 여러 군데 걸쳐있다면 이야기가 다릅니다. 거리나 경유하는 네트워크 장치의 수, 처리 시간에 따라 지연 폭이 커집니다.

쿠버네티스의 컨트롤 플레인에서 특히 지연에 민감한 것은 항상 서버 사이에서 데이터 동기와 사활 확인을 하고 있는 etcd입니다. 지연 시간이 길어지면 데이터 동기의 스루풋이 떨어지고, 사활 감시의 하트비트나 리더 선출이 타임아웃이 될 위험도 늘어납니다.

허용되는 지연의 기준으로 etcd의 기본값을 참고하면 좋습니다. 하트비트는 100밀리초, 리더 선출은 1000밀리초가 기본 타임아웃 값입니다. 그리고 리더 선출의 타임아웃은 RTT(Round Trip Time)의 10배가 기준입니다. 즉, 리더 선출 타임아웃을 기본값으로 한 경우 멤버 간의 RTT를 100밀리초로 유지해야 합니다.

하지만 이 값은 어디까지나 기본 '타임아웃' 값입니다. 이 값으로 다른 지표, 예를 들면 API의 응답이 충분한지는 또 다른 문제입니다. 타임아웃 값은 변경할 수 있지만 트레이드오프를 의식할 필요가 있습니다. 유일한 대책은 아니지만 etcd에 있어서 데이터 센터 간의 지연 목표는 10밀리초 이내로 하고, 가능하다면 2~3밀리초 이내로 설계를 하는 것이 일반적입니다.

- etcd 튜닝
  https://github.com/coreos/etcd/blob/v3.2.17/Documentation/tuning.md

또 노드에 배치된 포드간 통신도 당연히 영향을 받습니다. 데이터 센터의 다운을 허용할 수 없어 분산시키는 경우는 지연이 데이터 센터 선정의 주요한 검토 포인트가 될 것입니다.

광역 재해를 의식한 배치

최대 Blast Radius인 광역 재해의 경우는 어떻게 될까요?

앞에서 말했듯이 etcd는 지연에 민감합니다. 하나의 클러스터를 여러 지역에 걸쳐 배치한다면 지연을 의식해야 합니다. 예를 들어 Azure에서는 한국 중부와 한국 남부는 전용 백본 네트워크를 사용하여 통신할 수 있지만 그 지연은 10밀리초 정도입니다. 이것은 목표를 2~3밀리초로 잡은 경우 불안한 수치입니다. Azure의 백본은 경유하는 네트워크 장치가 적고 지연의 지배적 요소는 빛의 속도입니다. 빛을 사용하는 한 지연이 대폭 개선되는 것을 기대하기 어렵습니다.

때문에 하나의 클러스터를 여러 지역에 걸쳐 배치하는 구성은 포드간 통신을 포함한 통신에는 선택하기 어려운 선택지입니다.

그렇다면 다른 어떤 아이디어가 있을까요?

대책 방법으로는 지역별로 클러스터를 마련하고 재해 시에 트래픽을 전환하는 구성이 그 중 하나입니다(그림 8.8).

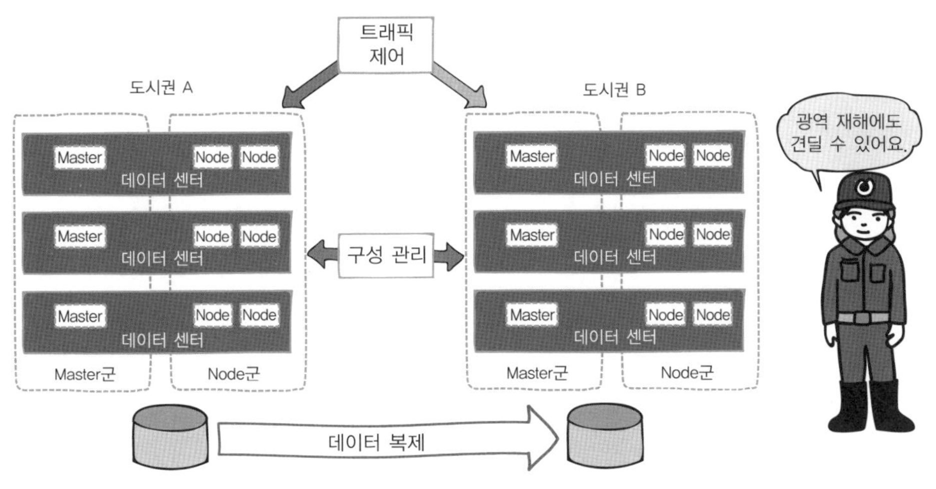

[그림 8.8] 광역 장애에 견디는 구성

이 구성의 포인트는 세 개입니다.

첫 번째는 '트래픽 제어'입니다. 애플리케이션의 클라이언트로부터 오는 트래픽을 어느 쪽 지역으로 보낼지를 제어합니다. 대표적인 구축 예는 DNS를 베이스로 한 광역 분하분산입니다. 나중에 설명할 애플리케이션의 데이터 동기를 생각하면 우선 심플하게 액티브/스탠바이 구성부터 생각하면 좋을 것입니다.

두 번째는 '구성 관리'입니다. 클러스터를 여러 개 관리하게 되면 그 구축 유지를 수작업으로 하는 것은 비현실적입니다. 인프라를 포함한 클러스터, 쿠버네티스 오브젝트 구성을 코드로 관리하고 자동으로 디플로이할 수 있는 장치가 필요합니다.

세 번째는 '애플리케이션의 데이터 동기'입니다. 구성 관리 장치가 확립되어 있으면 클러스터나 쿠버네티스 오브젝트, 애플리케이션의 재현은 어렵지 않습니다. 하지만 애플리케이션의 데이터는 그렇지 않습니다. 어떤 방법으로든 다른 리전의 클러스터에 복제할 필요가 있습니다.

쿠버네티스는 애플리케이션의 데이터에는 책임을 지지 않습니다. 때문에 애플리케이션이나 데이터스토어가 그것을 구현해야 합니다.

그 방법은 다양합니다. 많이 사용하는 구축 패턴은 데이터스토어를 쿠버네티스 클러스터에 놓지 않고 클러스터 외부의 것을 사용하는 방법입니다. 클라우드 서비스가 제공하는 매니지드 데이터베이스 서비스가 전형적인 예입니다. 서비스로서 지역 간 데이터 복제가 지원되면 구축 유지 부담을 대폭으로 줄일 수 있습니다.

데이터스토어를 쿠버네티스에 두지 않는 설계 폴리시는 가용성 향상에 공헌하는 것 외에 유지보수의 관점에서도 장점이 있습니다. 나중에 설명하겠지만 검토해야 할 하나의 설계 옵션으로 기억해 두기 바랍니다.

AKS의 구축 예

이제 AKS에서 어떻게 구축하는지 그 예를 살펴봅시다. AKS는 마스터 컴포넌트를 매니지드 서비스로 제공하고 있습니다(그림 8.9). 마스터 서버의 가상 머신은 보이지 않고 사용자에게는 API 엔드포인트와 로그 등과 같은 관리용 인터페이스가 공개되어 있습니다.

AKS의 컨트롤 플레인은 무료로 이용할 수 있기 때문에 엄밀히 말하면 SLA 대상은 아닙니다. 왜냐하면 Azure의 SLA는 '해당 기준을 만족하지 못하면 과금하는 것'이기 때문입니다. 그렇지만 기준이 되는 지표가 월간 99.5% 이상의 가용성 유지를 목표로 설계되어 있습니다. 심플한 반면, 사용자가 컨트롤할 수 있는 부분이 적기 때문에 우선은 이 목표를 수용할 수 있는지를 판단하기 바랍니다. 보다 세세한 컨트롤을 원한다면 제7장에서 소개한 AKS-Engine이나 Kubernetes 디스트리뷰션을 선택하고 IaaS 상에 구축하는 것도 한 방법입니다.

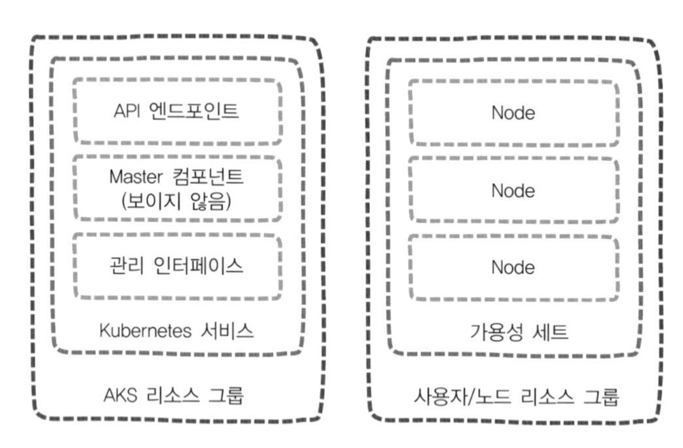

[그림 8.9] AKS 리소스 루프와 구성 요소

한편 노드를 움직이는 사용자와 노드 리소스 그룹은 사용자에게 내용이 보이므로 다양한 지정을 할 수 있습니다.

노드의 가용성을 검토할 때는 배치가 특히 중요한 포인트입니다. AKS는 Azure의 '가용성 세트'라는 장치를 이용하여 노드 가상 머신을 배치합니다[※1].

Azure의 가용성 세트는 '동일한 역할을 갖고 있는 가상 머신을 동일한 가용성 세트에 넣어 두면 동일한 랙에 배치하지 않는다'는 룰과 스케줄링의 장치입니다. 즉, 랙 레벨의 장애가 발생해도 동일한 역할의 가상 머신이 전멸하지 않습니다. AKS는 기본적으로 노드 가상 머신을 가용성 세트에 넣습니다.

또 하나의 AKS의 마스터, 즉 쿠버네티스 서비스는 지역(리전)을 걸치지 않습니다. 리전 레벨의 재해에 대응하려면 다른 서비스나 장치를 조합하여 대응합니다. 구축 예를 살펴봅시다(그림 8.10).

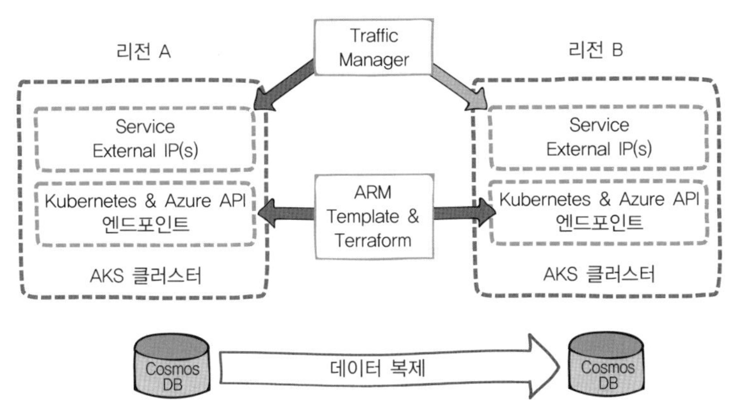

[그림 8.10] AKS의 멀티 리전/멀티 클러스터 구성

이 예에서는 클러스터에 대한 트래픽 제어 기능으로 Azure Traffic Manager를, 멀티 리전에서 복제 가능한 데이터스토어로 Cosmos DB를 사용합니다.

Traffic Manager는 DNS 장치를 활용한 트래픽 제어 서비스입니다. 클라이언트에게 공개하는 DNS명과 실제로 트래픽을 받는 엔드포인트를 조합합니다.

서비스를 이용하는 클라이언트는 공개된 DNS명으로 Traffic Manager에게 이름해결을 문의합니다. 이를 받은 Traffic Manager는 미리 지정된 라우팅 방법에 기초하여 엔드포인트의 DNS명이나 IP 주소를 반환합니다. 엔드포인트에 가중치를 주거나 클라이언트의 지역을 고려하는 등 몇 가지 선택지가 있지만 심플하게 액티브/스탠바이를 구현하려면 '우선순위' 라우팅을 사용합니다.

우선순위가 높은 엔드포인트가 움직이고 있는 경우는 항상 그 엔드포인트가 사용됩니다.

※1 가용성 세트의 특징에 추가하여 고도의 스케일 아웃/인을 가능하게 하는 '가상 머신 스케일 세트'도 지원할 예정입니다.

액티브한 클러스터의 우선순위를 높게 지정하여 액티브한 클러스터에 대한 트래픽이 몰리는 것입니다. 이 구조는 서비스 지속뿐만 아니라 메인터넌스나 업그레이드에도 사용할 수 있습니다. 참조 제 10장 '10.3 쿠버네티스 컴포넌트 업데이트' p.293

Cosmos DB는 멀티 리전에서 복제 가능한 데이터스토어입니다. SQL이나 MongoDB, Cassandra API 등과 같은 복제 API, 쿼리 형식을 지원합니다. 리전 재해 시에는 복제하던 리전에 페일오버할 수 있습니다. Cosmos DB와 같은 데이터스토어를 쿠버네티스 외부에 갖추면 쿠버네티스 클러스터에 의존하지 않는 데이터스토어 환경을 실현할 수 있습니다.

트래픽 제어나 데이터스토어도 쿠버네티스 클러스터 안에서 구현하고 싶다거나 쿠버네티스의 기능으로 가져야 한다는 의견이 있습니다. 하지만 쿠버네티스 외부의 장치와 조합함으로써 쿠버네티스의 '소프트웨어적인 Blast Radius'로부터 분리시킬 수 있습니다. 검토할 가치가 있다고 생각됩니다.

또 한편으로 고려해야 할 점도 있습니다. 쿠버네티스 외부의 장치를 사용하면 이를 별도로 구축하여 유지해야 합니다.

AKS 클러스터는 포털에서 GUI로 작성할 수 있을 뿐만 아니라 CLI나 템플릿(Azure Resource Manager: 통칭 "ARM" Template)을 이용하여 구축할 수 있습니다. 또 Terraform 등 써드파티나 오픈소스 구성관리 툴을 사용할 수도 있습니다. 그리고 이러한 툴은 AKS뿐만 아니라 Traffic Manager나 Cosmos DB도 지원하고 있습니다.

앞에서 설명한 대로 여러 개의 클러스터를 구축 유지할 때는 수작업은 비현실적입니다. 이런 툴을 활용하면 그 부담을 대폭 줄일 수 있습니다.

Terraform과 같은 멀티 클라우드, 레이어의 다른 기술을 커버할 수 있는 툴을 사용하면 부담을 더욱 줄일 수 있습니다. 예를 들어 Terraform은 쿠버네티스 오브젝트를 지원하고 있기 때문에 쿠버네티스의 서비스를 작성하여 그 IP 주소를 Traffic Manager의 엔드포인트에 추가한다는 흐름을 하나의 툴에서 구현할 수 있습니다. 그 외에도 Cosmos DB 작성 시에 생성되는 연결 문자열을 쿠버네티스의 시크릿(Secret)에 등록할 수도 있습니다.

이와 같이 쿠버네티스 외부에 있는 서비스를 조합하고 싶은 상황은 많이 있습니다. 그때 설정이나 시크릿을 주고받는 일을 수작업으로 하고 싶지는 않을 것입니다. 어떤 형태로든 '연결하는' 장치가 필요합니다. Terraform을 사용하여 쿠버네티스의 외부에서 실현하는 것도 하나의 해결책입니다.

쿠버네티스 커뮤니티 자체도 이 과제에 힘을 쏟고 있습니다. 사실 이 과제는 쿠버네티스에 국한되지 않고 Cloud Foundry 등 다른 기반에도 있었습니다. 그래서 Open Service Broker API라는 프로젝트가 그 표준화를 진행하고 있습니다. 쿠버네티스에 있어서는 아직 초기 단계이지만 긴 안목으로 보면 검토할 가치가 있습니다. 단기적으로는 Terraform 등 이미 실용 단계에 있는 툴을 사용하면서 미래를 위해 평가해 보는 것은 어떨까요?

- Open Service Broker API
  https://www.openservicebrokerapi.org/

또한 구축 예에서 예로 든 멀티 클러스터 환경을 구축하는 Terraform 샘플코드를 GitHub에 공개하고 있으니 참고하기 바랍니다.

https://github.com/ToruMakabe/Understanding-k8s/tree/master/chap08

샘플 애플리케이션도 첨부했으니 환경구축뿐만 아니라 클러스터 간 데이터 동기나 액티브 클러스터의 전화도 시험해 볼 수 있습니다. 멀티 리전에서 실용적인 쿠버네티스 클러스터를 간단히 구축할 수 있다는 것을 실감할 수 있을 것입니다. 방법은 README를 확인하기 바랍니다.

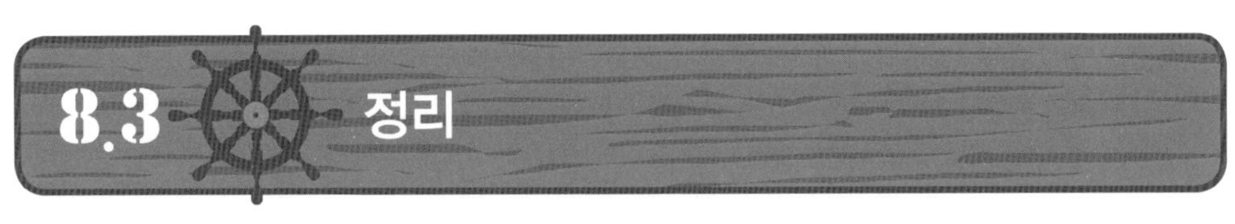

8.3 정리

이 장에서는 인프라스트럭처를 포함한 쿠버네티스 클러스터의 가용성에 대해 설명했습니다.

- 쿠버네티스 컴포넌트는 여러 개 움직일 수가 있으며, 여러 대의 서버로 분산함으로써 가용성을 향상시킬 수 있다.
- API Server와 etcd는 모두 액티브로 만들 수 있다.
- Controller Manager와 Scheduler의 액티브 수는 1이다.
- Blast Radius를 의식한다.
- 쿠버네티스만 고집하지 말고 다른 장치도 조합한다.

일부 고장이 전체에 영향을 주지 않는 견실한 환경을 지향하기 바랍니다.

CHAPTER 08

Infrastructure as Code와 도큐먼트

'실전편' 에서는 각 장의 해설 내용을 체험할 수 있도록 쿠버네티스 클러스터나 관련 기능을 작성하는 Terraform HCL, Bash 스크립트를 공개하고 있습니다. 바로 인프라를 코드로 표현하고 작성한다는 Infrastructure as Code입니다.
각 장에서 각각의 링크를 소개하고 있지만 이 책의 리포지토리의 메인페이지에는 실전편 전체의 설계 방침에 대한 설명이 있습니다.

https://github.com/ToruMakabe/Understanding-k8s

'Infrastructure as Code 세계는 코드가 있으면 충분하다. 도큐먼트는 필요 없다' 는 의견이 있습니다. 하지만 저는 그렇게 생각하지 않습니다. 물론 작업 절차를 하나하나 설명한 '절차서' 는 줄일 수 있을 것입니다. 하지만 그 코드를 어떤 방침으로 설계했는지는 도큐먼트로 관리할 것을 권장합니다. 왜냐하면 코드는 '무엇을 할지, 어떻게 할지' 를 써놓은 것으로, '왜 이런지, 그 배경이나 제약, 조건' 을 표현하기는 어렵기 때문입니다. 또 도큐먼트로는 디렉토리 구성 등 전체 구조도 설명할 수 있습니다.
배경이나 전체 구조를 안 후에 코드를 읽는 것과 그렇지 않는 경우에는 이해도에 큰 차이가 생깁니다. 나중에 읽을 팀 멤버는 물론 자신에게도 도움이 될 것입니다. 참고로 저는 제가 쓴 코드의 배경 정보를 반 년 후까지 기억하고 있을 자신이 없습니다.
설계 방침은 도큐먼트화하여 코드와 똑같은 리포지토리에서 관리합시다. 이력 관리와 갱신 시에는 주석을 다는 것을 의식하고 잊어버리지 말기 바랍니다. 명쾌한 주석이 붙은 갱신 이력은 좋은 도큐먼트와 마찬가지로 가치가 있습니다.

CHAPTER 09

확장성(Scalability)

제8장에서는 가용성 향상을 목적으로 한 다중 서버 구성을 설명했습니다. 다중 서버 구성은 가용성 외에도 효과가 있는데 바로 확장성 면에 효과가 있습니다. 성능이 부족한 경우 리소스를 추가하여 성능을 확장시킬 수 있습니다.

쿠버네티스의 성능 확장 패턴은 기본편에서 개요를 배웠지만 이 장에서 보다 자세하게 인프라스트럭처와의 연동도 다루면서 설명하겠습니다.

※ 이 장에서 설명하는 환경을 구축하기 위한 코드, 샘플 애플리케이션은 GitHub(https://github.com/ToruMakabe/Understanding-K8s/tree/master/chap09)에 공개하고 있습니다.

9.1 쿠버네티스 노드의 수평 자동 스케일

기본편에서는 쿠버네티스와 AKS를 조합한 경우의 확장성을 [표 9.1]과 같이 정리했습니다.

[표 9.1] AKS의 확장 방법

	제공자	수평 스케일	수직 스케일
포드	쿠버네티스 기능	Horizontal Pod Autoscaler(HPA)	Vertical Pod Autoscaler(VPA/단, 집필 시점에서는 알파 버전)
노드	Azure 기능	az aks scale 명령	-

사실은 기본편에서 다루지 않은 기능이 있습니다. 바로 성능이 부족해졌을 때 노드를 자동으로 늘리고 부하가 안정되면 줄이는 노드의 수평 자동 스케일 기능입니다. 쿠버네티스의 애드온으로 개발되었으며 Cluster Autoscaler라고 합니다.

- Kubernetes Cluster Autoscaler
  http://github.com/kubernetes/autoscaler/tree/master/cluster-autoscaler

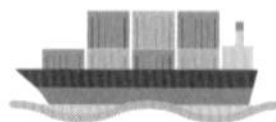

Cluster Autoscaler

Cluster Autoscaler는 크게 두 가지 기능을 갖고 있습니다.

- 포드에 할당 가능한 빈 리소스가 아무 노드에도 없는 경우 노드를 추가한다.
- 확장한 클러스터의 리소스 이용률이 내려가면 노드를 줄인다.

아마 다음 두 가지가 궁금할 것입니다.

- 노드를 늘리는 판단 기준은 무엇인가?
- 어떻게 동적으로 노드를 늘리는가?

노드를 늘리는 기준은 심플하게 'Pending인 포드가 있는지' 입니다.

기본편에서 설명했듯이 포드 작성 시에는 원하는 리소스량을 Resource Requests로 지정합니다. 그리고 지정한 만큼의 빈 리소스가 노드에 없으으면 그 포드의 스테이터스는 Pending 상태가 됩니다. 참조 제5장 '5.3 포드를 효율적으로 움직이자' p.114

Cluster Autoscaler는 주기적으로 Pending 상태인 포드가 없는지를 체크합니다(그림 9.1). 기본값은 10초입니다. 그리고 노드를 늘려야 한다고 판단하면 새로운 노드를 작성합니다. 작성 의뢰는 인프라스트럭처의 관리 인터페이스, Azure의 경우는 Azure의 API에게 합니다.

노드 작성은 인프라스트럭처 측에서 수행합니다. 노드가 클러스터에 참가하여 상태가 Ready가 되면 스케줄러는 Pending 상태인 포드를 거기에 할당할 수 있습니다.

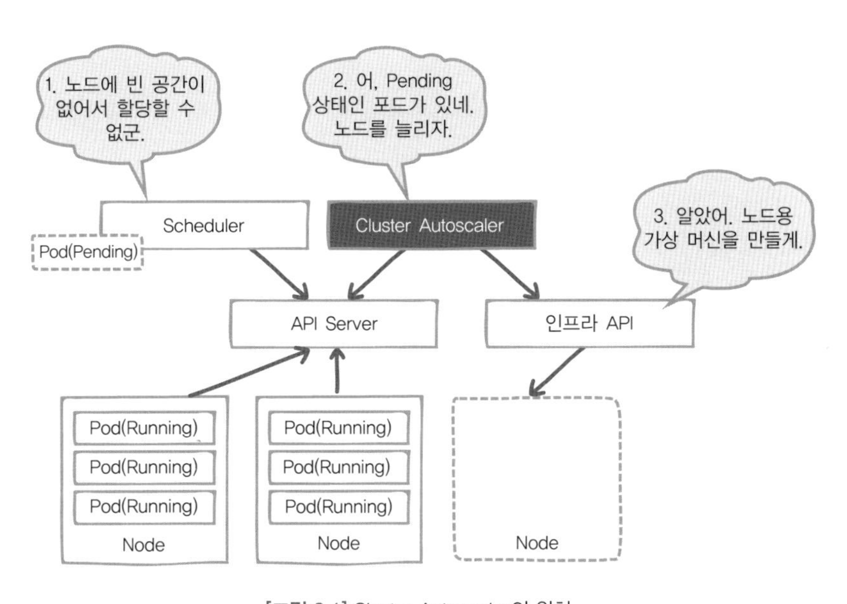

[그림 9.1] Cluster Autoscaler의 위치

또 Cluster Autoscaler는 실제 리소스 이용량을 추가하지 않습니다. 어디까지나 Pending 상태인 포드의 유무가 판단기준입니다. Pending 상태인 포드가 없어지도록 노드 추가를 시도합니다.

9.2 AKS에 있어서 Cluster Autoscaler

이제 실제로 AKS에서 어떻게 움직이는지를 살펴봅시다.

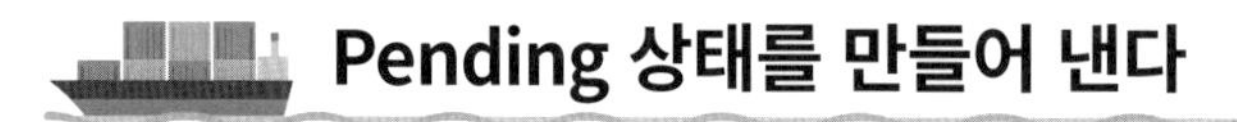

Pending 상태를 만들어 낸다

먼저 Autoscaler를 도입하지 않은 상태에서 빈 리소스를 확인합니다. 알기 쉽게 1노드 클러스터로 만듭니다.

```
$ kubectl describe nodes
Name:     aks-default-65239529-0
~중략~
Allocatable:
  cpu:      1940m
~중략~
Allocated resources:
  (Total limits may be over 100 percent, i.e., overcommitted.)
  Resource  Requests    Limits
  --------  --------    ------
  cpu       550m (28%)  230m (11%)
  memory    520Mi (8%)  970Mi (15%)
Events:   <none>
```

할당 가능한 CPU가 1940m이며, 이미 움직이고 있는 포드가 합계 550m 정도를 요청하고 있습니다. 남은 것은 1390m입니다. 또 1 CPU(=1000m)는 Azure vCore를 의미합니다.

참조 제5장 '노드의 CPU와 메모리 리소스 확인하기' p.115

이제 이 노드에는 들어가지 않는 수의 포드를 작성합니다(리스트 9.1). 100m CPU를 요청한 Nginx Pod의 리플리카를 2개 만듭니다. 그러면 하나는 Pending 상태가 될 것입니다.

```
$ kubectl apply -f nginx.yaml
deployment.apps/nginx created
```

[리스트 9.1] chap09/nginx.yaml

```
apiVersion: apps/v1
kind: Deployment
```

```
metadata:
  name: nginx
  labels:
    app: nginx
spec:
  replicas: 2
  selector:
    matchLabels:
      app: nginx
  template:
    metadata:
      labels:
        app: nginx
    spec:
      containers:
      - name: nginx
        image: nginx
        resources:
          requests:
            cpu: 1000m
```

포드의 스테이터스를 확인합니다.

```
$ kubectl get po
NAME                     READY   STATUS    RESTARTS   AGE
nginx-699846cd79-9qsff   1/1     Running   0          20s
nginx-699846cd79-z2gkg   0/1     Pending   0          20s
```

예상한대로 하나의 포드가 Pending 상태입니다. describe하여 이유를 확인해 봅시다.

```
$ kubectl describe po nginx-699846cd79-z2gkg
Name:     nginx-699846cd79-z2gkg
~중략~
Status:       Pending
~중략~
Events:
  Type     Reason            Age                From               Message
  ----     ------            ----               ----               -------
  Warning  FailedScheduling  23s (x8 over 1m)  default-scheduler  0/1 nodes are
➡ available: 1 Insufficient cpu.
```

CPU 리소스가 부족하여 스케줄링에 실패했다는 것을 알 수 있습니다.

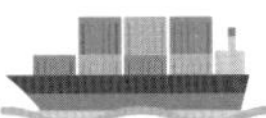

Cluster Autoscaler의 도입

이제 Cluster Autoscaler를 도입해 봅시다[※1]. cluster-autoscaler.yaml이라는 매니페스트를 작성했습니다. 이와 함께 이 매니페스트에서 다른 필요한 쿠버네티스 오브젝트도 만들고 있습니다. 매니페스트의 포인트는 나중에 설명하겠습니다. 매니페스트 전체를 읽고 싶은 경우는 GitHub(https://github.com/ToruMakabe/Understanding-K8s/tree/master/chap09)를 살펴보기 바랍니다.

```
$ kubectl apply -f cluster-autoscaler.yaml
serviceaccount/cluster-autoscaler created
clusterrole.rbac.authorization.k8s.io/cluster-autoscaler created
role.rbac.authorization.k8s.io/cluster-autoscaler created
clusterrolebinding.rbac.authorization.k8s.io/cluster-autoscaler created
rolebinding.rbac.authorization.k8s.io/cluster-autoscaler created
deployment.extensions/cluster-autoscaler created
```

포드 cluster-autoscaler가 움직이고 있는지 확인합니다. 네임스페이스는 kube-system입니다.

```
$ kubectl get po -n kube-system|grep cluster-autoscaler
NAME                                  READY   STATUS    RESTARTS   AGE
cluster-autoscaler-6bb66c7cc4-wrq22   1/1     Running   0          40s
```

잘 움직이고 있습니다. 이제 준비는 끝났습니다. 이제 Cluster Autoscaler가 지금 이미 있는 Pending 상태의 포드의 존재를 감지하면 노드가 추가될 것입니다.

노드 스케일 아웃

잠시 기다린 후 Pending 상태였던 Nginx Pod의 상태를 확인합니다.

※1 Cluster Autoscaler는 앞으로 AKS의 표준 기능으로 제공될 가능성이 있습니다. 이 경우 이 절차는 필요 없습니다. 제공 상황은 아래 공식 도큐먼트를 확인하기 바랍니다.
https://docs.microsoft.com/ko-kr/azure/aks/

```
$ kubectl get po
NAME                     READY   STATUS    RESTARTS   AGE
nginx-699846cd79-9qsff   1/1     Running   0          51m
nginx-699846cd79-z2gkg   0/1     Running   0          51m
```

Pending 상태가 해소되어 포드가 움직이고 있다는 것을 알 수 있습니다. 그렇다면 리퀘스트에 응답할 수 있는 노드가 정말 늘어난 것일까요?

```
$ kubectl get nodes
NAME                     STATUS   ROLES   AGE   VERSION
aks-default-65239529-0   Ready    agent   4h    v1.11.4
aks-default-65239529-1   Ready    agent   42m   v1.11.4
```

예상한 대로 노드가 늘었습니다. Cluster Autoscaler가 노드를 추가했다는 것을 알 수 있습니다.

노드 수의 상한, 하한 설정

그렇다면 Cluster Autoscaler는 Pending 상태의 노드가 있으면 아무 제한없이 노드를 추가해 버리는 걸까요? 리퀘스트 증가에는 가능한 한 응답하고 싶지만 컨트롤할 수 없으면 비용이 불안해집니다. 이런 경우 상한을 설정할 수 있습니다. [리스트 9.2]는 Cluster Autoscaler를 만든 매니페스트 파일에서 일부 발췌한 것입니다.

[리스트 9.2] chap09/cluster-autoscaler.yaml

```
apiVersion: extensions/v1beta1
kind: Deployment
metadata:
  labels:
    app: cluster-autoscaler
  name: cluster-autoscaler
  namespace: kube-system
spec:
~중략~
        command:
        - ./cluster-autoscaler
        - --v=3
        - --logtostderr=true
```

```
        - --cloud-provider=azure
        - --skip-nodes-with-local-storage=false
        - --nodes=1:5:default   # 여기서 노드의 최소:최대를 설정
~이하 생략~
```

이와 같이 노드 수의 하한과 상한을 정의할 수 있습니다. 이 정의에서는 최대 5개입니다. 그럼 시험 삼아 좀 전에 작성한 Nginx의 디플로이먼트를 이 정의로는 넘칠 정도의 리플리카 수로 늘려봅시다. 과감하게 16 리플리카로 합니다.

```
$ kubectl scale deployment nginx --replicas=16
deployment.extensions/nginx scaled

$ kubectl get po
NAME                         READY   STATUS      RESTARTS    AGE
nginx-699846cd79-2vcwn       0/1     Pending     0           1m
nginx-699846cd79-54nrr       0/1     Pending     0           1m
nginx-699846cd79-6tkxg       0/1     Pending     0           1m
nginx-699846cd79-77vzq       0/1     Pending     0           1m
nginx-699846cd79-9qsff       1/1     Running     0           1h
nginx-699846cd79-c7gsn       0/1     Pending     0           1m
nginx-699846cd79-ggkxt       0/1     Pending     0           1m
nginx-699846cd79-htr5t       0/1     Pending     0           1m
nginx-699846cd79-jchcm       0/1     Pending     0           1m
nginx-699846cd79-k59gd       0/1     Pending     0           1m
nginx-699846cd79-mndwk       0/1     Pending     0           1m
nginx-699846cd79-ps5bn       0/1     Pending     0           1m
nginx-699846cd79-rq9mg       0/1     Pending     0           1m
nginx-699846cd79-t5872       0/1     Pending     0           1m
nginx-699846cd79-tf2kv       0/1     Pending     0           1m
nginx-699846cd79-z2gkg       1/1     Running     0           1h
```

Pending 상태의 포드가 대량으로 발생합니다. 그렇다면 Cluster Autoscaler는 이 상태를 어떻게 받아들이고 있을까요? Cluster Autoscaler의 로그를 확인해 봅시다.

```
$ kubectl logs -n kube-system cluster-autoscaler-6bb66c7cc4-wrq22
~중략~
I0822 03:30:13.554560     1 scale_up.go:59] Pod default/nginx-699846cd79-
➡htr5t is unschedulable
I0822 03:30:13.554568     1 scale_up.go:59] Pod default/nginx-699846cd79-
```

```
➡k59gd is unschedulable
I0822 03:30:13.554580      1 scale_up.go:59] Pod default/nginx-699846cd79-
➡rq9mg is unschedulable
I0822 03:30:13.554585      1 scale_up.go:59] Pod default/nginx-699846cd79-
➡6tkxg is unschedulable
I0822 03:30:13.554589      1 scale_up.go:59] Pod default/nginx-699846cd79-
➡ggkxt is unschedulable
```

scale_up.go가 로그를 출력하고 있습니다. 스케줄할 수 없는 포드가 있다는 것을 감지하고 있는 것 같습니다.

그렇다면 조금 시간을 두고 포드의 상태를 확인해 봅시다.

```
$ kubectl get nodes
NAME                     STATUS    ROLES    AGE   VERSION
aks-default-65239529-0   Ready     agent    4h    v1.11.4
aks-default-65239529-1   Ready     agent    1h    v1.11.4
aks-default-65239529-2   Ready     agent    4m    v1.11.4
aks-default-65239529-3   Ready     agent    4m    v1.11.4
aks-default-65239529-4   Ready     agent    4m    v1.11.4
```

정의한 상한까지 노드가 5개로 늘어나 있습니다. 포드의 상태는 어떻게 될까요?

```
$ kubectl get po
NAME                     READY   STATUS      RESTARTS    AGE
nginx-699846cd79-2vcwn   0/1     Pending     0           10m
nginx-699846cd79-54nrr   0/1     Pending     0           10m
nginx-699846cd79-6tkxg   0/1     Pending     0           10m
nginx-699846cd79-77vzq   0/1     Pending     0           10m
nginx-699846cd79-9qsff   1/1     Running     0           1h
nginx-699846cd79-c7gsn   0/1     Pending     0           10m
nginx-699846cd79-ggkxt   1/1     Running     0           10m
nginx-699846cd79-htr5t   1/1     Running     0           10m
nginx-699846cd79-jchcm   1/1     Running     0           10m
nginx-699846cd79-k59gd   0/1     Pending     0           10m
nginx-699846cd79-mndwk   0/1     Pending     0           10m
nginx-699846cd79-ps5bn   0/1     Pending     0           10m
nginx-699846cd79-rq9mg   0/1     Pending     0           10m
nginx-699846cd79-t5872   0/1     Pending     0           10m
nginx-699846cd79-tf2kv   0/1     Pending     0           10m
nginx-699846cd79-z2gkg   1/1     Running     0           1h
```

아직 Pending 상태인 포드가 많이 남아 있습니다. 즉, 설정한 상한을 넘는 노드는 추가하지 않는다는 것을 알 수 있습니다.

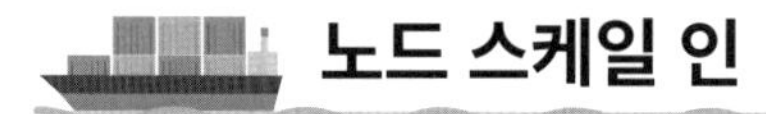

노드 스케일 인

이제 반대로 포드의 수를 줄여봅시다. 그에 맞춰 노드의 수도 줄까요?

```
$ kubectl scale deployment nginx --replicas=1
deployment.extensions/nginx scaled

$ kubectl get po
NAME                       READY     STATUS    RESTARTS      AGE
nginx-699846cd79-9qsff     1/1       Running    0            1h
```

포드의 수가 줄었습니다. 이제 Cluster Autoscaler가 이 상태를 어떻게 인식, 판단하고 있는지 확인해 봅시다. 로그를 살펴봅니다.

```
$ kubectl logs -n kube-system cluster-autoscaler-6bb66c7cc4-wrq22
~중략~
I0822 03:44:14.563830     1 scale_down.go:387] aks-default-65239529-1 was
➡unneeded for 1m3.819248643s
I0822 03:44:14.563853     1 scale_down.go:387] aks-default-65239529-4 was
➡unneeded for 1m14.863713455s
I0822 03:44:14.563861     1 scale_down.go:387] aks-default-65239529-3 was
➡unneeded for 1m3.819248643s
I0822 03:44:14.563867     1 scale_down.go:387] aks-default-65239529-2 was
➡unneeded for 1m3.819248643s
```

scale_down.go가 로그를 쓰고 있습니다. 4개의 노드가 이미 불필요하다고 판단하고 있는 것 같습니다.

Cluster Autoscaler는 움직이고 있는 포드의 Requests(CPU, 메모리) 합계가 50%를 밑도는 노드를 삭제 후보로 합니다. 그리고 그 노드에서 움직이는 포드가 있으면 다른 노드에서 다시 작성할 수 있는지를 판단합니다. 몇 가지 룰이 있으므로 자세한 내용은 커뮤니티의 도큐먼트를 참조하기 바랍니다.

- Frequently Asked Questions
  http://github.com/kubernetes/autoscaler/blob/master/cluster-autoscaler/FAQ.md

Cluster Autoscaler는 노드가 불필요하다고 판단한 후 삭제 조작까지 기본값인 10분을 대기합니다. 또 바로 직전 10분 이내에 노드가 추가된 경우에도 대기합니다. 그리고 삭제는 한 노드씩 실행됩니다.

노드를 삭제할 때 거기서 움직이고 있는 포드는 다른 노드에서 다시 작성해야 합니다. 노드의 수가 단시간에 대폭 줄어들면 스케줄러는 어려운 작업을 강요받게 됩니다. 늘리는 것보다 줄일 때가 고려해야 할 점이 많기 때문에 노드 삭제는 여유를 가지고 실행해야 합니다. 조급해하지 말고 기다리기 바랍니다.

이와 같이 노드를 삭제하기 전에는 여러 가지 장치나 룰을 사용하여 정지를 합니다. 그리고 이것은 메인터넌스 작업에도 관련된 부분입니다. 자세한 내용은 제10장에서 설명하겠습니다.

이런 이유로 조금 기다린 후에 Cluster Autoscaler의 로그를 확인합니다.

```
$ kubectl logs -n kube-system cluster-autoscaler-6bb66c7cc4-wrq22
~중략~
I0822 04:38:47.052716      1 utils.go:413] Skipping aks-default-65239529-0 -
➡ node group min size reached

$ kubectl get nodes
NAME                      STATUS    ROLES    AGE    VERSION
aks-default-65239529-0    Ready     agent    5h     v1.11.4
```

정의한 노드의 최소 개수까지 스케일인(scale-in)하고 있습니다.

인프라스트럭처 조작 권한 및 시크릿 관리

Cluster Autoscaler는 현재 Cloud Controller Manager를 경유하지 않고 직접 인프라스트럭처의 API를 호출하고 있습니다.

예를 들어 AKS와 Cluster Autoscaler를 조합한 경우 Cluster Autoscaler가 증감해야 할 노드 수를 판단하고 Azure의 API를 호출합니다. 그렇기 때문에 Cluster Autoscaler에는 Azure의 리소스를 조작할 수 있는 권한이 필요합니다.

사실은 Cluster Autoscaler를 작성하기 전에 권한 정보를 쿠버네티스의 시크릿(Secret)으로 만들어 놓았습니다(리스트 9.3).

[리스트 9.3] chap09/secret.yaml

```
apiVersion: v1
kind: Secret
metadata:
  name: cluster-autoscaler-azure
  namespace: kube-system
data:
  ClientID: "${B64_CLIENT_ID}" # base64로 인코딩한 시크릿 (이하 동문)
  ClientSecret: "${B64_CLIENT_SECRET}"
  ResourceGroup: "${B64_RESOURCE_GROUP}"
  SubscriptionID: "${B64_SUBSCRIPTION_ID}"
  TenantID: "${B64_TENANT_ID}"
  VMType: QUtTCg==
  ClusterName: "${B64_CLUSTER_NAME}"
  NodeResourceGroup: "${B64_NODE_RESOURCE_GROUP}"
```

이 시크릿을 Cluster Autoscaler를 작성하는 매니페스트 파일에서 지정하고 있습니다(리스트 9.4). 이로써 Cluster Autoscaler는 시크릿을 환경변수로 참조할 수 있습니다.

[리스트 9.4] chap09/cluster-autoscaler.yaml

```
apiVersion: extensions/v1beta1
kind: Deployment
metadata:
  labels:
    app: cluster-autoscaler
  name: cluster-autoscaler
  namespace: kube-system
spec:
~중략~
        env:  # 컨테이너에 전달할 환경변수를 설정
        - name: ARM_SUBSCRIPTION_ID
          valueFrom:
            secretKeyRef:   # Secret을 지정
              key: SubscriptionID   # Secret의 키를 지정
              name: cluster-autoscaler-azure    # Secret의 이름을 지정
~이하 생략~
```

인프라스트럭처의 리소스를 조작하는 권한과 시크릿의 관리는 운용에서 중요한 포인트입니다. 앞으로는 Azure Managed Identity 등 보다 편하고 안전한 방법이 추가될 예정입니다.

9.3 기타 자동 스케일

HPA와 Cluster Autoscaler의 연동

기본편에서는 포드의 수평 자동 스케일(HPA)를, 이 장에서는 노드의 수평 자동 스케일을 설명했습니다. 이제 이 둘의 관계에 대해 살펴보겠습니다.

결론부터 말하자면 HPA와 Cluster Autoscaler는 같이 사용할 수 있습니다(그림 9.2).

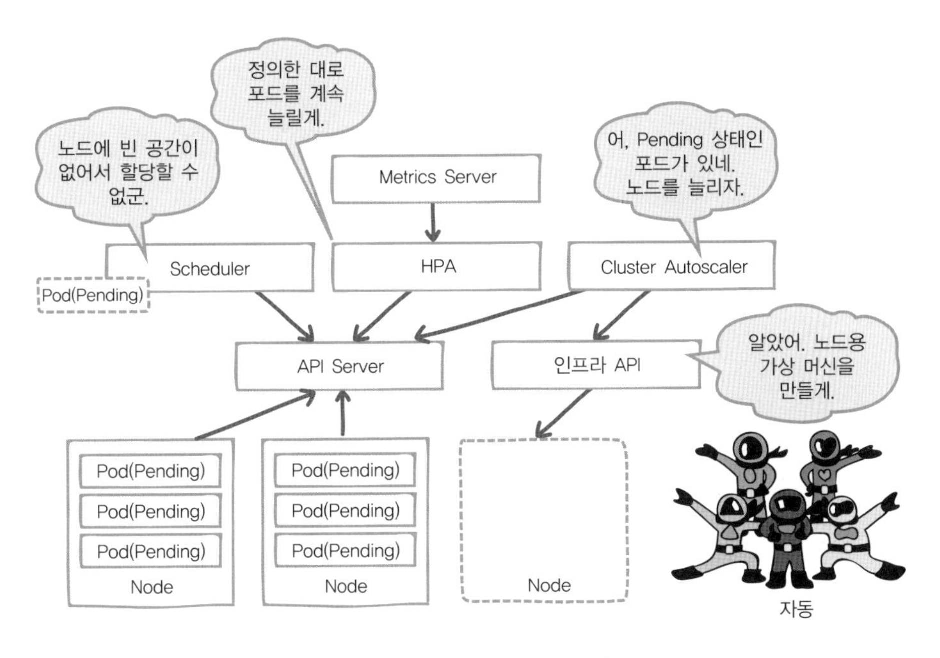

[그림 9.2] HPA와 Cluster Autoscaler의 공존

하지만 HPA와 Cluster Autoscaler의 관계는 멉니다. HPA는 Metrics Server의 메트릭을 확인하여 정의한 대로 포드를 늘리는 일, 즉 자기의 일에만 집중합니다.

그리고 그 결과 Pending 상태의 포드가 생기면 Cluster Autoscaler가 이를 감지하여 노드를 늘립니다. 매우 심플합니다.

쿠버네티스 외부의 메트릭을 사용한 자동 스케일

지금까지 설명한 자동 스케일은 쿠버네티스가 메트릭으로 관측할 수 있는 리소스를 사용하고 있습니다. 예를 들면 CPU입니다. 하지만 쿠버네티스 외부의 리소스를 메트릭으로 사용하고 싶은 경우도 있을 것입니다.

메시지 큐가 그 대표적인 예입니다. 메시지 큐에 쌓인 메시지의 수로 처리 리소스를 증감시키는 방법은 클라우드에서 흔히 있는 패턴입니다. 가용성과 확장성이 높은 메시지 큐를 구축 유지하는 것은 힘이 들기 때문에 쿠버네티스 상에 만드는 것이 아니라 클라우드 서비스가 제공하는 매니지드 서비스를 사용하고 싶은 경우도 많을 것입니다.

CPU나 메모리와 같은 리소스량으로 간접적으로 판단하는 것이 아니라 메시지 큐에 쌓인 메시지 수를 메트릭으로 하면 해야 할 작업량의 관점에서 그것을 '처리할 수 있는지'를 알 수 있습니다. 또 애플리케이션이 의도적으로 경계값을 넘도록 메시지를 써 넣음으로써 직접적으로 스케일아웃(scale－out)을 지시할 수가 있습니다.

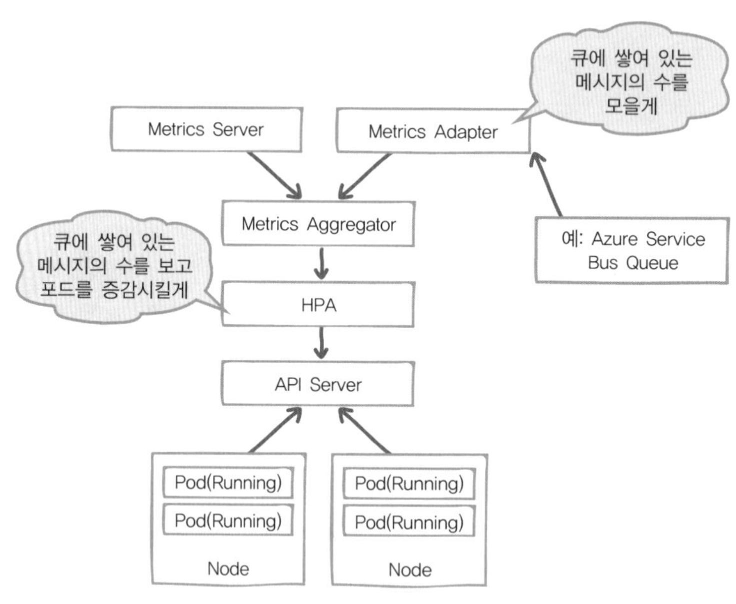

[그림 9.3] Metrics Adapter의 위치

그 요구에 부응하는 대책을 한 가지 소개하겠습니다. Custom Metrics Adapter Server Boilerplate 프로젝트를 바탕으로 개발되고 있는 Azure Kubernetes Metrics Adapter입니다.

- Custom Metrics Adapter Server Boilerplate
  https://github.com/kubernetes-incubator/custom-metrics-apiserver
- Azure Kubernetes Metrics Adapter
  https://github.com/azure/azure-k8s-metrics-adapter

Azure Service Bus Queue나 Event Hubs 등 Azure의 리소스 정보를 메트릭으로 도입하여 HPA가 포드를 증감시키는 판단 재료로 할 수 있습니다(그림 9.3).

프로젝트의 페이즈(phase)는 알파이지만 주목을 받고 있는 연구 중 하나입니다.

NOTE 자동 스케일의 다크사이드

자동 스케일은 쿠버네티스다운 기능입니다. 아마 이것이 쿠버네티스를 선택하는 많은 이유일 것입니다. 하지만 좋은 점만 있는 것은 아닙니다. 우려되는 부분도 있습니다.
먼저 '노드의 스케일 시간' 입니다. 노드가 부족한 경우 노드 추가와 구성에는 가상 머신 작성과 쿠버네티스의 셋업이 필요하므로 나름대로 시간이 걸립니다. 그래서 스케일이 트래픽 증가를 따라가지 못할 가능성이 있습니다. 처리량이 늘 것을 사전에 알고 있다면 먼저 수동으로 늘려두는 편이 안심할 수 있습니다.
그 다음은 '아키텍처' 입니다. 포드나 노드를 스케일아웃하면 리소스가 늘어납니다. 하지만 이것으로 애플리케이션의 응답이나 스루풋이 올라갈지는 별개의 문제입니다. 병목 현상은 다양한 곳에서 나타납니다. 기반이 자동 스케일할 수 있다고 안심하고 아키텍처 검토나 성능 검증을 소홀히 하는 경우가 종종 있습니다.
그리고 마지막으로 '돈과 판단의 이야기' 입니다. 대부분의 기업은 예산을 바탕으로 사업을 합니다. 사람의 판단 없이 스케일하고 리소스를 구입하는 장치를 받아들이지 못하는 조직도 있습니다. 클라우드를 잘 구사하는 기술자는 자동 스케일을 당연하게 생각하기 쉽지만 이 방법을 사용할 수 없는 경우도 생각해 두어야 합니다.
자동 스케일은 편리한 기능이지만 만능은 아닙니다. 기존에 해 왔던 비즈니스 담당자와의 수요 예측, 수용량 런닝(학습), 병목을 고려한 아키텍처 검토가 필요 없어진 것은 아니라는 것입니다.

9.4 정리

이 장에서는 확장성에 대해 특히 자동 스케일의 구조를 설명했습니다.

- 노드의 수평 자동 스케일은 Cluster Autoscaler로 실현할 수 있다.
- 노드 추가 여부는 Pending 상태의 포드가 있는지로 판단한다.
- 노드를 늘릴 때보다 줄일 때 고려해야 할 점이 많다.
- 포드의 수평 자동 스케일(HPA)과 Cluster Autoscaler는 공존 가능하다.
- HPA에는 Queue 등 쿠버네티스 외부의 메트릭을 사용할 수도 있다.

자동 스케일 기능을 잘 구사하여 리소스 요구 변동을 현명하고 편하게 대처합시다.

GitHub로 '조금 앞의 쿠버네티스' 를 안다

이 장에서는 쿠버네티스의 확장성을 높이는 구축 예로 Cluster Autoscaler를 다뤘습니다. 하지만 사실 이 부분은 '좀 집필하기 어렵다' 고 느꼈습니다. 왜냐하면 Cluster Autoscaler는 활발하게 개발되고 있는 기능 중 하나로 오늘 확인을 한 것이 내일 바뀔 가능성이 있기 때문이었습니다. 좀 더 솔직하게 말하자면 바뀔 것을 알면서 집필을 했습니다. 바뀌는 부분은 가능한 한 샘플 코드에 적용을 했습니다.

2018년 말 현재 Cluster Autoscaler에 국한되지 않고 쿠버네티스 전체에서 기능 추가나 개선이 활발히 일어나고 있습니다. 지금 안 되던 것이 마이너 버전업에서 실현될지도 모릅니다. 또 문제가 패치 버전업으로 해결되지도 모릅니다. 개발 상황을 파악하고 '지금 서둘러서 손을 쓰거나 포기하지 않아도 조금만 기다리면 해결될 것 같다' 는 판단을 할 수 있다면 좋지 않겠습니까?

그렇다면 어떻게 확인을 하면 될까요? 대답은 심플합니다. GitHub를 검색하기 바랍니다. GitHub를 보면 개발 중인 소스코드 뿐만 아니라 Issue나 Pull Request에서 요청 배경이나 상황을 볼 수 있습니다. 어떤 뉴스가 배경에 있는지, 잘 진행되고 있는지, 장애 요인은 없는지, 언제쯤 실현될지 등도 파악할 수 있습니다. 이것이 무엇보다 가장 빠른 정보가 됩니다.

- **쿠버네티스**

  https://github.com/kubernetes

상용제품이나 서비스를 사용하고 있다면 기능 추가 타이밍이나 개선의 전망은 제조업체에게 묻는다는 방법도 있습니다. 하지만 돌아오는 대답은 '잘 모르겠다', '약속할 수 없지만 참고로 말하자면' 일지도 모릅니다. 제조업체 특유의 부분은 어쩔 수 없다고 쳐도 쿠버네티스의 개발이나 릴리스의 주도권은 커뮤니티에 있기 때문에 어떤 의미로는 성실한 대답입니다. 하지만 판단에 이용하기에는 도움이 안 됩니다.

쿠버네티스는 오픈된 곳에서 논의 개발이 진행됩니다. 필요한 타이밍에 주체적으로 판단할 수 있도록 검색 요령을 잘 파악해 둡시다.

CHAPTER

10

유지보수성 (Manageability)

갑작스러운 고장이나 리소스 부족을 대비해 가용성이나 확장성은 설계 시점에서 확보해 두어야 합니다. 운 좋게 그런 일이 일어나지 않는 경우도 있지만 유비무환이라고 대비가 되어 있으면 걱정이 없는 법입니다. 하지만 운과 상관없이 쿠버네티스를 운용할 때 반드시 일어나는 일이 있습니다. 바로 버전업입니다.

이 장에서는 운용의 유지보수 작업 중에서도 특히 부담이 크고 이용 전에 그 전략을 세워 두어야 하는 버전업에 초점을 맞춰 설명을 하겠습니다. 작업뿐만 아니라 버전없을 전제로 한 아키텍처도 생각해 봅시다.

※ 이 장에서 설명하는 환경을 구축하기 위한 코드, 샘플 애플리케이션은 GitHub(https://github.com/ToruMakabe/Understanding-K8s/tree/master/chap10)에 공개하고 있습니다.

10.1 쿠버네티스 운용에서 필요한 업데이트와 업그레이드 작업

쿠버네티스 클러스터를 운용할 때는 크게 두 가지 버전업이 필요합니다. 하나는 쿠버네티스 컴포넌트의 버전업이고 다른 하나는 쿠버네티스를 움직이는 서버의 버전업입니다. 업그레이드로 인한 기능 확충은 내용에 따라 필요한지 불필요한지에 따라 판단이 나뉩니다. 하지만 보안 관점에서는 업데이트를 무시할 수 없으므로 따라야 할 전략을 검토해야 합니다.

쿠버네티스는 개발이 활발히 진행되는 프로젝트입니다. 즉, 버전업이 빈번히 일어난다는 뜻입니다. 이 버전업 구조는 다음과 같습니다.

```
[메이저] . [마이너] . [패치]
```

쿠버네티스는 시맨틱 버저닝(Semantic Versioning)을 따르고 있는데 각각은 다음과 같이 정의되어 있습니다.

- **메이저**: API 호환성이 없어질 때 올린다.
- **마이너**: API 호환성은 있지만 기능을 추가했을 때 올린다.
- **패치**: 버그나 문제를 수정했을 때 올린다.

이 책의 집필 시점에서 최신 버전은 1.12.3, AKS 제공의 최신 버전은 1.11.4였습니다. 메이저 버전은 1에서 올라간 적 없이 API 호환성이 유지되고 있습니다. 한편 기능 추가가 일어나는 마이너 버전의 릴리스 사이클은 짧아 대략 3개월 간격으로 릴리스되고 있습니다.

- v1.11 ➡ 2018/6/26
- v1.10 ➡ 2018/3/21
- v1.9 ➡ 2017/12/13
- v1.8 ➡ 2017/9/27

또한 패치 버전의 릴리스도 빈번히 일어나고 있습니다. v1.10의 예를 살펴보면 다음과 같습니다.

- v1.10.6 ➡ 2018/7/26
- v1.10.5 ➡ 2018/6/21
- v1.10.4 ➡ 2018/6/6
- v1.10.3 ➡ 2018/5/21
- v1.10.2 ➡ 2018/4/27
- v1.10.1 ➡ 2018/4/13
- v1.10.0 ➡ 2018/3/27

한 달에 한두 번 릴리스되고 있습니다. 모두를 적용할지는 제쳐두고 전략 없이는 운용할 수 없을 정도의 빈도로 일어나고 있습니다.

10.2 서버 업데이트

쿠버네티스 컴포넌트의 업데이트를 설명하기 전에 먼저 서버의 업데이트를 파악해 둡시다. 여기서 말하는 서버 업데이트란 OS나 도입하고 있는 패키지의 업데이트를 가리킵니다. 쿠버네티스에만 신경이 뺏기면 간과하기 쉬운 부분이지만 취약성을 방치하지 않도록 고려해야 합니다.

OS의 업데이트는 OS나 디스트리뷰션에 따라 방법이 달라집니다. 여기서는 AKS의 노드로 현재 채택하고 있는 Ubuntu 16.04를 예로 설명을 하겠습니다. 다른 OS나 디스트리뷰션에 대해서는 유사한 기능으로 바꿔 읽기 바랍니다.

Ubuntu 16.04는 unattended-upgrades 패키지를 사용해서 업데이트를 자동화할 수 있습니다.

AKS 클러스터를 작성하면 노드를 구성하는 가상 머신에 대해 unattended-upgrades 패

키지가 도입됩니다. 설정은 /etc/apt/apt.conf.d/50unattended-upgrades에 있습니다(리스트 10.1).

[리스트 10.1] /etc/apt/apt.conf.d/50unattended-upgrades

```
// Automatically upgrade packages from these (origin:archive) pairs
Unattended-Upgrade::Allowed-Origins {
    "${distro_id}:${distro_codename}";
    "${distro_id}:${distro_codename}-security";
    // Extended Security Maintenance; doesn't necessarily exist for
    // every release and this system may not have it installed, but if
    // available, the policy for updates is such that unattended-upgrades
    // should also install from here by default.
    "${distro_id}ESM:${distro_codename}";
//  "${distro_id}:${distro_codename}-updates";
//  "${distro_id}:${distro_codename}-proposed";
//  "${distro_id}:${distro_codename}-backports";
};
~중략~
// Automatically reboot *WITHOUT CONFIRMATION*
// if the file /var/run/reboot-required is found after the upgrade
// Unattended-Upgrade::Automatic-Reboot "false";
~이하 생략~
```

보안과 관련된 자동 갱신이 활성화되어 있다는 것을 알 수 있습니다. 또한 재시작이 필요한 갱신이 있는 경우에 자동으로 재시작하지 않도록 주석 처리가 되어 있습니다.

재시작이 불필요한 갱신은 자동으로 적용됩니다. 한편 재시작이 필요한 갱신이 적용된 경우에 얼마나 애플리케이션에 영향을 주지 않고 재시작하는지가 검토의 포인트가 됩니다.

노드 재시작의 영향을 최소한으로 하는 장치

애플리케이션, 즉 포드가 움직이고 있는 노드를 재시작하는 경우는 그 영향 범위를 컨트롤하고 싶을 것입니다. 대상 노드에서 움직이고 있는 포드를 안전하고 성능 영향을 적게 다른 노드로 옮기는 방법은 없는 것일까요? 다음과 같은 장치가 있으면 좋을 것 같습니다.

① 재시작 중에는 대상 노드에 포드를 배치하지 않도록 스케줄러에게 알린다.

② 리플리카 수를 유지하도록 포드를 다른 노드에서 재작성한다.

③ 동시에 많은 포드를 재작성하지 않고 서서히 작성해 간다.

위의 조건을 구현하기 위해 쿠버네티스는 Cordon/Uncordon, Drain, PodDisruption Budget이라는 장치를 제공하고 있습니다.

Cordon/Uncordon

Cordon은 '폐쇄한다'라는 뜻으로, 특정 노드를 스케줄 대상에서 제외시킵니다. Uncordon은 그 반대로 노드를 스케줄 대상으로 되돌립니다.

이제 그 동작을 살펴봅시다. 세 개의 노드를 갖고 있는 클러스터에 대해 Nginx의 디플로이먼트를 작성합니다(리스트 10.2, 그림 10.1). 리플리카 수는 3으로 합니다.

```
$ kubectl apply -f nginx.yaml
deployment.apps/nginx created

$ kubectl get pod -o custom-columns=Pod:metadata.name,Node:spec.nodeName
Pod                          Node
nginx-65899c769f-4n9w9       aks-agentpool-40320977-0
nginx-65899c769f-7tpff       aks-agentpool-40320977-1
nginx-65899c769f-wg52v       aks-agentpool-40320977-2
```

[리스트 10.2] chap10/nginx.yaml

```
apiVersion: apps/v1
kind: Deployment
metadata:
  name: nginx
  labels:
    app: nginx
spec:
  replicas: 3
  selector:
    matchLabels:
      app: nginx
  template:
    metadata:
      labels:
        app: nginx
    spec:
      containers:
```

```
    - name: nginx
      image: nginx
```

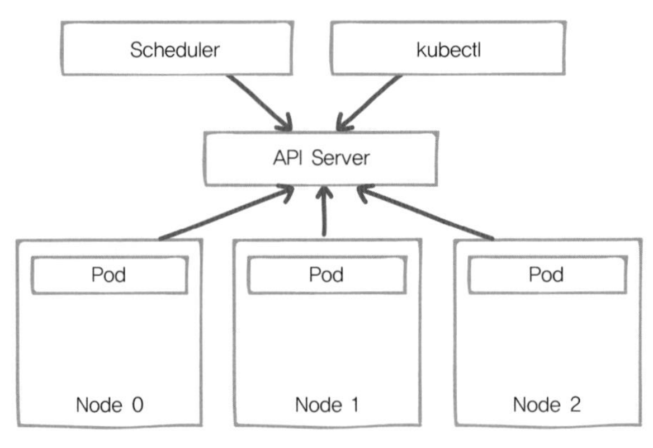

[그림 10.1] 검증 시작 시 상태

각 노드가 균형 있게 배치되었습니다. 이제 노드를 Cordon해 봅시다.

```
$ kubectl cordon aks-agentpool-40320977-0
node/aks-agentpool-40320977-0 cordoned
```

노드의 상태는 Ready이지만 SchedulingDisabled로 되었습니다.

```
$ kubectl get node
NAME                       STATUS                     ROLES   AGE   VERSION
aks-agentpool-40320977-0   Ready,SchedulingDisabled   agent   2d    v1.11.4
aks-agentpool-40320977-1   Ready                      agent   2d    v1.11.4
aks-agentpool-40320977-2   Ready                      agent   2d    v1.11.4
```

또한 이미 Cordon 대상 노드에 배치되었던 포드는 그대로 동일한 노드에서 계속 움직이고 있습니다.

```
$ kubectl get po -o custom-columns=Pod:metadata.name,Node:spec.nodeName
Pod                        Node
nginx-65899c769f-4n9w9     aks-agentpool-40320977-0
nginx-65899c769f-7tpff     aks-agentpool-40320977-1
nginx-65899c769f-wg52v     aks-agentpool-40320977-2
```

이제 시험 삼아 리플리카 수를 늘려 봅시다. 두 배인 6으로 합니다.

```
$ kubectl scale deployment nginx --replicas=6
deployment.extensions/nginx scaled
```

노드에 어떻게 배치되었을까요? (그림 10.2)

```
$ kubectl get pod -o custom-columns=Pod:metadata.name,Node:spec.nodeName
Pod                         Node
nginx-65899c769f-4dskf    aks-agentpool-40320977-1
nginx-65899c769f-4n9w9    aks-agentpool-40320977-0
nginx-65899c769f-7tpff    aks-agentpool-40320977-1
nginx-65899c769f-r8phj    aks-agentpool-40320977-1
nginx-65899c769f-rkx2z    aks-agentpool-40320977-2
nginx-65899c769f-wg52v    aks-agentpool-40320977-2
```

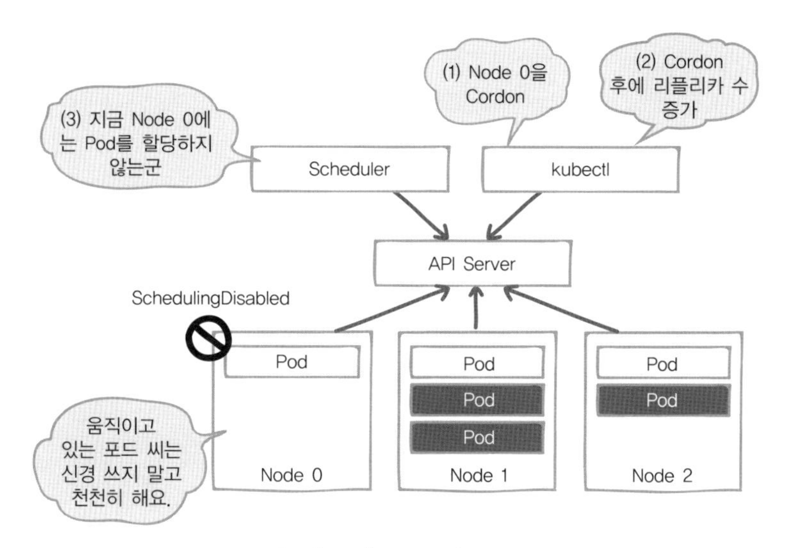

[그림 10.2] Node 0의 Cordon

Cordon된 노드에는 새로 포드가 배치되지 않는다는 것을 알 수 있습니다. Cordon 대상 노드에서 움직이고 있는 포드는 Cordon하기 전부터 움직이고 있던 것입니다.

이제 Uncordon을 하여 스케줄링 대상으로 되돌려 봅시다.

```
$ kubectl uncordon aks-agentpool-40320977-0
node/aks-agentpool-40320977-0 uncordoned
```

노드의 상태에서 SchedulingDisabled가 사라진 것을 확인할 수 있습니다(그림 10.3).

```
$ kubectl get node
NAME                       STATUS   ROLES   AGE   VERSION
aks-agentpool-40320977-0   Ready    agent   2d    v1.11.4
aks-agentpool-40320977-1   Ready    agent   2d    v1.11.4
aks-agentpool-40320977-2   Ready    agent   2d    v1.11.4
```

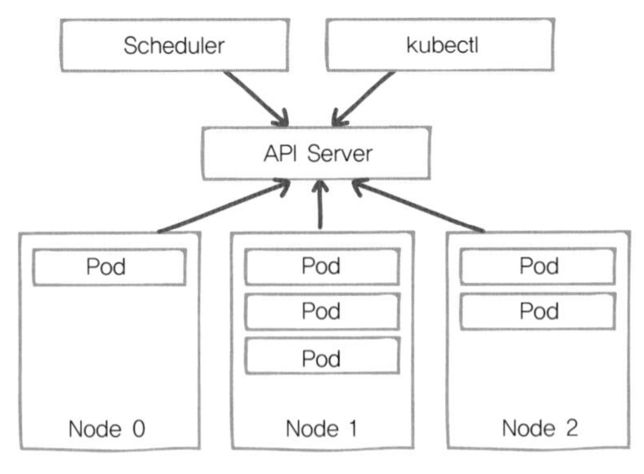

[그림 10.3] Uncordon 후의 상태

이것이 Cordon/Uncordon의 움직임입니다. 노드를 대상으로 스케줄링의 정지/재개를 제어합니다.

Drain

Drain은 Cordon의 움직임에 포드의 삭제와 재작성을 더한 것입니다. 이것도 실제로 움직임을 살펴봅시다. 좀 전에 Cordon/Uncordon 움직임을 확인한 환경에서 포드가 가장 많이 움직이고 있는 Node 1을 Drain합니다.

```
$ kubectl drain aks-agentpool-40320977-1
node/aks-agentpool-40320977-1 cordoned
error: unable to drain node "aks-agentpool-40320977-1", aborting command...
```

```
There are pending nodes to be drained:
  aks-agentpool-40320977-1
error: DaemonSet-managed pods (use --ignore-daemonsets to ignore): kube-proxy-
➡4hdd4, kube-svc-redirect-xt2qq, kured-q6nc8, omsagent-9twn4
```

오류가 나왔습니다. 이것은 노드별로 전용으로 움직이고 있는 데몬셋(DaemonSet)은 다른 노드로 옮길 수 없기 때문에 나온 오류입니다. 메시지를 따라 --ignore-daemonsets 옵션을 붙여서 다시 실행합니다.

```
$ kubectl drain aks-agentpool-40320977-1 --ignore-daemonsets
node/aks-agentpool-40320977-1 already cordoned
WARNING: Ignoring DaemonSet-managed pods: kube-proxy-4hdd4, kube-svc-redirect-
➡xt2qq, kured-q6nc8, omsagent-9twn4
pod/nginx-65899c769f-7tpff evicted
pod/heapster-864b6d7fb7-4t6tk evicted
pod/nginx-65899c769f-4dskf evicted
pod/nginx-65899c769f-r8phj evicted
```

데몬셋 외의 포드가 Evict(퇴거)됩니다. 즉, 다른 노드에서 포드가 재작성되고 Node 1의 포드는 삭제됩니다. default 외의 네임스페이스에서 움직이던 포드도 대상이 됩니다.

포드의 배치 상황을 확인해 봅시다.

```
$ kubectl get po -o custom-columns=Pod:metadata.name,Node:spec.nodeName
Pod                        Node
nginx-65899c769f-4n9w9     aks-agentpool-40320977-0
nginx-65899c769f-rkx2z     aks-agentpool-40320977-2
nginx-65899c769f-swgbn     aks-agentpool-40320977-0
nginx-65899c769f-vd66j     aks-agentpool-40320977-0
nginx-65899c769f-wg52v     aks-agentpool-40320977-2
nginx-65899c769f-z2zr9     aks-agentpool-40320977-0
```

다른 노드에서 재작성되어 있는 것을 알 수 있습니다. 이제 노드의 상태도 확인해 봅시다(그림 10.4).

```
$ kubectl get node
NAME                       STATUS                     ROLES     AGE       VERSION
aks-agentpool-40320977-0   Ready                      agent     2d        v1.11.4
aks-agentpool-40320977-1   Ready,SchedulingDisabled   agent     2d        v1.11.4
aks-agentpool-40320977-2   Ready                      agent     2d        v1.11.4
```

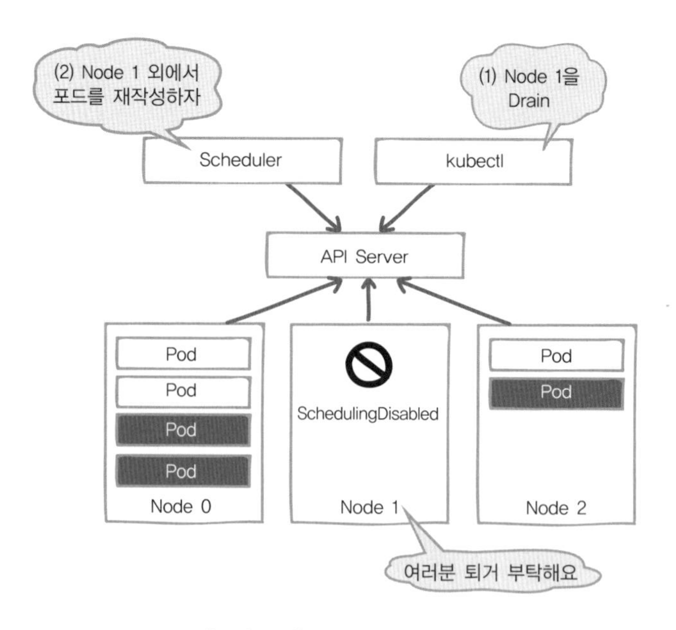

[그림 10.4] Node 1의 Drain

Cordon한 경우와 마찬가지로 SchedulingDisabled가 됩니다. 이 상태에서는 애플리케이션을 구성하는 포드는 움직이지 않습니다. 이로써 노드를 재시작하기 쉽게 되었습니다.

그리고 재시작을 한 후에 Uncordon으로 스케줄 대상으로 되돌립니다. 이 작업을 조금씩, 예를 들면 1 노드씩 수행하면 클러스터에 대한 영향을 적게 업데이트할 수 있습니다.

 PodDisruptionBudget

Drain을 여러 노드에서 계속해서 하거나 리플리카 수가 많이 움직이고 있는 노드를 Drain 하면 본래 있어야 할 리플리카 수와의 차이가 일시적으로 커질 가능성이 있습니다. 이 문제를 해결하기 위해 PodDisruptionBudget이라는 오브젝트가 있습니다. Disruption은 '붕괴', Budget은 '예산'이라는 뜻인데, 일시적으로 사용할 수 없는 포드의 수나 비율을 컨트롤하는 장치라고 생각하기 바랍니다. 그 수나 비율은 다음과 같은 파라미터로 지정합니다.

- max-unavailable　사용할 수 없는 포드를 허용하는 최대 수 또는 비율
- min-available　최소한 유지할 포드의 수 또는 비율

예를 들어 max-unavailable을 1로 하면 동시에 여러 개의 포드가 Evict되는 일 없이 하나씩 Evict됩니다. 또 min-available을 80%로 하면 80% 이상의 포드는 항상 사용할 수 있도록 컨트롤됩니다.

'k8sbookpdb'라는 이름의 PodDisruptionBudget을 max-unavailable=1로 작성해 보겠습니다. 대상은 좀 전에 작성한 Nginx의 디플로이먼트와 리플리카셋입니다. --selector=app=nginx로 지정합니다. 이 PodDisruptionBudget이 예상대로 작성되면 Drain할 때 동시에 여러 개의 포드가 Evict되는 일이 없어질 것입니다.

```
$ kubectl create poddisruptionbudget k8sbookpdb --selector=app=nginx --max-
➡unavailable=1
poddisruptionbudget.policy/k8sbookpdb created
```

노드의 상태와 포드의 배치 상황을 확인합니다(그림 10.5).

```
$ kubectl get node
NAME                        STATUS   ROLES   AGE   VERSION
aks-agentpool-40320977-0    Ready    agent   2d    v1.11.4
aks-agentpool-40320977-1    Ready    agent   2d    v1.11.4
aks-agentpool-40320977-2    Ready    agent   2d    v1.11.4

$ kubectl get po -o custom-columns=Pod:metadata.name,Node:spec.nodeName
Pod                       Node
nginx-65899c769f-4n9w9    aks-agentpool-40320977-0
nginx-65899c769f-rkx2z    aks-agentpool-40320977-2
nginx-65899c769f-swgbn    aks-agentpool-40320977-0
nginx-65899c769f-vd66j    aks-agentpool-40320977-0
nginx-65899c769f-wg52v    aks-agentpool-40320977-2
nginx-65899c769f-z2zr9    aks-agentpool-40320977-0
```

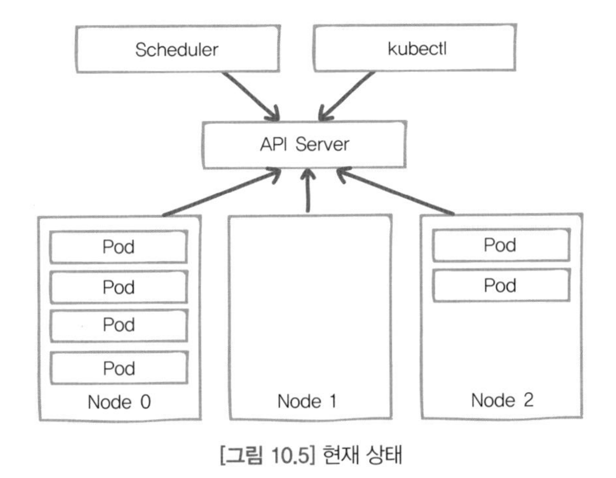

[그림 10.5] 현재 상태

3개의 노드가 Ready이며, Node 0에 포드가 4개, Node 2에 2개 배치되어 있습니다. 여기서 포드가 움직이고 있는 두 개의 노드를 일제히 Drain합니다. 리플리카 수의 움직임을 보고 싶으므로 kubectl get rs 명령에 -w 옵션을 붙여 실행해 봅시다.

```
$ kubectl get rs
NAME DESIRED CURRENT READY AGE
nginx-65899c769f 6 6 6 1h

$ kubectl get rs nginx-65899c769f -w
```

그리고 다른 터미널을 2개 기동시켜 각각에서 노드를 Drain합니다.

```
$ kubectl drain aks-agentpool-40320977-0 --ignore-daemonsets
```

```
$ kubectl drain aks-agentpool-40320977-2 --ignore-daemonsets
```

리플리카 수가 어떻게 변했는지 살펴봅시다(그림 10.6).

```
$ kubectl get rs nginx-65899c769 -w를 실행한 터미널의 출력

NAME               DESIRED     CURRENT     READY     AGE
nginx-65899c769f   6           6           6         1h
nginx-65899c769f   6           5           5         1h
nginx-65899c769f   6           6           5         1h
nginx-65899c769f   6           6           6         1h
nginx-65899c769f   6           5           5         1h
nginx-65899c769f   6           6           5         1h
nginx-65899c769f   6           6           6         1h
nginx-65899c769f   6           5           5         1h
nginx-65899c769f   6           6           5         1h
nginx-65899c769f   6           6           6         1h
nginx-65899c769f   6           5           5         1h
nginx-65899c769f   6           6           5         1h
nginx-65899c769f   6           6           6         1h
nginx-65899c769f   6           5           5         1h
nginx-65899c769f   6           6           5         1h
nginx-65899c769f   6           6           6         1h
nginx-65899c769f   6           5           5         1h
nginx-65899c769f   6           6           5         1h
nginx-65899c769f   6           6           6         1h
```

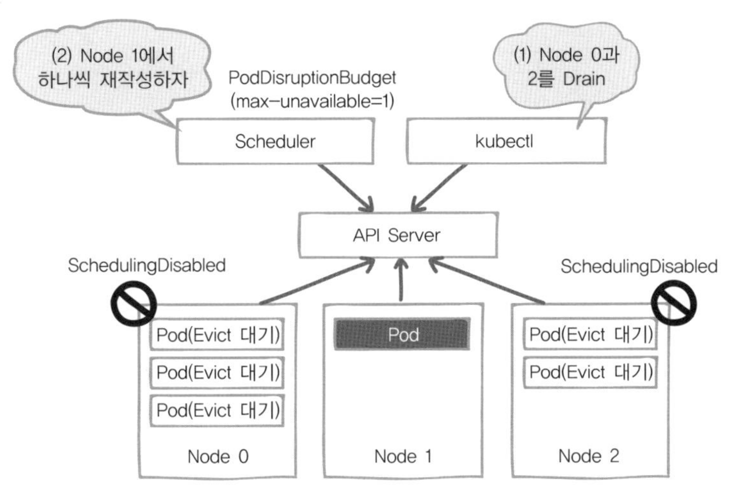

[그림 10.6] Node 0과 2를 Drain(PodDisruptionBudget 있음)

PodDisruptionBudget의 max-unavailable=1 설정에 따라 동시에 여러 개의 포드를 Evict하지 않고 하나씩 서서히 Evict하고 있다는 것을 알 수 있습니다.

노드 재시작을 자동으로 수행하려면

노드의 재시작이 필요한 경우에 Cordon/Drain이라는 포드 배치를 컨트롤하는 장치가 있다는 것을 알았습니다. 이제 사람 손을 거치지 않고 노드의 재시작을 지시하는 방법을 살펴봅시다. 재시작이 필요한 노드를 감지하고 클러스터 전체에 대한 영향을 고려하여 조금씩 재시작해 주면 좋을 것입니다.

그 구축 예로 Weaveworks사가 오픈소스로 공개하고 있는 Kured(Kubernetes Reboot Daemon)이 있습니다.

- Kured
  https://github.com/weaveworks/kured

Kured는 쿠버네티스의 데몬셋으로 구축되어 있습니다. 정기적으로 서버의 /var/run/reboot-required 파일의 존재를 체크하고, 만일 있으면 해당 서버를 재시작합니다.

Kured를 도입하면 데몬셋은 한 시간에 한 번씩 /var/run/reboot-required 파일이 있는지 체크하여 재시작 여부를 판단합니다. Kured는 kube-system 네임스페이스에서 움직이므로 사전에 포드명을 확인해 둡니다.

```
$ kubectl get po -n kube-system | grep kured
kured-q6nc8               1/1
➡Running   4     4d
$ kubectl logs -n kube-system kured-q6nc8
~중략~
time="2018-08-09T03:32:06Z" level=info msg="Reboot not required"
time="2018-08-09T04:32:06Z" level=info msg="Reboot not required"
time="2018-08-09T05:32:06Z" level=info msg="Reboot not required"
~이하 생략~
```

시험 삼아 Kured가 움직이는 노드 서버에 SSH하여 빈 /var/run/reboot-required 파일을 만들고 Kured의 체크를 기다려 봅시다. 노드 서버의 호스트명과 IP 주소는 다음과 같이 취득할 수 있습니다.

```
$ kubectl describe po -n kube-system kured-q6nc8 |grep Node:
Node: aks-agentpool-40320977-1/10.240.0.4
```

노드에 SSH하는 방법은 여러 가지 있지만, AKS의 경우는 NOTE '서버에 SSH하기'(p.291)를 참고하기 바랍니다.

이제 Kured가 체크했을 것 같은 타이밍에 다시 로그를 확인해 봅시다. 체크는 한 시간마다 합니다.

```
$ kubectl logs -n kube-system kured-q6nc8
~중략~
time="2018-08-09T06:32:06Z" level=info msg="Reboot required"
time="2018-08-09T06:32:06Z" level=info msg="Acquired reboot lock"
time="2018-08-09T06:32:06Z" level=info msg="Draining node aks-
➡agentpool-40320977-1"
time="2018-08-09T06:32:08Z" level=info msg="node \"aks-agentpool-40320977-1\"
➡cordoned" cmd=/usr/bin/kubectl std=out
time="2018-08-09T06:32:08Z" level=warning msg="WARNING: Ignoring DaemonSet-
➡managed pods: kube-proxy-4hdd4, kube-svc-redirect-xt2qq, kured-q6nc8,
➡omsagent-9twn4" cmd=/usr/bin/kubectl std=err
~이하 생략~
```

/var/run/reboot-required 파일의 존재를 감지하고 락(lock)을 취득한 뒤 Drain을 실행하고 있습니다. 이 락은 동시에 여러 개의 노드를 재시작하지 않게 하기 위한 장치입니다.

로그를 좀 더 살펴봅시다.

```
$ kubectl logs -n kube-system kured-q6nc8
~중략~
time="2018-08-09T06:34:20Z" level=info msg="Kubernetes Reboot Daemon: master-5731b98"
time="2018-08-09T06:34:20Z" level=info msg="Node ID: aks-agentpool-40320977-1"
time="2018-08-09T06:34:20Z" level=info msg="Lock Annotation: kube-system/kured:weave.
➡works/kured-node-lock"
time="2018-08-09T06:34:20Z" level=info msg="Reboot Sentinel: /var/run/reboot-required
➡every 1h0m0s"
time="2018-08-09T06:34:20Z" level=info msg="Holding lock"
time="2018-08-09T06:34:20Z" level=info msg="Uncordoning node aks-agentpool-40320977-1"
time="2018-08-09T06:34:23Z" level=info msg="node \"aks-agentpool-40320977-1\"
uncordoned" cmd=/usr/bin/kubectl std=out
time="2018-08-09T06:34:23Z" level=info msg="Releasing lock"
~이하 생략~
```

노드를 재시작하고 Uncordon하고 있으며 그 후에 락이 해제된 것을 알 수 있습니다.

NOTE 서버에 SSH하기

쿠버네티스 클러스터를 운용할 때는 메인터넌스나 트러블슈팅을 목적으로 서버에 SSH하는 경우가 있습니다. 개별 서버에 SSH로 수작업을 하는 것은 선언적으로 설정을 한다는 쿠버네티스의 개념에 반하는 것이지만 현실적인 문제로 유사시나 테스트를 할 때는 서버 안에서 상태를 확인하고 검증하고 싶은 경우도 있습니다. 예를 들어 이 장에서도 Kured를 테스트할 때 SSH 연결을 한 후에 /var/run/reboot-required 파일을 만들었습니다.

단말기에서 쿠버네티스 클러스터를 구성하는 각 서버에 대한 네트워크가 있어서 도달(접속)할 수 있는 경우는 문제가 없습니다. 하지만 서버가 프라이빗 네트워크에 배치되어 단말기에서 도달할 수 없는 경우도 있습니다. 퍼블릭 IP 부여나 NAT라는 방법도 있지만 프라이빗 네트워크에는 가능한 한 구멍을 내고 싶지 않을 것입니다.

AKS에는 tunnelfront라는 애드온 컴포넌트가 있어서 단말기와 노드 네트워크를 연결해 줍니다. 이 tunnelfront를 활용하면 새로 구멍을 낼 필요가 없습니다. kubectl에서 SSH용 컨테이너를 만들어 연결하면 노드 네트워크에 들어갈 수 있습니다.

먼저 노드의 SSH 공개키가 필요합니다. 노드 작성 시에 지정하여 취득하지 않았거나 잊어버린 경우에는 다음 명령으로 갱신할 수 있습니다. 단말기의 ~/.ssh/id_rsa.pub를 공개키로 지정한 예입니다. 지정 리소스 그룹 안의 VM 모두를 갱신 대상으로 하고 있습니다. AKS에서 만들어진 노드용 가상 머신의 기본 사용자명은 azureuser이지만 YOUR-USER 부분은 적당히 바꿔 읽기 바랍니다.

```
$ az vm user update -u YOUR-USER --ssh-key-value "$(< ~/.ssh/id_rsa.pub)"
--ids $(az vm list -g YOUR-NODE-RESOURCE-GROUP --query "[].id" -o tsv)
```

다음은 SSH할 노드의 프라이빗 IP 주소를 취득합니다.

```
$ az vm list-ip-addresses -g YOUR-NODE-RESOURCE-GROUP -o table
VirtualMachine             PrivateIPAddresses
------------------------   --------------------
aks-agentpool-40320977-0   10.240.0.6
aks-agentpool-40320977-1   10.240.0.4
aks-agentpool-40320977-2   10.240.0.5
```

이제 SSH용 컨테이너를 만들어 어태치해 봅시다. 이미지는 debian으로 합니다.

```
$ kubectl run --generator=run-pod/v1 -it --rm aks-ssh --image=debian
If you don't see a command prompt, try pressing enter.
root@aks-ssh:/#
```

SSH 클라이언트를 설치합니다.

```
# apt-get update && apt-get install openssh-client -y
```

이 컨테이너에 어태치한 채로 다른 터미널을 실행시키기 바랍니다. 그리고 방금 작성한 컨테이너의 포드명을 확인합니다.

```
$ kubectl get po |grep aks-ssh
aks-ssh-7b5b5856cd-66wfn   1/1       Running         0      1m
```

노드에 배포한 SSH용 공개키와 페어인 비밀키를 SSH용 컨테이너에 복사합니다.

```
$ kubectl cp ~/.ssh/id_rsa aks-ssh-7b5b5856cd-66wfn:/id_rsa
```

SSH용 컨테이너에 어태치한 세션에서 비밀키 파일의 퍼미션을 설정합니다.

```
# chmod 600 id_rsa
```

이것으로 노드에 대한 SSH에 필요한 준비는 끝났습니다. 이 SSH용 컨테이너에서 좀 전에 확인한 노드의 프라이빗 IP 주소에 대해 SSH합니다. 다음 예는 기본 사용자명인 azureuser로 SSH한 경우입니다.

```
# ssh -i id_rsa azureuser@10.240.0.6
The authenticity of host '10.240.0.6 (10.240.0.6)' can't be established.
ECDSA key fingerprint is SHA256:ZWZ/3S6qdv7oOa7eSVAr8aiv+ufK40vIFmJNZnXG8zM.
Are you sure you want to continue connecting (yes/no)? yes
Warning: Permanently added '10.240.0.6' (ECDSA) to the list of known hosts.
Welcome to Ubuntu 16.04.5 LTS (GNU/Linux 4.15.0-1018-azure x86_64)

 * Documentation:  https://help.ubuntu.com
 * Management:     https://landscape.canonical.com
 * Support:        https://ubuntu.com/advantage

  Get cloud support with Ubuntu Advantage Cloud Guest:
    http://www.ubuntu.com/business/services/cloud

29 packages can be updated.
15 updates are security updates.

Last login: Sun Aug 5 14:54:37 2018 from 10.240.0.5
```

로그인이 되었습니다. 여기서는 kubectl에서 SSH용 컨테이너를 작성하고 어태치할 때 -rm 옵션을 붙였기 때문에 세션을 종료하면 SSH용 컨테이너 포드는 삭제됩니다.

10.3 쿠버네티스 컴포넌트 업데이트

이제 쿠버네티스 컴포넌트의 업데이트와 업그레이드를 설명하겠습니다. 마스터나 노드에 배치한 바이너리나 설정을 어떻게 대체하면 좋을까요?

쿠버네티스는 지금까지 API 호환성을 무너뜨리는 메이저 버전업을 하지 않았습니다. 현 시점에서 임팩트가 큰 버전업은 기능 추가를 하는 마이너 버전업뿐입니다.

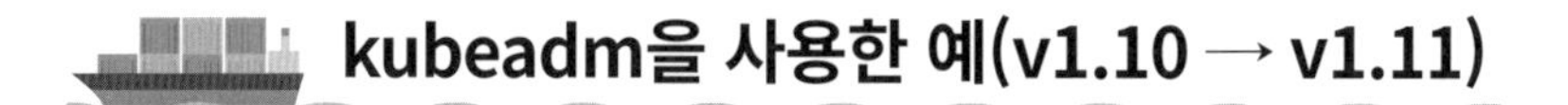

kubeadm을 사용한 예(v1.10 → v1.11)

버전업의 내용은 그 버전에 따라 다르며 방법은 툴이나 서비스에 의존합니다. 그래서 여기서는 kubeadm에서 v1.10에서 v1.11로 버전업을 하는 경우를 예로 쿠버네티스의 버전업 작업의 이미지를 잡아 보도록 합시다.

- Upgrading kubeadm clusters from v1.10 to v1.11
  https://kubernetes.io/docs/tasks/administer-cluster/kubeadm/kubeadm-upgrade-1-11/

v1.10에서 v1.11로 버전업을 하는 대강의 흐름은 다음과 같습니다.

(1) 릴리스 노트를 읽고 필요한 사전 작업이나 제약 사항, 기존의 문제점을 확인한다.
(2) 백업을 취득한다.
(3) kubeadm upgrade plan 명령을 사용하여 컨트롤 플레인의 업그레이드 내용을 사전에 확인한다.
(4) kube-dns를 계속 사용할지 CoreDNS로 옮길지를 판단한다.
(5) kubeadm upgrade apply 명령으로 컨트롤 플레인의 업그레이드를 수행한다.
(6) 사용하고 있는 네트워크 애드온에 따라서는 필요한 업데이트를 한다.
(7) 업그레이드할 마스터 서버, 노드 서버를 선택하여 Drain한다.
(8) 선택한 서버의 kubelet, kubeadm 패키지를 업그레이드한다.
(9) 선택한 서버의 kubeadm에서 kubelet 설정을 업그레이드한다.
(10) 선택한 서버의 kubelet을 재시작한다.
(11) 선택한 서버를 Uncordon한다.
(12) 필요한 서버 수만큼 반복한다.

전반은 머리를, 후반은 시간을 사용한다는 느낌입니다. 특히 릴리스 노트는 빠짐없이 다 읽는 것이 좋습니다. 릴리스 노트에 기재된 주의사항의 개수를 들어 보겠습니다.

- Urgent Upgrade Notes (중요도가 높은 주의사항) – 2
- Known Issues (기존의 문제점) – 3
- Before Upgrading (주의사항) – 14

수가 꽤 많습니다. 여러분이 관리하고 있는 클러스터에 영향이 있는지 판단하는 데 시간이 걸릴 듯합니다. 아마 탁상 검토만으로 판단할 수 없어 애플리케이션을 움직인 환경에서 테스트하고 싶어질 것입니다.

업그레이드 전략(인플레이스)

쿠버네티스 컴포넌트를 업그레이드할 때는 몇 가지 전략이 있습니다. 그중 알기 쉬운 전략은 이미 움직이고 있는 클러스터를 업그레이드하는 인플레이스 업그레이드(In-Place

Upgrade)입니다. 좀 전에 소개한 kubeadm을 사용한 예는 인플레이스 업그레이드입니다.

인플레이스 업그레이드의 장점은 크게 다음 두 가지입니다.

- 사용 중인 인프라스트럭처를 계속 이용할 수 있어서 리소스 낭비가 없다.
- 애플리케이션이나 데이터를 옮길 필요가 없다.

만일 이런 조작을 클릭 몇 번, 명령 몇 번을 내려서 할 수 있다면 더욱 매력적일 것입니다. 그런 툴을 제공하는 업체나 서비스도 있습니다. AKS도 제공하고 있습니다. 하지만 인플레이스 업그레이드에는 몇 가지 위험 요소가 있습니다.

- 업그레이드 작업의 테스트가 어렵다.
- 새 버전의 기능 테스트가 어렵다.
- 복구가 어렵다.
- 롤링 업그레이드 중 이용 가능한 리소스량의 저하, 성능 저하, 일부 성능 정지가 일어난다.

물론 다른 클러스터를 마련하고 업그레이드 작업이나 새 버전의 기능 테스트를 하면 위험은 완화시킬 수 있습니다. 하지만 기존의 클러스터와 똑같은 환경과 조건에서 테스트할 수 있어야 하는 것이 조건입니다. 운용 중에 인식하지 않은 부분에서 변화가 생기기 마련입니다. 알고 있지 않는 것은 재현할 수 없습니다.

인플레이스 업그레이드를 전면적으로 부정하는 것은 아닙니다. 툴도 나날이 발전하고 있고, 테스트도 충분히 했을 것입니다. 하지만 툴을 만드는 사람이 여러분의 애플리케이션과 클러스터 구성에서는 테스트를 한 것은 아닙니다. 이 위험을 의식해 두기 바랍니다.

업그레이드 전략(블루/그린 디플로이먼트)

또 다른 전략은 블루/그린 디플로이먼트입니다. 기본편에서도 다뤘듯이 애플리케이션의 디플로이먼트에서는 흔히 사용하는 전략입니다. 이것을 클러스터 전체에 응용하자는 생각입니다.

그렇다면 어떻게 구현하면 될까요? 사실은 지금까지의 설명에서 이미 소개를 했습니다.

가용성이 테마였던 제8장에서 여러 지역에 걸친 멀티 클러스터 구성을 설명했었습니다. 클러스터를 여러 지역으로 분산시키고 트래픽을 클러스터 외부에서 제어하는 구성입니다. 그 전략을 업그레이드에 응용할 수 있습니다. 구성 요소는 거의 똑같습니다(그림 10.7).

블루는 기존의 현행 클러스터입니다. 클러스터 외부에서 트래픽을 제어하여 블루 쪽의 서비스로 향하도록 합니다. 애플리케이션과 클러스터는 툴로 구성 관리를 하고 항상 클러스터를 재현할 수 있도록 해 둡니다.

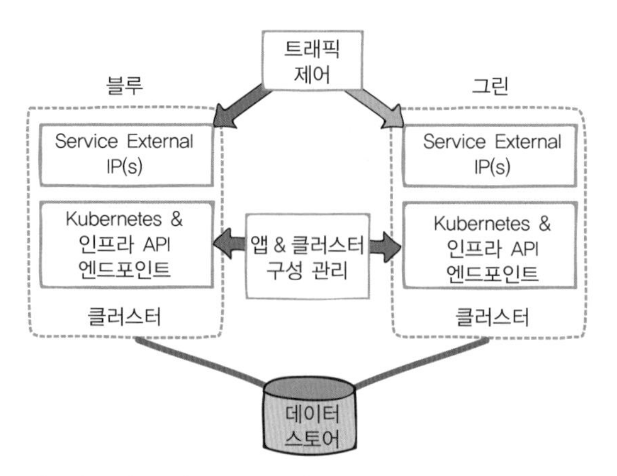

[그림 10.7] 블루/그린 디플로이먼트를 사용한 업그레이드 전략

그리고 그린은 새 버전의 클러스터입니다. 버전업이 필요해진 시점에서 클러스터를 만듭니다. 구성 관리나 프로비저닝 툴 상의 설정 또는 코드로 새 버전을 지정합니다.

이로써 현재 가동 중인 블루 환경에 영향을 주지 않고 뒤에서 테스트를 할 수 있습니다. 기존의 클러스터에 손을 대는 업그레이드 작업이 없기 때문에 새 버전의 동작 테스트에 주력할 수 있습니다.

테스트에 문제가 없으면 트래픽이 그린으로 향하도록 합니다. 일정 기간 블루 클러스터는 남겨 두고 문제가 있으면 트래픽을 블루로 되돌립니다. 업그레이드한 후 며칠이 경과하고 나서 새 버전의 버그가 표면화되는 경우도 있습니다. 안정화를 꾀하는 기간이 있는 편이 좋습니다. 안정이 되면 블루 클러스터는 삭제합니다.

아키텍처 상의 포인트는 애플리케이션의 데이터스토어입니다. 데이터스토어를 클러스터 내부에 두면 데이터스토어의 이전 작업이 필요합니다. 그래서 이 전략에서는 데이터스토어는 클러스터 외부에 둡니다.

Persistent Volume이나 StatefulSet 등 쿠버네티스에는 데이터스토어를 구현하는 기능과 오브젝트가 있지만 일부러 사용하지 않는다는 폴리시입니다. 왜냐하면 제약을 가함으로서 얻을 수 있는 가치가 더 크기 때문입니다.

모든 것을 쿠버네티스로 구현하고 싶은 기분은 이해할 수 있습니다. 하지만 쿠버네티스에만 집착하지 말고 현명하게 외부 요소와 결합하면 다양한 문제가 해결됩니다.

또 이 전략의 실현성은 구성 관리나 프로비저닝을 얼마나 실현할 수 있는지에 좌우됩니다. 애플리케이션의 CI/CD 파이프라인이 확립되어 있고 클러스터 구축도 자동화되어 있는 것이 바람직합니다. 만일 되어 있지 않으면 업그레이드를 할 때마다 부담이 큰 구축 작업과 테스트를 실시해야 하므로 현실적이지 않습니다.

하지만 쿠버네티스를 사용한다면 애플리케이션은 컨테이너 이미지로 레지스토리에서 관리하며, 쿠버네티스 오브젝트는 매니페스트로 코드화되어 있을 것입니다. 클러스터의 인프라 구축을 자동화하는 툴도 많이 있습니다. 환경의 재현은 그다지 어렵지 않을 것입니다.

또한 블루/그린 디플로이먼트 전략은 리소스를 동적으로 조달하고 폐기하기 때문에 종량제 요금을 쓰는 클라우드 서비스에 적격입니다.

인플레이스 업그레이드와 블루/그린 디플로이먼트 중 어떤 전략이 맞는지(표 10.1) 또 다른 전략이 없는지 꼭 검토해 보기 바랍니다.

[표 10.1] **인플레이스와 블루/그린 전략의 비교**

	인플레이스	블루/그린
업그레이드 작업량	작다	구성 관리에 따라 다르다
업그레이드 작업 위험	크다	작다
사전 테스트 여부와 방법	별도의 테스트용 클러스터에서 실시	테스트 완료 클러스터를 실제 운용화
리소스 비용	일정(동등 환경에서 테스트 한다면 두 배)	일시적으로 두 배
업그레이드 시 성능 감퇴나 기능 정지	있다(정도는 툴에 따라 다르다)	없다

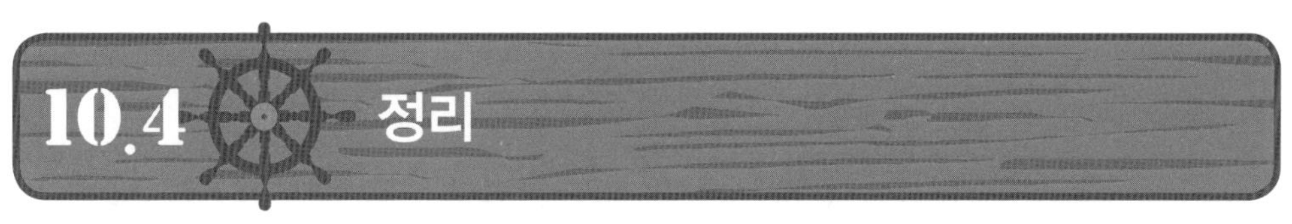

10.4 정리

이 장에서는 유지보수 작업 중에서 특히 부담이 큰 버전업에 대해 설명했습니다.

- 쿠버네티스 업그레이드와 서버 업데이트는 둘 다 전략과 장치가 필요하다.
- 서버 업데이트는 재시작 시의 포드 재배치가 과제이다.
- Cordon/Uncordon, Drain을 활용하여 재시작 대상 노드에 있는 포드를 스케줄링한다.
- PodDistruptionBudget으로 포드 재작성이 서비스에 미치는 영향을 제어한다.
- 쿠버네티스 컴포넌트의 업그레이드 전략은 크게 인플레이스와 블루/그린 디플로이먼트, 이 2종류가 있다.
- 무엇을 중시하는지에 따라 전략을 선택한다.

업데이트와 업그레이드는 필수 검토 항목입니다. 장치와 운용 방법을 확실히 확립해 두기 바랍니다.

상식을 의심하자

이 장에서는 쿠버네티스 클러스터를 버전업할 때마다 새로운 것으로 교체한다, 심하게 말하면 '클러스터를 쓰고 버린다'는 운용을 제안하고 있습니다. 좀 자극이 강할지도 모르겠지만 유별난 아이디어는 아닙니다. 쿠버네티스의 특징 중 하나인 "Immutable Infrastructure"의 개념을 클러스터까지 확장한 것일 뿐입니다.
클러스터를 한 번 쓰고 버리는 운용은 버전업에 국한되는 것이 아닙니다. 예를 들어 Cybozu사의 서비스인 "kintone" 개발 환경에서는 매일 아침 새로운 쿠버네티스 클러스터를 만들고 있다고 합니다. 제로부터 환경을 재현할 수 있다는 것을 매일 증명하고 있다고 할 수 있습니다.

- **kintone on kubernetes -- EKS로 실현하는 인프라 자동 구축 파이프라인**
  https://www.slideshare.net/YusukeNojima3/kintone-on-kubernetes-eks

쿠버네티스는 서버, 네트워크, 스토리지를 묶는 장치입니다. 관리에는 광범위한 지식이 필요합니다. 모든 것에 정통하고 트러블에 대처할 수 있도록 하는 것은 간단한 일이 아닙니다. 매니지드 서비스를 사용하면 전문가에게 맡길 수는 있지만 서비스 제공자는 사용자의 애플리케이션이나 사용방법을 파악하고 있는 것이 아닙니다. 유사시에는 정보를 수집하고 분석할 필요가 있습니다. 즉, 시간이 걸린다는 것입니다.
그렇다면 '뭔가가 일어난 경우 직접 판단하고 신속하게 제로부터 환경을 재현, 재작성할 수 있도록 해 두는' 편이 좋지 않겠습니까? 그리고 그것을 가능하게 만드는 것은 매일의 검증과 훈련, 운용으로 뒷받침된 자신감과 판단력입니다.
운용의 상식을 바꿔 나갑시다.

CHAPTER

11

리소스 분리(Security)

쿠버네티스 환경에 있어서 보안 고려 사항은 애플리케이션부터 인프라스트럭처까지 다방면에 걸쳐 있습니다. 이 책에서 그 모두를 다루기는 힘들기 때문에 이 장에서는 쿠버네티스의 특징적인 개념과 리소스로 좁혀서 설명을 하겠습니다.

쿠버네티스는 하나의 클러스터를 여러 애플리케이션과 사용자가 공유할 수 있도록 설정되어 있습니다. 이것은 반대로 말하자면 악의 유무와 상관없이 애플리케이션이나 사용자가 다른 것에 영향을 줄 수 있다는 것을 뜻합니다. 아무 것도 컨트롤하지 않고 클러스터를 공유한 경우 어떤 일이 일어날 수 있을까요? 하나의 애플리케이션이 메모리를 과잉 소비할지 모릅니다. 또 다른 사용자가 포드를 삭제해 버릴지도 모릅니다. 그 결과 리소스를 사용할 수 없게 되면 당연히 가용성이 저하됩니다.

기밀성과 안전성뿐만 아니라 가용성도 보안 요소입니다. 고장만이 가용성을 저하시키는 요인이 아니라는 것입니다. 리소스를 적절히 분리하고 권한을 제어하여 안전한 공유 환경을 구현하기 바랍니다.

※ 이 장에서 설명하는 환경을 구축하기 위한 코드, 샘플 애플리케이션은 GitHub(https://github.com/ToruMakabe/Understanding-K8s/tree/master/chap11)에 공개하고 있습니다.

11.1 쿠버네티스 리소스의 분리 단위

쿠버네티스가 태어난 배경에는 대규모 환경을 적은 인원의 기술자들로 운용할 수 있도록 하고 싶다는 동기가 있었습니다. 프로젝트나 개발자별로 점유기반을 마련한다는 사상이 아닙니다. 물론 사용법에 따라서는 점유도 가능합니다. 하지만 모든 기술이 그러하듯 태어난 배경이나 사상을 존중하지 않고 사용을 하면 언젠가는 불편함을 느끼게 될 것입니다.

그래서 이 장에서는 쿠버네티스를 '여러 프로젝트나 서비스, 개발자가 공유하는 기반'이라고 전제하고 설계나 이용에 필요한 지식을 설명하겠습니다.

사람과 조직, 책임 범위

쿠버네티스는 어디까지나 기반입니다. 사용자가 있어야 비로소 가치를 낳습니다. 그래서 쿠버네티스와 사용자의 관계를 정리해 보겠습니다.

사용자는 크게 애플리케이션 개발자와 클러스터 관리자로 나눌 수 있습니다(그림 11.1). 애플리케이션 개발자의 책임 범위는 자신의 애플리케이션까지입니다. 하나의 프로젝트 안에서 일반 개발자와 프로젝트 관리자를 나누는 경우도 있습니다. 한편 클러스터 관리자는 쿠버네티스 전체가 책임 범위입니다.

그리고 각각이 사용하는 툴이 있습니다. kubectl도 툴의 일종입니다. 쿠버네티스 API를 툴 없이 실행하는 사용자는 거의 없을 것입니다.

사람뿐만 아니라 프로그램이 툴을 사용하여 액세스하는 경우도 있습니다. CI/CD 파이프라인의 디플로이 툴이 대표적입니다.

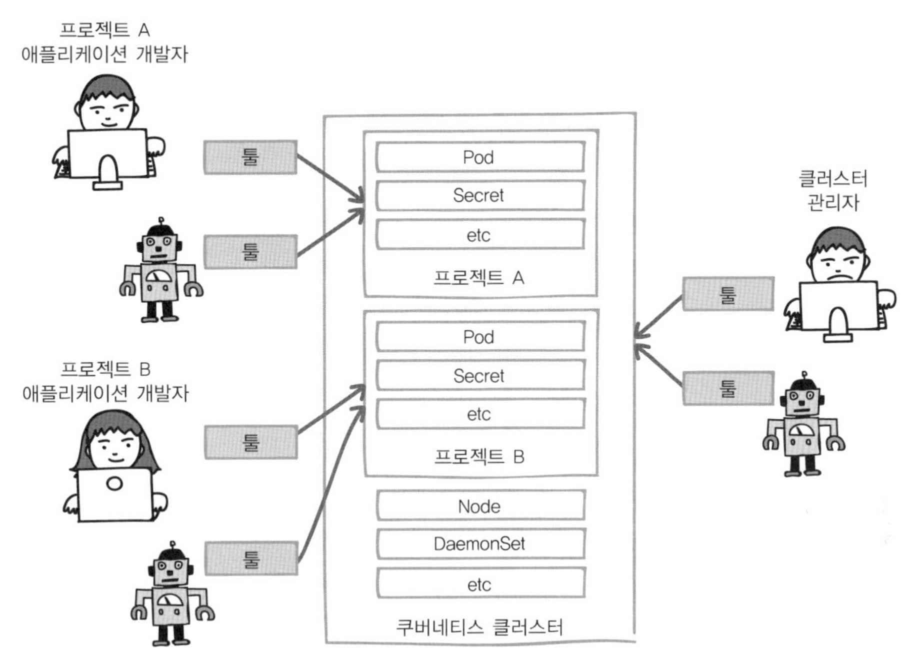

[그림 11.1] 쿠버네티스 클러스터와 이용자의 관계

작업 실수나 정보 누락을 피하고 변경 이력을 남기는 등의 목적으로 가능한 한 kubectl을 사용하지 않는 운용도 주목을 받고 있습니다. 예를 들면 애플리케이션 개발자나 클러스터 관리자가 매니페스트를 작성하고 Git에 반영하면 디플로이가 자동으로 일어나는 구조가 그렇습니다. 이 개념은 GitOps라고 부릅니다.

기본편부터 여기까지는 쿠버네티스가 갖고 있는 기능을 확인하기 위해 클러스터 전체를 관리할 수 있는 권한으로 작업을 해 왔습니다. 하지만 실제 운용에서는 애플리케이션 개발자에게 그런 권한을 부여하는 일은 거의 없습니다. 왜냐하면 여러 애플리케이션, 서비스, 프로젝트에서 공유하는 환경에서 다른 좋지 않은 영향을 미칠 위험이 있기 때문입니다.

애플리케이션 개발자가 클러스터 관리자 권한을 갖고 있는 경우 악의 유무는 제쳐두고 다음과 같은 일이 일어날 수 있습니다.

- CPU나 메모리를 다 써버린다.
- 담당 외의 애플리케이션 시크릿을 읽고 쓴다.
- 담당 외의 애플리케이션 구성을 변경한다.
- 클러스터의 구성을 변경한다.

공용 환경의 사용자에게 부여하기에는 권한이 너무 큽니다. 그래서 적절한 단위로 이용할 수 있는 리소스를 분리하여 권한을 설정해야 합니다.

클러스터 분리의 장단점

그렇다면 어떤 단위로 리소스를 분리해야 할까요? 가장 알기 쉬운 방법은 프로젝트별로 클러스터를 분리하는 방법입니다. 그러면 다른 프로젝트에 악영향을 주지도 받을 일도 없습니다. 또 가령 클러스터 관리자의 작업 실수나 디플로이 툴의 설정 오류로 클러스터를 망가뜨린 경우에 그 영향 범위는 해당 프로젝트로 한정됩니다.

제8장에서 고장이나 재해의 영향 범위를 가리키는 개념인 Blast Radius를 설명했지만 클러스터 전체를 관리할 수 있는 사람이 있고 툴이 있다면 Blast Radius는 클러스터가 됩니다. 클러스터 단위로 분리하는 것이 리스크 회피 관점에서 좋습니다.

하지만 프로젝트별로 클러스터를 분리하는 방법에는 몇 가지 우려되는 점이 있습니다.

- 클러스터 관리자 또는 클러스터를 관리할 수 있는 스킬을 가진 사람이 프로젝트마다 필요하다.
- 그런 기술을 가진 사람은 많지 않으므로 소수의 클러스터 관리자가 대부분의 프로젝트를 담당하게 되어 부담이 커진다.
- 리소스와 작업이 중복되어 비효율적이다.

쿠버네티스가 해결하고 싶었던 문제를 쿠버네티스를 사용함으로써 새로 생겨버립니다. 바로 본말전도와 같습니다.

11.2 네임스페이스를 사용한 분리

쿠버네티스가 프로젝트 점유가 아니라 공용 환경을 지향하여 만들어진 기반이라면 뭔가 분리할 장치가 있을 것입니다. 그 대표적인 것이 네임스페이스(Namespace)입니다.

네임스페이스 정리

네임스페이스가 쿠버네티스의 대표적인 리소스 분리 장치라는 것은 기본편에서도 설명했습니다. 지금까지 default나 kube-system과 같은 네임스페이스를 보아왔습니다. 또 네임스페이스를 명시한 조작도 실습해 봤으므로 대강의 이미지를 잡았을 것입니다.

쿠버네티스에서 클러스터 다음으로 분리 단위가 큰 것이 이 네임스페이스입니다. 그리고 네임스페이스가 가장 먼저 검토해야 할 분리 단위입니다. 쿠버네티스 커뮤니티는 하나의 클러스터를 가상적으로 분할한다는 명확한 목적을 가지고 네임스페이스를 개발하고 있습니다. 만든 사람이 제시한 목적을 이해하는 것이 쿠버네티스를 잘 구사하는 첫걸음입니다.

네임스페이스의 필요성을 알기 쉽게 보여주는 것이 kube-system입니다. kube-system에서는 DNS를 비롯하여 기반을 지지하는 컴포넌트를 움직입니다. 비 클러스터 관리자가 간편하게 다룰 수 있도록 해야 하기 때문에 분리되어 있습니다.

쿠버네티스 대부분의 리소스는 네임스페이스에 배치할 수 있습니다. 대상 리소스는 kubectl api-resources --namespaced=true로 취득할 수 있습니다.

```
$ kubectl api-resources --namespaced=true
NAME                        SHORTNAMES   APIGROUP                   NAMESPACED   KIND
bindings                                                            true         Binding
configmaps                  cm                                      true         ConfigMap
endpoints                   ep                                      true         Endpoints
events                      ev                                      true         Event
limitranges                 limits                                  true         LimitRange
persistentvolumeclaims      pvc                                     true         PersistentVolumeClaim
pods                        po                                      true         Pod
podtemplates                                                        true         PodTemplate
replicationcontrollers      rc                                      true         ReplicationController
resourcequotas              quota                                   true         ResourceQuota
secrets                                                             true         Secret
serviceaccounts             sa                                      true         ServiceAccount
services                    svc                                     true         Service
controllerrevisions                      apps                       true         ControllerRevision
daemonsets                  ds           apps                       true         DaemonSet
deployments                 deploy       apps                       true         Deployment
replicasets                 rs           apps                       true         ReplicaSet
statefulsets                sts          apps                       true         StatefulSet
localsubjectaccessreviews                authorization.k8s.io       true         LocalSubjectAccessReview
horizontalpodautoscalers    hpa          autoscaling                true         HorizontalPodAutoscaler
```

```
cronjobs                 cj        batch                         true      CronJob
jobs                               batch                         true      Job
events                   ev        events.k8s.io                 true      Event
daemonsets               ds        extensions                    true      DaemonSet
deployments              deploy    extensions                    true      Deployment
ingresses                ing       extensions                    true      Ingress
networkpolicies          netpol    extensions                    true      NetworkPolicy
replicasets              rs        extensions                    true      ReplicaSet
pods                               metrics.k8s.io                true      PodMetrics
networkpolicies          netpol    networking.k8s.io             true      NetworkPolicy
poddisruptionbudgets     pdb       policy                        true      PodDisruptionBudget
rolebindings                       rbac.authorization.k8s.io     true      RoleBinding
roles                              rbac.authorization.k8s.io     true      Role
```

네임스페이스에 넣을 수 없는 리소스도 있으므로 주의하기 바랍니다. 하지만 그런 것은 기본적으로 클러스터 전체와 관련된 것들로, 각 프로젝트에 공개하고 싶은 경우는 드물 것입니다.

```
$ kubectl api-resources --namespaced=false
NAME                              SHORTNAMES   APIGROUP                       NAMESPACED   KIND
componentstatuses                 cs                                          false        ComponentStatus
namespaces                        ns                                          false        Namespace
nodes                             no                                          false        Node
persistentvolumes                 pv                                          false        PersistentVolume
initializerconfigurations                      admissionregistration.k8s.io   false        InitializerConfiguration
mutatingwebhookconfigurations                  admissionregistration.k8s.io   false        MutatingWebhookConfiguration
validatingwebhookconfigurations                admissionregistration.k8s.io   false        ValidatingWebhookConfiguration
customresourcedefinitions         crd,crds     apiextensions.k8s.io           false        CustomResourceDefinition
apiservices                                    apiregistration.k8s.io         false        APIService
tokenreviews                                   authentication.k8s.io          false        TokenReview
selfsubjectaccessreviews                       authorization.k8s.io           false        SelfSubjectAccessReview
selfsubjectrulesreviews                        authorization.k8s.io           false        SelfSubjectRulesReview
subjectaccessreviews                           authorization.k8s.io           false        SubjectAccessReview
certificatesigningrequests        csr          certificates.k8s.io            false        CertificateSigningRequest
podsecuritypolicies               psp          extensions                     false        PodSecurityPolicy
nodes                                          metrics.k8s.io                 false        NodeMetrics
podsecuritypolicies               psp          policy                         false        PodSecurityPolicy
clusterrolebindings                            rbac.authorization.k8s.io      false        ClusterRoleBinding
clusterroles                                   rbac.authorization.k8s.io      false        ClusterRole
storageclasses                    sc           storage.k8s.io                 false        StorageClass
volumeattachments                              storage.k8s.io                 false        VolumeAttachment
```

네임스페이스의 분리

네임스페이스를 어떤 단위로 분리할지는 많이 화제가 되는 토론 주제입니다.
먼저 용도로 나누는 아이디어가 있습니다. 개발, 검증, 스테이징, 실제 운용 등 용도로 환경을 분리하고 싶은 경우의 분리 방법입니다. 하나의 클러스터에 실제 운용 서버와 그 외의 환경을 동거시키는 구조는 드물지 않습니다. 또 개발 환경을 여러 개 갖고 싶지 않는 경우도 있을 것입니다. default만 사용했다 또는 몰랐던 팀이 여러 개의 네임스페이스를 당연하게 사용할 수 있도록 되면 구사할 수 있는 폭이 넓어집니다. 클러스터에 가상적인 개발 환경을 만드는 Azure Devspaces는 네임스페이스를 활용하고 있습니다.
한편 고민이 되는 것이 프로젝트와 팀을 나누는 것입니다. 규모나 커뮤니케이션 방법과 비용, 개발 라이프 사이클의 차이 등 검토 요소는 다양합니다. 만능인 해답은 없습니다.
규모나 커뮤니케이션 비용이 작은 팀에서는 굳이 네임스페이스를 분리하지 않고 default로 일체화하는 방법이 있습니다. 단, 이것은 네임스페이스를 전혀 사용하지 않는다는 의미는 아닙니다. 팀 단위로 네임스페이스를 분할하지 않는다는 뜻입니다. 용도로 나눈 분리는 검토해야 합니다.
팀이 커져 말을 해보지 않은 사람이 늘고 눈이 마주치지 않게 되었을 때 네임스페이스 분리를 검토하면 좋을 것입니다. 같은 클러스터를 쓰는 사람이 '옆 사람은 뭐 하는 사람이지?' 라고 느낄 때가 분리 타이밍일지도 모릅니다.
다세대 주택이나 아파트 등 현실 세계에도 말할 수 있지만 정신적인 거리는 의외로 중요합니다. 잘 모르는 사람과 뭔가를 공유하게 되면 몇 겹의 자동 잠금이나 두꺼운 벽 등 분리하는 장치를 원하는 것이 인지상정입니다.

11.3 쿠버네티스의 계정

지금까지의 장에서는 쿠버네티스의 구조를 배우기 위해 관리자 권한으로 클러스터를 조작해 왔기 때문에 감이 오지 않을지도 모릅니다. 그래서 지금부터는 비 클러스터 관리자도 의식하면서 네임스페이스를 어떻게 분리하는지를 살펴보겠습니다.

비 클러스터 관리자를 이해하기 위해 쿠버네티스의 계정을 정리합시다. 계정은 크게 2종류로 나뉩니다.

사용자 계정(User Account)

사실 쿠버네티스는 '사람'을 관리하는 장치를 갖고 있지 않습니다. 정확히 말하자면 일반 사용자를 나타내는 오브젝트가 없습니다. 쿠버네티스는 일반 사용자의 관리를 외부에게 맡기고 있습니다. 이 외부란 Azure AD나 Google 계정과 같은 ID 관리 시스템입니다. 일반 사용자는 외부에서의 인증을 거친 후에 쿠버네티스의 리소스를 조작합니다.

쿠버네티스만으로 완결되지 않는 것은 납득이 안 갈지도 모릅니다. 하지만 여러 개의 클러스터 서비스를 조합하여 사용하는 것이 당연시되는 지금은 사용하는 모든 시스템이나 서비스에서 개별적으로 사용자 ID를 관리하는 것은 어려움을 더 증가시키는 꼴이 됩니다.

잘 관리되지 않고 산재해 있는 ID는 트러블의 근원입니다. 여러 클러스터를 사용하던 사용자가 회사를 그만둘 때 그 ID를 돌아다니며 삭제하는 절차를 일부러 만들어야 합니다. 그래서 일반 사용자를 관리하지 않고 통합 관리할 수 있는 외부의 ID 관리 시스템에게 그것을 맡긴다는 쿠버네티스의 방침을 이해할 수 있습니다.

서비스 계정(Service Account)

쿠버네티스에는 사용자 계정 외에 서비스 계정이 있습니다. 주로 포드에 할당합니다. 그 이유는 포드 안의 컨테이너, 애플리케이션에서 쿠버네티스 API에 액세스할 수 있도록 하고 있기 때문입니다.

서비스 계정의 개념은 쿠버네티스 고유의 개념이 아니라 '서비스 계정'으로 일반적으로 사용되는 말이기도 합니다. 사람이 아니라 애플리케이션이나 시스템 프로그램의 식별, 인증, 인가를 위한 계정입니다. 애플리케이션이나 시스템 프로그램이 리소스를 조작할 때 사람과 마찬가지로 인증과 인가를 요구하는 경우가 많습니다. 서비스 계정은 이를 위해 존재합니다. Azure에서 사용되는 서비스 프린서플도 서비스 계정과 비슷한 개념입니다.

서비스 계정을 사람이나 사용자 계정과 나누는 이유는 몇 가지가 있지만 가장 이해하기 쉬운 예는 이동이나 퇴직일 것입니다. 만일 운용을 자동화하는 애플리케이션에게 사람의 ID를 연결시키면 담당자가 이동해서 권한이 없어졌을 때 곤란할 것입니다. 야간에 실행하는 잡이 권한 부족으로 움직이지 않을지도 모릅니다.

그런데 포드가 서비스 계정에 어떻게 연결되어 있는지는 포드의 정의를 보면 납득이 갈 것입니다. 특별한 옵션을 지정하지 않고 Nginx 포드를 만들어 그 정의를 살펴봅시다.

```
$ kubectl create deployment nginx --image=nginx
deployment.apps/nginx created

$ kubectl get po
NAME                      READY   STATUS    RESTARTS   AGE
nginx-65899c769f-5zlsf    1/1     Running   0          7s
```

```
$ kubectl get po nginx-65899c769f-5zlsf -o yaml
apiVersion: v1
kind: Pod
~중략~
spec:
  containers:
~중략~
     volumeMounts:
     - mountPath: /var/run/secrets/kubernetes.io/serviceaccount
       name: default-token-gg242  # 토큰을 마운트하고 있다
       readOnly: true
~중략~
  serviceAccount: default  # 기본값 Service Account
  serviceAccountName: default  # 기본값 Service Account명
~중략~
  volumes:
  - name: default-token-gg242
    secret:
      defaultMode: 420
      secretName: default-token-gg242  # 토큰이 들어 있다
~이하 생략~
```

포드에 Volume으로 토큰이 들어 있는 시크릿이 정의되고, Nginx 컨테이너에 마운트되어 있습니다. 서비스 계정도 정의되어 있습니다. 아무것도 지정하지 않았으므로 default라는 서비스 계정입니다.

이제 Nginx 컨테이너 안에서 마운트되어 있는 파일을 살펴봅시다.

```
$ kubectl exec -it nginx-65899c769f-5zlsf /bin/bash
root@nginx-65899c769f-5zlsf:/# ls /var/run/secrets/kubernetes.io/serviceaccount
ca.crt   namespace   token
```

TLS 통신에 필요한 증명서나 인증용 토큰이 놓여 있습니다. 이것을 사용하여 포드에서 API Server에 액세스할 수 있습니다.

네임스페이스별로 "default"라는 이름의 서비스 계정이 만들어집니다. 좀 전의 Nginx 컨테이너의 예에서 알 수 있듯이 포드 작성 시에 서비스 계정을 명시하지 않으면 소속된 네임스페이스의 default 서비스 계정을 사용합니다. 포드의 특성에 맞춰 보다 세세히 제어하고 싶은 경우는 별도의 서비스 계정을 사용할 수도 있습니다.

아래는 클러스터 작성 직후 모든 네임스페이스에 있는 서비스 계정의 목록입니다.

```
$ kubectl get sa --all-namespaces
NAMESPACE      NAME                                    SECRETS   AGE
default        default                                 1         13h
kube-public    default                                 1         13h
kube-system    attachdetach-controller                 1         13h
kube-system    certificate-controller                  1         13h
kube-system    clusterrole-aggregation-controller      1         13h
kube-system    cronjob-controller                      1         13h
kube-system    daemon-set-controller                   1         13h
kube-system    default                                 1         13h
kube-system    deployment-controller                   1         13h
~이하 생략~
```

또 서비스 계정은 포드뿐만 아니라 사람이나 툴의 인증과 인가에 사용할 수도 있습니다. 보다 정확히 말하자면 서비스 계정을 만들고 필요한 config 파일을 생성하고 단말기나 서버에 배포함으로서 거기서 작업을 하는 사람이나 툴이 쿠버네티스 API를 조작할 수 있게 됩니다.

11.4 쿠버네티스의 인증과 인가

계정을 이해했다면 이제 인증과 인가에 대해 정리해 봅시다. 쿠버네티스의 인증과 인가는 API Server 상에서 일어나는데, 인증, 인가, Admission Control이라는 3단계가 있습니다(그림 11.2).

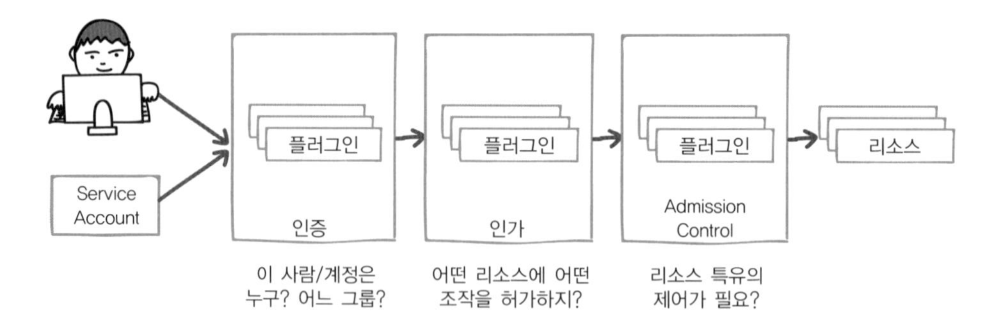

[그림 11.2] 쿠버네티스의 인증과 인가의 흐름

인증

인증은 해당 계정이 누구인지, 어떤 그룹에 속하는지를 확인하는 것입니다. 쿠버네티스가 지원하고 있는 대표적인 방식, 플러그인은 다음과 같습니다.

- X509 클라이언트 인증서
- 정적 토큰 파일
- 부트스트랩 토큰
- 정적 비밀번호 파일
- Service Account 토큰
- OpenID Connect 토큰

인가

인가는 인증이 끝난 계정에 대해 조작할 수 있는 리소스와 가능한 조작을 한정하는 것입니다. 인가 방식에는 여러 가지가 있지만 그중에서도 RBAC(Role Based Access Control)가 앞으로의 표준으로 자리매김할 것입니다.

Admission Control

Admission Control은 인가 플러그인에서는 커버할 수 없는 리소스의 특성에 맞춘 제어를 합니다. 10개가 넘는 플러그인이 있습니다.

예를 들어 AlwaysPullImages 플러그인은 포드 작성 시에 컨테이너 이미지를 강제로 Pull합니다. 프라이빗 레지스트리에서 보호되는 이미지라도 노드 상에 이미지가 존재하면 적절한 시크릿을 갖고 있지 않은 포드가 그것을 읽어버릴 가능성이 있기 때문에 이를 방지하는 데 효과적입니다.

그 외에 알기 쉬운 것으로는 LimitRanger 플러그인이 있습니다. LimitRange 오브젝트를 네임스페이스에 지정하고 그 안에서 포드가 사용할 수 있는 리소스의 양을 제한합니다. 이 장의 마지막 부분에서 소개하겠습니다.

11.5 RBAC(Role Based Access Control)

인증, 인가, Admission Control 플러그인은 많이 있습니다. 하지만 처음 배울 때는 대표적인 것으로 범위를 좁히는 것이 효율적입니다. 그래서 앞으로의 표준인가방식으로 자리매김하고 있는 RBAC을 축으로 그 앞뒤의 인증과 Admission Control을 이해해 갑시다.

리소스 표현과 조작

쿠버네티스는 리소스 조작을 API Server에 집약시키고 있습니다. 그리고 API Server는 REST 형식으로 리퀘스트를 받습니다. URL로 리소스를 표현하고 거기에 대해 HTTP 메소드로 조작을 합니다.

쿠버네티스의 RBAC에서는 조작을 Verb라고 부릅니다. 참조, 작성, 갱신, 부분 갱신, 삭제 조작에 각각 Verb가 있어서 HTTP 메서드와 대응하고 있습니다(표 11.1).

[표 11.1] Verb에 대응하는 HTTP 메서드

HTTP 메서드	Verb	Verb(콜렉션)
GET, HEAD	get(watch)	list(watch)
POST	create	–
PUT	update	–
PATCH	patch	–
DELETE	delete	deletecollection

포드, 서비스, 시크릿과 같은 리소스에 대해 각 계정이 갖고 있는 '역할'이 이런 Verb를 사용할 수 있는지 없는지를 정의한다, 이것이 쿠버네티스 RBAC의 개념입니다.

Role과 RoleBinding

각 계정에 대해 액세스할 수 있는 리소스와 조작을 정의한다는 개념은 이해하기 쉬울 것입니다. 하지만 모든 계정별로 각 리소스와의 조합을 정의하는 것은 힘든 일입니다. 그래서 쿠버네티스는 공통화할 수 있는 역할, 즉 Role을 만들어 액세스할 수 있는 리소스의 종류와 사용할 수 있는 Verb를 모아서 정의할 수 있도록 만들었습니다.

그리고 Role과 계정을 연결하는 것이 RoleBinding입니다(그림 11.3).

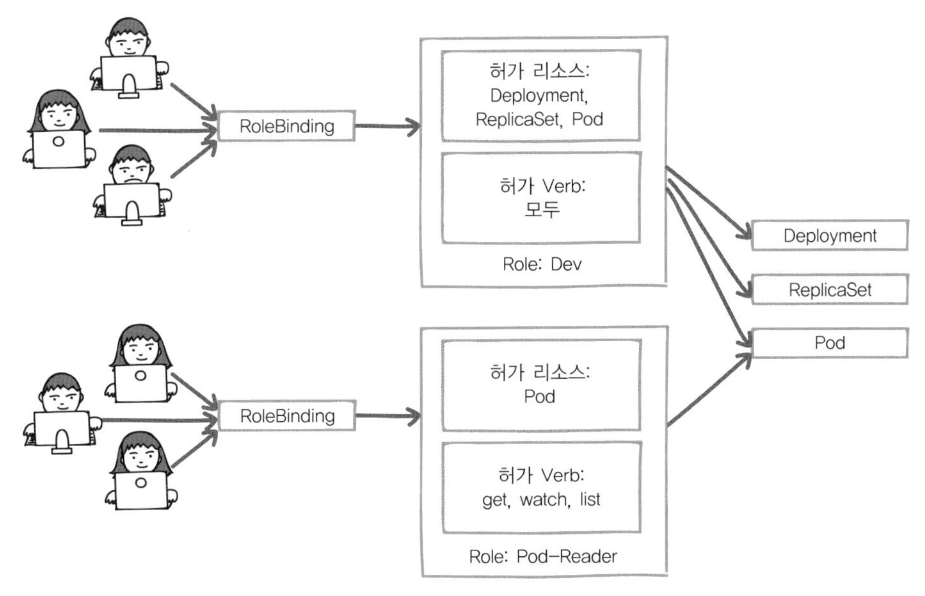

[그림 11.3] Role과 RoleBinding

좀 더 자세히 설명을 해보겠습니다. 예를 들어 Dev라는 역할이 필요하다고 합시다. 이 역할은 강력한 권한을 가진 개발자라고 가정합니다. 그리고 포드와 그 상위 오브젝트, 디플로이먼트와 리플리카셋과 관련된 모든 조작을 할 수 있도록 하고 싶다고 합시다.

이 경우 Role 'Dev'에는 이와 같이 허가하고 싶은 리소스를 정의하고 모든 Verb를 허가합니다.

또 최소 권한의 예로 포드를 참조만 할 수 있는 Pod-Reader라는 역할도 생각할 수 있습니다. 허가할 리소스는 포드뿐이며, Verb는 참조 관련된 것뿐입니다.

즉, Role의 작성이란 허가할 리소스와 허가할 Verb를 정의하는 것입니다.

그리고 Role을 RoleBinding으로 계정에 할당합니다. 역할을 공통화해 두면 계정별로 허가할 리소스나 Verb를 일일이 쓸 필요가 없습니다.

또 쿠버네티스의 RBAC에는 Role외에도 ClusterRole이 있습니다. 둘의 차이는 대상 범위로, Role 대상 범위는 네임스페이스이며, ClusterRole은 클러스터 전체입니다. ClusterRole을 계정과 연결할 때는 RoleBinding이 아니라 ClusterRoleBinding을 사용합니다.

AKS의 Admin 사용자의 정체

쿠버네티스의 인증과 인가를 이해하는 데 있어서 약간의 의문이 들지도 모르겠습니다. 바로 이 책을 통해 사용해 온 관리자 권한의 계정입니다. 쿠버네티스에는 사람을 나타내는 오브젝트가 없기 때문에 사용자의 ID 관리는 외부의 ID 관리 시스템을 사용하는 것이 전제입니다. 그렇다면 관리자는 어디서 관리되는 것일까요?

```
$ az aks get-credentials <parameters> --admin
```

이 명령이 무슨 일을 하는지 신경이 쓰였을 것입니다. 기본편에서도 다뤘지만 이 명령은 AKS의 API를 통해 인증 정보를 취득하는 것입니다. 그리고 config 파일($HOME/.kube/config)에 머지(merge)합니다. 그 내용을 살펴봅시다.

```
$ cat $HOME/.kube/config
~중략~
users:
- name: clusterAdmin_k8sbook-chap11-cluster-rg_yourname-k8sbook-chap11
  user:
    client-certificate-data: <base64로 인코딩된 증명서 데이터>
    client-key-data: <base64로 인코딩된 키 데이터>
```

클라이언트 증명서가 있지요? 이를 살펴봅시다.

```
$ grep client-certificate-data $HOME/.kube/config | awk '{print $2}' |
➡ base64 -d | openssl x509 -text
Certificate:
~중략~
  Subject: O = system:masters, CN = client
~이하 생략~
```

O(Organization), 즉 조직이나 그룹이 'system;masters' 입니다. 실제로 이 그룹이 쿠버네티스 상의 Role과 연결되어 있습니다. 관리자는 클러스터 전체를 대상으로 한 Role이므로 ClusterRole에 해당하는 것이 있을 것 같습니다. 그럴 만한 ClusterRoleBinding이 없는지 찾아봅시다.

```
$ kubectl get clusterrolebindings
NAME                    AGE
cluster-admin           3h
~이하 생략~
```

좀 수상한 것을 찾았는데 그 정의를 확인해 봅시다.

```
$ kubectl get clusterrolebindings cluster-admin -o yaml
apiVersion: rbac.authorization.k8s.io/v1
kind: ClusterRoleBinding
metadata:
~중략~
  name: cluster-admin
~중략~
roleRef:
  apiGroup: rbac.authorization.k8s.io
  kind: ClusterRole
  name: cluster-admin
subjects:
- apiGroup: rbac.authorization.k8s.io
  kind: Group
  name: system:masters
```

cluster-admin이라는 ClusterRole이 Group 'system:masters'에 연결되어 있다는 것을 알 수 있습니다. 이 그룹은 본 적이 있을 것입니다. 바로 좀 전에 클라이언트 증명서에 쓰여 있던 그룹입니다. 이제 ClusterRole cluster-admin의 정의를 확인해 봅시다. 무엇을 할 수 있는 역할일까요?

```
$ kubectl get clusterrole cluster-admin -o yaml
apiVersion: rbac.authorization.k8s.io/v1
kind: ClusterRole
metadata:
~중략~
  name: cluster-admin
~중략~
rules:
- apiGroups:
  - '*'
  resources:
  - '*'
  verbs:
  - '*'
- nonResourceURLs:
  - '*'
  verbs:
  - '*'
```

뭐든지 할 수 있는 관리자였습니다. 이것이 az aks get-credentials --admin 명령으로 만들어진 사용자의 정체입니다.

사용자와 Role의 연결

지금까지 설명으로 RBAC의 개념을 파악했을 것입니다. 이제 구체적으로 Role을 정의하고 할당하는 흐름을 살펴봅시다. 그와 함께 인가 플러그인과의 조합도 설명하기 때문에 AKS에서 Azure AD를 ID 관리 시스템으로 한 예를 소개하겠습니다. OpenID Connect를 사용한 구축 예입니다.

시나리오를 간단히 설명하겠습니다. 먼저 프로젝트용 'k8sbook'이라는 네임스페이스를 마련하고, 그 안에서 포드 관련 리소스를 조작할 수 있는 개발자 Role을 만듭니다. 그리고 Azure AD 상의 사용자와 RoleBinding한다는 흐름입니다.

앞으로 소개할 절차의 전제 조건은 다음과 같습니다.

- AKS 클러스터에서 RBAC을 활성화해 둘 것
- AKS 클러스터의 ID 관리 시스템으로 Azure AD를 설정할 것

절차는 공식 도큐먼트에 소개되어 있습니다.

- **Azure Active Directory와 AKS를 통합하기**
  https://docs.microsoft.com/ko-kr/azure/aks/azure-ad-integration

또 개발자에게는 AKS 클러스터의 토대가 되는 Azure 리소스의 관리자 권한을 부여하지 않는 것이 좋습니다. 쿠버네티스에서 권한을 좁혀도 그 토대가 되는 인프라스트럭처의 관리자 권한이 있으면 파괴적인 조작이 가능하기 때문입니다. Azure 쪽의 설정에서 AKS 클러스터의 Credential을 취득할 수 있는 권한만 부여합니다. 권한 부여 절차는 이 책의 범위를 넘어서기 때문에 생략하지만 GitHub에 공개한 환경 구축 코드 리포지토리에서 절차를 소개하고 있습니다.

Azure AD 연계에 필요한 권한

이 작업에는 Azure AD의 테넌트 관리자 권한이 필요합니다. Azure AD 상의 디렉토리 데이터나 사용자 프로필을 AKS 클러스터가 읽어 들일 수 있도록 등록해야 하기 때문입니다.

필요한 절차는 공식 도큐먼트에 설명되어 있으며 보충 설명도 GitHub 도큐먼트에 적어 놓았습니다. 하지만 만일 소속 조직이나 사용 환경의 Azure AD 운용 폴리시 사정 상 연습이 어려운 경우는 패스하기 바랍니다. ID 관리 시스템은 클라우드 이용의 보안을 지지하는 근간이기 때문에 운용 룰이 엄격한 것은 당연합니다.
또 Azure의 사용자, 리소스 관리에 사용하는 Azure AD 테넌트와 쿠버네티스의 인증에 사용하는 테넌트를 나눌 수도 있습니다. 연습용 테넌트를 작성하는 방법도 있습니다. ID 통합이라는 Azure AD의 가치에는 반하지만 검증 목적에는 상관없습니다.
또 다음 항목에서 Azure AD를 사용하지 않는 절차도 마련했으므로 비 클러스터 관리자로서 액세스를 체험할 수 있습니다.

네임스페이스 작성

이제 쿠버네티스의 클러스터 관리자로서 작업을 시작합니다.

먼저 이 프로젝트의 네임스페이스(Namespace)를 작성합니다. [리스트 11.1]의 매니페스트 파일을 만들고, 다음과 같이 apply합니다. 이 이후는 apply 지시가 있으면 모두 'kubectl apply -f 〈manifest file〉'이라고 생각하기 바랍니다.

```
kubectl apply -f namespace.yaml
```

[리스트 11.1] chap11/namespace.yaml

```
apiVersion: v1
kind: Namespace
metadata:
  name: k8sbook
```

Role 작성

다음은 Role을 작성합니다. 좀 전에 소개한 예를 따라 포드 관련 리소스를 조작 가능한, 강한 권한을 가진 애플리케이션 개발자를 가정합시다. 이름은 'k8sbook-dev'로 합니다.

이 Role은 좀 전에 작성한 네임스페이스 k8sbook에 metadata로 연결됩니다. 그리고 rules에 액세스 가능한 리소스와 Verb를 정의합니다.

[리스트 11.2]의 매니페스트 파일을 만들고 apply합시다.

[리스트 11.2] chap11/role-dev.yaml

```
apiVersion: rbac.authorization.k8s.io/v1
metadata:
  namespace: k8sbook    # Namespace를 지정
  name: k8sbook-dev
rules:
- apiGroups: ["", "extensions", "apps"]  # 허가할 API Groups
  resources: ["deployments", "replicasets", "pods", "pods/log"] # 허가할 리소스
  verbs: ["*"]    # 허가할 Verb
```

허가할 리소스와 조작은 rules에 적습니다. 여기서는 apiGroups, resources, verbs를 지정하고 있습니다.

먼저 apiGroups로 허가할 API 그룹을 지정합니다. 공백("")은 Core Group을 의미하며, 다른 API 그룹은 필요한 것을 지정합니다. 확장 기능인 그룹 'extensions' 등 몇 개의 그룹이 있습니다.

그 다음은 resources인데, 쿠버네티스의 리소스에는 계층 구조가 있다는 것을 의식하기 바랍니다. 예를 들어 포드의 로그는 API를 호출할 때 URL로 다음과 같이 표현합니다.

```
/api/v1/namespace/{namespace}/pods/{name}/log
```

{namespace} 이하가 리소스입니다. 그래서 포드에 액세스를 허가하려면 resources에서 'pods'라고 지정합니다. 하지만 이것만으로는 그 아래 계층에 있는 로그는 지정되지 않으므로 로그에 대한 액세스 권한도 필요하다면 서브 리소스로 'pods/log'를 별도로 지정해야 합니다.

그리고 마지막으로 verbs에 허가할 Verb를 나열합니다. 애스터리스크(*)로 모두를 허가할 수 있습니다.

RBAC에서 지정할 수 있는 요소는 아주 많으므로 필요에 따라 공식 도큐먼트를 참조하기 바랍니다.

- Using RBAC Authorization
  https://kubernetes.io/docs/reference/access-authn-authz/rbac/

RoleBinding 작성

계속해서 Role에 Azure AD 상의 사용자를 할당하는 RoleBinding을 만듭니다(리스트 11.3).

[리스트 11.3] chap11/rolebinding-dev.yaml

```
apiVersion: rbac.authorization.k8s.io/v1
kind: RoleBinding
metadata:
  name: k8sbook-dev-rolebinding
  namespace: k8sbook    # Namespace를 지정
roleRef:
  apiGroup: rbac.authorization.k8s.io
  kind: Role
  name: k8sbook-dev
subjects:
- apiGroup: rbac.authorization.k8s.io
  kind: User      # 대상은 User
  name: "${K8SBOOK_DEVUSER}" # Azure AD의 사용자를 지정
```

subjects에 할당할 사용자의 정보를 정의했습니다. 그 kind에는 대상 계정의 종류를 지정합니다. 여기서는 'User'입니다. 그룹을 지정하고 싶을 때는 'Groups'를 지정합니다. subjects는 여러 개 정의 가능하므로 예를 들어 여러 User를 나열할 수 있습니다.

이 실습에서는 Azure AD 상의 사용자를 사용하기 때문에 name에는 그것을 지정합니다. 매니페스트에 직접 써도 되지만 별도의 파일에 모아 놓은 파라미터나 환경변수로 치환할 수 있도록 해 두면 응용 범위가 넓어집니다. 예를 들어 환경변수 K8SBOOK_DEVUSER를 설정해 두면 다음과 같이 코드 한 줄로 매니페스트 안의 변수를 치환하여 apply할 수 있습니다.

```
$ cat rolebinding-dev.yaml | envsubst | kubectl apply -f -
```

NOTE 매니페스트의 변수를 실행 시에 치환하기

보안이나 프라이버시 관점에서 볼 때 매니페스트 파일에 직접 쓰고 싶지 않은 정보가 있습니다. 사용자 정보가 그중 하나입니다. 매니페스트 파일을 부주의하게 퍼블릭 리포지토리에 공개해 버리는 사건이 끊이지 않습니다.
또 매니페스트 작성 시에는 결정되지 않은 정보도 있습니다. CI/CD 파이프라인에서 빌드, 디플로이하는 컨테이너의 이미지 태그가 그 대표적입니다.
이 문제를 해결하려면 Helm과 같은 패키징 툴이 도움이 됩니다. Helm을 사용하면 YAML의 템플릿에 변수를 심어 두고 그 값을 실행 시에 지정할 수 있습니다.
Helm뿐만 아니라 매니페스트의 커스터마이징이나 패키징, 실행 툴은 핫한 화제입니다. 그 외에도 Kustomize 등 주목을 받고 있는 툴이 몇 가지 있습니다.

- Helm
  https://helm.sh/
- Kustomize
  https://github.com/kubernetes-sigs/kustomize

하지만 매니페스트의 극히 일부를 치환하고 싶은 경우는 이런 툴의 학습 비용이나 준비가 더 부담이 될 수 있습니다. 그럴 때는 sed나 envsubst 등 가볍게 사용할 수 있는 명령줄 툴을 조합하면 좋습니다.
인기 있는 툴만을 사용할 수 있는 것은 아닙니다.

사용자 전환

Azure AD 상의 사용자, k8sbookdev@k8sbook.onmicrosoft.com을 연결했다고 합시다. 사용자명은 임의로 바꾸기 바랍니다. 이제 이 사용자로 전환을 해 봅시다. 먼저 AKS 클러스터에 액세스하기 위한 자격 정보가 필요하므로 Azure CLI로 취득합니다.

로그인해 봅시다.

```
$ az login -u k8sbookdev@k8sbook.onmicrosoft.com
```

AKS 클러스터가 존재하는 서브스크립션이 세팅되어 있는지 확인하기 바랍니다.

이 사용자는 앞에서 말했듯이 AKS 클러스터를 비롯한 Azure의 리소스를 조작하는 권한을 부여하지 않았습니다. 그래서 리소스를 리스트해도 결과는 나오지 않습니다.

```
$ az resource list -o json
[]
```

하지만 AKS 클러스터의 UserCredential을 구하는 권한은 갖고 있습니다. az aks get-credentials 명령으로 취득해 봅시다.

```
$ az aks get-credentials -g k8sbook-chap11-cluster-rg -n yourname-k8sbook-chap11
Merged "yourname-k8sbook-chap11" as current context in /home/yourname/.kube/config
```

이것으로 AKS 클러스터의 자격정보를 취득하여 config가 설정되었습니다. Context가 Admin용이 아니라 일반 사용자로 되어 있는지 확인합시다.

```
$ kubectl config get-contexts
CURRENT  NAME                          CLUSTER                   AUTHINFO
➡NAMESPACE
*  yourname-k8sbook-chap11         yourname-k8sbook-chap11  clusterUser_k8sbook-chap11-cluster-rg_yourname-k8sbook-chap11
   yourname-k8sbook-chap11-admin  yourname-k8sbook-chap11  clusterAdmin_k8sbook-chap11-cluster-rg_yourname-k8sbook-chap11
```

이제 Azure AD 사용자로 AKS 클러스터에 액세스하겠습니다. 시험 삼아 포드를 취득해 봅시다.

```
$ kubectl get po
To sign in, use a web browser to open the page https://microsoft.com/
➡devicelogin and enter the code GRGQWSH31 to authenticate.
No resources found.
Error from server (Forbidden): pods is forbidden: User "k8sbookdev@k8sbook.
➡ onmicrosoft.com" cannot list pods in the namespace "default"
```

브라우저에서 Azure AD 인증을 요구 받습니다. 표시된 코드를 입력하고 인증이 성공하면 AKS 클러스터에서 포드의 취득 결과가 반환됩니다.

또 네임스페이스가 default인 포드를 리스트할 권한이 없다고 표시됩니다. 이것은 의도한 오류입니다. 왜냐하면 이 사용자는 네임스페이스 k8sbook의 포드 관련 리소스를 조작하는 Role만 할당되어 있기 때문입니다.

이제 네임스페이스를 지정하여 취득해 봅시다.

```
$ kubectl get po -n k8sbook
No resources found.
```

그러면 오류가 나오지 않습니다. 이제 리소스 작성도 시험해 봅시다. Nginx의 디플로이먼트를 작성합니다. 먼저 네임스페이스 default로 시험하고, 그 다음 네임스페이스 k8sbook을 지정합니다.

```
kubectl create deployment nginx --image=nginx
Error from server (Forbidden): deployments.apps is forbidden: User "k8sbookdev@
➡ k8sbook.onmicrosoft.com" cannot create deployments.apps in the namespace
➡ "default"
$ kubectl create deployment nginx --image=nginx -n k8sbook
deployment.apps/nginx created
```

예상대로 네임스페이스 default로 작성하는 것은 거부되지만 k8sbook으로는 성공했습니다.

이제 권한이 있는 네임스페이스로 권한이 없는 리소스에 액세스하면 어떻게 되는지 살펴봅시다. 시험 삼아 서비스 계정을 참조해 봅시다.

```
$ kubectl get sa -n k8sbook
No resources found.
Error from server (Forbidden): serviceaccounts is forbidden: User "k8sbookdev@
➡ k8sbook.onmicrosoft.com" cannot list serviceaccounts in the namespace
➡ "k8sbook"
```

역시 거부됩니다.

여기까지의 검증으로 Azure AD 상의 사용자에게 Role을 연결하면 기대한 대로 인증 및 인가가 되는 것을 알 수 있습니다.

서비스 계정과 Role의 연결

이제 다른 패턴도 시험해 봅시다. 서비스 계정을 사용한 패턴입니다. 서비스 계정은 주로 포드에 사용하지만 여기서는 kubectl을 실행하는 단말기에서 인증 정보를 생성하고 리소스를 조작해 보겠습니다.

Role 작성

실제 운용 시에는 여러 개의 Role과 Binding을 만드는 일이 많습니다. 그래서 좀 전의 Azure AD 사용자로 한 실습과는 다른 Role을 만들겠습니다. 이번에는 권한이 약한 Role입니다. 포드의 참조 권한만 갖고 있는 Role을 매니페스트 파일로 작성합니다(리스트 11.4).

[리스트 11.4] chap11/role-pod-reader.yaml

```
apiVersion: rbac.authorization.k8s.io/v1
metadata:
  namespace: k8sbook    # Namespace를 지정
  name: pod-reader
rules:
- apiGroups: [""]    # 허가할 API groups
  resources: ["pods"]   # 허가할 리소스
  verbs: ["get", "watch", "list"] # 허가할 Verb
```

apply해 봅시다.

```
$ kubectl apply -f role-pod-reader.yaml
Error from server (Forbidden): error when retrieving current configuration of:
Resource: "rbac.authorization.k8s.io/v1, Resource=roles", GroupVersionKind:
➡"rbac.authorization.k8s.io/v1, Kind=Role"
Name: "pod-reader", Namespace: "k8sbook"
Object: &{map["apiVersion":"rbac.authorization.k8s.io/v1" "kind":"Role"
➡"metadata":map["name":"pod-reader" "namespace":"k8sbook"
➡"annotations":map["kubectl.kubernetes.io/last-applied-configuration":""]]
➡"rules":[map["resources":["pods"] "verbs":["get" "watch" "list"]
➡"apiGroups":[""]]]]}
from server for: "role-pod-reader.yaml": roles.rbac.authorization.k8s.io "pod-
➡reader" is forbidden: User "k8sbookdev@k8sbook.onmicrosoft.com" cannot get
➡roles.rbac.authorization.k8s.io in the namespace "k8sbook"
```

오류가 발생했습니다. Role 작성 권한이 없는 사용자가 실행했기 때문입니다. Context를 관리자로 전환합시다. Context 전환을 잊어버리면 사고가 발생하기 쉬우므로 주의하기 바랍니다.

```
$ kubectl config use-context yourname-k8sbook-chap11-admin
Switched to context "yourname-k8sbook-chap11-admin".
```

다시 apply해 봅시다.

```
$ kubectl apply -f role-pod-reader.yaml
role.rbac.authorization.k8s.io/pod-reader created
```

관리자 권한이 있으므로 성공했습니다.

서비스 계정과 RoleBinding 작성

다음은 서비스 계정과 거기에 Role을 할당하는 RoleBinding을 작성합니다(리스트 11.5).

[리스트 11.5] chap11/rolebinding-sa.yaml

```
apiVersion: v1
kind: ServiceAccount
metadata:
```

```
  name: k8sbook-pod-reader
  namespace: k8sbook    # Namespace를 지정
---
kind: RoleBinding
apiVersion: rbac.authorization.k8s.io/v1
metadata:
  name: k8sbook-pod-reader-rolebinding
  namespace: k8sbook    # Namespace를 지정
roleRef:
  apiGroup: rbac.authorization.k8s.io
  kind: Role
  name: pod-reader
subjects:
- kind: ServiceAccount
  name: k8sbook-pod-reader
```

서비스 계정명은 'k8sbook-pod-reader'로 합니다. 이 매니페스트 파일을 apply하면 서비스 계정과 RoleBinding이 만들어집니다.

```
$ kubectl apply -f rolebinding-sa.yaml
serviceaccount/k8sbook-pod-reader created
rolebinding.rbac.authorization.k8s.io/k8sbook-pod-reader-rolebinding created
```

이로써 클러스터 쪽 준비는 끝났습니다.

config 파일 작성

그 다음은 작업 단말기 쪽 준비입니다. 서비스 계정의 인증 정보, config 파일을 작성합니다. Z Lab사가 공개하고 있는 create-kubeconfig 스크립트를 이용합니다.

- Kubernetes scripts
  https://github.com/zlabjp/kubernetes-scripts

이 스크립트를 관리자 권한으로 실행합니다. 첫 번째 파라미터는 서비스 계정명, 두 번째 -n 옵션으로 지정하는 것은 네임스페이스입니다. 좀 전의 Role과 RoleBinding에 지정한 값으로 실행합니다. 그리고 결과를 커런트 디렉토리의 파일 'config'로 저장합니다.

```
$ ./create-kubeconfig k8sbook-pod-reader -n k8sbook > ./config
```

이 파일을 필요할 때만 변수 KUBECONFIG로 지정하여 kubectl을 실행하면 기존의 config 파일을 건드리지 않아도 됩니다. 먼저 Context를 살펴봅시다.

```
$ KUBECONFIG=./config kubectl config get-contexts
CURRENT NAME                          CLUSTER                    AUTHINFO             NAMESPACE
* yourname-k8sbook-chap11-admin yourname-k8sbook-chap11 k8sbook-pod-reader   k8sbook
```

AUTHINFO가 지정한 서비스 계정으로 되어 있다는 것을 알 수 있습니다. NAMESPACE도 'k8sbook'으로 설정되어 있습니다. 이제 포드의 정보를 취득해 봅시다.

```
$ KUBECONFIG=./config kubectl get po
NAME                        READY   STATUS    RESTARTS    AGE
nginx-65899c769f-mf227      1/1     Running   0           1h
```

좀 전에 작성한 포드가 보일 것입니다. 또 config에서 Context에 네임스페이스 'k8sbook'이 설정되어 있기 때문에 명시할 필요는 없습니다. 굳이 default를 지정하면 다음과 같이 됩니다.

```
$ KUBECONFIG=./config kubectl get po -n default
No resources found.
Error from server (Forbidden): pods is forbidden: User "system:serviceaccount:
➡k8sbook:k8sbook-pod-reader" cannot list pods in the namespace "default"
```

권한 설정대로 참조할 수 없습니다. 그러면 좀 전의 사용자 계정의 검증에서 작성한 디플로이먼트를 취득하려고 하면 어떻게 될까요?

```
$ KUBECONFIG=./config kubectl get deploy
No resources found.
Error from server (Forbidden): deployments.extensions is forbidden: User "system:
➡ serviceaccount:k8sbook:k8sbook-pod-reader" cannot list deployments.
➡ extensions in the namespace "k8sbook"
```

Role 'book-pod-reader'에는 디플로이먼트를 참조하는 권한이 없으므로 거부됩니다. 이와 같이 네임스페이스와 리소스의 대상, 가능한 조작을 기대한 대로 설정하고 Binding 할 수 있습니다.

kubectl의 금지와 GitOps

이 장의 처음 부분에서도 다뤘지만 GitOps라는 개념이 있습니다. Weaveworks사가 제창하는 개념으로, 쿠버네티스 클러스터의 조작을 kubectl에 의존하지 않는 것이 특징입니다. 매니페스트나 애플리케이션을 Git에서 관리하고 코드 변경을 툴로 감지하여 자동으로 디플로이합니다.

- GitOps
  https://www.weave.works/technologies/gitops/

물론 GitOps를 철저히 운용하면 Context 전환을 잊어버리는 등의 실수는 줄일 수 있습니다. 또 kubectl을 사용하는 사용자가 줄기 때문에 Role, ID, 인증 정보의 관리도 편합니다.
하지만 그 파이프라인을 구축 유지하는 부담이 큽니다. 클러스터 관리자는 트러블 슈팅 등에서 사용하고 싶기 때문에 kubectl 이용이 아예 없어지지는 않을 것입니다.
또 쿠버네티스를 직접 다루는 사용자가 적어져서 조직에서 학습열을 올릴 수 없다는 트레이드오프도 신경 쓰입니다. 쿠버네티스의 습득에는 어느 정도의 학습 비용이 필요하기 때문에 조직의 일부가 이해하면 되고, 애플리케이션 개발자는 컨테이너 이미지를 만드는 지식까지 있으면 충분하다는 생각도 있습니다.
만일 GitOps를 도입하게 되면 자신이 소속한 조직이 어떻게 바뀔지, 어떻게 변화하고 싶은지를 실험해 보는 것도 재미있을 것입니다.

11.6 리소스 이용량의 제한

사용자가 가능한 조작을 설정하는 것, 즉 '가능/불가능'의 관리가 공용 환경 보호의 첫걸음입니다. 하지만 그것만으로는 부족합니다. 정도 문제가 남아 있습니다.

컴퓨터 세계에서 대표적인 '정도'는 리소스의 양입니다. 액세스할 수 있는 리소스의 종류, 가능한 조작을 좁혀도 한도 없이 리소스를 사용해 버리면 다른 사용자에게 영향을 끼칠 수 있습니다. 이용할 수 있는 리소스량을 적절히 컨트롤하기 바랍니다.

LimitRange

기본편에서는 포드에 Resource Limits를 설정해서 포드가 CPU나 메모리를 많이 사용하지 않도록 할 수 있다고 설명했습니다. 이것으로 리소스량을 컨트롤할 수 있습니다. 이로써 문제가 해결되었다고 생각할 지도 모르겠지만 조금 차분히 생각을 해 봅시다.

매니페스트의 작성을 각 프로젝트에게 위임하고 있다고 합시다. 모든 프로젝트 쪽의 개발자가 Resource Limits 설정을 한다고 기대할 수 있을까요? 클러스터 관리자에게 아무 말도 하지 않았다면 설정하지 않았을지도 모릅니다. QoS를 고려하면 설정하는 편이 좋지만 그것을 모르거나 깨닫지 못하는 경우도 있을 것입니다.

또 Limits는 할당 가능한 리소스량과는 상관없이 지정할 수 있기 때문에 주먹구구로 너무 큰 값도 지정할 수 있습니다. 그리고 어느 날 애플리케이션이 메모리를 대량으로 사용하기 시작합니다. 비극의 시작입니다.

이 비극을 피하려면 몇 가지 방법이 있습니다.

- 매니페스트 파일의 작성을 클러스터 관리자가 한다.
- 매니페스트 파일을 투입하기 전에 리뷰한다.
- 클러스터 측에서 상한을 설정한다.

첫 번째는 매니페스트 파일의 작성 및 투입을 프로젝트에게 위임하지 않는 방법입니다. 애플리케이션 개발자는 컨테이너 이미지나 Dockerfile의 작성까지만 하고 나머지는 희망 사항을 클러스터 관리자에게 전달합니다. 이로써 위험은 줄일 수 있습니다. 하지만 프로젝트의 자율성이나 주체성, 민첩성은 떨어집니다. 쿠버네티스가 태어난 배경과 목적을 생각하면 장점을 잃어버린 느낌이 듭니다.

두 번째는 프로젝트 측의 주체성은 잃지 않습니다. 균형 잡힌 방법입니다. 하지만 리뷰와 투입 타이밍의 차이로 클러스터의 리소스 이용량이 바뀔지도 모릅니다. 리뷰는 해도 다른 기계적으로 제한을 하는 장치가 있었으면 합니다.

마지막 방법의 경우 포드의 Resource Limits 설정에 의존하지 않고 클러스터 측에서 강제적으로 폴리시를 적용하는 방법은 없을까요?

있습니다. 바로 LimitRange입니다. 네임스페이스에 대해 설정할 수 있습니다.

시험 삼아 네임스페이스 'k8sbook'에 메모리 상한을 설정해 봅시다. 매니페스트 파일은 [리스트 11.6]과 같이 작성합니다.

[리스트 11.6] chap11/limit.yaml

```
apiVersion: v1
kind: LimitRange
metadata:
  name: mem-max-500mi
  namespace: k8sbook    # Namespace를 지정
spec:
  limits:
```

```
  - max:
      memory: 500Mi     # 상한 500Mi를 지정
    type: Container
```

LimitRange는 대상 네임스페이스에서 움직이는 포드 하나하나의 리소스량의 상한을 설정합니다. 총량이 아닙니다. 그래서 이 LimitRange를 작성하면 네임스페이스 'k8sbook'에서 만들어지는 포드는 500Mi를 넘는 메모리를 사용할 수 없습니다. 이 매니페스트를 apply합니다.

```
$ kubectl apply -f limit.yaml
limitrange/mem-max-500mi created
```

이제 이용 메모리량을 설정할 수 있는 애플리케이션을 움직여봅시다. 이 책에서 여러 번 이용한 stress를 사용하겠습니다(리스트 11.7). 먼저 LimitRange에서 지정한 범위 내에서 정상적으로 움직이는 것을 확인하기 위해 메모리량을 300M로 합니다. stress의 인수로 지정할 수 있는 메모리의 단위가 좀 전의 매니페스트와는 다르므로 주의하기 바랍니다. Mi가 아니라 M입니다.

[리스트 11.7] chap11/stress.yaml

```
apiVersion: v1
kind: Pod
metadata:
  name: stress
  namespace: k8sbook
spec:
  containers:
  - name: main
    image: polinux/stress
    command: ["stress"]
    args: ["--vm", "1", "--vm-bytes", "300M", "--vm-hang", "1"] # 우선 정상적으로
➡ 움직이는 것을 확인하기 위해 -vm-bytes에는 300M을 지정. 두 번째는 1G로 한다.
```

apply합니다. 예상대로 움직이므로 일단 delete합니다.

```
$ kubectl apply -f stress.yaml
pod/stress created
$ kubectl get po -n k8sbook stress
NAME        READY   STATUS      RESTARTS    AGE
stress      1/1     Running     0           21s
$ kubectl delete po -n k8sbook stress
pod "stress" deleted
```

이제 stress의 메모리 이용량을 1G로 하여 다시 apply하고 상태를 확인해 봅시다.

```
$ kubectl apply -f stress.yaml
pod/stress created

$ kubectl get po -n k8sbook stress
NAME      READY   STATUS              RESTARTS    AGE
stress    0/1     OOMKilled           4           1m

$ kubectl get po -n k8sbook stress
NAME      READY   STATUS              RESTARTS    AGE
stress    0/1     CrashLoopBackOff    5           4m
```

제5장에서 '포드의 메모리와 CPU의 상한값 설정하기'(p.122)에서의 실습과 마찬가지로 포드가 OOMKilled되어 재작성을 반복하고 있습니다. describe하여 상세 정보를 확인해 봅시다.

```
$ kubectl describe po -n k8sbook stress
Name:         stress
Namespace:    k8sbook
~중략~
    State:          Waiting
      Reason:       CrashLoopBackOff
    Last State:     Terminated
      Reason:       OOMKilled
      Exit Code:    1
~중략~
    Restart Count:  6
    Limits:
      memory:     500Mi
~이하 생략~
```

예상대로 OOMKilled가 원인으로 포드가 종료되고 대기 상태입니다. 포드의 restartPolicy가 기본값인 Always이기 때문에 이 상태로는 재작성을 되풀이합니다. delete 해 둡시다.

```
$ kubectl delete po -n k8sbook stress
pod "stress" deleted
```

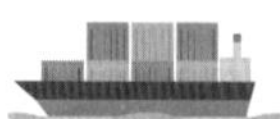

ResourceQuota

LimitRange는 각각의 포드 리소스 이용량을 체크하지만 총량은 확인하지 않습니다. 즉, LimitRange 정의 상에서 상한에 달하지 않는 포드를 수많이 만들 수 있다는 것입니다. 총량을 제한하려면 ResourceQuota를 사용합니다.

ResourceQuota는 LimitRange와 마찬가지로 네임스페이스에 대해 설정합니다. 포드를 작성할 때 이미 움직이고 있는 포드와 작성 요청을 한 포드의 Requests 값을 더하여 ResourceQuota에서 정의한 상한을 넘지 않았는지 확인합니다. 넘은 경우는 포드 작성은 실패가 됩니다. Limits도 지정할 수 있습니다.

또 ResourceQuota와 좀 전의 LimitRange는 둘 다 Admission Control 플러그인으로 구축되어 있습니다.

세 가지 상한 설정 기능의 구분

지금까지 Resource Limits, LimitRange, ResourceQuota라는 세 가지 상한 설정 기능을 소개했습니다. 이를 어떻게 구분해서 사용할지는 누구를 위한 무엇을 위한 상한인지를 생각하면 쉽게 이해할 수 있습니다(그림 11.4).

Resource Limits는 Resource Requests와 함께 포드의 QoS에 영향을 줍니다. 애플리케이션이 어느 정도의 리소스를 필요로 하는지를 정하는 것은 애플리케이션 개발자의 책임입니다. Limits와 Requests의 값을 맞추면 우선순위가 높은 QoS 클래스(Guaranteed)를 구할 수도 있습니다. 즉, Resource Limits는 애플리케이션을 위해 있는 제약이라고 생각하면 됩니다. 제약이라고 하면 부정적인 느낌이 있지만 오히려 적극적으로 활용해야 합니다. 그리고 클러스터 관리자는 이것을 검토합니다. 만일 클러스터 전체의 리소스가 부족할 것 같으면 증설도 검토해야 할 것입니다.

한편 LimitRange와 ResourceQuota는 클러스터를 위한 제약입니다. 클러스터 전체에 영향을 주는 리소스 소비를 억제하므로 클러스터 이용자 전원을 보호하기 위한 제약이라고도 할 수 있습니다. 이 상한값을 어떻게 할지에 대한 만능인 대답은 없지만 '우선 가이드라인을 세우고 프로젝트의 희망사항을 들으면서 상한을 변경한다' 또는 '프로젝트 개별적으로 네임스페이스의 상한을 완화한다'는 운용이 좋지 않을까요?

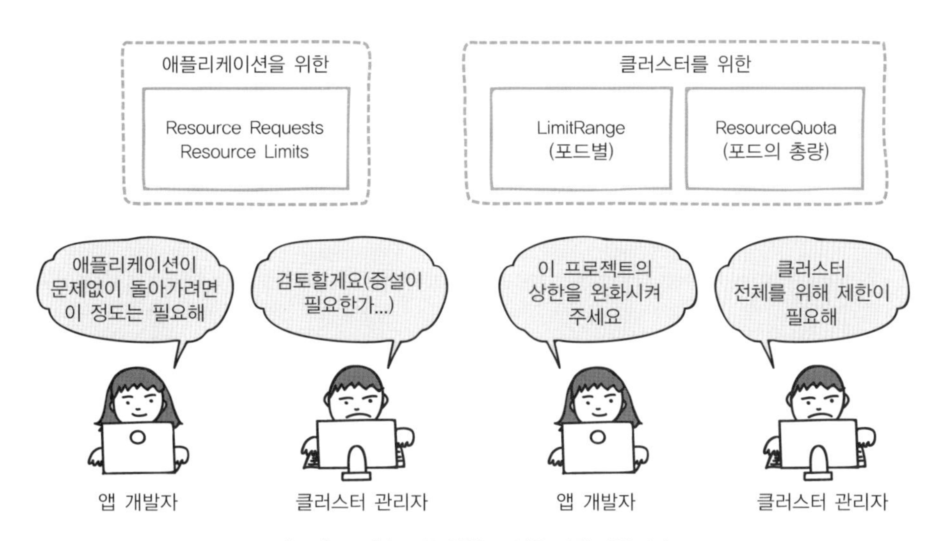

[그림 11.4] 누구를 위한, 무엇을 위한 상한인가

NOTE 매니페스트 파일은 반드시 읽자!

쿠버네티스나 컨테이너는 그 이식성이 매력입니다. 컨테이너 이미지를 Pull/Run한다, 매니페스트 파일을 apply하기만 하는 것으로 애플리케이션이 움직이는 세계는 얼마 전까지는 상상하지 못 했습니다.
하지만 그 간편함이 트러블의 원인이 되는 경우가 있습니다. 인터넷에 굴러다니는 매니페스트의 내용을 잘 확인하지 않고 실행해 버리는 경우는 없나요?
유감스럽게도 악의적인 이미지 파일이나 매니페스트는 다수 존재합니다. 그것은 물론 문제입니다. 하지만 악의가 없어도 대량의 리소스를 소비해 버리는 것도 있습니다. '유명한 기업이나 커뮤니티가 공개하고 있으니까' 라고 신뢰하여 실행했더니 리소스를 다 써 버려 클러스터가 불안정해졌다는 케이스도 끊이지 않고 발생합니다. 상한을 설정하고 싶지만 관리자 권한으로 모든 것을 극복해 가는 것도 적지 않습니다.
매니페스트 파일은 제대로 읽고 '주워온 것을 시험' 하는 용도의 클러스터는 나누는 편이 안심이 됩니다.

네트워크의 분리 수단

이 장을 통해 네임스페이스의 시점에서 리소스를 분리, 보호하는 방법을 소개했습니다. 쿠버네티스 API를 통한 리소스 조작을 어떻게 컨트롤할지에 대한 이미지가 잡혔을 것입니다.
네임스페이스로 팀이나 환경을 분리하면 그 다음 분리하고 싶어지는 것 중 하나가 아마 네트워크일 것입니다. 통신할 수 있는 팀이나 환경을 컨트롤하고 싶어지는 것입니다. 예를 들면 네임스페이스 A는 B와만 통신할 수 있도록 하고 싶다, 네임스페이스 C는 공통기능이 있으니 클러스터 전체에 개방한다 등입니다. IP 주소, 즉 인프라스트럭처 레벨이 아니라 네임스페이스 시점에서 이것을 설정할 수 있다면 더할 나위 없을 것입니다.
사실은 이를 가능하게 하는 기능이 있는데, 바로 Network Policy입니다. 비교적 새로운 기능이며 인프라스트럭처에도 의존하기 때문에 아직 AKS에서는 지원하고 있지 않습니다. 하지만 AKS 클러스터의 바탕이 되는 템플릿을 만드는 AKS-Engine에는 이미 들어 있습니다.

- Network Policies
  https://kubernetes.io/docs/concepts/services-networking/network-policies/

Network Policy에서는 네임스페이스의 Ingress와 Egress, 즉 수신과 통신별로 폴리시를 정의할 수 있습니다.
가령 네임스페이스 default에 Label 'app=web' 포드가 있다고 합시다. 거기에 Label 'purpose=production' 의 네임스페이스가 있다고 합시다.
그리고 네임스페이스 'default' 에 있는 'app=web' 의 포드에는 'purpose=production' 의 네임스페이스에서만 액세스할 수 있게 하고 싶다면 어떻게 할까요?
이 경우 다음과 같이 정의합니다.

```
kind: NetworkPolicy
apiVersion: networking.k8s.io/v1
metadata:
  name: web-allow-prod
spec:
  podSelector:
    matchLabels:
      app: web
  ingress:
  - from:
    - namespaceSelector:
      matchLabels:
        purpose: production
```

이로써 설령 개발 및 검증 목적이나 다른 팀의 네임스페이스가 동일한 클러스터에 있다고 하더라도 거기서는 액세스할 수 없게 됩니다. 심플하게 표현할 수 있는 것이 장점입니다.
또한 Network Policy에는 IP 주소나 포트 번호 등 다른 조건도 지정할 수 있습니다. 하지만 IP 주소를 지정하고 싶어질 때는 조금 냉정하게 생각해 보기 바랍니다. 모처럼 쿠버네티스에서 IP 주소를 의식하지 않는 운용이 가능하게 되었는데...
필자의 경험담이지만 Azure에서 네트워크 관련 리소스를 작성, 변경 후에 '연결되지 않는다'는 트러블이 일어난 원인 중 반 이상이 IP 주소의 필터링 설정(Network Security Group)의 고려 누락, 착각, 설정 미스였습니다. 다른 클라우드 서비스에서도 비슷하다고 들은 적이 있습니다. IP 주소와 그 필터링은 사람이 하기에는 좀 어려울지도 모릅니다.
IP 주소는 네트워크의 기본 요소이지만 고민하지 않고 손대지 않고 해결된다면 그쪽이 훨씬 편리합니다.

11.7 정리

이 장에서는 쿠버네티스의 리소스 분리에 대해 설명했습니다.

- 네임스페이스는 하나의 클러스터를 가상으로 나누는 의도로 만들어진 개념이다.
- 프로젝트별로 클러스터를 나누기 전에 네임스페이스를 사용할 수 없는지를 생각하자.
- 풍부한 인증, 인가, Admission Control 플러그인이 있다.
- RBAC은 표준 인가 방식으로 습득해야 한다.
- 사용자 계정과 서비스 계정의 차이를 이해한다.
- LimitRange와 ResourceQuota로 리소스 이용량을 제한한다.

이제 마지막 장인 '관측가능성'으로 넘어가 봅시다.

CHAPTER

12

관측가능성 (Observability)

지금까지 실전편에서 쿠버네티스 환경을 설계, 구축, 운용하는 데 있어서 의식해야 할 것을 네 가지 시점에서 설명했습니다. 이 장에서는 마지막 시점인 관측가능성을 살펴보겠습니다. 정석대로라면 '감시'가 되겠지만 일부러 다른 표현으로 해 봤습니다.

지금까지 설명한 대로 쿠버네티스에는 대시보드나 메트릭, Probe 등 쿠버네티스와 애플리케이션의 상태를 확인할 수 있는 기본적인 장치가 있습니다. 하지만 이것은 쿠버네티스가 예상대로 움직일 때 성립되는 것입니다. 쿠버네티스의 상태를 외부에서 체크하는 장치도 필요합니다.

쿠버네티스 환경을 감시 및 관측하는 데 있어서 어떤 점을 고려해야 할까요? 여기서는 그런 부분을 살펴보겠습니다.

※ 이 장에서 설명하는 환경을 구축하기 위한 코드, 샘플 애플리케이션은 GitHub(https://github.com/ToruMakabe/Understanding-K8s/tree/master/chap12)에 공개하고 있습니다.

12.1 관측가능성이란?

클라우드 컴퓨팅이나 서버리스 컴퓨팅, 마이크로 서비스 아키텍처의 감시와 함께 최근에 많이 들리는 말이 있습니다. 바로 관측가능성(Observability)입니다.

이에 대한 정의는 아직 정확하게 내려져 있지 않고 사용하는 사람에 따라 뉘앙스가 조금씩 다른 인상을 갖고 있습니다. 그런데 새로운 용어의 탄생에는 어떤 배경이나 이유가 있을 터입니다. 유행어(buzzword)라고 버리지 말고 생각해 볼 가치는 있습니다.

용어의 탄생 배경

관측가능성은 본래 제어공학에서 사용하던 말입니다. 위키피디아에는 다음과 같이 정의되어 있습니다.

> 제어이론에서 관측가능성(observability)이란, 시스템의 출력 변수(output variable)를 사용하여 상태 변수(state variable)에 대한 정보를 알아낼 수 있는지를 나타내는 용어이다. 시스템의 출력 변수를 사용하여 특정 상태 변수에 대한 정보를 알아낼 수 있을 때 그 상태 변수는 관측 가능하다(observable)고 하며, 시스템의 모든 상태 변수가 관측 가능할 때 그 시스템은 관측 가능하다고 한다.

출처: <한국어 위키 백과> 2019년6월16일(일) 16:16 UTC
https://ko.wikipedia.org/wiki/관측_가능성

감시가 '행위'를 나타내는 반면 관측가능성은 '척도'입니다. 즉, 감시를 하는 측보다 감시당하는 측이 갖고 있어야 할 성질, 그 정도에 초점이 맞춰져 있습니다.

그렇다면 왜 감시당하는 측이 주목을 받는 것일까요? 그 이유에는 몇 가지가 있습니다.

- 중첩되는 레이어가 많아졌다.
- 상태가 계속 변화한다.
- 여러 개의 요소를 조합한다.

첫 번째는 클라우드 컴퓨팅 전반에 해당합니다. 클라우드 제공자가 사용자에게 제공하고 있는 인터페이스 저편, 즉 레이어 아래는 보통 블랙박스화 되어 있습니다. IaaS에서는 하드웨어를 직접 가시화, 조작할 수 있는 서비스는 일반적이지 않습니다. PaaS의 경우 하드웨어뿐만 아니라 인프라스트럭처 전반이 은폐되어 있습니다. 더욱이 그 위에 런타임이나 프레임워크가 겹쳐집니다.

두 번째는 여기까지 쿠버네티스를 다뤄오면서 실감했을 것입니다. 그 환경이 일정하지 않고 본래 되어 있어야 할 모습을 유지해야 하며 인프라스트럭처와의 조합을 계속 최적화합니다. '이 노드에서는 이 포드가 움직인다'라고 사전에 정해놓고 감시할 수 있는 것이 아닙니다.

마지막 세 번째 이유는 서버리스 컴퓨팅이나 마이크로 서비스 아키텍처에서 특히 문제가 됩니다. 여러 개의 서비스나 컴포넌트를 조합하여 서비스를 만들고 있기 때문에 뭔가 문제가 발생했을 때 어디가 예상대로 움직이고 어디가 움직이지 않는지를 찾아내기 어렵습니다.

이와 같은 환경에서 외부에 감시 장치를 나중에 붙여도 한계가 있습니다. 감시되는 측의 기반이나 애플리케이션이 감시받기 쉬운 장치를 갖고 있어야 하기 때문입니다. 이것이 관측가능성이라는 말이 나오게 된 배경이라 할 수 있습니다.

또 감시라는 말이 없어진 것은 아니라 여전히 그 행위나 카테고리를 가리키고 있습니다. 그 카테고리 안에 관측가능성이라는 성질과 척도가 생겨났다고 필자는 생각합니다.

쿠버네티스 환경의 관측가능성

그렇다면 쿠버네티스 환경은 구체적으로 어떤 관측가능성을 갖고 있어야 할까요? 쿠버네티스 환경을 감시하려고 하면 다음과 같은 문제에 직면하게 됩니다.

항상 계속 바뀌는 환경을 어떻게 따라갈 것인가?

이 책을 통해 설명해 왔듯이 쿠버네티스는 그 구성을 항상 본래의 모습에 가깝도록 움직입니다. 포드는 이벤트에 따라 재배치됩니다. 인프라스트럭처도 동적입니다. Cluster Autoscaler

에 의해 노드가 증감되는 것이 그 예입니다. 환경을 감시하려면 그 변화를 흡수하고 따라가는 장치가 필요합니다.

쿠버네티스 고유의 개념을 어떻게 가시화할 것인가?

쿠버네티스에는 포드나 리플리카셋 등 고유의 개념이 있습니다. 컨테이너를 있는 그대로 표현하는 것만으로는 이런 오브젝트와의 관계가 보이지 않습니다. 이런 개념을 추가하여 컨테이너나 인프라스트럭처와 매핑시켜 가시화하고 싶을 것입니다.

쿠버네티스 고유의 컴포넌트를 어떻게 감시할 것인가?

쿠버네티스에는 컨트롤 플레인을 구성하는 수많은 컴포넌트가 있습니다. 쿠버네티스 환경이 건재한지 아닌지를 판단하려면 인프라스트럭처와 애플리케이션에 덧붙여 이런 것들도 감시해야 합니다.

쿠버네티스는 자신이 대시보드를 갖고 있기 때문에 어느 정도 가시화가 가능합니다. 하지만 다음 항목에서 설명하는 관측을 실현하는 데는 불충분합니다. 또 무엇보다 관측 주체와 관측 대상이 똑같으면 객관적이지 않습니다. 관측가능성을 향상시키려면 별도로 독립된 다른 장치를 조합하는 것이 좋습니다.

12.2 관측 대상과 방법

그렇다면 쿠버네티스 환경에서는 무엇을 관측 대상으로 해야 할까요? 쿠버네티스에 국한된 이야기는 아니지만 2대 관측 대상 요소는 메트릭과 로그입니다. 거기에 애플리케이션의 관측 방법으로 분산 트레이싱이 주목을 받고 있습니다.

메트릭

메트릭은 상태를 나타내는 데이터 중 수치화할 수 있는 것을 말합니다. CPU나 메모리의 이용률, 오류 카운터 등이 이에 해당합니다. Netflix사의 Brendan Gregg 씨가 제창한 'The USE Method'가 메트릭을 분석하는 기법으로 유명합니다.

Gregg 씨는 주로 서버 성능의 평가나 문제 해결을 목적으로 하고 있지만 적용 범위는 그것뿐만이 아닙니다. 쿠버네티스 고유의 요소에도 응용할 수 있습니다.

- The USE Method
  http://www.brendangregg.com/usemethod.html

Utilization(이용률)

CPU나 메모리와 같은 리소스의 이용률입니다. 각각의 컨테이너가 얼마만큼의 리소스를 소비하고, 빈 영역이 얼마만큼 있는지를 항상 파악해 두고 싶을 것입니다. 또 개개의 노드뿐만 아니라 클러스터 전체도 가시화하고 싶을 것입니다.

Saturation(포화)

큐의 길이가 대표적입니다. Utilization이 낮고 오류가 관측되지 않은 경우라도 어딘가가 포화 상태인 경우가 있습니다. 포드의 Pending 수도 그중 하나입니다.

Error(오류)

수치화할 수 있는 오류의 수입니다. OS나 디바이스 오류뿐만 아니라 기동에 실패한 포드 수도 대상으로 하고 싶을 것입니다.

메트릭은 수치이므로 가시화하기 쉽고 건재성을 체크하는 로직을 짜기 쉽습니다. 검색을 위해 인덱싱 등 준비 작업이 필요한 로그와 비교하여 실시간성도 기대할 수 있습니다. 그래서 대시보드에서 현재의 상태 확인이나 시간별 분석, 경고 송신에 적합합니다.

로그

로그는 메트릭과 달리 표현이 수치로만 이루어지지는 않습니다. 다양한 이벤트를 저장하고 디버그나 트러블 슈팅에 도움이 됩니다. 감시뿐만 아니라 감사나 비즈니스 상의 분석에도 이용됩니다.

로그는 메트릭보다 생성원의 의도를 유연하게 표현하기 쉽고, 검색이나 쿼리의 자유도도 높습니다. 애플리케이션이나 인프라스트럭처, 쿠버네티스 컴포넌트에 무엇이 일어났는지를 깊이 분석하는 목적에 적합합니다.

또 로그는 변환하여 메트릭으로 사용하는 경우도 있습니다. HTTP의 스테이터스 코드별로 카운트한 메트릭을 본 적이 있지 않습니까? 웹 서버의 액세스 로그를 메트릭으로 변환하는 일도 흔히 있습니다.

분산 트레이싱

여러 서비스나 애플리케이션을 조합하는 마이크로 서비스 아키텍처에서는 메트릭, 로그 관측에 덧붙여 분산 트레이싱이 주목받고 있습니다.

예를 들어 서비스를 구성하는 여러 개의 애플리케이션이 리퀘스트별로 동일한 ID로 로그를 저장하고, 나중에 대조함으로써 그 흐름 전체를 파악합니다. 애플리케이션 간의 연관성을 가시화한다, 레이턴시가 큰 애플리케이션을 특정한다 등 관측가능성의 향상을 기대할 수 있습니다. 분산 트레이싱을 실현하는 대표적인 오픈소스 소프트웨어로는 Zipkin, Jaeger가 있습니다.

- Zipkin
  https://zipkin.io/

- Jaeger
  https://www.jaegertracing.io/

이 소프트웨어는 쿠버네티스 고유가 아니라 애플리케이션, 서비스의 관측가능성을 향상시키는 장치로, 이 장의 범위를 넘어서기 때문에 자세한 설명은 생략하겠습니다. 주목 받는 기법이라고 새겨두기 바랍니다.

12.3 대표적인 소프트웨어와 서비스

이제 쿠버네티스의 메트릭과 로그의 감시를 실현하는 요소와 조합을 생각해 봅시다. 아키텍처는 사용하는 기술이나 소프트웨어, 서비스에 따라 다르지만, 대강 [그림 12.1]과 같이 됩니다.

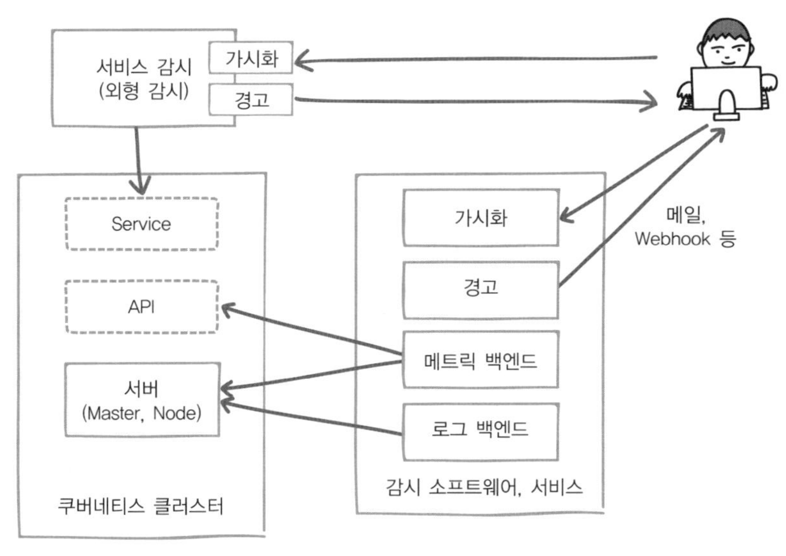

[그림 12.1] 쿠버네티스의 감시를 실현하는 전형적인 요소

이 그림에서 알 수 있듯이 쿠버네티스의 관측가능성을 지지하는 메인은 API입니다. 그에 덧붙여 클러스터를 구성하는 서버(Master, Node)로부터 API가 커버하지 않는 메트릭이나 로그를 취득합니다. API는 쿠버네티스가 갖고 있는 기능이지만 이를 보완하는 감시 소프트웨어나 서비스를 조합하여 관측가능성을 높이는 것입니다.

이미지를 잡기 쉽도록 대표적인 소프트웨어와 서비스를 [표 12.1]에 정리해 놓았습니다. 그 구축은 Push/Pull형, 쿠버네티스 상에 도입/분산 등 다양합니다. 메트릭과 로그에 더해 사용자 시점에서 클러스터 외부에서 감시하는 외형 감시도 예로 들었습니다.

[표 12.1] **쿠버네티스의 감시를 실현하는 대표적인 서비스와 소프트웨어**

기능	주요 서비스/소프트웨어
메트릭 백엔드	Prometheus, Azure Monitor
로그 수집	Fluentd, Microsoft OMS Agent
로그 백엔드	Elasticsearch, Azure Log Analytics
가시화	Grafana, Kibana, Azure Monitor
경고	Prometheus, Azure Monitor
서비스 감시(외형 감시)	Mackerel, Azure Application Insights
올인원	Datalog

감시 시스템은 조직에서 일관성 및 공통화를 요구하는 경우가 많아 쿠버네티스 요건만으로는 결정하지 못 할지도 모릅니다. 독자 여러분의 조건과 환경에 맞춰 검토하기 바랍니다.

12.4 AKS의 메트릭 수집과 가시화, 로그 분석

이제 구체적인 예로 AKS와 Azure의 다른 서비스를 조합하여 구성하는 패턴을 소개하겠습니다. 다른 구축을 선택한 경우에도 기본은 크게 다르지 않으므로 참고가 될 것입니다.

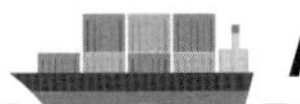

Azure Monitor

Azure는 메트릭과 경고 백엔드 서비스, 가시화 수단으로 Azure Monitor를 제공하고 있습니다(표 12.2). 가상 머신뿐만 아니라 스토리지나 PaaS 등 폭넓은 서비스를 지원하고 있으며, AKS 고유의 메트릭도 제공하고 있습니다. Azure Monitor의 AKS 관련 메트릭을 확인하려면 AKS 메뉴의 [Monitoring]에서 [Metrics]를 선택하기 바랍니다.

[표 12.2] **Azure Monitor의 AKS용 메트릭**

메트릭	개요
kube_node_status_allocatable_cpu_cores	클러스터에서 사용 가능한 CPU 코어의 총합
kube_node_status_allocatable_memory_bytes	클러스터에서 사용 가능한 메모리의 총합
kube_pod_status_ready	Ready 상태인 포드의 수
kube_node_status_condition	Node의 상태
kube_pod_status_phase	Pod의 상태

AKS 클러스터를 작성한 단계에서 메트릭 수집이 시작되며 원하는 메트릭으로 바로 그래프를 작성할 수 있습니다. [그림 12.2]는 Azure Monitor에서 메트릭 kube_pod_status_phase를 차트화한 것입니다. 각각 Failed와 Pending 상태에 있는 포드 수를 나타내고 있습니다. 정해진 차트는 없어서 필요에 따라 만듭니다.

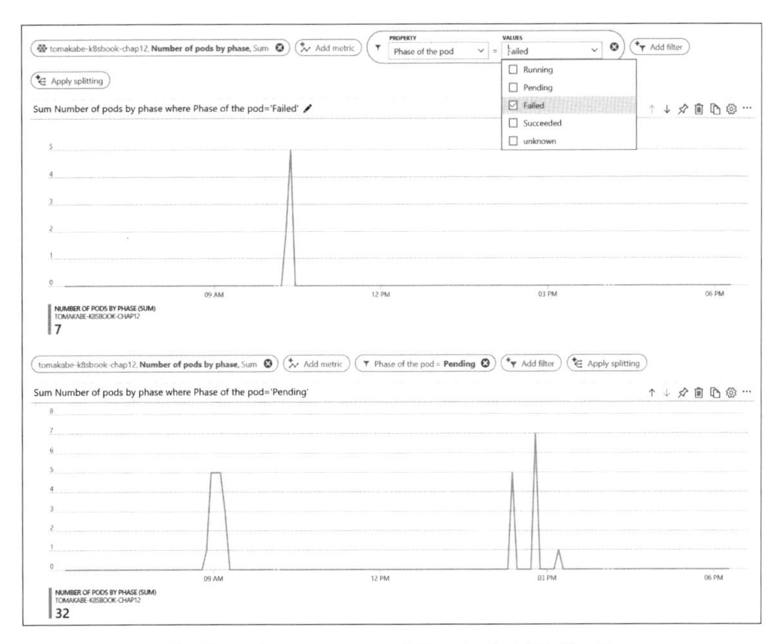

[그림 12.2] Azure Monitor에서 AKS 메트릭을 차트화

또 이런 메트릭을 조건으로 한 경고 설정도 가능합니다(그림 12.3).

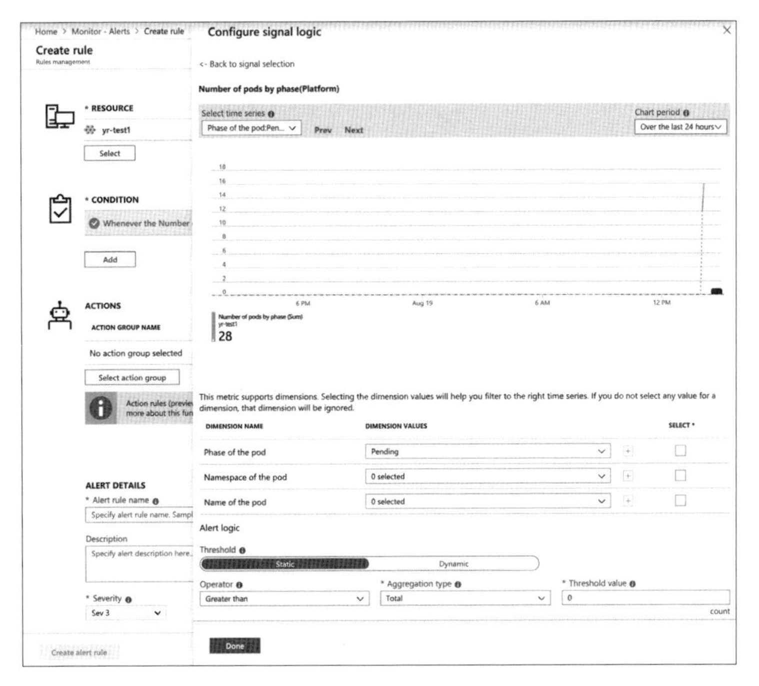

[그림 12.3] Azure Monitor에서 AKS 메트릭의 경고 설정

이 예에서는 Pending 상태의 포드 수가 0보다 크면, 즉 하나라도 있으면 경고를 송신하도록 설정하고 있습니다. Azure Monitor에서는 경고 발생 시의 액션을 액션 그룹이라는 단위로 모아둡니다. 설정 화면은 생략하겠지만 액션 그룹에는 메일 송신을 지정하고 있습니다.

이제 의도적으로 Pending 상태의 포드를 만들어 봅시다. 각 노드의 탑재 물리 메모리가 8G인 클러스터에서 포드에 10G 메모리를 리퀘스트합니다. 당연히 할당 가능한 노드가 없으므로 Pending 상태가 됩니다.

```
$ kubectl run --generator=run-pod/v1 nginx --image=nginx --requests='memory=10G'
deployment.apps/nginx created

$ kubectl get po
NAME                       READY   STATUS    RESTARTS   AGE
nginx-5c96697db-m6vtt      0/1     Pending   0          9s
```

그러면 경고가 메일로 송신됩니다(그림 12.4).

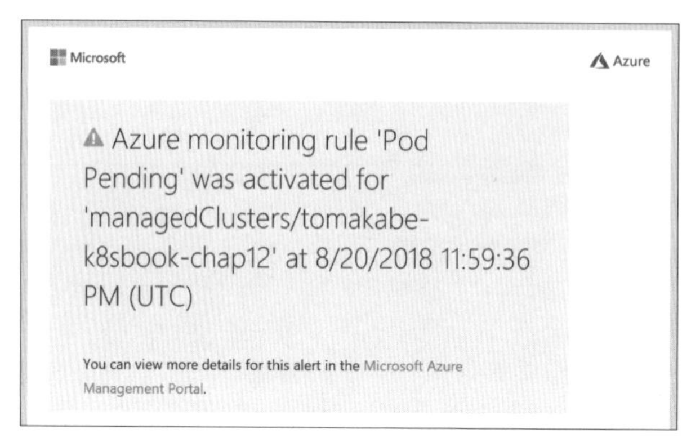

[그림 12.4] 경고의 예

경고에 지정할 수 있는 액션이나 연계처는 메일 송신 외에 Webhook, Azure Function, Logic App도 선택할 수 있습니다. 따라서 다른 시스템과의 연계나 Slack 등 채팅 툴에 통지하는 것도 가능합니다.

Azure Monitor for Containers

Azure Monitor를 사용하면 심플하게 메트릭의 가시성과 경고 설정을 할 수 있습니다. 하지만 크리티컬한 이벤트를 줍는 경고 장치로는 유용하지만 쿠버네티스 클러스터 내부에서 무슨 일이 일어나고 있는지를 이해하고 통찰하기에는 관측할 수 있는 항목이 부족합니다.

특히 쿠버네티스의 오브젝트 구조를 추가한 가시화를 할 수 없습니다. 노드, 리플리카셋, 포드, 컨테이너를 연결시키고 그 리소스의 사용 상황을 볼 수 있다면 가시성은 더 좋아질 것입니다.

그래서 추가 기능으로 제공되는 것으로 Azure Monitor for Containers가 있습니다.

Azure Monitor for Containers는 Azure Log Analytics를 응용한 솔루션입니다(그림 12.5). 노드에 데몬셋으로 배치한 에이전트(Microsoft OMS Agent)로부터 다양한 메트릭과 로그를 수집 저장하여 정상인지를 확인하거나 트러블 슈팅에 도움을 주고 있습니다.

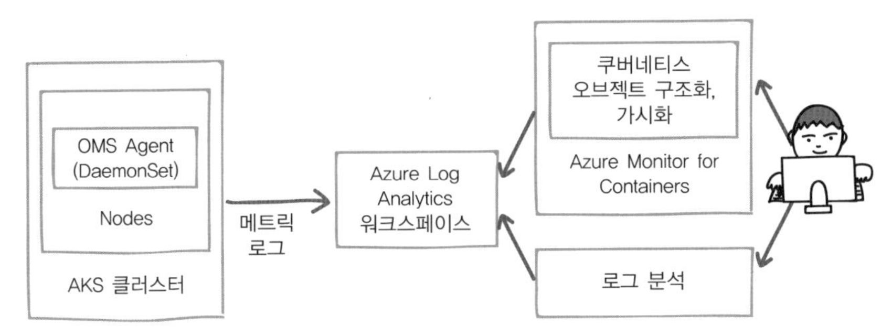

[그림 12.5] Azure Monitor for Containers 개요

노드 단위로 도입하는 에이전트에 데몬셋을 사용하는 것은 쿠버네티스에서 일반적인 방법입니다. 데몬셋은 노드별로 하나 있는 상태를 유지하는 장치이므로 노드의 동적인 증감에 따라가기 쉽다는 장점이 있습니다.

Azure Monitor for Containers의 활성화는 간단합니다. AKS 클러스터 작성 시에 옵션으로 지정할 수도 있고, 기존의 AKS 클러스터를 나중에 활성화할 수도 있습니다. 이때 Azure Log Analytics의 워크스페이스를 지정합니다. 워크스페이스란 로그가 축적되는 곳입니다. 지정하지 않으면 기본 워크스페이스가 사용됩니다.

이제 화면을 살펴봅시다. AKS 메뉴의 [Monitor]에서 [Insights]를 선택합니다. 먼저 [Cluster] 탭을 살펴봅시다(그림 12.6).

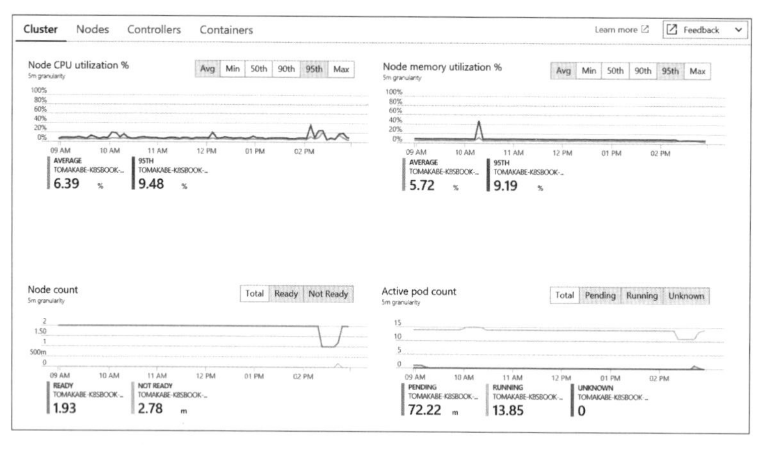

[그림 12.6] Azure Monitor for Container의 [Cluster] 탭

대표적인 메트릭 차트가 미리 마련되어 있습니다.

- 노드의 CPU 이용률
- 노드의 메모리 이용률
- Ready/Not Ready 노드 수
- Pending/Running/Unknown 포드 수

Azure Monitor의 메트릭에서는 차트를 직접 만들어야 했기 때문에 Azure Monitor for Containers가 더 편하게 가시화할 수 있습니다. 이용률은 단순 평균 외에 퍼센티지(백분율) 지정도 가능하며 극단적인 값을 제외한 결과를 확인할 수 있습니다.

다음은 [Nodes] 탭을 확인해 봅시다(그림 12.7).

Cluster | Nodes | Controllers | Containers — Learn more — Feedback

Metric: CPU Usage (millicores) — Min | Avg | 50th | 90th | 95th | Max

All 2 item(s)

NAME	STATUS	95TH % ↓	95TH	CONTAINERS	UPTIME	CONTROLLER	TREND 95TH % (1 BAR = 15M)
aks-nodepool1-89...	Ok	10%	190 mc	19	17 mins	-	
aks-nodepool1-89...	Ok	9%	189 mc	18	4 days	-	
Other Processes	-	0%	0 mc	-	-	-	
omsagent-rs-...	Ok	4%	87 mc	1	36 mins	omsagent-rs-6...	
omsagent	Ok	4%	87 mc	1	36 mins	omsagent-rs-6...	
tunnelfront-6...	Ok	2%	48 mc	1	36 mins	tunnelfront-68...	
tunnel-fr...	Ok	2%	48 mc	1	36 mins	tunnelfront-68...	
kube-svc-redi...	Ok	2%	32 mc	1	4 days	kube-svc-redire...	
redirector	Ok	2%	32 mc	1	4 days	kube-svc-redire...	
omsagent-2t...	Ok	1%	20 mc	1	4 days	omsagent	
omsagent	Ok	1%	20 mc	1	4 days	omsagent	

[그림 12.7] Azure Monitor for Containers의 [Nodes] 탭

노드를 단위로 한 정보를 얻을 수 있습니다. 메트릭은 CPU 이용률, CPU 이용량(mc=밀리코어), 가동 컨테이너 수, 가동 시간입니다. 또 어떤 노드에서 어떤 포드, 컨테이너가 움직이고 리소스를 얼마나 사용하고 있는지도 파악할 수 있습니다. 'Other Process'로는 포드와 관계없는 리소스의 양도 관측 가능합니다.

이제 [Controllers] 탭을 살펴봅시다(그림 12.8).

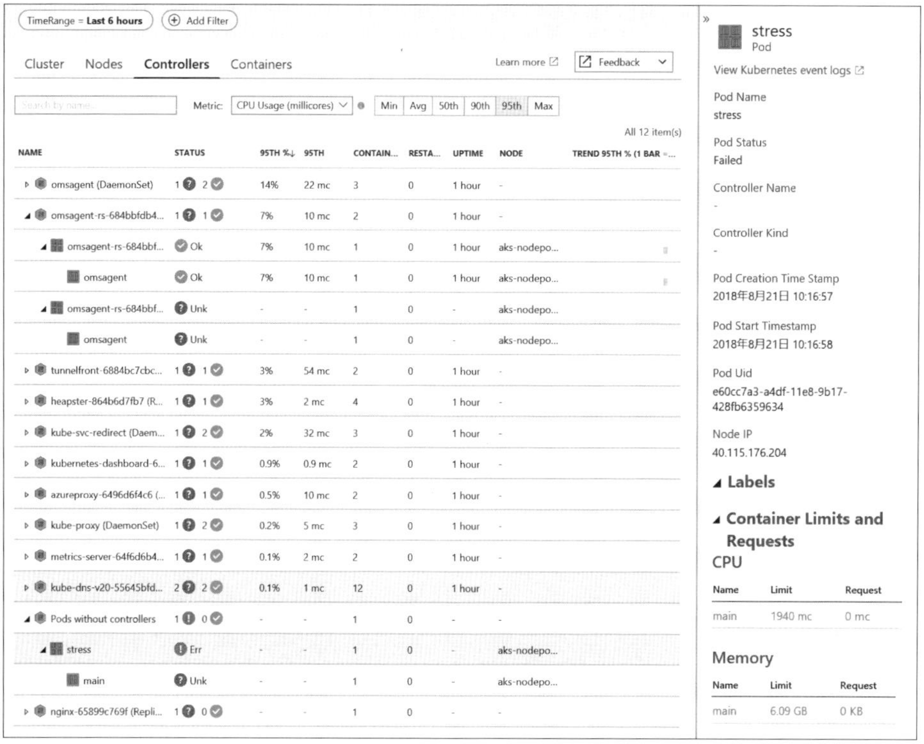

[그림 12.8] Azure Monitor for Containers의 [Controllers] 탭

여기서 말하는 컨트롤러는 리플리카셋이나 데몬셋과 같은 포드의 상위 오브젝트입니다. 이 단위로도 분석 가능합니다.

또 STATUS에 주목하기 바랍니다. OK 외에 '!'와 '?'가 있습니다. '!'는 파악하지 못한 이상을 나타냅니다. 대상 포드를 선택하면 상세 정보가 화면 오른쪽에 펼쳐집니다. 상태가 Failed이라는 것을 알 수 있습니다. 그 외에도 이벤트 로그에 대한 링크나 Limit, Request의 정의 등 통찰을 얻기에 도움이 되는 정보를 표시할 수 있습니다.

'?'는 이전에 측정했었는데 30분 이상 응답이 없는 것입니다. 현재 상태뿐만 아니라 과거에 측정된 정보도 추가하여 표시하면 변화를 파악할 수 있습니다. 참고로 이 예에서 '?'가 많은 이유는 짧은 시간에 의도적으로 노드를 증감했기 때문입니다.

마지막으로 [Containers] 탭은 컨테이너가 플랫하게 나열되어 있을 뿐 특별히 설명할 것은 없습니다. 하지만 컨테이너의 상세 표시는 유용합니다. 환경변수와 같이 컨테이너의 상세 정보에 더해 로그에 대한 링크가 있습니다. 클릭하면 Log Analytics 검색 화면으로 이동하여 쿼리가 생성되고 컨테이너의 로그가 표시됩니다(그림 12.9).

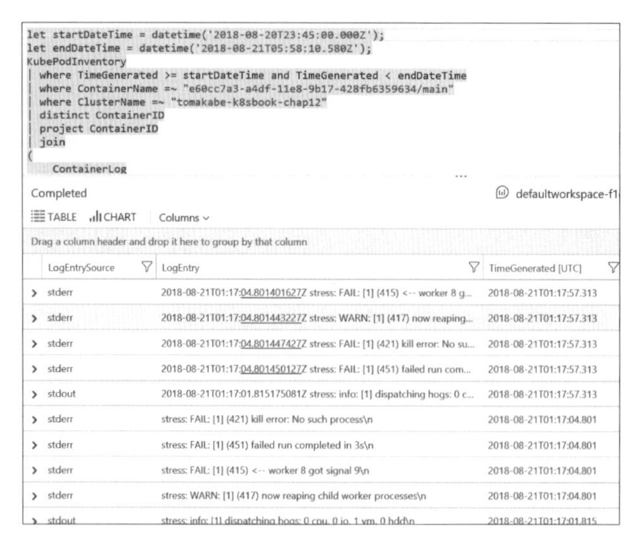

[그림 12.9] Azure Log Analytics를 사용한 로그 검색

OMS Agent가 컨테이너의 표준 출력과 표준 오류에 대한 기록을 Log Analytics에 전송하고 있기 때문에 이와 같은 검색이 가능합니다.

 Azure Log Analytics

Azure Monitor for Containers에 대한 마지막 설명에서 봤듯이 Azure Log Analytics는 Azure가 제공하는 로그 축적, 검색 서비스입니다. SQL 라이크한 구문과 '|'를 조합하여 결과를 좁혀 가는 Azure Log Analytics Query Language가 특징입니다. Kusto Query Language라고 하는데, Application Insights 등 다른 Azure 서비스에도 채택되어 있습니다.

Azure Monitor for Containers를 활성화하면 Log Analytics 워크스페이스에는 쿠버네티스, 컨테이너와 관련된 다양한 정보가 축적됩니다. 예를 들어 어떤 컨테이너 이미지가 사용되고 있는지를 조사하고 싶은 경우는 [그림 12.10]과 같이 쿼리를 합니다.

```
ContainerImageInventory
| summarize AggregatedValue = count() by Image, ImageTag, Running
```

Completed. Showing results from the last 24 hours. defaultworkspace-f1e2bb03-db4e-... 00:00:01.166 27 records

TABLE CHART Columns

Drag a column header and drop it here to group by that column

Image	ImageTag	Running	AggregatedValue
pause-amd64	3.1	11	1,238
k8s-dns-kube-dns-amd64	1.14.8	2	1,238
k8s-dns-dnsmasq-nanny-amd64	1.14.8	2	1,238
kubernetes-dashboard-amd64	v1.8.3	1	1,237
hcp-tunnel-front	v1.9.2-v4.0.4	1	1,238
kube-svc-redirect	v1.0.1	1	3,856
hyperkube-amd64	v1.10.6	1	3,856
oms	ciprod07312018	2	1,238
metrics-server-amd64	v0.2.1	1	1,237
heapster-amd64	v1.5.1	1	1,238
exechealthz-amd64	1.2	2	1,238

[그림 12.10] 사용되는 컨테이너 이미지를 리스트업한다

또 결과는 표 형식이 아니라 차트로 만들 수도 있습니다(그림 12.11). 컨테이너의 평균 CPU 이용률을 축적하여 시간별로 표시해 봅시다.

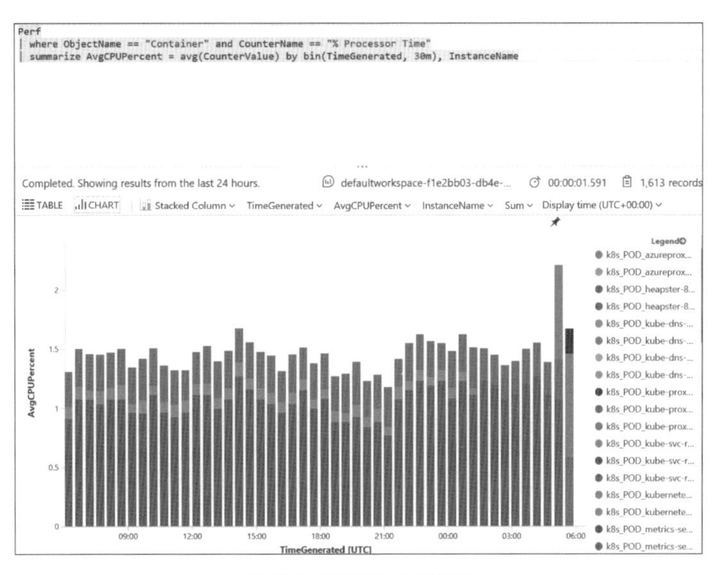

[그림 12.11] 결과의 차트화

이 예는 어디까지나 일부일 뿐입니다. 정상도 감시나 트러블 슈팅에 국한되지 않고 Capacity 플래닝이나 코스트 적정화에도 사용할 수 있습니다. 꼭 활용해 보기 바랍니다.

- **컨테이너의 데이터 수집 상세 정보**
  https://docs.microsoft.com/ko-kr/azure/azure-monitor/insights/container-insights-overview#container-data-collection-details

NOTE 감시 설정도 코드화한다

감시에서는 대상 환경을 직관적으로 파악하기 위해 상태를 그래픽으로 표시하고 싶을 것입니다. 하지만 그 설정은 어떨까요? 특히 경고의 설정입니다. 감시는 GUI라고 조금씩 손으로 만들고 있지 않습니까?
쿠버네티스는 본래 되어 있어야 할 모습을 선언하고 그것을 유지하도록 움직이는 것이라고 이 책을 통해 몇 번이나 설명했습니다. 매니페스트 파일이 있으면 다른 클러스터에서 환경을 쉽게 재현할 수 있습니다.
쿠버네티스의 토대가 되는 인프라스트럭처도 마찬가지입니다. 클라우드에서는 Infrastructure as Code 개념이 일반적이어서 코드가 있으면 편하게 재현할 수 있습니다.
하지만 의외로 빼먹기 쉬운 것이 운용 관련 코드화입니다. 이유는 모르겠지만 감시 설정은 누락이 많아 별로 신경 안 쓰고 매번 수작업으로 해버리는 경우가 많은 듯합니다.
멀티 리전 구성, 클러스터의 블루/그린 디플로이먼트 등 환경 전체를 새로 만들거나 재현할 경우는 분명 발생합니다. 감시 설정도 잊어버리지 말고 코드화하기 바랍니다. Azure의 예에서는 GitHub에 공개된 샘플을 참고하기 바랍니다.

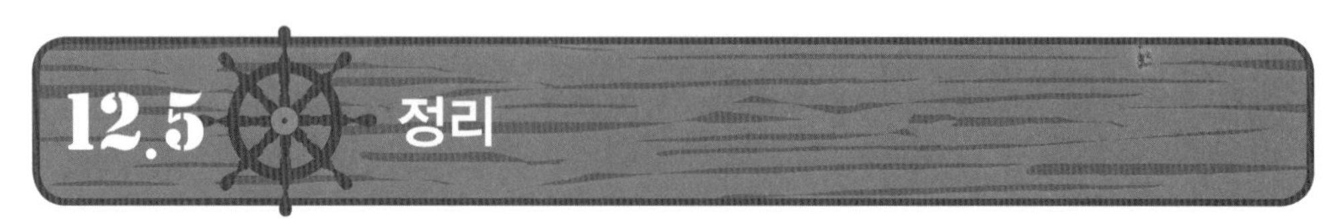

12.5 정리

마지막 장에서는 쿠버네티스 환경의 감시에 대해 관측가능성이라는 새로운 용어를 사용해 설명했습니다.

- 쿠버네티스와 주변 툴을 조합하여 감시하기 쉽고 관측가능성이 높은 환경을 만든다.
- 메트릭과 로그를 쿠버네티스 특유의 단위로 관측할 수 있도록 한다.
- 가시화로 전체를 파악하고 경고로 깨닫고 검색과 분석으로 통찰을 얻는다.
- 서비스나 애플리케이션의 관측가능성을 올리는 기법으로 분산 트레이싱이 주목받고 있다.

쿠버네티스는 선진적 아이디어와 기술이 응축된 소프트웨어입니다. 습득은 간단하지 않지만 분명 그 후의 즐거움이 있을 것입니다. 이 과정을 즐기기 바랍니다.

APPENDIX

A

명령 레퍼런스

구문

kubectl 명령은 다음과 같은 구문을 사용합니다.

구문 kubectl 명령

```
kubectl [명령] [리소스 타입] [이름] [플래그]
```

명령

클러스터에 대해 어떤 조작을 할 때 지정합니다. 지정할 수 있는 주요 명령은 다음 표와 같습니다.

명령	구문	설명
annotate	kubectl annotate (-f FILENAME | TYPE NAME |TYPE/NAME) KEY_1=VAL_1 ... KEY_N=VAL_N[--overwrite] [--all] [--resource-version=version] [flags]	하나 또는 여러 리소스의 어노테이션을 추가 또는 갱신
api-versions	kubectl api-versions [flags]	사용 가능한 API 버전의 목록을 표시
apply	kubectl apply -f FILENAME [flags]	파일 또는 표준 입력으로부터 변경
attach	kubectl attach POD -c CONTAINER [-i] [-t] [flags]	실행 중인 컨테이너에 연결
autoscale	kubectl autoscale (-f FILENAME | TYPE NAME |TYPE/NAME) [--min=MINPODS] --max=MAXPODS[--cpu-percent=CPU] [flags]	포드의 오토스케일
cluster-info	kubectl cluster-info [flags]	클러스터 안의 마스터 및 서비스에 대한 엔드포인트 정보
config	kubectl config SUBCOMMAND [flags]	kubeconfig 파일의 갱신
create	kubectl create -f FILENAME [flags]	파일 또는 표준 입력으로부터 리소스를 작성

delete	kubectl delete (-f FILENAME | TYPE [NAME | / NAME | -l label | --all]) [flags]	리소스의 삭제
describe	kubectl describe (-f FILENAME | TYPE [NAME_PREFIX | /NAME | -l label]) [flags]	리소스의 상세 상태 정보를 표시
edit	kubectl edit (-f FILENAME | TYPE NAME | TYPE/NAME) [flags]	지정된 에디터를 사용하여 리소스의 정의를 직접 편집/갱신
exec	kubectl exec POD [-c CONTAINER] [-i] [-t] [flags] [-- COMMAND [args...]]	포드 안의 컨테이너에 대해 명령을 실행
expose	kubectl expose (-f FILENAME | TYPE NAME |TYPE/NAME) [--port=port] [--protocol=TCP|UDP] [--target-port=number-or-name] [--name=name] [----external-ip=external-ip-of-service] [--type=type] [flags]	서비스 작성
get	kubectl get (-f FILENAME | TYPE [NAME | /NAME| -l label]) [--watch] [--sort-by=FIELD] [[-o| --output]=OUTPUT_FORMAT] [flags]	리소스 목록 표시
label	kubectl label (-f FILENAME | TYPE NAME | TYPE/NAME) KEY_1=VAL_1 ... KEY_N=VAL_N [--overwrite] [--all] [--resource-version=version] [flags]	리소스의 라벨을 추가/갱신
logs	kubectl logs POD [-c CONTAINER] [--follow] [flags]	포드 안의 컨테이너 로그를 표시
port-forward	kubectl port-forward POD [LOCAL_PORT:]REMOTE_PORT [...[LOCAL_PORT_N:]REMOTE_PORT_N] [flags]	로컬 포트를 포드에게 전송
proxy	kubectl proxy [--port=PORT] [--www=static-dir] [--www-prefix=prefix] [--api-prefix=prefix] [flags]	쿠버네티스 API Server에 대한 프록시
replace	kubectl replace -f FILENAME	파일 또는 표준 입력으로부터 리소스를 치환
rolling-update	kubectl rolling-update OLD_CONTROLLER_NAME ([NEW_CONTROLLER_NAME] --image=NEW_CONTAINER_IMAGE | -f NEW_CONTROLLER_SPEC) [flags]	포드의 롤링 업데이트
run	kubectl run NAME --image=image[--env="key=value"] [--port=port][--replicas=replicas] [--dry-run=bool] [--overrides=inline-json] [flags]	클러스터 상에서 지정된 이미지를 갱신
scale	kubectl scale (-f FILENAME | TYPE NAME |TYPE/NAME) --replicas=COUNT[--resource-version=version] [--current-replicas=count] [flags]	포드의 스케일
version	kubectl version [--client] [flags]	쿠버네티스의 버전을 표시

리소스 타입

쿠버네티스에서는 컨테이너 애플리케이션이든 네트워크 설정이든 잡 실행이든 모두 '리소스'라는 추상화된 개념으로 관리합니다. 이 리소스의 종류를 리소스 타입이라고 합니다. 리소스 타입에는 다음과 같은 것이 있습니다. 디플로이먼트나 서비스 등 자주 이용하는 리소스 타입에는 단축명이 있습니다.

리소스 타입	단축명
apiservices	–
certificatesigningrequests	csr
clusters	–
clusterrolebindings	–
clusterroles	–
componentstatuses	cs
configmaps	cm
controllerrevisions	–
cronjobs	–
customresourcedefinition	crd
daemonsets	ds
deployments	deploy
endpoints	ep
events	ev
horizontalpodautoscalers	hpa
ingresses	ing
jobs	–
limitranges	limits
namespaces	ns

리소스 타입	단축명
networkpolicies	netpol
nodes	no
persistentvolumeclaims	pvc
persistentvolumes	pv
poddisruptionbudget	pdb
podpreset	–
pods	po
podsecuritypolicies	psp
podtemplates	–
replicasets	rs
replicationcontrollers	rc
resourcequotas	quota
rolebindings	–
roles	–
secrets	–
serviceaccounts	sa
services	svc
statefulsets	–
storageclasses	–

리소스 타입은 대소문자 구분을 하지 않으며, 단수형, 복수형, 생략형 중 하나를 지정할 수 있습니다.

예를 들어 다음 명령은 모두 똑같은 뜻을 가집니다.

```
kubectl get pod
kubectl get pods
kubectl get po
```

이름

리소스에는 식별을 위한 고유한 이름이 붙어 있습니다. 이것을 리소스의 이름으로 지정합니다. 이름은 대소문자 구별을 합니다. 만일 이름을 생략하면 클러스터 상에서 움직이는 모든 리소스의 상세 정보가 표시됩니다.

```
kubectl get pods sample-pod
```

여러 개의 리소스에 대해 명령을 조작 실행하는 경우 타입과 이름으로 각 리소스를 지정하거나 파일을 지정합니다.

예를 들어 'example-pod1'과 'example-pod2'의 포드 목록을 구하는 경우 다음과 같은 명령을 실행합니다.

```
kubectl get pod example-pod1 example-pod2
```

다른 리소스 타입을 하나의 명령으로 실행하는 경우는 '리소스 타입/이름'과 같은 형식으로 지정할 수 있습니다. 다음 명령은 포드 'example-pod'와 리플리카셋 'example-rs'의 목록을 구하는 예입니다.

```
kubectl get pod/example-pod replicaset/example-rs
```

매니페스트 파일로 리소스를 지정하려면 -f 옵션으로 파일의 경로/파일명을 지정합니다.

```
kubectl get pod -f ./pod.yaml
```

매니페스트 파일에서는 하나의 파일에 여러 개의 리소스를 지정할 수 있습니다. 이 경우 다음과 같은 '--'로 리소스를 구분하기 바랍니다.

```
# 리소스 1
apiVersion: apps/v1
kind: Deployment
~중략~
---
# 리소스 2
apiVersion: v1
kind: Service
---
# 리소스 3
apiVersion: extensions/v1beta1
kind: Ingress
```

단, 가독성과 메인터넌스 관점에서는 너무 많은 리소스를 하나의 파일에서 관리하는 것은 권장하지 않습니다.

명령에서는 매니페스트 파일을 폴더 째 모아 한꺼번에 읽어 들일 수 있습니다.

플래그

옵션인 Flag를 지정합니다. 예를 들어 -s 또는 -serve 옵션으로는 쿠버네티스 클러스터의 마스터의 주소와 포트를 지정할 수 있습니다. 단, 명령줄에서 지정한 Flag는 기본값 또는 지원하는 환경변수를 덮어쓰므로 주의하기 바랍니다.

명령의 출력을 변경하려면 -o 또는 -output 옵션으로 출력 형식을 지정합니다.

출력 포맷	설명
-o=custom-columns=<spec>	콤마로 구분된 커스텀 열 목록
-o=custom-columns=<filename>	<filename> 폴더 안의 커스텀 열
-o=json	JSON 형식
-o=jsonpath=<template>	JSONPath로 정의된 형식
-o=jsonpath-file=<filename>	파일에서 정의한 JSONPath 형식
-o=name	리소스 이름만
-o=wide	추가 정보를 포함하여 표시
-o=yaml	YAML 형식

또 --no-headers 옵션을 지정하면 헤더 정보를 출력하지 않습니다.

그 외 명령의 상세한 도움말은 아래를 실행하기 바랍니다. 명령의 옵션 지정 방법을 확인할 수 있습니다.

```
kubectl help
```

또 명령은 쿠버네티스의 버전에 따라 변경되는 경우도 있습니다. 최신 정보는 아래 공식 사이트를 확인하기 바랍니다.

- kubectl - Kubernetes
  https://kubernetes.io/docs/reference/kubectl/kubectl/

A.2 Azure CLI 명령

az 명령은 Azure의 서비스를 조작할 때 사용합니다. 여기서는 이 책에서 소개한 명령을 설명하겠습니다.

Azure에 로그인하기

명령을 실행하면 브라우저가 실행되어 로그인 페이지가 열립니다. 거기서 명령의 지시에 따라 인증 코드를 입력합니다.

```
$ az login
```

리소스 그룹 관리

Azure에서는 리소스 그룹이라는 논리적인 그룹으로 클러스터나 레지스트리, 네트워크, 스토리지 등을 모아서 관리합니다.

예를 들어 다음 명령은 westus 리전에 'MyResourceGroup'이라는 이름의 리소스 그룹을 작성하는 것입니다.

```
$ az group create -l westus -n MyResourceGroup
```

- az group
  https://docs.microsoft.com/ko-kr/cli/azure/group?view=azure-cli-latest#az-group-create

Azure Kubernetes Service 관리

AKS를 조작할 때는 az aks 명령을 사용합니다. 이 명령으로 클러스터의 작성이나 삭제, 스케일업&업데이트를 할 수 있습니다.

명령	설명
az aks create	클러스터 작성
az aks delete	클러스터 삭제
az aks disable-addons	애드온 기능의 비 활성화
az aks enable-addons	애드온 기능의 활성화
az aks get-credentials	클러스터 연결을 위한 인증 정보 취득
az aks get-upgrades	업그레이드 가능한 버전의 취득
az aks get-versions	클러스터의 버전 취득
az aks install-cli	kubectl 명령의 설치
az aks list	클러스터 목록 표시
az aks scale	클러스터 스케일
az aks show	클러스터 상세 정보 표시
az aks upgrade	클러스터 업그레이드

- az aks
  https://docs.microsoft.com/ko-kr/cli/azure/aks?view=azure-cli-latest

Azure Container Registries 관리

ACR을 조작할 때는 az acr 명령을 사용합니다. 이 명령으로 컨테이너 레지스트리의 작성이나 삭제, 업데이트를 할 수 있습니다.

명령	설명
az acr build	컨테이너 이미지의 빌드
az acr build-task	빌드 파이프라인의 관리
az acr check-name	컨테이너 레지스트리명 체크
az acr config	컨테이너 레지스트리 설정
az acr create	컨테이너 레지스트리 작성
az acr credential	컨테이너 레지스트리 인증 정보 관리
az acr delete	컨테이너 레지스트리 삭제
az acr import	컨테이너 레지스트리 임포트
az acr list	컨테이너 레지스트리 목록 표시
az acr login	docker 명령을 사용한 로그인
az acr replication	컨테이너 레지스트리의 멀티 리전에 대한 리플리케이션
az acr repository	리포지토리 관리
az acr show	컨테이너 레지스트리의 상세 정보 표시
az acr show-usage	컨테이너 레지스트리의 사용 상황 확인
az acr update	컨테이너 레지스트리 업데이트
az acr webhook	컨테이너 레지스트리의 Webhook 관리

- az acr [공식 사이트]
  https://docs.microsoft.com/ko-kr/cli/azure/acr?view=azure-cli-latest

그 외 명령의 상세한 도움말은 아래를 실행하기 바랍니다. 명령의 옵션의 지정 방법 등을 확인할 수 있습니다.

```
$ az help
```

또 명령은 버전에 따라 변경되는 경우도 있습니다. 최신 정보는 아래 공식 사이트를 확인하기 바랍니다.

- Azure CLI
  https://docs.microsoft.com/ko-kr/cli/azure/?view=azure-cli-latest

찾아보기

A

E

G~H

I~J

K

L

M

N

APPENDIX A

ㅇ

ㅈ~ㅋ

ㅍ~ㅎ